Berichte des German Chapter
of the ACM

R. Dillmann / D. Swiderski (Hrsg.)
WIMPEL '88
1. Konferenz über Wissensbasierte Methoden
für Produktion, Engineering und Logistik

Berichte des German Chapter of the ACM

Im Auftrag des German Chapter
of the ACM herausgegeben durch den Vorstand

Chairman
Hans-Joachim Habermann, Neuer Wall 36, 2000 Hamburg 36

Vice Chairman
Prof. Dr. Gerhard Barth, Herdweg 104a, 7000 Stuttgart 1

Treasurer
Prof. Dr. Wolfgang Riesenkönig, Feldmannstr. 83, 6600 Saarbrücken

Secretary
Dr.-Ing. Helmut Hotes, Oehleckerring 40, 2000 Hamburg 62

Band 31

Die Reihe dient der schnellen und weiten Verbreitung neuer, für die Praxis relevanter Entwicklungen in der Informatik. Hierbei sollen alle Gebiete der Informatik sowie ihre Anwendungen angemessen berücksichtigt werden.

Bevorzugt werden in dieser Reihe die Tagungsberichte der vom German Chapter allein oder gemeinsam mit anderen Gesellschaften veranstalteten Tagungen veröffentlicht. Darüber hinaus sollen wichtige Forschungs- und Übersichtsberichte in dieser Reihe aufgenommen werden.

Aktualität und Qualität sind entscheidend für die Veröffentlichung. Die Herausgeber nehmen Manuskripte in deutscher und englischer Sprache entgegen.

WIMPEL '88

1. Konferenz über Wissensbasierte Methoden
für Produktion, Engineering und Logistik

Herausgegeben von

Prof. Dr.-Ing. R. Dillmann, Universität Karlsruhe
Dipl.-Ing. D. Swiderski, Interface Computer GmbH München

B. G. Teubner Stuttgart 1988

CIP-Titelaufnahme der Deutschen Bibliothek

WIMPEL (01, 1988, München):
WIMPEL achtundachtzig
WIMPEL '88 / 1. Konferenz über Wissensbasierte Methoden für
Produktion, Engineering u. Logistik. -
Hrsg. von R. Dillmann ; D. Swiderski. -
Stuttgart : Teubner, 1988
   (Berichte des German Chapter of the ACM ; Bd. 31)
   ISBN 3-519-02672-4
   ISSN 0724 9764

NE: Dillmann, Rüdiger (Hrsg.); AST ; Association for Computing
Machinery / German Chapter : Berichte des German ...

Das Werk einschließlich aller seiner Teile ist urheberrecht-
lich geschützt. Jede Verwertung außerhalb der engen Grenzen
des Urheberrechtsgesetzes ist ohne Zustimmung des Verlages
unzulässig und strafbar. Das gilt insbesondere für Verviel-
fältigungen, Übersetzungen, Mikroverfilmungen und Einspeiche-
rung und Verarbeitung in elektronischen Systemen.

© B. G. Teubner Stuttgart 1988

Printed in Germany
Gesamtherstellung: Präzis-Druck GmbH, Karlsruhe
Umschlaggestaltung: M. Koch, Reutlingen

PROGRAMMKOMITEE

Prof. Dr.-Ing. R. Dillmann (Vorsitz)
Institut für Prozeßrechentechnik und Robotik
Universität Karlsruhe

Dr.-Ing. R. Anderl
Institut für Rechneranwendung in Planung und
Konstruktion, Universität Karlsruhe

Dr.-Ing. W. Epple
BMW AG, München

Prof. Dr.-Ing. G. Hommel
Fachbereich 20
Institut für technische Informatik
TU Berlin

Prof. Dr. H. Krallmann
Fachbereich 20
Institut für quantitative Methoden
TU Berlin

Dipl.-Math. F. Miska
Diebold Deutschland GmbH, Frankfurt

Prof. Dr. B. Radig
Institut für Informatik
TU München

Dr. K. Pasedach
Philips AG, Hamburg

Dr. P. Schnupp
InterFace GmbH, München

Direktor K. J. Schuy
IBM, München

Dipl.-Ing. D. Swiderski
InterFace Computer GmbH, München

Prof. Dr.-Ing. H.-J. Warnecke
Fraunhofer-Institut für Produktionstechnik und
Automatisierung IPA, Stuttgart

VERZEICHNIS DER AUTOREN

Appelrath, H.-J.	363	Liebsch, H.	416
Autenrieth, K.	329	Mädler, F.	220
Bandekar, V.	401	Mathis, C.	72
Benz, T.	173	Mescheder, B.	220
Blank, U.	269	Mielke, T.	86
Braun, S.	196	Nenz, H.-J.	72
Breutmann, B.	416	Reinecke, R.	380
Bünz, D.	347	Ruckert, M.	220
Büttel-Dietsch, I.	43	Sachs, S.	322
de Carvaho Dias, P.	449	Sauer, J.	363
Dai, F.	98	Schliep, E.	269
Doll, T.	142	Schnupp, P.	256
Dorn, J.	205	Seng, G.	416
Göbler, Th.	392	Specht, D.	392
Grabowski, H.	173	Swiderski, D.	196
Grotrian, J.	22	Tacke, P.	281
Grund, M.	437	Teubner, V.	310
Grzeschniok, F.	125	Varney, R.	237
Haller, F.	157	Vitins, M.	449
Heinrich, M.	429	Wagenblast, R.	401
Hirsch, A.	43	Wagner, B.	111
Huber, A.	347	Warnecke, H.-J.	59
Huber, D.	142	Wedekind, H.	1
Jauch, R.	449	Wiedenmann, H.	59
Kühnle, H.	59	Winkelmann, K.	401
Leder, H.-J.	437	Womann, W.	269
Lehmann, D.	310	Worlitzer, J.	304

Ziele

Die Konferenz "WiMPEL` 88, Wissensbasierte Methoden für Produktion, Engineering und Logistik" ist die erste Fachkonferenz des German Chapter of the ACM zu diesem Thema. Und es ist eine der ersten Tagungen dieser Art in Deutschland, die sich speziell mit diesem Fachgebiet befaßt.

Dies erstaunt um so mehr, als das Auftauchen der ersten 'Expertensysteme' in den siebziger Jahren bereits mehr als zehn Jahre zurückliegt. Auch die Notwendigkeit einer umfassend integrierten Rechnerunterstützung der Konstruktion, Fertigung und Produktion (CIM) ist schon seit langem bekannt.

Somit ist das Thema dieser Konferenz die Verknüpfung beider Themen unter dem Aspekt des integrierten, rechnergestützten Wissensmanagements für den Industriebetrieb.

Angesichts steigender Marktanforderungen und erhöhten Konkurrenzdrucks gewinnt die Rechnerunterstützung in Konstruktion und Produktion immer größere Bedeutung für die Wettbewerbsfähigkeit der Industriebetriebe. Die Durchdringung aller Aufgabenbereiche mit neuen Informations- und Wissenstechniken und deren Integration wird immer vordringlicher. Damit steigt jedoch die Komplexität der benötigten Hard- und Softwarestrukturen derart, daß die herkömmlichen Technologien nicht mehr ausreichen.

Ein Ansatz, diese Probleme zu lösen, beruht auf wissensbasierten Methoden und insbesondere Expertensystemen. Wissensbasierte Methoden sind ein praktisches Anwendungsgebiet der Forschung im Bereich der künstlichen Intelligenz. Sie zeichnen sich gegenüber konventionellen Softwaretechnologien durch explizite Formulierung des Problemlösungswissens aus.

Bei der Programmgestaltung der Konferenz stand die Auswahl praxisbezogener Anwendungen wissensbasierter Methoden in der Industrie im Vordergrund. Die ausgewählten Beiträge behandeln die Problembereiche :
Qualitätssicherung, Arbeitsplanung, Robotik, Planung und Konfiguration, Konstruktion, Fertigungs- und Produktionssteuerung, Logistik und Diagnose.

Damit zeigen sie die vielfältigen Einsatzmöglichkeiten dieser Technologie und deren praktische Relevanz im Rahmen der Fabrikautomatisierung.

Entsprechend diesem weit gefächerten Anwendungsspektrum, wurde die Konferenz in 11 Arbeitsgruppen aufgeteilt, die teilweise parallel abgehalten wurden. Es waren dies mit den jeweiligen Leitern:

<u>Neurobiologische Modelle und Qualitätssicherung</u>

    Leitung: Prof.Dr.-Ing. R. Dillmann
             Universität Karlsruhe, Institut für Prozeß-
             rechentechnik und Robotik

Expertensysteme für die Arbeitsplanung

Leitung: Direktor K.J. Schuy
IBM, München

Wissensbasierte Systeme in der Robotik

Leitung: Prof. Dr.-Ing. G. Hommel
TU Berlin, FB 20, Institut für technische Informatik

Expertensysteme für Planung und Konstruktion

Leitung: Dr.-Ing. R. Anderl
Universität Karlsruhe, Institut für Rechneranwendung in Planung und Konstruktion

Wissensbasierte Systeme für Prozeßsteuerung

Leitung: Dr. Melchior
Fraunhofer Institut für Produktionstechnik und Automatisierung, Stuttg.

Expertensysteme in Fertigung und Logistik

Leitung: Prof. B. Radig
TU München, Institut für Informatik

Expertensysteme für Planung und Konfiguration I

Leitung: Dr. P. Schnupp
InterFace GmbH, München

Expertensysteme für Produktionsplanung und Fertigungssteuerung

Leitung: Dr. W. Epple
BMW AG, München

Expertensysteme für Logistik

Leitung: Prof. Dr. H. Krallmann
TU Berlin, FB 20, Institut für quantitative Methoden

Expertensysteme für Diagnose

Leitung: Dr. K. Pasedach
Philips AG, Hamburg

Expertensysteme für Planung und Konfiguration II

Leitung: Dipl.Ing. D. Swiderski
InterFace Computer GmbH, München

Diese Anwendungen decken sicherlich nur unvollständig das gesamte Spektrum von Einsatzgebieten wissensbasierter Methoden ab, zeigen aber Lösungswege für Problemgruppen auf.

Grundlagenarbeiten aus dem Bereich der KI und System-Konzepte wurden nicht in die Konferenz aufgenommen. Dies war

Thema der Tutorials, die am Tag vor der eigentlichen Konferenz stattfanden. Dort wurden grundlegende Techniken für den Einsatz von Expertensystemen in bestimmten Bereichen detailliert dargeboten. Es gab Tutorials zu folgenden Themen:

AI Methods for Manufacturing Planning
Dr. Jim Brown, University College Galway

Planung und Programmierung von Roboteranwendungen in der Fertigung
Prof. Dr. Ulrich Rembold
Prof. Dr.-Ing. Rüdiger Dillmann
Universität Karlsruhe

Anwendung wissensbasierter Methoden in der Konstruktion
Dr. Ing. Reiner Anderl, Universität Karlsruhe

Wissensbasierte Prozeßsteuerung
Robert Varney, M. Sc.
Dipl.Ing. Detlef Swiderski
InterFace Computer GmbH, München

Wir danken an dieser Stelle dem Programmkomitee, das die Tagung inhaltlich gestaltet hat. Unser Dank gilt ebenso den Autoren der zahlreichen Beiträge, die leider nicht alle angenommen werden konnten. Auch danken wir den Leitern der Tutorials und der Arbeitsgruppen für ihre Unterstützung.

Herrn Prof. Dr. H. Wedekind danken wir, daß er die schwierige Aufgabe des einleitenden Referates angenommen hat.

Es ist geplant, die WiMPEL-Konferenz im Jahresturnus weiter zu veranstalten. Wir hoffen somit, den Einsatz wissensbasierter Methoden in der Industrie gleichzeitig zu fördern und zu dokumentieren.

Karlsruhe und München im Mai 1988

R. Dillmann

D. Swiderski

INHALTSVERZEICHNIS

EINLEITUNG

Prof. Dr. H. Wedekind
Universität Erlangen-Nürnberg, FB Informatik
"Strukturierung wissensbasierter Systeme in der Produktionsplanung" 1

I. NEUROBIOLOGISCHE MODELLE UND QUALITÄTSSICHERUNG

Dipl.-Ing. Dipl.-Wi.-Ing. J. Grotrian
IBM Deutschland GmbH, Nürnberg
"Einsatz neurobiologischer Modelle für die Lösung von Optimierungsproblemen mit Expert System Environment (ESE)" . . 22

Dipl.-Math. A. Hirsch, I. Büttel-Dietsch
Triumph-Adler AG, Nürnberg
"QUEX - Ein Expertensystem in der Qualitätssicherung". . . 43

II. EXPERTENSYSTEME FÜR DIE ARBEITSPLANUNG

Prof. Dr.-Ing. H. J. Warnecke, Dr.-Ing. Dipl.-Math. H.Kühnle,
Dipl.-Ing. H. Wiedenmann, FhG-IPA Stuttgart
"Eine Wissensbasis zur rechnerunterstützten Arbeitsplanerzeugung" 59

Dipl.-Inform. C. Mathis, GOPAS mbH, Karlsruhe
Dipl.-Inform. H.-J. Nenz, SEL-AG, Stuttgart
"Wissensbasierte Arbeitsplanungssysteme in der mechanischen Fertigung" 72

Dipl.-Inform. T. Mielke, TU Braunschweig
"CHAMP: Ein Expertensystem zur wissensbasierten Erstellung von Arbeitsplänen" 86

III. WISSENSBASIERTE SYSTEME IN DER ROBOTIK

Dipl.-Ing. F. Dai, TH Darmstadt, FB Informatik
"Aspekte der wissensbasierten Aktionsplanung für integrierte Roboterarbeitszellen" 98

Dipl.-Ing. B. Wagner, GPP, Oberhaching
"Graphische Dokumentation von Wissensbasen in technischen Anwendungen" 111

F. Grzeschniok, TU Berlin, FB 20 Informatik
"Ein Expertensystem zur Lösung der kinematischen Gleichung" 125

Dipl.-Inform. T. Doll, Dipl.-Inform. D. Huber
Universität Karlsruhe, IPR
"Ein Expertensystem zur Auswahl von Greifern und Sensoren für Roboter Anwendungen" 142

IV. EXPERTENSYSTEME FÜR PLANUNG UND KONSTRUKTION

Prof. F. Haller, Universität Karlsruhe, Institut für Baugestaltung, Baukonstruktion und Entwerfen I
"Ein wissensbasiertes System für das Verlegen von technischen Leitungen in den Deckenhohlräumen hochinstallierter Gebäude" 157

Prof. Dr.-Ing. H. Grabowski, Dipl.- Wi.-Ing. T. Benz
Universität Karlsruhe, RPK
"Problemlösungsvorgänge in CAD-Expertensystemen" 173

S. Braun, Eigner & Partner, Karlsruhe
Dipl.-Ing. D. Swiderski, InterFace Computer GmbH, München
"Wissensbasierte Unterstützung des Konstrukteurs mit Entscheidungslogik" 196

V. WISSENSBASIERTE SYSTEME FÜR PROZESSSTEUERUNG

Dipl.-Inform. J. Dorn, TU Berlin, FB 20, PDV und Robotik
"Der Ereignis-Prozessor" 205

Dr. M. Ruckert, Nixdorf Computer AG, Paderborn
Dipl.-Inform. B. Mescheder, Nixdorf Computer AG, Paderborn
Dipl.-Math. F. Mädler, Hahn-Meitner Institut, Berlin
"Prozeßkontrolle mit Expertensystemen" 220

L. R. Varney, M. Sc., InterFace Computer GmbH, München
"Wissensbasierte Prozeßleitsysteme". 237

EINLEITUNG

Dr. P. Schnupp, InterFace Computer GmbH, München
" 'Dichter und Denker' - ein Architekturmodell für die Dialogführung objektorientierter Expertensysteme" 256

VI. EXPERTENSYSTEME IN FERTIGUNG UND LOGISTIK

Dipl. Wi.-Ing. U. Blank, Dipl.-Inform. W. Womann,
Dipl.-Ing. W. Schliep, BMW AG, München
"Expertensysteme zur Fehlerdiagnose an fahrerlosen Transportsystemen". 269

Dipl.-Ing. P. Tacke
Tacke & Partner Management Consultants, Seeheim-Jugenheim
"Rezepturerstellung und Optimierung mit Hilfe von Expertensystemen". 281

Dipl.-Ing. J. Worlitzer, IBM Deutschland GmbH, München
"Expertensystem für die Ersatzteilplanung im Hause MBB". . 304

VII. EXPERTENSYSTEME FÜR PLANUNG UND KONFIGURATION I

Dipl.-Inform. D. Lehmann, V. Teubner, Siemens AG, München
"Expertensystem-Shell zur Konstruktion von Netzwerken" . . 310

A. Escherle, S. Sachs, Philips Kommunikations Ind. AG, Siegen
"Ein interaktives Werkzeug für die Konfiguration modularer
Rechnersysteme". 322

Dr. K. Autenrieth, Telenorma, Frankfurt
"Expertensystem zur Konfiguration von ISDN-Kommunikationsanlagen" 329

VIII. EXPERTENSYSTEME FÜR PRODUKTIONSPLANUNG UND FERTIGUNGS-STEUERUNG

Dipl.-Inform. D. Bünz, Dipl.-Inform. A. Huber
Philips GmbH Forschungslaborat. Hamburg
"Die Spezifikation eines Expertensystems für flexible Ferti-
gungslinien mit GRAI". 347

Prof. H.-J. Applerath, Dipl.-Inform. J. Sauer
Universität Oldenburg, FB Informatik
"Wissensbasierte Feinplanung in PPS-Systemen". 363

IX. EXPERTENSYSTEME FÜR LOGISTIK

Dr. R. Reinecke, IBM Deutschland GmbH, Sindelfingen
"An Expert System For Monitoring Administration Processes:
Experience From A Case Study". 380

X. EXPERTENSYSTEME FÜR DIAGNOSE

Dr.-Ing. D. Specht, Dipl.-Ing. Th. Göbler, FhG-IPK, Berlin
"INSPEKTOR - Ein wissensbasiertes Diagnosesystem für die
Instandhaltung". 392

V. Bandekar, M. Sc., Dipl.-Inform. R. Wagenblast,
Dr. K. Winkelmann, Siemens AG, München
"Troubleshooting DC Drives Based On Heuristics And Reasoning
From First Principle". 401

Prof. B. Breutmann, Dipl.-Inform. H. Liebsch,
Dipl.-Inform. G. Seng, FH Würzburg-Schweinfurt, FB Informatik
"Werkzeuge für die wissensbasierte Diagnose im industriellen
Bereich" 416

XI. EXPERTENSYSTEME FÜR PLANUNG UND KONFIGURATION II

M. Heinrich, AEG AG Berlin
"Expertensystem zur Schaltplanerstellung von Niederspannungs-
Schaltanlagen" 429

H.-J. Leder, M. Grund, Interatom GmbH, Bergisch-Gladbach
"XPS-Rohr - Ein Expertensystem zur Konfiguration von Rohrleitungssystemen". 437

M. Vitins, P. de Carvalho Dias, R. Jauch
Asea Brown Boveri AG, CH-Baden-Dättwil
"Konfiguration nachrichtentechnischer Produkte und Anlagen
mit Hilfe der framebasierten Expertensystem-Shell KEN . . 449

Strukturierung wissensbasierter Systeme in der Produktionsplanung

Hartmut Wedekind
Informatik VI
Universität Erlangen-Nürnberg

Zusammenfassung:
Das Computer Integrated Manufacturing wird aus der Sicht der Atomaren Aktionen (Kontrollbereiche) und des Prozeßbegriffs gedeutet. Beide Denkformen stehen dual zueinander und sind als Organisationseinheiten zu verstehen. Der Gedanke, der vermittelt werden soll, ist die Klassifizierung der Informatik als Organisationslehre. Der Aufbau wissensbasierter Systeme mit einer separierten Regelbasis wird als die Grundlage genommen, um Planungssysteme, insbesondere im CAM-/PPS-Kontrollbereich, zu behandeln.

Abstract:
Computer Integrated Manufacturing is treated from the point of view of Atomic Actions (spheres of control) and processes in the sense of operating systems. Both concepts are dual to each other and are considered as organisational entities. The message of this part of the paper is the classification of computer science as an approach in factory organization. The structure of a knowledge-based system with a seperated rule base is outlined and some planning systems in the CAM-/MRP-sphere of control are overviewed.

1. Kontrollbereiche im Computer Integrated Manufacturing

Seit dem Erscheinen des berühmt gewordenen Buchs "Die Struktur wissenschaftlicher Revolutionen" von Thomas Kuhn [18] ist der Terminus "Paradigmawechsel" gang und gäbe geworden. So mancher Wissenschaftler glaubt, einen Paradigmawechsel, d.h. einen Strukturbruch im Denken seiner Wissenschaft, herbeigeführt zu haben. Das hat zur Folge, daß das Wort "Paradigmawechsel" häufig inflationär verwendet wird, wie beispielsweise in der bekannten Rede von Floyd [10] anläßlich der Turing-Preis-Verleihung im Jahre 1979. Wenn jeder "neue" Programmierstil, z.B. der regel- oder wissensbasierte Stil, gleich zu einem Paradigmawechsel "hochstilisiert" wird, ist Skepsis angebracht. In der Tat, der regelbasierte Stil ist seit dem Aufkommen der Entscheidungstabellen Mitte der 60-iger Jahre wenig aufregend und Paradigmen bedürfen in der Vorstellung Kuhns eines größeren Kalibers, wobei nicht gleich Kopernikus oder Einstein als Kronzeugen benannt werden müssen.

Paradigmen, also Denk-Vorbilder, bestimmen als Grundmuster nachhaltig die Lehrbücher eines Faches, und ob durch neue Ansätze wirklich ein neues Paradigma entstanden ist, kann nur nach längerer Zeit, d.h. aus historischer Sicht, beurteilt werden. Proklamierte Paradigmen erweisen sich zu häufig als modische Eintagsfliegen.

Wenn man in vorsichtiger Einschätzung im Gebiet der Informatik und insbesondere in dem progressiven Teilgebiet "Datenbanksysteme" nach Paradigmen Ausschau hält, wird man auf die Denkfigur der "Atomaren Aktion" resp. Transaktion stoßen. Es handelt sich dabei um Operationen oder Handlungen, die niemals ihre Betriebsmittel in unkontrollierter Weise für andere Operationen freigeben. Lieber setzt man Atomare Aktionen zurück (backward recovery) und macht sie somit ungeschehen, als daß man eine unkontrollierte Weitergabe riskiert. Wird das Resultat einer Atomaren Aktion für gut befunden, so wird dies gesondert vermerkt. Technisch spricht man vom "commitment" und will durch diesen "Stempel" dartun, daß die Wiederholbarkeit (Reproduzierbarkeit) systemseitig garantiert wird. "Commit" bedeutet "formal wiederholbar", nicht unbedingt inhaltlich korrekt. Sollte eine als atomar deklarierte Aktion durch ein Fehlerereignis "hängen" bleiben und ist ein Zurücksetzen ausgeschlossen, so ist die "halbe" Aktion durch eine andere Operation (Reparaturoperation) so zu versorgen, daß ein "commitment" erfolgen kann (forward recovery). Wer die Forward-Recoveryoperation durchführt, ob Mensch oder Maschine, mag dahingestellt bleiben. Atomaren Aktionen müssen also die Prädikate "backward recoverable" oder "forward recoverable" zugemessen werden können. Realzeitoperationen, insbesondere Eingriffsoperationen, die in der Fertigung eine zentrale Bedeutung haben, sind in der Regel nicht zurücksetzbar (backward recoverable). Man denke z.B. an einen Fräser, der sich im Eingriff befindet und defekt stehen bleibt. Es gehört zukünftig zu den Hauptaufgaben eines fehlertolerierenden CIM-Systems, rechnergestützte Forward-Recovery-Maßnahmen für Realzeitoperationen als konstitutiv anzusehen. Das bedeutet, Fertigungsvorgänge besser verstehen zu lernen. Heute noch jedenfalls beschränkt man sich auf eine Fehleranzeigetechnik mit einer Reparatur von Hand.

Eine Atomare Aktion (Operation) mit ihren Abarbeitungsbestimmungen (Kontrolllogik), Daten (Objekten) und Regeln (erlaubte Zustandsübergänge) wird, zeitfrei gesehen, Kontrollbereich (sphere of control) genannt. Der englische Terminus stammt von Davies [5], [7], [6], dessen erste Arbeit aus dem Jahre 1972 als Beginn eines Paradigmas angesehen werden kann. Die entscheidenden Arbeiten zum Transaktionsbegriff in Datenbanken, der vor allem von Gray [14], [15] vorangetrieben wurde, gehen auf Davies zurück. Gray empfiehlt, die Arbeiten von Davies mindestens einmal im Jahr zu lesen.

Abb. 1: Kontrollbereiche in der Darstellung einer Atomaren Aktion

Für einen Kontrollbereich gilt im einfachen Fall das Prinzip der Kausalität, d.h. für eine Menge von Eingabedaten (Ereignisse) $\{e_j\}$ ist es geboten zu erwarten, daß sich die Reaktionsdaten (Ereignisse) $\{r_j\}$ nach endlicher Zeit einstellen. Es gibt also ein Verlaufsgesetz (Programm), das $\{e_i\}$ in $\{r_j\}$ transformiert. Wenn Menschen als Träger (Instanz) des Kontrollbereichs zur Debatte stehen, gilt selbstverständlich nicht das Kausalprinzip, da für Handlungen des Menschen keine Verlaufsgesetze aufstellbar sind. Mit Lorenzen [21] kann herausgestellt werden, daß Handlungen geboten sein können, aber nicht nach einem Verlaufsgesetz erwartungsgeboten sind. Wenn der Mensch frei ist, kann über ihn nichts Verlaufsgesetzmäßiges angenommen werden.

Kontrollbereiche werden verschachtelt (genestet), wenn im hierarchischen Sinn ein innerer Kontrollbereich unter der Kontrolle eines äußeren steht (Inklusionsrelation). Werden Betriebsmittel - in der Regel Daten - von einem Kontrollbereich an einen folgenden übergeben, so sind beide sequentialisiert (Sequenzrelation).

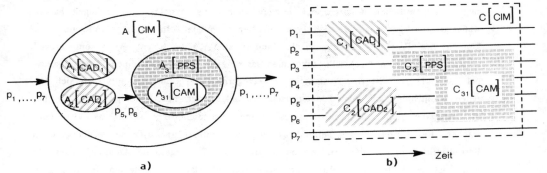

Abb. 2: Kontrollbereiche in der Darstellung
  a) der Atomaren Aktonen (A) und dual dazu
  b) der Prozeßblöcke (C)

Abb. 2 zeigt im Teilbild a) die Verschachtelung innerhalb des Kontrollbereichs A mit A_1, A_1 und A_3 als Atomaren Aktionen, wobei dann A_{31} weiter ein Teilbereich (Atomare Aktion) von A_3 ist. A_2 und A_3 stehen sequentiell zueinander. Die transferierten Betriebsmittel p_5 und p_6 sind am Pfeil vermerkt. Konventionelle Datenbanksysteme, die sich am Paradigma der Atomaren Aktion orientieren, lassen mit ihrem Transaktionskonzept keine Verschachtelung zu. Erst die Erweiterung hin zu den Nonstandard-Datenbanken mit ihrem Konzept der "nested transactions" [16], [22] berücksichtigt die wichtige Zerlegung in Unterbereiche, die aus der Sicht des umschließenden Bereichs Atomare Aktionen sind, die sich selbst zurücksetzen oder aber ein "Commit" abgeben oder im Falle der "Forward-Recovery" vom äußeren Bereich mit Fehlererkennungs- und Reparaturmaßnahmen unterstützt werden.

Die Abb. 2a) abstrahiert völlig von der Zeit. Man muß sich deshalb ein "BSC" (Beginn of Sphere of Control") und ein "ESC" (End of Sphere of Control) hinzudenken. Es ist das Verdienst von Randell e.a. [25], auf den Grundlagen der Arbeit von Needham e.a. [20] die wichtige Dualität zum Prozeßparadigma der Betriebssysteme herausgestellt zu haben. Damit wird ohne Mühe durch symmetrisches Vertauschen (Dualität) eine andere, duale Begriffswelt der Informatik als Organisationslehre sichtbar, die für CIM-Systeme unentbehrlich erscheint. Mit dieser Vorbemerkung können wir uns dem Teil b) der Abb. 2 zuwenden. Prozesse sind mit Betriebsmitteln ausgestattete, lauffähige, damit zeitlich darstellbare Programme. In dualer Sicht sind Kontrollbereiche jetzt keine Atomaren Aktionen mehr, sondern zu Prozeßblöcken zusammgefaßte Prozesse. Ein Prozeß betritt einen Kontrollbereich, indem ein konsistenter Sicherungspunkt genommen wird, auf den er im Fehlerfall zurückgesetzt werden kann (Eingangsstempel "BSC"). In gleicher Weise wird der Austritt vermerkt (Ausgangsstempel "ESC"). Eingänge und Ausgänge unterscheiden sich im wesentlichen dadurch, daß letztere gleichzeitig (synchron) zu erfolgen haben, während die Eingänge zeitlich versetzt liegen mögen. In einem Kontrollbereich können die Prozesse beliebig Nachrichten (Daten) Austauschen. Wenn ein Prozeß einem anderen eine Nachricht zukommen lassen will, der noch keinen Eingangsstempel "BSC" hat, so ist der Austausch zu verzögern. Im Teilbild b) muß man sich für jeden Kontrollbereich einen Metaprozeß vorstellen, der nicht gezeigt wird. Er hat die Aufgabe, den Nachrichtenaustausch und die Sicherungspunktnahme zu überwachen. Ein Prozeß P_i im Teilbild b) wird im Teilbild a) durch seine übergebenen Betriebsmittel p_i identifiziert. Wenn die in Abb. 2 dargestellte Dualität akzeptiert wird, ist es völlig gleichgültig, ob man wie in Datenbanksystemen in Atomaren Aktionen oder wie in Betriebssystemen in Prozessen und Prozeßblöcken denkt. Die eine Sicht ist in die andere sofort formal transformierbar.

Wir haben das grundlegende Paradigma der Kontrollbereich hier dargestellt, weil seine Gültigkeit im kleinen Mikrokosmos der Systemprogramme wie auch im großen Makrokosmos der CIM-Organisation postuliert wird. Die drei Kernbereiche des Computer Integrated Manufacturing sind die Konstruktion (CAD), die Fertigungsplanung (PPS, Produktionsplanung und Steuerung bzw. MRP, Manufacturing Requirement Planning) und die eigentliche Fertigung (CAM). Vom PPS- bzw. MRP-Bereich wird angenommen, daß er in der Lage ist, Kundenaufträge in Fertigungsaufträge zu transformieren und die gesamte Beschaffung ´(Logistik) zu überwachen. Jeder der drei Kernbestandteile kann als ein makrokosmischer Kontrollbereich aufgefaßt werden, der jeweils wiederum aus vielen sequentiell zueinander stehenden oder einschließenden Teilkontrollbereichen besteht. Für jede CIM-Organisation ist von zentraler Bedeutung, Organisationsschemata sowohl in der Darstellung der Atomaren Aktionen als

auch in der Darstellung der Prozeßblöcke zu entwickeln. Der Prozeßbegriff, so wie er im Teilbild 2b) verwendet wird, kann dabei als ein hypothetischer Begriff eingeführt werden. Die Vorstellung, daß hier reale Betriebssystemprozesse zur Debatte stehen, ist aufzugeben. Wichtig für den Prozeßbegriff ist die zeitliche Bindung von Betriebsmitteln. Wenn die Bereiche $C_2[CAD]$ und $C_3[PPS]$ sequentiell bezüglich P_5 und P_6 zueinander stehen, heißt das doch bloß, daß die Daten p_5 und p_6 direkt ohne die Kontrolle des übergeordneten Bereichs C durchgängig übergeben werden können. Dies ist nicht der Fall im Verhältnis von $C_1[CAD_1]$ zu $C_3[PPS]$. Hier ist der Kontrollbereich C[CIM] mit all seinen Möglichkeiten heranzuziehen, um einen Durchgang zu C_3 zu erzeugen. Man kann den Sachverhalt auch anders formulieren: Gelingt es z.B., aus CAD-Daten automatisch Arbeitspläne mit ihren NC-Programmen zu erzeugen (generative Methode), so liegt der Fall C_2 -> C_3 bzw. A_2 -> A_3 (Sequenz) vor. Ist hingegen in einer gesonderten Arbeitsplanung als einem übergeordneten Kontrollbereich A eine manuelle Erstellung von Arbeitsplänen geboten, dann ist der Fall $(A_1 \subset A) \wedge (A \supset A_2)$ (Inklusion) gegeben. Damit soll auch dargetan werden, daß im interaktiven Mensch-Maschine-Betrieb bei anspruchsvollen Aufgaben, die über syntaktische Kontrollen und Boolesche Integritätsbedingungen hinausgehen, in der Regel die Inklusionsrelation gilt, wobei der Mensch die Instanz des äußeren Kontrollbereichs ist. Im Batchbetrieb mit einem starken Gewicht des Rechners als Konstrollinstanz ist die Sequentialisierung der Bereiche eingeführt. Es ist nicht erstaunlich, daß bekannte Expertensysteme, wie z.B. das R1, das zur Konfigurierung von VAX-Rechnern entwickelt wurde, Batch-Programme sind, um den Menschen als Kontrollinstanz zu substituieren. Es wäre sehr naiv und vorschnell geurteilt, wenn Wissensbasierung sofort mit Batchbetrieb gleichgesetzt würde. Ja, wenn der Rechner alles kann, wird der Bürger sagen, ist ein interaktiver Betrieb mit dem Menschen als Träger (Instanz) des umschließenden Kontrollbereichs überflüssig.
Es würde in diesem Rahmen zu weit führen, die drei Bereiche CAD, PPS und CAM in ihrem gegenseitigen Verhältnis und in ihrer inneren Struktur darzustellen. Mannigfaltige Zusammenstellungen lassen sich lehrbuchartig ableiten und sind für CIM-Strukturen von grundlegender Bedeutung. Eine Analyse des auf Konstruktion angewiesenen CAD-Bereichs ist von besonderer Schwierigkeit, da er aus vielen, letztendlich von Menschen überwachten Kontrollbereichen besteht. Wenn es über analytische und bloß erfahrungsgegründete Aussagen hinausgeht und konstruktive Aussagen jenseits der Erfahrungen hervorgebracht werden müssen, ist bekanntlich die Kontrollinstanz "Rechner" am Ende ihrer Weisheiten. Eine konstruktive Erweiterung, also etwas Neues außerhalb der Erfahrung, was noch nicht vorgedacht wurde, markiert die Grenze aller Informatik-Bemühungen a priori.
Wenn IGES-Systeme [1] eingeführt sind, so kann man sich vorstellen, daß viele individuelle CAD-Bereiche sternförmig auf einen zentralen Kontrollbereich zuarbei-

ten, in dem neutrale, CAD-systemunabhängige Daten verwaltet werden. Da in den individuellen Kontrollbereichen und auch im Bereich der zentralen IGES-Daten eine strenge Konsistenzkontrolle wegen des Entwicklungscharakters der Aufgaben nicht stattfindet, werden diese Bereiche organisatorisch vom Kontrollbereich des Normenbüros umschlossen, der statt eines bloßen "Commit" ein strenges Freigabeverfahren beim Änderungsdienst durchführt [28]. Insbesondere auch zur Unterstützung des Normenbüros hat Schön [23] ein übergreifendes Dokumentationssystem entwickelt, das die zentrale Bedeutung der Technischen Dokumentation für die Konsistenzkontrolle gebührend reflektiert.

Der PPS- bzw. MRP-Bereich ist der Kontrollbereich, der schon sehr früh rechnergestützt aufgebaut wurde. Man denke nur an so berühmte Systeme wie COPICS von der IBM oder gar das Stücklistenverarbeitungssystem BOMP (Bill of Material Processor), ebenfalls von der IBM. Wir fassen hier den PPS-Bereich als Fortsetzung, als umschliessende Hülle des Fertigungsbereichs (CAM-Bereichs) auf, dessen Kontrollbereichshierarchie sehr genau untersucht wurde [29], [30].

In Abb. 3 sind sieben umschließende oder hierarchische Kontrollbereiche, die hauptsächlich dem CAM-Bereich zuzurechnen sind, dargestellt. Der Gedanke ist, daß ein Kontrollbereich von einer abstrakten Maschine $M_i (i=1,...6)$ verwaltet wird. M_i sind Kontrollbereichsnamen. M_0 ist der Name des konkreten Kontrollbereichs der Fertigungshardware. Definiert wird eine abstrakte Maschine durch eine Schar atomar aufzufassender Operatoren, von denen in Abb. 3 jeweils einer exemplarisch angegeben wird, und durch Datenobjekte, die zur Ausführung herangezogen werden und rechts im Bild vermerkt werden. Wie die Atomaren Operationen innerhalb einer Maschine M_i zueinander stehen (sequentiell oder parallel ausführbar), wird nicht dargestellt. Zur Vollständigkit muß erwähnt werden, daß zu jeder Operation mit Realzeitwirkung streng genommen eine Recovery-Operation gehört, da eine Fehlerversorgung und kein schlichtes Zurücksetzen verlangt wird.

Die Fertigungshierarchie softwareseitig zu beschreiben und ihre Abbildung auf die Rechnerhierarchie (Planungs-, Leit-, Zellrechner, Automaten) zu diskutieren, würde an dieser Stelle zu weit führen. Es wird auf die Literatur verwiesen, insbesondere [30]. Wichtig ist jedoch der Hinweis, daß wir von zellstrukturierten Fertigungssystemen ausgehen, wobei eine Fertigungszelle als Baustein im

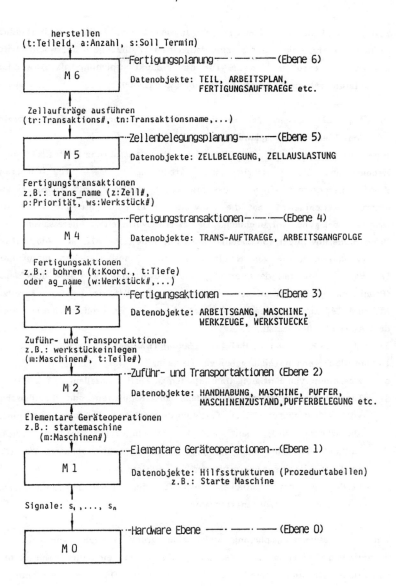

Abb. 3: Kontrollhierarchie im CAM-Bereich mit Anschluß an den PPS-Bereich [29], [30]

allgemeinen Falle aus diversen Fertigungsmaschinen, Puffern und Handhabungsgeräten besteht, die von einem dedizierten Zellrechner überwacht wird. Zur Debatte stehen sollen hier die für die Produktionsplanung als Anwendungsprogrammierung relevanten Kontrollbereiche, und das sind:

1) M_3: **Die Ebene der Fertigungsaktionen oder der Kontrollbereich der Maschinenbelegungsplanung (scheduling)**

Eine Fertigungsaktion ist eine konkrete Ausführung (Realisierung) eines Arbeitsganges als Teilschritt eines Arbeitsplanes. Der Arbeitsvorbereiter als Programmierer ruft einen Arbeitsgang, z.B. "bohren", als Prozedur auf. Die abstrakte Maschine M_3 hat die Umwandlung in eine Fertigungsaktion, d.h. eine Maschinenbelegung vorzunehmen. Den Arbeitsvorbereiter interessieren bei seiner Programmierung nicht die Details des Kontrollbereichs M_2, also die Zuführ- und Transportaktionen, die von Handhabungs- und Transportgeräten auszuführen sind. Die Bereiche M_2 und darunter M_1, der Bereich oder die Ebene der Elementaren (Primitiven) Geräteoperationen, sind vom Hersteller der Anlage bereitzustellen. M_2 und M_1 sind anlagenorientiert. M_3 hingegen ist produktorientiert und somit dem Anwender überlassen.

2) M_5: **Die Ebene der Zellbelegungsplanung (routing)**

Es sind die folgenden Teilaufgaben zu erledigen:

o   Zuordnung von Fertigungstransaktionen zu Fertigungszellen.

 Eine Fertigungstransaktion besteht aus Sequenzen und Parallelschaltungen von Arbeitsgängen. Eine Fertigungstransaktion, die stets von einer Zelle abgearbeitet wird, "sieht" am Anfang ein <u>Teil</u> in einem überprüfbaren Zustand, überführt dann das <u>Teil</u> in ein nicht überprüfbares Werkstück, um am Ende wieder ein überprüfbares <u>Teil</u> zu hinterlassen.

o   Festlegung des zeitlichen Ablaufs der Fertigungstransaktionen, d.h. Fixierung des Ausführungszeitraumes.

Für die Zellbelegungsplanung steht eine große Vielzahl von statischen und dynamischen Verfahren zur Verfügung, die schon seit langem im Rahmen des Operations Research bereitgestellt werden [30]. Die Planung kann als ein n/m/A/B-Problem gedeutet werden, mit n=Zahl der Aufträge und m=Zahl der Bearbeitungsstationen. A kennzeichnet die Anforderungsart und B das Optimierungsziel.

Das Ergebnis der Zellbelegungsplanung sind Gantt-Diagramme. Als Gründe für den zweistufigen Planungsprozeß [24] auf der Ebene M_3 (innerhalb der Zelle) und auf der Ebene M_5 (Systemebene) können folgende Argumente genannt werden:

Bei der Planung auf Systemebene steht die termingerechte Ausführung der Fertigungsaufträge im Mittelpunkt. Stochastische Ereignisse wie das Ausfallverhalten sollen dabei unberücksichtigt oder allenfalls en bloc berücksichtigt werden. Innerhalb einer Zelle steht die Minimierung der Brachzeiten im Vordergrund, wobei man stochastischen Einflüssen Rechnung trägt. Für die Planung innerhalb einer Zelle wird der Planungshorizont auf die in der Zelle physisch vorhandenen Werkstücke beschränkt, während auf der Systemebene die auszuführenden Aufträge den Planungshorizont bestimmen. Die Zweistufigkeit bewirkt eine Reduktion des Planungsaufwandes und der Planungskomplexität.

3) M_6: Die Ebene der Fertigungsplanung bzw. Ermittlung der Arbeitspläne (process planning)

Wir wollen den obersten Kontrollbereich in Abb. 3 auf jeden Fall schon dem PPS bzw. MRP zurechnen. Eine wichtige Aufgabe dieses Bereiches ist die Arbeitsplanerstellung. Wie bereits angedeutet wurde, können Arbeitspläne als Folge von Fertigungstransaktionen aufgefaßt werden. Der relativ seltene Ausfall ganzer Zellen kann es jedoch erforderlich machen, auch alternative Fertigungstransaktionen anzubieten (z.B. Fräsen eines Loches statt Bohren).

Zwei Methoden zur Arbeitsplangewinnung sind zu unterscheiden [vgl. insbesondere [3]]:

a) Die <u>Variantenplanung</u>.
b) die direkt aus dem CAD-Bereich herausführende <u>generative Planung</u>.

Für beide Methoden ist es erforderlich, daß die im Fertigungsprozeß zur Veränderung anstehenden Teileeigenschaften formal beschrieben werden. Die Variantenplanung folgt dabei einer analysierenden Beschreibung, während die generative Planung synthetisch vorgeht. Analysieren heißt in diesem Zusammenhang, daß ein Attributgerüst in einem Teile-Codesystem festgelegt wird und daß vorgefertigte und abgespeicherte Arbeitspläne, die jeweils auf Familien von Teilen bezogen sind, über eine codierte Beschreibung recherchiert werden. Im Kern liegt ein äußerst komplexes Problem des "information retrieval" vor.

Generative Methoden zur automatischen Gewinnung von Fertigungstransaktionsfolgen (Arbeitspläne) orientieren sich u.a. am CSG-Modell (Constructive Solid Geometry), in welchem mengentheoretische Operationen durch technologische Operationen spezifiziert werden. CAD-Systeme sind bei generativer Vorgehensweise "nur" theoretische Stützen einer Herstellpraxis. Ein bekanntes

Wortspiel benutzend, könnte man sagen, daß aus "Mundwerken" (CAD) ein "Handwerken" (CAM) wird.

2. Entwicklungen wissensbasierter Systeme in der Produktionsplanung

2.1 Aufbau wissensbasierter Planungssysteme

Wissensbasierte Systeme bestehen - wie auch schon in Abb. 1 angedeutet wurde - aus drei Teilen:
1) Eine Datenbasis, 2) eine Regelbasis, 3) eine unabhängige Kontrollogik (Suchstrategie, Steuerungsstrategie)

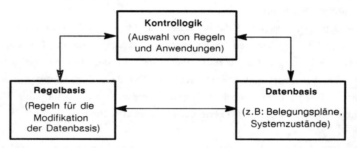

Abb. 4: Aufbau eines wissensbasierten Systems

Gegenüber konventionellen, anweisungsorientierten Programmen zeichnet sich der wissensbasierte (regelbasierte) Programmierstil [27] durch die Auslagerung der Bedingungen aus, die den Kontrollfluß beeinflußen. Eine Regel (if A then B, d.h. wenn die Aussage A wahr ist, dann tue B) ist in diesem Sinne eine bedingte Anweisung oder eine figuren- bzw. mustergesteuerte Anweisung ("pattern-directed function call" bzw. allgemeiner "pattern-invoked programs"). Im letzteren Fall ist A eine Figur bzw. ein Muster. Keinesfalls ist eine Regel hier eine Kalkülregel (A=>B), durch die eine Figur (Muster) A in eine Figur (Muster) B überführt werden kann.
Zwei Gründe werden für die Eignung regelbasierter System angeführt [30]:

a) Unstrukturierte Aufgabenstellung

Bei der Belegungs- und Arbeitsplanung sind sehr viele Einzelbedingungen zu berücksichtigen, deren gegenseitige Abhängigkeiten äußerst komplex sind und sich nur schwer in eine Entscheidungsreihenfolge bringen lassen. Eine gewisse Struktur kann jedoch in die Regelbasis durch die Einführung von Atomaren Aktionen (Kontrollbereichen) gebracht werden.

b) **Flexible Erweiterbarkeit**

Es ist schwierig, im Bereich der Planungssysteme in der Fertigung sämtliche Einflußfaktoren und Bedingungen auf einmal zu erkennen und zu formulieren. Probeweises Hinzufügen und Wegnehmen von Bedingungen kann oftmals die einzige Methode sein, um die Qualität der Planung zu verbessern. In Systemen mit Regeln als Denkeinheiten ist dies möglich, in konventionellen Programmen mit schreibökonomischen Regelverschachtelungen führt eine Veränderung zu großen Schwierigkeiten. Regelorientiert stellt man Aussagen oder Figuren (Muster) immer wieder explizit dar, die konventionell in Strukturen implizit hinzugedacht werden müssen. Programmierung im Sinne des Variieren-Könnens ist ein experimentelles Fach und nicht bloß die Angelegenheit von Konstruktion und Deduktion.

2.2 Einige exemplarische Entwicklungen

Für die planungsbezogenen Ebenen M_3, M_5 und M_6, also dort, wo Freiheitsgrade durch Entscheidungen eingeschränkt werden, sollen solche prototypischen Entwicklungen aufgezeigt werden, die dem Autor besonders zukunftsweisend erscheinen. Wir behandeln:

1. CML: <u>C</u>ell <u>M</u>anufacturing <u>L</u>anguage [2], ein Interpreter-Ansatz zur Unterstützung maschinenunabhängiger Programmierung (M_3: Maschinenbelegung).
2. ISIS: <u>I</u>ntelligent <u>S</u>cheduling and <u>I</u>nformation <u>S</u>ystem [11] zur Zellbelegungsplanung (M_6: Zellbelegungsplanung).
3. Das System GARI [9] zur Arbeitsplanerzeugung (M_6: Fertigungsplanung).

2.2.1   CML: <u>C</u>ell <u>M</u>anufacturing <u>L</u>anguage zur Unterstützung maschinenunabhängiger Programmierung

Was die CAM-Kontrollbereiche anbetrifft, so stehen heute noch zweifelsohne die anlagen- bzw. maschinen- oder geräteorientierten Bereiche M_2 und M_1 im Mittelpunkt der Bemühungen. Wer diverse Geräte in einer Zelle zu bündeln hat und produktorientiert (anwendungsorientiert) und damit geräteunabhängig vorgehen will, der steht vor einem beachtlichen Dilemma. Eine nur mit Mühe diskretisierbare Menge von realen Fertigungssituationen wird durch heterogene, herstellerverschiedene Geräte von einem Zustand in den nächst folgenden befördert, wobei der Technologe (oder Koch) aus einer Stückliste (oder Rezept) und einer Teilebeschreibung (Ingredienzienbeschreibung) eine Herstellbeschreibung, einen Arbeitsplan (oder Kochanweisung) anfertigt, die selbstverständlich auf das Kochgerät und die sonstigen Kücheninstallationen keine Rücksicht nimmt. Nach einem sprachlich verfaßten Arbeitsgang eines Arbeitsplanes für ein Teil müssen je nach Situation in der Zelle (Küche) für ein gleiches Folgeteil ganz andere Geräteoperationen initiiert werden, weil z.B. eine andere Maschine belegt wird. Der Vergleich mit der Küche wird häufiger herangezogen, da er einigen pädagogischen Wert hat. In Abb. 5 werden die Hauptkomponenten eines Zellrechners dargestellt [30].

Übergeben werden dem Zellrechner vom Leitrechner Fertigungstransaktionen als Präzedenzstruktur. Ein <u>Scheduler</u> entnimmt einer Fertigungstransaktion einzelne Arbeitsgänge und stellt sie in eine Warteschlange für ein Fertigungsgerät. Dies ist der eigentliche Planungsvorgang innerhalb der Zelle. Brachzeitminimierung, d.h. Vermeidung von leeren Warteschlangen, ist dabei ein Optimierungsziel. Ein <u>Dispatcher</u> entnimmt Arbeitsgänge einer Warteschlange, ergänzt sie um wichtige Informationen aus einer Datenbank (z.B. NC- oder RC-Programme, Maschinen- und Werkzeug-Daten, etc.) und führt sie einem Gerät als Fertigungsaktion zu. Die vom Dispatcher angesprochene Gerätesteuerung kontrolliert das Starten, das Beenden und wichtige Ereignisse im Operationsablauf. Das Verhältnis "Scheduler-Dispatcher" entspricht einer Konstruktion, wie sie in Betriebssystemen üblich ist. Die Gerätesteuerung bildet das Interface zwischen dem Zellrechner und den Fertigungsvorrichtungen bzw. ihren Controllern. Die Controller führen sequentielle Programme aus, durch die Elementare Geräteoperationen realisiert werden.

Die Operationen der Gerätesteuerung lassen sich in drei Gruppen einteilen:

1. Zuführen von Daten zur Laufzeit des Geräteprogramms.
2. Laden von Programmen als Änderung der Funktionalität.
3. Empfang und Initialisierungen vom Gerät (BDE-Daten, Fehler, etc. [30]).

Das Ziel des CML-Systems ist darin zu sehen, Möglichkeiten für zellspezifische, geräteunabhänge Sprachen zu entwickeln. Die Sprachen sind tabellen- bzw. relationen-orientiert und müssen vom Benutzer definiert werden. Wegen der vorgeschriebenen Maschinenabhängigkeit der Sprachen unterhalb der Zelle soll nach den Vorstellungen der CML-Entwickler innerhalb der Zelle "Liberalität" herrschen, wobei der Benutzer seine maschinenunabhängige Sprache sich selbst vorgibt. Für weitere Entwicklungsschritte und Normierungsbemühungen in

Richtung auf konkrete Zellsprachen ist somit genügend Raum. CML stellt als
Rahmen zur Verfügung:

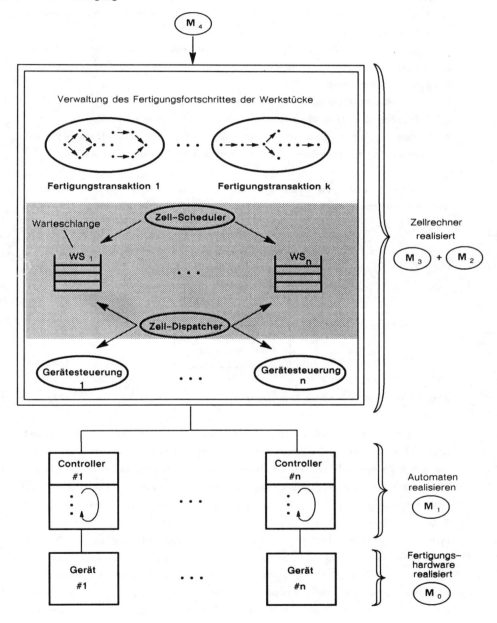

Abb. 5a: Komponenten eines Zellrechners

1) einen Parser, der die tabellarisch dargestellte benutzerdefinierte Grammatik verarbeitet (Syntax);

2) Operationen, mit denen (ebenfalls tabellenorientiert) mustergesteuerte Programme (Regeln) definiert werden (Semantik) und

3) Operationen zur Datenmanipulation z.B. im Hinblick auf eine Relationale Datenbank.

Aufgabe des Benutzers ist:

1) Entwurf einer Grammatik für eine Sprache X
2) Schreiben eines Programms für eine Fertigungstransaktion in der Sprache
3) Schreiben eines mustergesteuerten Regelwerkes für das Scheduling und Dispatching mit dem Endresultat der Erzeugung gerätespezifischer Aufrufe.

Als Muster werden syntaktische Elemente der Sprache X benutzt. Die Dreiteilung der Komponenten der Zelle in Abb. 5a entspricht den drei Programmschichten in Abb. 5b.

```
┌─────────────────────────┐
│  Anwendungsprogramm     │
│      in Sprache  X      │
├─────────────────────────┤
│  Regelwerk für das      │
│   Scheduling und        │
│     Dispatching         │
├─────────────────────────┤
│  gerätespezifische      │
│   Funktionsaufrufe      │
└─────────────────────────┘
```

Abb. 5b: Programme in einem Zellrechner

Es ist die Frage zu diskutieren, weshalb empfohlen wird, das Scheduling und Dispatching in einer Zelle regelorientiert zu programmieren. In der Tat kommt die komplexe und nur schwer strukturierte Aufgabenstellung aus dem Dispatching und nicht aus dem Scheduling, das wie in Betriebssystemen konventionell zu bewältigen wäre. Der Dispatcher erzeugt eine Fertigungsaktion, die durch eine Teile-Nr (T#=1,...,M), eine Werkzeug-Nr (W#=1...,N) und eine Maschinen-Nr (M#=1,...,P) gekennzeichnet ist. Formgleiche Teile, die sich nur durch geometrische Parameter unterscheiden, mögen unter eine Teile-Nr gefaßt werden. Mit M 10^3, N 10^2 und N 10^1 gibt es schon 10^6 mögliche Fertigungsaktionen, Einheiten also, die fertigungstechnisch jeweils unterschiedlich zu behandeln sind. Die Zahl der relevanten Zustände steigt noch erheblich an, wenn man auch noch nach dem Ausführungsstand der Fertigungsaktionen fragt. Ohne in fertigungstechnische Details einzusteigen, kann man nicht sagen, wie diese

Mannigfaltigkeit etwa durch konventionell strukturierte Programme gesteuert werden könnte. Hier liegt der Grund für die Regelorientierung. Man greift zum Mittel der Muster- bzw. Figurendarstellung, um auf diese Weise die Gesamtsituation in der Zelle zu beschreiben, die durch die Anwendungsprogramme in der Sprache X und durch die Gerätezustände (Gerät für Operation A bereit, Gerät führt gerade Operation A aus, Gerät hat Operation A beendet) bestimmt wird. Es ist der Preis der Flexibilität (keine zwei gleichen Werkstücke hintereinander im Extremfall oder - anders formuliert - Losgröße =1), der den Kontrollbereich der Arbeitsgänge und der einzelnen Fertigungsaktionen so schwierig zu handhaben macht. Programmieren mit Mustern ist in wissensbasierten Systemen eine gebräuchliche Vorgehensweise. Ausführlich befaßt sich Stoyan [27] mit dieser Technik. Mustergesteuerte Prozeduraufrufe wurden zum ersten Mal von Hewitt in seiner Programmiersprache PLANNER als Sprachelement eingesetzt [27].

2.2.2 Das System ISIS - Intelligent Scheduling and Information System

Aus der Sicht der Planungsprobleme steht uns im Kontrollbereich M_6 (Zellbelegungsplanung) ein Klassiker gegenüber. In einer immensen Literatur auf dem Gebiet des Operations Research sind nach dem zweiten Weltkrieg viele heuristische und exakte Lösungsvorschläge zur globalen Optimierung der Betriebsmittelbelegung (Zellbelegung) unterbreitet worden, die zum Teil in heutigen PPS-Sytemen wiederzufinden sind. Die Nachkriegszeit war die Zeit, in der Planungsprobleme in größerem Stil erstmalig formalisiert und auf Rechnern gelöst wurden. Man denke nur an den berühmten Simplex-Algorithmus von Dantzig zur Optimierung linearer Zielfunktionen unter linearen Nebenbedingungen und an den Lösungsversuch Gormorys für die ganzzahlige Variante dieses Problems. Der Aufwand damals war groß, der Erfolg mäßig! Wo liegen die Gründe, die uns heute hoffnungsvoller in die Zukunft schauen lassen?

1) Frühere "job shop" oder "routing" Problemlösungen hatten keinen Unterbau, der wie in unserer Darstellung mit seinen unteren Schichten in den Realzeitbereich hineinragt. Betriebsmittelausfälle, logistische Engpässe, etc. mußten mit einem Neuaufwurf der Planung beantwortet werden. "Neuaufwurf", ein damals und auch heute noch gängiges Wort, bedeutet völlige Neuerstellung der Planung. Da man nicht permanent "neuaufwerfen" konnte, entfernte sich der Plan von der Wirklichkeit in einem solchen Maße, daß schnell wieder zu manuellen Methoden (Gantt-Diagramme, etc.) übergegangen wurde.

2) Alle Planungsaufgaben wurden im Batch-Betrieb gelöst, da es einen interaktiven Betrieb nicht gab, wodurch sich das unter 1) geschilderte Problem noch verschärfte.

3) Als formale Mittel standen nur die mathematische Ausdrucksweise sowie algorithmische und Simulationssprachen zur Verfügung. Die Theorie der Datentypen, Relationen, Frames, etc., um nur einige Formalinstrumente zu nennen, gab es nicht.

Wenn wir auch heute im maschinellen Unterbau und in der formalen Ausdruckskraft deutlich zugenommen haben, so bedeutet dies nicht, daß schon wesentlich neue Ideen auf dem Tisch liegen. Nach einem Universallösungsparadigma für ein großes, realzeitbasiertes "job shop scheduling problem" wird immer noch vergeblich gesucht.

ISIS wurde mit Hilfe des Programmiersystems SRL (Schema Representation Language) erstellt, einer Sprache, die auf dem Frame-Konzept basiert [11], [12]. Ein Schema oder Frame wird über einen Namen identifiziert und ist eine Zusammenstellung von Slots (Attribute). Jedem Schema und jedem Slot können darüber hinaus Metainformationen zugewiesen werden. In Slots können Beziehungen zwischen Schemata aufgeführt werden. Werte aus anderen Schemata werden über einen Vererbungsmechanismus übertragen [13]. Ein Schema für eine Fertigungstransaktion sieht etwa wie folgt aus [30]:

```
{{prodtransaction
    {IS-A activity
        NEXT-OPERATION: "Verweis auf Folgetransaktion"
        PREVIOUS-OPERATION: "Verweis auf Vorgängertransaktion"
        ENABLED-BY: "Zustand, der die Transaktion auslöst"
        CAUSES: "Zustand, den die Transaktion herbeiführt"
        DURATION: "Dauer der Transaktion"} }}
```

Es wird festgelegt, daß eine Fertigungstransaktion die Art einer höheren Gattung ist, die "activity" genannt wird. NEXT-OPERATION, PREVIOUS-OPERATION, etc. sind Slots, die als Attribute in ihrer Funktion mit Feldern im Datentyp RECORD oder mit Attributen einer Datenbank-Relation vergleichbar sind. Die Beschreibung des Fertigungssystems erfolgt in ISIS in hierarchischer Weise durch eine Reihe von SRL-Schemata, wobei auf der untersten Stufe elementare Objekte, Zustände und Aktionen definiert werden, die über temporale und kausale Bedingungen untereinander verknüpft sind. Darauf aufbauend werden immer komplexere Konzepte und Zusammenhänge in "frames" beschrieben, wobei die folgenden Klassen beispielhaft aufgezeigt werden sollen: Beschreibung von Fertigungsmitteln (Maschinen, Werkzeuge, Spannvorrichtung, etc.), Beschreibung von Fertigungstransaktionen, Beschreibung der Eigenschaften von Losen, Beschreibung von Aufträgen und Auftragstypen, Beschreibung der Struktur des Fertigungssystems.

Zentral für die automatische Aufstellung des Belegungsplans ist die Spezifikation der Bedingungen, unter denen die Objekte operieren. Bedingungen werden wieder in "frames" beschrieben. Die folgende Gruppierung von Bedingungen erscheint bedeutungsvoll: Technologische Einschränkungen, Organisatorische Ziele, Prioritäten und Verfügbarkeitsbedingungen. Der Erzeugungsprozeß des Belegungsplanes wird in ISIS heuristisch so gestaltet, daß von den Bedingungen und ihrer Erfüllung ausgegangen wird (constraint-directed search). Es werden Verfahren zur Konfliktauflösung angeboten, die mit den Attributen der Bedingungs-Schemata (Wichtigkeit der Bedingung, Rückwirkung, etc.) durchgeführt werden. Schon zu Zeiten des Operations Research war die konkrete Belegungsplanung ein Suchprozeß. Die Vierteilung der Belegung, nämlich 1) Auftragsauswahl, 2) Kapazitätsanalyse I (Grobplanung), 3) Kapazitätsanalyse II (Feinplanung) und 4) Ressourcenzuordnung ist in ISIS ebenfalls beibehalten worden. Man darf das im praktischen Einsatz schon erprobte ISIS-System nicht mit der Vokabel "Alter Wein in neuen Schläuchen" abtun. Dazu ist der Einfluß der Informatik-Komponenten "Wissensbasierung", "Datenbanksysteme", "Dialogsysteme" etc. auf inhaltliche Fragen viel zu groß, als daß es gerechtfertigt erscheint, dem Neuen bloß die Rolle eines Behälters zuzuschreiben.

2.2.3   Das System GARI zur generativen Arbeitsplangewinnung

Es gibt viele Systeme auf der Basis der Variantenplanung und ebenso der generativen Planung, die z.B. von Chang und Wysk [3] sehr prägnant beschrieben werden. Obwohl das System GARI nur das Gerüst eines Arbeitsplanes liefert, soll es hier exemplarisch hervorgehoben werden, weil seine Architektur dem spezifischen dreiteiligen Aufbau wissensbasierter Systeme entspricht. Ausgangspunkt einer jeden generativen Arbeitsplanerzeugung ist die Teilebeschreibung. Ergebnis ist eine Reihenfolge von Fertigungstransaktionen. Die Elemente der Regelbasis werden Bearbeitungsregeln genannt. Die folgenden Beispiele zeigen typische Bearbeitungsregeln und ihre Darstellung in GARI (vgl. auch [30]):

```
(>(quality &x)6.3) -->(9(not roughing-cut &x))
```
Wenn die Oberflächenqualität eines Teils &x größer als 6.3 sein soll, dann wird mit einem Gewichtungsfaktor 9 vorgeschlagen, ein Schruppen zu vermeiden.

```
(>(quality &x bore)(is-a &y bore)(coaxial &x &y)
--> (6(same-phase (finishing-cut &x)(finishing-cut &y))
      (machine (finishing-cut &x) lathe))
```
Sind &x und &y zwei Bohrungen, die zueinander koaxial verlaufen, so wird mit einem Gewichtungsfaktor von 6 vorgeschlagen, beide im gleichen Arbeitsgang auf einer Drehbank auszuführen.

```
(<(quality &x)3.2)(>extra-thickness &y)3.0)
(resting-on (roughing-cut &y) &x)
-->(8 (before(roughing-cut &y)(finishing-cut) &x))
```
Wenn die Oberflächenqualität der Fläche &x unter 3.2 liegen soll, die Stärke von &y größer als 3.0 mm ist und das Teil während des Schruppen von &y auf der Fläche &x aufliegen soll, dann wird mit einem Gewichtsfaktor von 8 vorgeschlagen, das Schruppen von &y vor dem Schlichten von &x auszuführen.

Die Generierung von Arbeitsplänen geschieht in dem System GARI nun durch schrittweise Verfeinerung. Bei jedem Iterationsschritt werden dabei neue Bedingungen erzeugt, die sich auf die potentiellen Maschinendurchgänge (cuts) und unter Berücksichtigung der bereits erzeugten Bedingungen anwenden lassen. Diese Bedingungen definieren bei jedem Iterationsschritt eine partielle Ordnung auf den Maschinendurchgängen und legen dadurch eine Menge von Plänen fest. Diese Menge wird schrittweise eingeschränkt, bis ein eindeutiger Plan entstanden ist.

3. Schlußbemerkungen: Ausblick und Seitenblick

Dieser Überblick war notwendigerweise ein Rückblick. Die Zukunft zu überschauen, ist dem Menschen nicht gegeben. Wenn Vergangenheitsbetrachtungen in Sachen wissensbasierte Systeme in der Produktion schon alleine deshalb spekulativ sein müssen, weil der fragwürdige Begriff "Wissen" uns aus der Philosophie in vielfältigster Deutung angeboten wird, so sind Ausblicke in die Zukunft noch dubioser. Daß die Bemühungen um Wissensbasierung in der Vergangenheit mit viel zu hohen Erwartungen verknüpft waren, dürfte sich als menschliche Schwäche fortsetzen. Wer vermag schon menschliche Schwächen abzuschaffen oder zu korrigieren. Das Individuum offensichtlich nur selbst; aber wenn es nicht will, bleibt - mit Schopenhauer in seinem Jubiläumsjahr gesprochen - der Intellekt mit seinem Einsehvermögen (Intelligenz genannt) auf der Strecke. Automatisieren setzt Formalisieren voraus. Wenn wir die Probleme nach ihrer Formalisierbarkeit auf einer Achse von links nach rechts aufreihen, so verschieben wir mit der Zeit das Fenster der Betrachtungen immer weiter nach rechts. Wir kommen immer mehr in schlecht strukturierte Bereiche. Die alten Probleme dieser Bereiche können heute und noch besser in der Zukunft mit relativ aufwendigen Programmen attaktiert werden, weil unsere Hardware immer schneller wird und nicht weil neue Paradigmen uns mit einem Schlage weitergebracht haben. Aus der Geometrie von Stanz- und Tiefziehteilen in riesigen Fortran-Programmen Arbeitspläne inklusiv Werkzeugbestimmung abzuleiten, ist zwar immer noch pionierhaft, aber schon längst eingeführte Praxis. Wissensbasiert programmiert sind diese Programme kürzer und vor allen Dingen leichter änderbar. Ausblickend kann gesagt werden, daß Stetigkeit in der Entwicklung und keine Strukturbrüche - vor allen Dingen keine herbeigeredeten - die Zukunft bestimmen werden.

Der Seitenblick, den wir noch wagen wollen, ist noch erforderlich, weil wir uns auf einen Teil aller Produktionsprozesse beschränkt haben. Es sind dies die Stückprozesse, denen spezifisch das CIM gewidmet ist. Fließprozesse (z.B. Kraftwerke, Motorenprüfstände, etc.) und Chargierprozesse (z.B. Ofenbetrieb, Färbereianlagen, etc.) blieben außer Betracht. Ihnen gilt nun der Seitenblick. Stückprozesse werden heute als die größte Herausforderung angesehen. Alle drei Prozeßtypen verbindet das Problem der Fehlerbehandlung. In [17] wird ein vierphasiges Fehlerprotokoll diskutiert: 1) Fehlererkennung, 2) Fehlerstabilisierung (Fehlereindämmung), 3) Fehlerklassifikation und 4) Fehlerbehebung (recovery). Die Phasen 1) - 3) werden auch unter dem Terminus "Diagnose" zusammengefaßt. Diagnosesysteme haben als Expertensysteme einen hohen Bekanntheitsgrad erlangt. Was im ersten Abschnitt zur Strukturierung von Kontrollbereichen bzw. Atomaren Aktionen gesagt wurde, gilt ohne Abstriche auch für die Fehlerdiagnose. Ein Fehler liegt vor, wenn die Sollparameter und Istparameter einer Atomaren Aktion nichttolerierbare Abweichungen aufweisen. Ein Kontrollbereich ist demnach nicht nur eine Recovery-, sondern auch eine Diagnose-Einheit. In Flexiblen Fertigungssystemen jedenfalls kann die Fehlererkennung, -stabilisierung und -klassifizierung nur mittels der Hierarchien M_0 bis M_6 erfolgen. Wie man hier wissensbasierte Methoden einsetzen kann, ist eine aufregende Fragestellung.

Literatur

[1] American National Standard Institute: Digital Representation for Communication of Product Definiton Data (Initial Graphics Exchange Specification (IGES), American Society for Mechanical Engineers, 1981 (ANSI Y14.26 M))

[2] Bourne, D.L.: CML: A Meta-Interpreter for Manufacturing, in: AI Magazine, Vol 7 (1986), No. 4, S. 86-95

[3] Chang, T.C. und Wysk, R.A.: An introduction to automated process planning systems, Prentice-Hall, Englewood Cliffs, 1985

[4] Chang, T.C. und Wysk, R.A.: CAD/Generative Process Planning with TIPPS, in: Journal of Manufacturing Systems, Vol. 2 (?) No. 2, S. 127-135

[5] Davies, C.T.: A Recovery/Integrity Architecture for a Data System, IBM Technical Report TR 02.528. IBM System Development Division, San Jose, May 19, 1972

[6] Davies C.T.: Data processing spheres of control, in: IBM Systems Journal, Vol. 17 (1978), No. 2, S. 179-199

[7] Davies C.T.: Recovery Semantics for a DB/DC System, in: Proc. ACM 1973 Nat. Conference, Atlanta, S. 136-141

[8] Descotte, Y. und Latombe, J.-C.: GARI, A problem solver that plans how to machine mechanical parts, in: Proc. of the 7th Int. Conf. on Artificial Intelligence (IJCAI 81) 24.-28. Aug. 1981, Vancouver, B.C., Vol. 2, S. 766-772

[9] Descotte, Y. und Latombe, J.-C.: GARI, An Expert System for Process Planning, in: Solid Modelling by Computers from Theory to Applications (Hrsg. Pickett, M.S. und Boyse, J.W.), Plenum Press, New York-London, 1984, S. 329-346

[10] Floyd, R.W.: The Paradigms of Programming, in: Comm. of the ACM, Vol. 22 (1979), No. 8, S. 455-460

[11] Fox, M.S. e.a.: ISIS: A constraint-directed reasoning approach to job shop scheduling, System Summary CMU-RI-TR-83-8, Intelligent System Lab, Carnegie-Mellon University, June 21, 1983

[12] Fox, M.S., Allen, B.P. und Strohm, G.A.: Job Shop Scheduling: An Investigation in Constraint-Directed Reasoning, in: Proc. of Second Nat. Conf. on Artificial Intelligence, S. 155-158

[13] Fox, M.S.: On Inheritance in Knowledge Representation, in: Proc. of the 6th Int. Joint Conf. on Artificial Intelligence, Tokyo 1979

[14] Gray, J.N.: The Transaction Concept: Virtues and Limitations, in: Proc. 7th Conference on Very Large Data Bases, Cannes 1981, S. 144-154

[15] Gray, J.N.: Notes on Database Operating Systems, in: Operating Systems: An Advanced Course, Lecture Notes in Computer Science 60, Springer Verlag, Berlin, Göttingen, Heidelberg, S. 393-481

[16] Härder, T. und Rothermel, K.: Concepts of Transaction Recovery in Nested Transactions, in: Proc. 1987 SIGMOD Conf., San Francisco, May 87, S. 239-248

[17] Jablonski, S., Wedekind, H. und Zörntlein, G.: Fehlerbehandlung in Flexiblen Fertigungssystemen (FFS), in: Informatik Forschung und Entwicklung, erscheint Frühjahr 198

[18] Kuhn, T.S.: Die Struktur wissenschaftlicher Revolutionen, Suhrkamp Taschenbuch Wissenschaft, Frankfurt 1978 (Erstveröffentlichung im Englischen, 1962)

[19] Latombe, J.-C.: The role of artificial intelligence in CAD/CAM: Analyzed through several examples, in: Crestin, J.P. und McWaters, J.F. (Hrsg.): Software for Discrete Manufacturing, Elesevier Science Publisher (North-Holland) 1986, S. 495-502

[20] Lauer, H.C. and Needham, R.M.: On the Duality of Operating System Structure, in: Proc. 2nd Internat. Symposium on Operating Systems, INRIA, Oct. 1978, reprinted in: Operating Systems Review, Vol. 13, No. 2, April 1979, S. 3-19

[21] Lorenzen, P.: Lehrbuch der konstruktiven Wissenschaftstheorie. BI Wissenschaftsverlag, Mannheim, Wien, Zürich, 1986

[22] Moss, J.E.B.: Nested Transactions, An Approach to Reliable Distributed Computing, The MIT Press, Cambridge (Mass.), 1985

[23] Schön, D.: Die Einbindung heterogener rechnergestützter Entwicklungssysteme in die Technische Dokumentation, Arbeitsberichte des IMMD (Informatik) in Erlangen, Band 20, No. 3, März 1987

[24] Shaw, M.J.P. und Whinston, A.B.: Application of Artificial Intelligence to Planning and Scheduling in Flexible Manufacturing, in: Kusiak (Hrsg.): Flexible Manufacturing Systems, Methods and Studies, Elesevier Science Publisher, 1986, S. 223-242

[25] Shrivastava, S.K., Mancini, L.V. und Randell, B.: On the Duality of Fault Tolerant System Structures (preliminary version), noch unveröffentlicht

[26] Smith, F.S., Fox, M.S., Ow, P.S.: Constructing and Maintaining Detailed Production Plans: Investigations into the Development of Knowledge-Based Factory Scheduling Systems, in: AI Magazine, Vol 7 (1986), No. 4, S. 45-61

[27] Stoyan, H.: Programmiermethoden der Künstlichen Intelligenz, Springer Verlag, 1988 (in Vorbereitung)

[28] Wedekind, H.: Die Problematik des Computer Integrated Manufacturing (CIM) - Zu den Grundlagen eines strapazierten Begriffes, in: Informatik-Spektrum Vol. 11 (1988), Heft 1, S. 29-39

[29] Wedekind, H. und Zörntlein, G.: Eine konzeptionelle Basis für den Einsatz von Datenbanken in Flexiblen Fertigungssytemen, in: Informatik Forschung und Entwicklung, Band 2 (1987), No. 2, S. 83-96

[30] Zörntlein, G.: Flexible Fertigungssysteme: Belegung, Steuerung, Datenorganisation, Carl-Hanser-Verlag, München 1988

Hartmut Wedekind
Universität Erlangen-Nürnberg
Informatik VI (Datenbanksysteme)
Martensstr. 3, D-8520 Erlangen

Einsatz neurobiologischer Modelle
für die Lösung von Optimierungsproblemen
mit Expert System Environment (ESE)

Jens Grotrian
IBM Deutschland GmbH

Zusammenfassung

Einfache neurobiologische Modelle lassen sich für die Lösung von Optimierungsproblemen mit Expertensystemen einsetzen. Anwendungsbeispiele sind die Lösung des Zuteilungsproblems (z.B. als Maschinenbelegungsproblem) und der assoziative Speicher. Die praktische Bedeutung liegt in der eleganten und verständlichen Form der Wissensdarstellung mit heuristischen Regeln, die beim Anwender keine Kenntnisse algorithmischer Optimierungsmethoden voraussetzt.

Einleitung

Bionik ist die Bezeichnung einer Fachrichtung, die es sich zur Aufgabe gemacht hat, die durch Evolution entwickelten Funktionsweisen biologischer Systeme zu erforschen und für technische Anwendungen nutzbar zu machen. Aerodynamisch günstige Tragflächenprofile nach dem Vorbild von Greifvogelschwingen und Autofokussier-Einrichtungen für Kameras in Anlehnung an die Verarbeitung von Lichtreizen in der Retina sind zwei Beispiele einer Reihe interessanter Arbeitsergebnisse auf diesem Gebiet [6].

Auch die **Künstliche Intelligenz (KI)** benutzt als Forschungsrichtung innerhalb der Informatik u.a. die Vorgehensweise der Bionik, um die als "intelligent" geltenden Fähigkeiten des Menschen wie Sehen, Sprechen, Erinnern, Lernen, Schlußfolgern oder kontrolliertes Bewegen der Gliedmaßen mit Hilfe von **wissensverarbeitenden Systemen** nachzubilden. Der Aufbau und die Wirkungsweise von Nervensystemen nehmen dabei eine Schlüsselstellung für das Verständnis der Gehirnfunktionen von Lebewesen ein.

Dank rascher Fortschritte sowohl der Neuro- und Molekularbiologie als auch der Informationstechnik hat die Entwicklung neurobiologischer Architekturmodelle für die Aufgaben der Künstlichen Intelligenz unter dem Schlagwort **neuronale** oder **konnektive Netze** in den letzten Jahren einen großen Aufschwung erfahren [2], [3]. Einen interessanten Überblick über die Funktionsweise elektronischer Schaltkreise, die nach einfachen neurobiologischen Modellen gestaltet sind, vermitteln David W. Tank und John J. Hopfield mit ihrem kürzlich erschienenen Aufsatz "Kollektives Rechnen mit neuronenähnlichen Schaltkreisen" [7].

Der Autor hat den erwähnten Artikel zum Anlaß genommen, zwei der beschriebenen Modelle mit Hilfe der IBM Expertensystem-Schale **"Expert System Environment (ESE)"** zu programmieren und damit Optimierungsaufgaben zu lösen, deren Typ für Problemstellungen der industriellen Praxis relevant ist [1]. Das erste Beispiel behandelt das **Zuteilungsproblem**, bei dem eine bestimmte Anzahl von Ressourcen (z.B. Werkzeugmaschinen) auf eine Menge von Aufgaben so zu verteilen ist, daß die Gesamtheit der Aufgaben in

minimaler Zeit bewältigt wird. Das zweite Beispiel zeigt einen
assoziativen Speicher als Variante des Optimierungsproblems.

Kollektive Informationsverarbeitung in Neuronennetzen

Nervensysteme bestehen aus Nervenzellen oder **Neuronen**, die
Sinnesreize als elektrische Impulse über langgestreckte und sich
wurzelartig verzweigende Zellfortsätze (Nervenfasern) miteinander
austauschen. Die Nervenimpulse wandern vom Zellkörper aus über
die sendende Faser (**Axon**) bis zu deren Ende (oder Enden), welches
Synapse genannt wird (Abb.1).

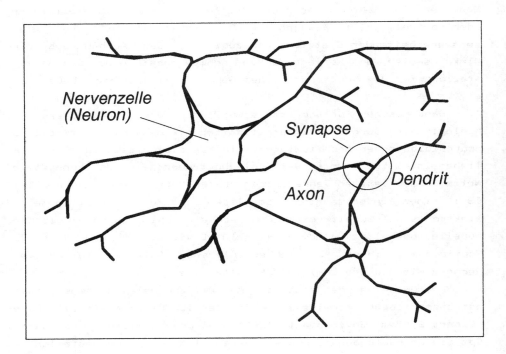

Abb.1. Schematisches Neuronen-Netzwerk mit zwei Zellen

Diese synaptische Endung – ein kolbenförmig aufgetriebenes Gebilde – ist die Trennstelle zu einer Nachbarzelle. Sie wandelt den ausgesendeten Impuls in einem komplexen elektrochemischen Prozeß unter Einsatz eines Überträgerstoffes (**Transmitter**) in ein elektrisches Empfangssignal um, das die Nachbarzelle direkt oder über eine empfangende Faser (**Dendrit**) erreicht. Je nach Art des Transmitters wirkt die Sendeaktivität eines Neurons **stimulierend** oder **hemmend** auf die Aktivität eines nachgeschalteten Neurons [4].

Aus einer technischen Sicht der Informationsverarbeitung stellt ein Neuronen-Netzwerk ein bemerkenswertes Organ mit Eigenschaften dar, die von denen konventioneller Digitalrechner grundlegend verschieden sind. Der Signalaustausch zwischen zwei Neuronen beansprucht ca. eine Millisekunde, was, verglichen mit der Schaltzeit elektronischer Schaltungen, sehr lang ist. Dennoch ist ein menschliches Gehirn in der Lage, schwierige Aufgaben der Bild- oder Spracherkennung in wenigen hundert Millisekunden zu erledigen, d.h. also in etwa einhundert Signalschaltzeiten. Die besten KI-Programme für solche Aufgaben sind funktionell nicht annähernd so leistungsfähig und benötigen Millionen von Rechenschritten. Ein anderer gravierender Unterschied zeigt sich in der geringen Informationsmenge, die ein Neuron einem anderen sendet: Sie beträgt höchstens einige Bit, welche dafür aber an bis zu 10000 Zellen gleichzeitig weitergegeben wird. Die herausragendste Eigenschaft des Gehirns ist jedoch die Toleranz gegenüber unvollständigen oder unsicheren Informationen. Flüchtig aufgenommene oder gestörte Bild- und Höreindrücke werden mit gespeicherten Erinnerungen assoziiert und in der Regel richtig gedeutet.

Die Fähigkeit der Nervensysteme zu komplexer Informationsverarbeitung ist eine kollektive Eigenschaft, die sich aus der Vielzahl der miteinander wechselwirkenden Neuronen in einem dicht geknüpften Netzwerk ergibt. Die Erklärung für die Funktionsweise ist in den Verknüpfungsmustern aus stimulierenden und blockierenden Verbindungen mit unterschiedlichen Graden der Signalverstärkung zu suchen. Die gewaltige Menge der Neuronen in einem menschlichen Gehirn (ca. 10^{11}) läßt eine Funktionsanalyse hoffnungslos erscheinen. Gleichwohl lassen sich die kollektiven

Eigenschaften schon mit Hilfe einfacher Modellneuronen untersuchen.

Neurobiologische Modelle für Optimierungsaufgaben

Tank und Hopfield haben gezeigt, daß man das Grundprinzip der Speicherung und Verarbeitung von Informationen in neuronalen Netzen an einer elementaren Schaltung der digitalen Schaltkreistechnik - dem sogenannten **Flip-Flop** - anschaulich demonstrieren kann (Abb.2). Sie kann in einfacher Weise mit Hilfe von zwei Operationsverstärkern aufgebaut werden. Deutet man einen Verstärker als Nervenzelle, so entspricht dem Verstärkereingang ein Dendrit und dem Verstärkerausgang ein Axon. Eine Überkreuzverbindung zweier solcher Modellneuronen, bei der das Ausgangssignal des einen zunächst in ein blockierendes (invertiertes) Signal umgewandelt und dann auf den Eingang des jeweils anderen Verstärkers gegeben wird, verfügt über zwei stabile Zustände: daher der Name "Flip-Flop". Nur jeweils ein Neuron kann aktiv sein, denn ein starkes Ausgangssignal des einen wird die Sendeaktivität (elektrische Ausgangsspannung) des Partners auf kleine Werte drücken. Dadurch entsteht ein **selbstkonsistentes Verhalten**, weil jeder Verstärker tendenziell den anderen in den entgegengesetzten Zustand treibt.

Eine bemerkenswerte Eigenschaft des Flip-Flops besteht darin, daß es unmittelbar nach dem Empfang eines äußeren Signals schnell in einen seiner stabilen Zustände übergeht, der auch nach dem Verschwinden des empfangenen Signals erhalten bleibt. Es trifft quasi eine "Entscheidung", ob der von außen kommende elektrische "Reiz" am Signaleingang des einen oder des anderen Operationsverstärkers eingetroffen ist und "speichert" diese als elementare Informationsmenge von einem Bit.

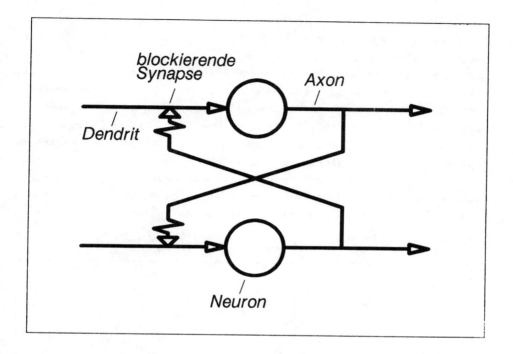

Abb.2. Neurobiologisches Flip-Flop-Modell

Tank und Hopfield benutzen zur Veranschaulichung dieses Phänomens das Bild von der "**Rechenenergie**": Analog zu einem physikalischen System, das in einem dynamischen Prozeß den Zustand minimalen Energiegehalts einzunehmen sucht, stellt ein stabiler Enderregungszustand des Neuronenmodells eine Talsohle einer stetigen mehrdimensionalen Rechenenergiefläche (E-Fläche) dar. Die Kontur der Fläche wird dabei von den Eigenschaften der Neuronen, dem Ausmaß der stimulierenden und blockierenden Kopplungen zwischen ihnen sowie der Größe externer Signale bestimmt.

Das Flip-Flop verdeutlicht, daß sich der Verlauf der Zustandsänderungen der Modellneuronen als Entscheidungsprozeß interpretieren läßt, der durch eine Bahn auf einer zweidimensionalen E-Fläche beschrieben wird. Sie gleicht dem Weg eines Wassertropfens, der auf eine unebene Oberfläche gefallen ist und nun allmählich bergab fließt, bis er im nächstgelegenen Tal zur Ruhe kommt (Abb.3). Das Flip-Flop kann auf diese Weise zum Beispiel entscheiden, welche von zwei Zahlen die größere ist, wenn man die Neuronen-Dendrite (Verstärkereingänge) mit externen Signalen speist, deren Stärke proportional zu den Zahlenwerten ist. Das Neuron mit dem größeren Eingangssignal beschreibt im angeregten Zustand ein tieferes (globales) Minimum, dessen Anziehungsbereich bis zum Ausgangspunkt des Entscheidungsprozesses auf der E-Fläche reicht. Nach Erreichen des stabilen Zustandes kann man an den Neuronen-Axonen (Verstärkerausgänge) ablesen, welches der beiden Neuronen sich im angeregten Zustand befindet, und daraus schließen, welche der beiden Zahlen größer ist.

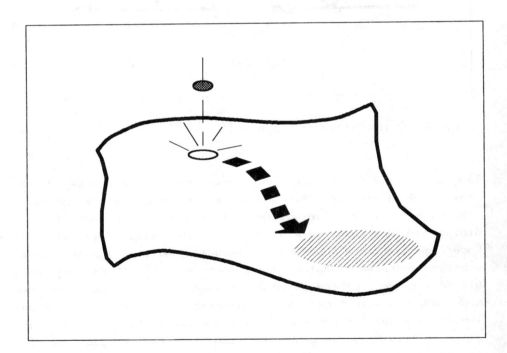

Abb.3. "Rechenenergiefläche" (Veranschaulichung mit abfließendem Wassertropfen)

Bei einem komplizierteren kollektiv arbeitenden Neuronenverband wird die zugehörige E-Fläche vieldimensional und läßt sich nicht mehr graphisch darstellen. Dennoch kann man die Eigenschaften des Flip-Flop-Modells als Richtschnur für das Verstehen der Funktionsweise allgemeiner neuronaler Netzwerke verwenden: Die Zustandsübergänge der Neuronen charakterisieren simultane Ereignisse einer Informationsverarbeitung, deren Ergebnis vom Verlauf der kollektiven Wechselwirkungen abhängt. Entsprechend dem Paradigma von der Rechenenergie beschreiben sie den Verlauf eines **Optimierungsprozesses**, der ohne die Verwendung eines algorithmischen Rechenverfahrens auskommt.

Beschreibung neuronaler Netze mit heuristischen Regeln

Das oben erläuterte Wirkungsprinzip weist zugleich auf den praktischen Nutzen neurobiologischer Modelle als Methode für die Lösung von Optimierungsproblemen hin: Der Anwender beschreibt bei der "Programmierung" eines neuronalen Netzes nur die gewünschten Eigenschaften der gesuchten Lösung, ohne sich Gedanken über das Verfahren machen zu müssen, wie diese gefunden werden kann. Da sich die Zulässigkeit einer Lösung häufig gut mit **Wenn-Dann-Regeln** beschreiben läßt, eignen sich neuronale Netze grundsätzlich auch als Methode zur Wissensstrukturierung bei der Entwicklung regelbasierter Expertensysteme. Die Regeln entsprechen dabei dem folgenden Muster:

> **WENN** X eine zulässige Lösung ist,
> **DANN** hat X die Eigenschaft Y.

Das Überprüfen und Anwenden der Regeln kann der Anwender dem Expertensystem überlassen, welches für diesen Zweck über eine sogenannte "**Schlußfolgerungskomponente**" verfügt. Diese probiert die Regeln solange durch, bis sich ein Gleichgewichtszustand widerspruchsfreier (selbstkonsistenter) Aussagen ergibt, welche eine optimale (oder suboptimale) Lösung[1] beschreiben.

Eine wesentliche Voraussetzung für das Auffinden einer optimalen Lösung in einem selbsttätigen Suchprozeß ist die Verwendung heuristischer Aussagen, deren Gültigkeit durch sogenannte "**Sicherheitsfaktoren**" ausgedrückt werden. Die IBM Entwicklungsschale **Expert System Environment (ESE)** verfügt über eine solche Möglichkeit. Die Werte der Sicherheitsfaktoren dürfen sich bei ESE stetig zwischen -1 und $+1$ bewegen. Dabei entsprechen den Zahlen -1, 0, $+1$ in dieser Reihenfolge die Sicherheitswerte "definitiv unzutreffend", "unbekannt" und "definitiv zutreffend". Die Verwendung heuristischer Sicherheitsfaktoren bewirkt erst, daß die E-Fläche die für den Optimierungsvorgang erforderliche Stetigkeit erhält. Sie finden eine Entsprechung in den unterschiedlichen Stärken neuronaler Aktivitäten.

Konventionelle DV-Programme sind aus Sequenzen von **Verarbeitungsanweisungen** an den Rechner aufgebaut. Sie kennen keine "Sicherheitsfaktoren", weil "mehr oder weniger" anwendbare Anweisungen mit der Architektur heutiger Rechner unverträglich sind. Expertensysteme enthalten keine Anweisungen, sondern **Beschreibungen** in Form von Aussagen, welche Fakten und Regeln ausdrücken. Ihre Gültigkeit "berechnet" die oben erwähnten Schlußfolgerungskomponente und bringt diese mit Hilfe der Sicherheitsfaktoren zum Ausdruck. Eine große Vereinfachung für den Entwickler ist dabei der Umstand, daß die Reihenfolge der Aussagen keine Rolle spielt. Die wechselseitigen Einflüsse auf ihre jeweilige Gültigkeit werden **kollektiv** behandelt. Die Vorteile einer solchen Funktionsweise zeigen die folgenden Beispiele.

---

[1] Suboptimale Lösungen können sich dann ergeben, wenn die E-Fläche mehrere lokale Minima aufweist.

Das Zuteilungsproblem

Tank und Hopfield schildern als Beispiel für das Zuteilungsproblem die folgende Aufgabe:
Nehmen Sie an, Sie sollen das Einsortieren einer großen Büchersammlung in die Regale einer Bibliothek organisieren. Dazu stehen Ihnen einige Helfer zur Verfügung. Jeder hat unterschiedliche Kenntnisse der in den Büchern behandelten Fachgebiete: Geschichte, Physik und so weiter. Dies hat Auswirkungen auf die jeweiligen Sortiergeschwindigkeiten. So kann Rita sechs Bücher pro Minute aus dem Bereich Geologie einordnen, vier pro Minute in Physik und so fort. Hans bringt es dagegen auf acht Physikbücher pro Minute und nur eines pro Minute in Geologie. Sie müssen jedem Mitarbeiter eine Buchkategorie zuweisen. Wie sollten Sie die Aufgaben verteilen, damit die ganze Arbeit so schnell wie möglich erledigt wird (Tab.1)?

	Geologie	Physik	Chemie	Geschichte	Dichtung	Kunst
Sarah	10	5	4	6	5	1
Rita	6	4	9	7	3	2
Hans	1	8	3	6	4	6
Karin	5	3	7	2	1	4
Klaus	3	2	5	6	8	7
Jan	7	6	4	1	3	2

Tab.1. Sortierleistungen der Bibliothekshelfer (sortierte Bücher pro Minute)

Bei **n** Buchkategorien und **n** Helfern beträgt die Anzahl der Lösungsmöglichkeiten **n!** (n Fakultät), oder **n x (n-1) x (n-2) x .. .. x 1**. Für **n** = 6 sind dies z.B. 720 Lösungsalternativen. Geeignete iterative Algorithmen können das Problem in einem Zeitraum lösen, der proportional zu **n³** ist. Wiederum für **n** = 6 sind das 216 Zeiteinheiten. Nur eine einzige Berechnungszeiteinheit ist erforderlich, wenn die Aufgabe auf ein neurobiologisches Modell mit **n²** Zellen abgebildet wird. Die Rechenzeit entspricht dann der Einschwingdauer des Neuronenverbandes in einen stabilen Zustand. Diese ist jedoch unabhängig von der Zahl der Neuronen (und damit auch unabhängig von der Größe des Problems), da alle wechselseitigen Abhängigkeiten gleichzeitig berücksichtigt werden. Rechnungen dieser Art könnten schnell und effektiv auf einem der derzeit in der Entwicklung befindlichen Kollektivrechner mit **Parallelarchitektur** durchgeführt werden. Tank und Hopfield konnten dies mit Hilfe einer einfachen elektronischen Schaltung nachweisen, die sie analog zum oben beschriebenen Flip-Flop aus Operationsverstärkern mit blockierenden Überkreuzverbindungen aufbauten.

Ein solches Modell hat die Struktur einer aus Neuronen gebildeten (n x n)-Matrix, deren Reihen den Mitarbeitern und deren Spalten den verschiedenen Buchkategorien entsprechen. Ein aktiviertes Modell-Neuron signalisiert damit die Zuordnung einer bestimmten Buchkategorie als Sortieraufgabe für einen ausgewählten Helfer. Die Neuronen jeder Spalte und jeder Reihe sind untereinander durch Nervenfasern mit blockierenden Synapsen vernetzt, so daß jeweils nur ein Assistent für eine Buchkategorie zuständig sein kann. Das heißt, wenn eine Zelle aktiv ist, blockiert sie gleichzeitig alle anderen Neuronen derselben Reihe und Spalte.

Die Darstellung desselben Modells mit Hilfe von ESE enthält folgende "Wissensobjekte": Die Modell-Neuronen werden als ESE-Parameter-Wert-Paare "**Aufgabe_für_Sarah is 'Geologie'**", "**Aufgabe_für_Rita is 'Chemie'**", ... dargestellt. Die Definition des zulässigen Wertebereichs der Aufgaben-Parameter lautet in der ESE-Terminologie:

"**is taken from ('Geologie', 'Physik', 'Chemie', ...)**"

Eine zweite Gruppe von Parametern wird für die Erfassung der Fachkenntnisse der Assistenten benutzt. Sie heißen "**Fachwissen_von_Sarah**", "**Fachwissen_von_Rita**", usw. Die Bildschirmmasken für den Dialog mit dem Benutzer werden automatisch erzeugt (Abb.4). Die Ausprägungen der Fachkenntnisse werden mit den oben erwähnten "Sicherheitsfaktoren" ausgedrückt. In der Eingabemaske von Abb.4

entspricht z.B. Sarahs Sortierleistung von zehn Geologiebüchern pro Minute einem Sicherheitsfaktor[2] von
0.9+0.010 = 0.910 .

```
                    Focus:   verteile aufgaben (1)        PF1   Help
                                                          PF2   Review
                                                          PF3   End
                                                          PF4   What
                                                          PF5   Question
                                                          PF6   Unknown
                                                          PF7   Up
                                                          PF8   Down
                                                          PF9   Tab
 What is fachwissen von sarah?                            PF10  How
                                                          PF11  Why
 (Choose any number of the following:)                    PF12  Command

 0.910 Geologie
 0.905 Physik
 0.904 Chemie
 0.906 Geschichte
 0.905 Dichtung
 0.901 Kunst



 ==>
```

Abb.4. ESE-Eingabeschirm für den Parameter "**Fachwissen_von_Sarah**"

Die Fachkenntnisse stellen "äußere Signale" dar, welche eine stimulierende Wirkung auf die "Aufgaben-Neuronen" ausüben. Sie werden durch entsprechende "Stimulationsregeln" dargestellt. Eine solche Regel lautet in der Sprache von ESE zum Beispiel folgendermaßen:

---

2) Die hier gewählte Abbildung der Sortierraten zwischen eins und zehn auf entsprechende Sicherheitsfaktoren im Intervall von 0.901 bis 0.910 kann ohne weiteres durch eine andere ersetzt werden.

```
fif  there is any evidence that Fachwissen_von_Hans is 'Chemie'
and there is any evidence that Aufgabe_für_Hans  is not 'Geologie'
and there is any evidence that Aufgabe_für_Hans  is not 'Physik'
                                                        .
                                                        .

and there is any evidence that Aufgabe_für_Sarah is not 'Chemie'
and there is any evidence that Aufgabe_für_Rita  is not 'Chemie'
                                                        .
                                                        .

then there is 0.5 evidence that Aufgabe_für_Hans is 'Chemie'
```

Sie besagt in ihrem "Dann"-Teil (Konklusion), daß eine Zuordnung der Bücherkategorie "Chemie" als Sortieraufgabe für Hans mit einem "Stimulationssignal" der "Stärke" 0.5 angenommen wird[3]. Die stimulierende Wirkung wird in diesem Ausmaß jedoch nur dann erreicht, wenn der Parameter "**Fachwissen_von_Hans**" mit einem "Sicherheitsfaktor" von 1.0 vom Benutzer eingegeben wurde, eine Zuordnung der Bücherkategorien "Geologie", "Physik", ... als Aufgabe für Hans mit einem jeweiligen Sicherheitsfaktor von -1.0 als ausgeschlossen ("definitiv unzutreffend") gelten kann und eine Zuteilung derselben Sortieraufgabe ("Chemie") an einen der übrigen Helfer (Sarah, Rita, ..) mit dem gleichen Faktor von -1.0 als mögliche Lösung ausscheidet. In allen übrigen Fällen, wo sich andere Konstellationen für die Sicherheitsfaktoren der Parameter "**Fachwissen_von_Hans**" und "**Aufgabe_für_..**" eingestellt haben, wird das Stimulationssignal für das Modellneuron "**Aufgabe_für_Hans is 'Chemie'**" entsprechend abgeschwächt. Das "**fif**" im "Wenn"-Teil (Prämisse) der Regel bedeutet "**fuzzy if**" und dient zur besonderen Kennzeichnung einer "heuristischen" ESE-Regel.

Eine zweite Art von Regeln dient zur Beschreibung der "blockierenden Signale" zwischen den Modell-Neuronen:

---

3) Die Wahl eines Sicherheitsfaktors von gerade 0.5 ist für die Funktionsweise nicht erforderlich. Der Wert wurde experimentell bestimmt und ergab ein besonders gutes "Konvergenzverhalten".

```
fif  there is any evidence that Aufgabe_für_Hans is 'Chemie'
then there is 0.5 evidence that Aufgabe_für_Hans is not 'Geologie'
 and there is 0.5 evidence that Aufgabe_für_Hans is not 'Physik'
                                          .
                                          .
                                          .

 and there is 0.5 evidence that Aufgabe_für_Sarah is not 'Chemie'
 and there is 0.5 evidence that Aufgabe_für_Rita  is not 'Chemie'
                                          .
                                          .
```

Die Regel drückt die Zwangsbedingung aus, daß je einem Helfer nur eine Bücherkategorie als Sortieraufgabe zugeordnet werden darf. In bezug auf das Neuronen-Modell besagt sie:

Wenn das Modell-Neuron "**Aufgabe_für_Hans is 'Chemie'**" aktiviert ist,
dann sendet es blockierende Signale an die Nachbar-Modell-Neuronen
derselben Matrix-**Zeile**:

"Aufgabe_für_Hans is 'Geologie'",
"Aufgabe_für_Hans is 'Physik'",
.
.

derselben Matrix-**Spalte**:

"Aufgabe_für_Sarah is 'Chemie'"
"Aufgabe_für_Rita is 'Chemie'"
.
.

Ein blockierendes Signal wird dabei durch den ESE-Term "**is not**" ausgedrückt.

	Geologie	Physik	Chemie	Geschichte	Dichtung	Kunst
Sarah	10	-	-	-	-	-
Rita	-	-	9	-	-	-
Hans	-	8	-	-	-	-
Karin	-	-	-	-	-	4
Klaus	-	-	-	-	8	-
Jan	-	-	-	1	-	-

Tab.2. Lösung der Sortieraufgabe mit dem ESE-Neuronen-Modell (Gesamtsortierrate = 40)

Der Übergang des Neuronenmodells in einen optimalen (oder suboptimalen) Gleichgewichtszustand wird nun durch wiederholtes Anwenden der Regeln simuliert. Nach einigen Iterationsschritten stellt sich die in Tab.2 dargestellte Aufgabenverteilung ein, sofern die in Tab.1 angegebenen Sortierleistungen der Helfer mit den dazu korrespondierenden Sicherheitsfaktoren für die Parameter "**Fachwissen_von_...**" eingegeben wurden. Die Lösung kommt mit einer Gesamtsortierleistung von 40 Büchern pro Minute der theoretisch erreichbaren Sortierrate von 44 Büchern pro Minute recht nahe und kann angesichts der Vielfalt von 720 Möglichkeiten als sehr brauchbar gelten. Mit einer modifizierten Version der ESE-Implementierung konnte die in Tab.3 gezeigte beste Lösung sogar exakt bestimmt werden.

	Geologie	Physik	Chemie	Geschichte	Dichtung	Kunst
Sarah	10	-	-	-	-	-
Rita	-	-	-	7	-	-
Hans	-	-	-	-	-	6
Karin	-	-	7	-	-	-
Klaus	-	-	-	-	8	-
Jan	-	6	-	-	-	-

Tab.3. Theoretisch beste Lösung (Gesamtsortierrate = 44)

Ein assoziativer Speicher als neuronales "Personengedächtnis"

Das gerade behandelte Beispiel zeigt, daß die Lösung des Zuteilungsproblems quasi in der Verknüpfungsstruktur der Modellneuronen gespeichert ist. Das zweite Beispiel wird demonstrieren, daß man beliebige Informationsgegenstände, wie zum Beispiel Personenbeschreibungen, in die Struktur eines neuronalen Netzwerks abbilden und ohne Zuhilfenahme einer "Speicheradresse" wieder abrufen kann. Ein solcher Informationsspeichertyp heißt **"Assoziativspeicher"**, weil eine unvollständige und möglicherweise unsichere Beschreibung eines Wissensobjektes mit den gespeicherten "Erinnerungen" so "assoziiert" wird, daß die fehlenden Informationsstücke "aus dem Gedächtnis" rekonstruiert werden können.

Erinnerung	Name	Größe	Alter	Statur	Augen	Haar
A	Müller	klein	jung	schlank	braun	blau
B	Müller	groß	jung	kräftig	braun	braun
C	Müller	klein	alt	kräftig	braun	blau

Tab.4. Gespeicherte "Erinnerungen"

Dieses Funktionsprinzip können wir anhand der Erfahrungen überprüfen, die wir mit unserem eigenen Personengedächtnis machen: Bekannte Menschen prägen sich uns z.B. durch ihre Gesichter, Namen, Stimmen und typischen Bewegungen ein. Manchmal spielt uns das Erinnerungsvermögen auch einen Streich, und wir erkennen einen Bekannten auf der Straße nicht wieder, weil wir ihn normalerweise nur beim Freizeitsport treffen und ihn deshalb sehr stark mit dieser Aktivität "assoziiert" haben. Für solche Zugriffe auf die in unseren Gehirnen gespeicherten Informationen benötigen wir - anders als ein Digitalrechner - keinerlei Angaben über den Speicherort. Vielmehr dienen von uns wahrgenommene Informationsstücke ("Sehen einer Person") als **Muster**, welches im Unterbewußtsein mit den Erinnerungen an bekannte Personen solange verglichen wird, bis sich eine "optimale" Übereinstimmung ergibt.

Durch die kollektive Anregung von zahllosen Neuronen geschieht dies in der Regel in Sekundenbruchteilen.

Ein neurobiologisches Modell eines einfachen assoziativen "Personengedächtnisses" konnte wiederum mit ESE beschrieben und im Dialog getestet werden. Als Vorlage diente ein zweites, von Tank und Hopfield geliefertes Beispiel eines elektronischen Schaltkreises mit neuronenähnlicher Funktionsweise:
Jede Erinnerung an eine Person bestehe aus Angaben zu den Merkmalen **Name**, **Größe**, **Alter**, **Statur**, **Haarfarbe** und **Augenfarbe**. Tab.4 enthält eine Auflistung von "Erinnerungen" an drei Personen **A**, **B** und **C**. In der ESE-Beschreibung werden die Modellneuronen wie bei der Sortieraufgabe als Parameter-Wert-Paare dargestellt. Jede Erinnerung an eine bestimmte Person besteht aus sechs Stimulationsregeln, welche alle nach folgendem Schema aufgebaut sind:

    WENN eine Eigenschaft E bekannt ist, die auf die Person P paßt,
    DANN stimuliere (assoziiere damit) alle übrigen Eigenschaften von **P**.

Wird unser ESE-Personengedächtnis etwa mit einem groß gewachsenen Menschen konfrontiert, wendet es beispielsweise diese Regel an[4]:

    fif there is any evidence that bekannte_Größe is 'groß'
    then gesuchte_Größe is bekannte_Größe
      and there is some evidence that gesuchter_Name   is 'Müller'
      and there is some evidence that gesuchtes_Alter   is 'jung'
      and there is some evidence that gesuchte_Statur   is 'kräftig'
      and there is some evidence that gesuchte_Haarfarbe is 'braun'
      and there is some evidence that gesuchte_Augenfarbe is 'braun'

Da unter den gespeicherten Erinnerungen nur ein Mensch mit einem großen Wuchs vertreten ist, schließt das ESE-Gedächtnis mühelos auf die Person **B**. Dies geschieht mit Hilfe von drei weiteren Regeln, die für jede der drei Personen **A**, **B** und **C** eine Art

---

[4] Der ESE-Ausdruck "there is **some** evidence that" ist ein Beispiel für die Anwendung "linguistischer Variablen" in heuristischen Regeln. "some" steht für einen Sicherheitsfaktor von 0.4 .

"Steckbrief"-Beschreibung liefern. Für **B** lautet diese folgendermaßen:

```
fif  there is any evidence that gesuchter_Name      is 'Müller'
and  there is any evidence that gesuchte_Größe      is 'groß'
and  there is any evidence that gesuchtes_Alter     is 'jung'
and  there is any evidence that gesuchte_Statur     is 'kräftig'
and  there is any evidence that gesuchte_Haarfarbe  is 'braun'
and  there is any evidence that gesuchte_Augenfarbe is 'braun'
then gesuchte_Person is 'B'
```

Schwieriger wird es, wenn man das Speichermodell mit einer bruchstückhaften und unsicheren Personenbeschreibung füttert, die auf mehrere Personen zutreffen könnte - etwa die eines "schlanken kleinen Müllers". Die subjektive Unsicherheit der Beschreibungsdaten wird mit Hilfe der Sicherheitsfaktoren geschätzt:

Parameter	Wert	Sicherheitsfaktor
bekannter_Name	'Müller'	0.2
bekannte_Größe	'klein'	0.5
bekannte_Statur	'schlank'	0.9

Der ESE-Assoziativspeicher reagiert mit einer Liste von Personen, auf die das Beschreibungsmuster "mehr oder weniger" gut paßt (Tab.5). Der relative Grad der Übereinstimmung ist wiederum anhand der Sicherheitsfaktoren ablesbar, die bei der Anwendung der heuristischen Regeln von ESE automatisch berechnet werden.

Erinnerung	Name	Größe	Alter	Statur	Augen	Haar
A(.6)	Müller(.6)	klein(.7)	jung(.6)	schlank(.9)	braun(.7)	blau(.7)
C(.3)	Müller(.6)	klein(.7)	alt(.3)	kräftig(.3)	braun(.7)	blau(.7)

Tab.5. Rekonstruktion einer Erinnerung aus unvollständigen und unsicheren Angaben ("schlanker kleiner Müller")

Einsatzmöglichkeiten in der Fertigungsindustrie

Die Aufgaben der Fertigungsindustrie bieten eine Fülle von Optimierungsproblemen, die aufgrund nicht quantifizierbarer Einflußgrößen mit den bekannten analytischen Methoden nicht lösbar sind. Examplarisch sei hierzu die "Angebotserstellung für Anlagenhersteller" genannt [5]: Industrielle Anlagen wie Galvanoanlagen, Druckmaschinen, Kapselbrotanlagen oder flexible Fertigungssysteme werden überwiegend auftragsgefertigt. Die kundenspezifische Lösung hat Einflußgrößen wie gewünschte Anlagenleistung, geforderte Qualitätseigenschaften der auf der Anlage herzustellenden Fabrikate bis hin zu baulichen Besonderheiten der verfügbaren Bauhöhe und Aufstellfläche zu berücksichtigen. Die Qualität des Angebotsentwurfs hängt in starkem Maße vom Erfahrungswissen aus Projekten der Vergangenheit ab, die sich möglicherweise für eine Änderungskonstruktion anbieten. Als leistungsstarke Alternative zu Verschlüsselungsmethoden oder Entscheidungstabellentechniken bieten sich Expertensysteme mit heuristischen Entwurfsregeln an. Sie unterstützen am besten die Vorgehensweise des Anlagenplaners, der das Zusammenspiel einer Vielzahl von Parametern zu optimieren sucht, ohne dabei auf ein mathematisches Verfahren zurückgreifen zu können. Analog zur Optimierung mit neurobiologischen Modellen werden Einflußgrößen, die bestimmte Konstruktionseigenschaften favorisieren, durch "stimulierende" Regeln und unverträgliche Alternativen mit Hilfe von "blockierenden" Regeln ausgedrückt.

Bewertung

Neurobiologische Modelle scheinen in jüngster Zeit unter den Wissenschaftlern besonders populär geworden zu sein, da sie insbesondere für die Bild- und Sprachverarbeitung einen deutlichen Fortschritt versprechen. Die Bemühungen konzentrieren sich dabei auf die Entwicklung entsprechender Mustererkennungsverfahren und den Bau neuer Rechnerarchitekturen mit parallelen Prozessoren.

Beim Einsatz von Expertensystemen bieten die Konzepte neuronaler Netze bereits heute eine wertvolle Hilfestellung für die Strukturierung von heuristischem Wissen. Die praktische Bedeutung der oben erläuterten Beispiele ist in der eleganten Form der Wissensdarstellung zu sehen, die ohne Kenntnis algorithmischer Optimierungsmethoden wie "Branch-and-Bound" oder "Dynamisches Programmieren" auskommt. Anstelle einer Prozedur für das Auffinden der optimalen Lösung werden nur die Randbedingungen für eine zulässige Lösung anhand einfacher Wenn-Dann-Regeln in die ESE-Expertensystem-Schale eingegeben.

Literatur

1. Behrendt, R., Expert System Environment - eine Entwicklungsschale von IBM, State of the Art 3, 1987, S.42-47

2. Feldman, J.A., Fanty, M.A., Goddard, N.H., and Lynne, K.J., Computing with Structured Connectionist Networks, Communications of the ACM 31, 2 (Febr. 1988), pp.170-186

3. Gallant, S.I., Connectionist Expert Systems, Communications of the ACM 31, 2 (Febr. 1988), pp.152-168

4. Gottlieb, D.I., Nervenzellen mit GABA als Überträgerstoff, Spektrum der Wissenschaft, 4 (April 1988), S.60-67

5. Grotrian, J., and Seliger, G., Knowledge and Decision Support for Material Handling Systems, in: ESPRIT '86 Results and Achievements, The Commission of the European Communities, 1987, pp.867-880

6. Rechenberg, I., und Bienert, P., Bionik und Evolutionstechnik, Technische Universität Berlin, Fachgebiet Bionik u. Evolutionstechnik (Hrsg.), Berlin 1980

7. Tank, D.W., und Hopfield, J.J., Kollektives Rechnen mit neuronenähnlichen Schaltkreisen, Spektrum der Wissenschaft, 2 (Febr. 1988), S.46-54

Dipl.-Ing. Dipl.-Wirtsch.-Ing. Jens Grotrian
IBM Deutschland GmbH
Vertriebsdirektion Nürnberg
Münchener Straße 330
Postfach 3648
8500 Nürnberg 50

QUEX - Ein Expertensystem in der Qualitätssicherung

A. Hirsch / I. Büttel-Dietsch

1. Einleitung

Der fortschreitende Einsatz von Rechnersystemen in der industriellen Fertigung führt zu einer stark erhöhten Datenverfügbarkeit in diesem Bereich. Die Integration verschiedener Systeme ermöglicht einerseits übergreifende Datenübersichten, andererseits eine Minimierung von Dateneingaben. CIM Konzepte versuchen diese Vorteile auszunutzen. Übergeordnete Ziele hierbei sind die Transparenz und die Flexibilität der Fertigung bei minimalem Aufwand.

Ein Problem, das bei einer fortschreitenden Integration auftritt, ist die Unüberschaubarkeit der anfallenden Datenmenge für den menschlichen Benutzer. Einerseits stehen sehr viele Daten zur Auswertung zur Verfügung, andererseits haben die Mitarbeiter immer weniger Zeit, sich mit Auswertungen zu befassen.

Hier setzen Überlegungen in der Forschung der TA Triumph-Adler AG an, **wissensbasierte Methoden** zur automatischen Begutachtung großer Datenmengen einzusetzen. Diese Methodik stellt u. E. einen angemessenen Rahmen für die heuristischen Regeln dar, die Menschen zur Lösung dieser Aufgabe einsetzen.

Um den Einsatz wissensbasierter Methoden zu erproben, wurde deshalb ein Prototyp eines Expertensystems für die Qualitätskontrolle in einem Schreibmaschinenwerk von TA entwickelt. Herkömmliche Softwaresysteme unterstützen die Qualitätssicherung vor allem bei der Verwaltung der zahlreich anfallenden Daten (Maßvorgaben, Prüfpläne, Kontrollergebnisse etc.) und deren statistischer Auswertung. Die intelligente Interpretation der gesammelten Daten, die sich z.B. in der Begutachtung von statistischen Auswertungen ausdrückt, blieb bisher jedoch immer den Qualitätssicherungsexperten überlassen. An dieser Stelle soll unser **QU**alitäts-**EX**pertensystem **QUEX** eine weitergehende Unterstützung bieten, indem es nach vorgegebenen, leicht änderbaren Regeln die Datenfülle durchsucht. Als Ergebnis wird eine Zusammenstellung der Daten geliefert, die anhand der Regeln herausgefiltert wurden. Dieses Vorgehen entspricht einer Interpretation des Datenbestandes, wir bezeichnen QUEX deshalb als "Interpretatives Expertensystem".

QUEX wurde nicht deshalb für die Qualitätssicherung entwickelt, weil wir der Meinung sind, daß sie sich besonders gut für eine solche Anwendung eignet, sondern weil bereits Verbindungen zwischen der Qualitätssicherung und der Forschungsabteilung von TA bestanden. Es gibt mit Sicherheit viele Einsatzmöglichkeiten für interpretative Systeme in der Fertigung, von denen die Qualitätssicherung nur eine ist.

Wir wollen zunächst die Qualitätssicherung in unserem Schreibmaschinenwerk Frankfurt vorstellen.

2. Die Qualitätssicherung im Werk Frankfurt

Die Qualitätssicherung gliedert sich in folgende Bereiche:

Leitung der Qualitätssicherung
- OOB Kontrolle   ⎱
- Fehlerrückmeldesystem ⎰── Endkontrolle
- Vorfertigungskontrolle
- Tastaturkontrolle
- Typenradkontrolle
- Wareneingangskontrolle

Der Bereich, für den QUEX entwickelt wurde, ist die Endkontrolle (Kontrolle der Endmontage). Sie setzt sich zusammen aus der **Out-Of-Box (OOB) Kontrolle** und einem **Fehlerrückmeldesystem**. Die OOB-Kontrolle findet man in vielen Fertigungsbetrieben. Sie entnimmt den Fertigungslosen anhand der durch DIN 40080 vorgegebenen AQL - Tabelle (Accept Quality Level) Stichproben und untersucht diese auf eine Reihe von qualitativen Merkmalen hin, die in Prüfplänen festgehalten sind. Diese Prüfpläne sind typischerweise stark abhängig von dem jeweils zu prüfenden Produkt. Das Überschreiten der Fehlergrenzen, die die AQL - Tabelle vorgibt, führt zu einer Lossperrung: Das Fertigungslos wird nicht zur Auslieferung freigegeben, sondern muß nachgearbeitet werden.

Neben der OOB-Kontrolle existiert in der Endmontage bei TA noch das sogenannte Fehlerrückmeldesystem (FRS). Es handelt sich hierbei um Kontrollplätze der Qualitätsicherung, die direkt am Fertigungsband liegen und Maschinen im teilweise zusammengebauten Zustand untersuchen (siehe Abb.1).

Diese FRS-Kontrollplätze haben ihre eigenen Prüfpläne, die den Grad der Fertigstellung der Maschinen berücksichtigen. Außerdem führen die hier festgestellten Fehler nicht zu den gleichen Konsequenzen wie in der OOB-Kontrolle. Hier gefundene Mängel werden lediglich dem Personal der Fertigungslinie mitgeteilt, das diese Fehler direkt zu verantworten hat (deshalb "Rückmeldesystem"). Durch hier gefundene Fehler werden also insbesondere keine Lossperrungen ausgelöst. Die Rückmeldung erfolgt automatisch auf Bildschirme, die direkt an den Arbeitsplätzen des Fertigungspersonals aufgestellt sind. Dadurch wird eine schnelle Rückkopplung der Kontrollergebnisse erreicht, was sich positiv auf die Fertigungsqualität auswirkt.

Die grundlegende Voraussetzung für den Einsatz eines interpretativen Expertensystems, nämlich die Erfassung der Daten, die bei den Kontrollen der Qualitätssicherung und der Fertigungsprüfung anfallen, war bei TA durch ein **konventionell programmiertes Qualitätsinformationssystem (TAQUA)** bereits gegeben. Dieses System arbeitet auf TA-Rechnern des Typs M32 mit dem Betriebssystem TANIX (eine UNIX Variante). Es ist in der Programmiersprache "C" geschrieben und läuft im Werk Frankfurt auf circa 30 mit TANET (ERGONET) vernetzten M32 Rechnern (siehe Abbildung 2). Das Qualitätsexpertensystem QUEX greift auf die mit Hilfe von TAQUA gesammelten Daten zu und interpretiert sie nach Regeln, die von den menschlichen Experten vorgegeben werden, in unserem Falle sind dies der Abteilungsleiter der Qualitätssicherung und seine Gruppenleiter.

Das Fehlerrückmeldesystem (FRS)

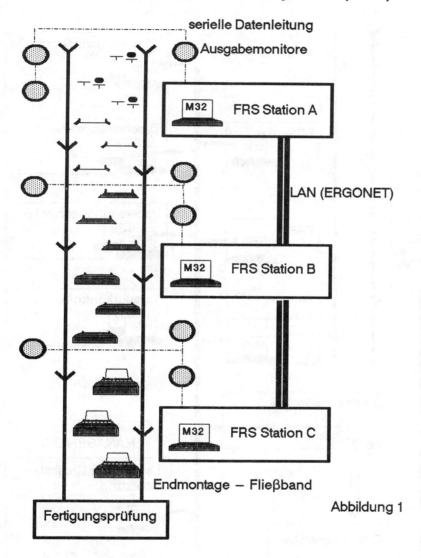

Abbildung 1

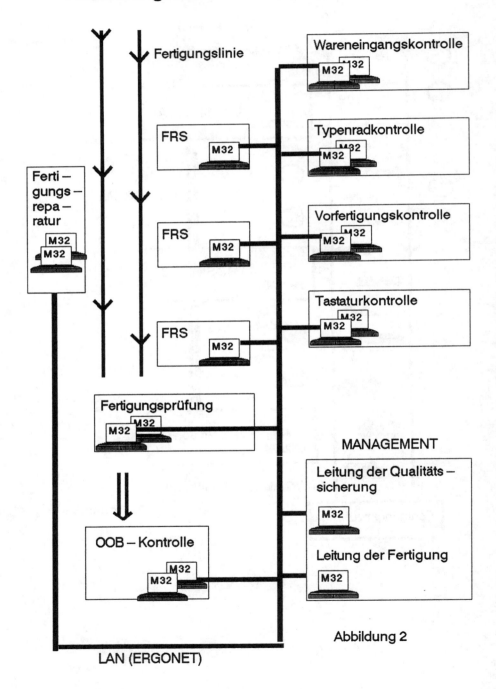

Abbildung 2

3. TAQUA (Triumph-Adler QUAlitätssicherung)

TAQUA ist ein menügesteuertes Erfassungs- und Auswertungssystem für Daten der Qualitätssicherung und der Fertigungsprüfung. Dateneingaben erfolgen in allen Bereichen der Qualitätssicherung (s.o.) und in der Fertigungsreparatur und der Fertigungsprüfung. Die Auswertungen dienen zur Dokumentation der Produktionsqualität, der Arbeitsvereinfachung für die Mitarbeiter und der schnellen Information des Managements. Die Benutzerschnittstelle von TAQUA ist mit Masken realisiert.

Die gemeinsame Grundlage für die in TAQUA gesammelten Daten stellt ein Fehlerkatalog dar, der ca. 1000 mögliche Fehler enthält, die in funktionalen Gruppen zusammengefasst sind.

Ein Fehlereintrag in diesem Fehlerkatalog ist wie folgt aufgebaut:
Fehlergruppe   2-stellig Integer
Fehlernummer   2-stellig Integer
Fehlertext   Characterfeld
Fehlergewicht   1-stellig Integer zwischen 0 und 10
Werk   Ein Kürzel, das den vermutlichen Fehlerentstehungsort
                 angibt

Beispiele aus drei Gruppen (auf die wir uns später noch beziehen werden):
```
                                                    Gewicht    Werk
Gruppe 03 Schrift/Korrektur:
0331 Abdruck zu schwach oben/unten                     7        S

Gruppe 05 Tastatur:
0511 Tastenknopf lose/fehlerhaft                       3        F
0515 Tastenknopf Symbol unsauber                       3        F

Gruppe 06 Typentraegerwagen I:
0616 Abschlaghammer hat zu viel Spiel/klemmt           3        S
```

Mit Hilfe der TAQUA Programme werden in den einzelnen Bereichen der Qualitätssicherung alle an einem untersuchten Teil festgestellten Fehler gespeichert: In der OOB-Kontrolle z.B. alle an einer untersuchten Maschine gefundenen Fehler. Diese Informationen über aktuell aufgetretene Probleme sollen nun von QUEX dazu verwendet werden, auffällige Fehlerraten herauszufiltern.

Unter **auffälligen Fehlern** verstehen wir dabei:
- Fehler, die häufiger als normal auftreten
- Fehler, denen besondere Aufmerksamkeit zuteil werden sollte
- Fehler, die besonders unangenehme Folgen nach sich ziehen (z.B. Lossperrungen)

Der Begriff 'auffällig' wurde absichtlich weit gefasst, damit er alle Kriterien abdecken kann.

4. Zielsetzung von QUEX

Zwei übergeordnete Ziele strebt TA bei der Entwicklung von QUEX an:

1. Eine **Steigerung der Produktionsqualität** ohne signifikanten Mehraufwand für das Fertigungspersonal
2. Arbeitsersparnis durch **adaptive Prüfpläne** in der Qualitätssicherung

Dabei verstehen wir unter adaptiven Prüfplänen für die Qualitätskontrolle Prüfpläne, deren Umfang an einzelnen Prüfplanpositionen variiert wird in Abhängigkeit von:
- der aktuellen Qualitätslage
- der momentanen Fertigung
- den verfügbaren Personalressourcen

Als Nebeneffekte erwarten wir außerdem

- eine höhere Kontinuität und damit eine effizientere Nutzung bei der Auswertung von Daten des konventionellen Systems TAQUA

- eine schnellere Reaktion auf Fehlerquellen, deren Symptome sich in in dem Datenvolumen der TAQUA Programme widerspiegeln

- eine Entlastung der Mitarbeiter der Qualitätssicherung von Routineaufgaben.

Die übergeordneten Ziele sind selbstverständlich nicht in einem Schritt erreichbar, QUEX soll in den folgenden Ausbaustufen zu ihrer Realisierung beitragen:

1. Stufe **"Intelligente Interpretation"** der von TAQUA gesammelten Daten aus der Endkontrolle, um daraus auf auffällige Fehlerhäufungen schließen zu können.

2. Stufe **"Intelligente Distribution"** der Information über Fehlerhäufungen an die Stellen in der Kontrolle und Fertigung, an denen diese Fehler frühestmöglich erkannt oder gar behoben werden können.

3. Stufe **"Angemessene Handlungsvorschläge"** für die Endkontrolle erstellen, unter Berücksichtigung der Personalverfügbarkeit, aller festgestellten Fehlerhäufungen und einer Historie von Handlungsvorschlägen und deren Erfolgen. Diese Handlungsvorschläge sollen zunächst die normalen Prüfpläne ergänzen.

4. Stufe **"Adaptive Prüfpläne"**, die die feststehenden Prüfpläne völlig ersetzen und unter Berücksichtigung mehrerer Gesichtspunkte (s.o.) zusammengestellt werden.

Eine merkliche Steigerung der Produktionsqualität erwarten wir uns von QUEX, sobald die 2. Ausbaustufe realisiert ist, weil hier verstärkt Informationen von den Kontrollplätzen an die Fertigung geleitet werden. Den Einfluß einer solchen Maßnahme konnten wir bereits nach der Einführung des Fehlerrückmeldesystems beobachten. Die hier gesammelten positiven Erfahrungen berechtigen zu der Hoffnung, mit QUEX eine spürbare **Steigerung der Produktionsqualität** erreichen zu können.

Das Ziel der Dynamisierung der Prüfpläne wird nicht so schnell zu erreichen sein. Folgende Schwierigkeiten müssen zunächst überwunden werden:

Damit eine Dynamisierung wirtschaftlichen Nutzen bringt, müssen die derzeit komplexen Prüfanweisungen in einzelne Prüfpositionen aufgebrochen werden, die möglichst unabhängig voneinander sind. Die verbliebenen Abhängigkeiten müssen geeignet repräsentiert werden, damit eine wissensbasierte Benutzerschnittstelle erkennen kann, welche Änderungen im Prüfablauf einen Zeitvorteil versprechen. Weiterhin muß eine Vorgehensweise definiert werden, die sicherstellt, daß sich das Expertensystem nicht des Inputs beraubt, den es für die Erstellung seiner Auswertung benötigt. Beispiel: Sollte ein Fehlermerkmal sehr selten auftreten, darf trotzdem seine Abprüfung nicht vollständig aus den Prüfplänen herausgenommen werden, da ansonsten ein Auftreten dieses Fehlers ja gar nicht mehr bemerkt werden könnte.

Im Moment läuft QUEX im Schreibmaschinenwerk Frankfurt in der ersten Ausbaustufe und liefert tägliche Auswertungen des aktuellen Datenbestandes (zur Erstellung einer solchen Auswertung brauchte der Leiter der Qualitätssicherung früher etwa 3 Stunden Zeit).

5. Erfahrungen mit der "Intelligenten Interpretation"

Die Schwierigkeiten, die bei der Realisierung des ersten Prototyps von QUEX zu überwinden waren, lassen sich in zwei Gruppen teilen:
- Probleme mit der Kommunikation zwischen Expertensystem und TAQUA und
- Probleme mit den Informationen, die TAQUA zur Verfügung stellte.

Die Probleme, die beim Austausch von Daten zwischen TAQUA und QUEX auftraten, gingen im wesentlichen auf die Programmierung des konventionellen Systems zurück. TAQUA benutzt zur Speicherung der gesammelten Daten direct access Dateien, die von C-Prozeduren angesprochen werden. Diese Vorgehensweise konnte QUEX, das in PROLOG implementiert ist, nicht nachvollziehen. Wir mußten daher eine Architektur wählen, wie sie in Abbildung 3 dargestellt ist: Die TAQUA Daten werden von C-Programmen gelesen und in einem neuen Format in einer relationalen Datenbank gespeichert. Auf die Datenbank konnten wir von PROLOG aus zugreifen (wieder über eine C-Schnittstelle). Diese Architektur macht das EXS unabhängig von Änderungen an der Datenstruktur von TAQUA. Lediglich die Transformationsprogramme und die Relationen in der Datenbank müssen ggf. geändert werden. Dadurch, daß die Zugriffsroutinen von PROLOG auf die Datenbank das ihr zugrundeliegende data dictionary interpretieren, konnten sie so allgemein gehalten werden, daß sie sich veränderten Datenstrukturen automatisch anzupassen vermögen.

Die inhaltlichen Probleme, die wir mit den von TAQUA zur Verfügung gestellten Informationen bekamen, waren schwieriger zu lösen. Sie betrafen vor allem den Fehlerkatalog, der natürlich formuliert worden war, lange bevor geplant wurde, ein Expertensystem zur Fehlerbeurteilung einzusetzen:

1.) Der Fehlerkatalog enthält Fehler, die sich gegenseitig implizieren:

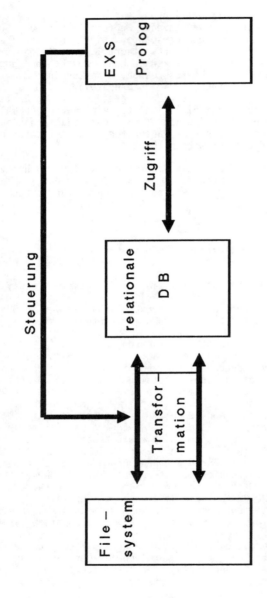

Abbildung 3

Beispiel: Die Fehlernummern 0511 und 0515 (s.o.):
Da ein Tastenknopf, dessen aufgedrucktes Symbol unsauber ist, natürlich auch fehlerhaft ist, steht es dem Kontrolleur der Qualitätssicherung mehr oder weniger frei, für welche der beiden Fehlernummern er sich entscheidet.

2.) Der Fehlerkatalog enthält sowohl Fehler, die Symptome beschreiben, als auch Fehler, die die Ursachen dafür liefern:
Beispiel: Die Fehlernummern 0616 und 0331 (s.o.):
Ein Grund für falschen Zeichenabdruck auf dem Papier kann der verbogene Abschlaghammer sein. Hier tritt das Problem auf, daß ein Kontrolleur sich mit dem Symptom zufrieden gibt, und daher die Fehlernummer 0331 in TAQUA erfasst, während ein anderer nachsieht, warum denn der Zeichenabdruck nicht stimmt, und den verbogenen Abschlaghammer, Fehler 0616, einträgt.

Das Problem für QUEX liegt darin, wie es, genau wie der menschliche Experte, erkennen kann, daß unterschiedliche Fehlernummern sich mitunter auf denselben Fehler beziehen. Eine Umformulierung des Fehlerkataloges, was vieleicht naheliegend erscheint, ist wegen seiner zentralen Bedeutung für TAQUA nicht möglich und es ist auch zweifelhaft, ob eine einwandfreie Formulierung gefunden werden könnte. Wir verfolgen daher zwei verschiedene Ansätze: Fehlerclusterung und Verwendung von Informationen der Reparaturstelle der OOB-Kontrolle.

Als Cluster bezeichnet man eine beliebige Menge von (hier) Fehlern, die in einem gewissen Sinne (hier: Bezeichnung desselben Fehlers) zusammengehören. Diese Fehlercluster können anstelle von Einzelfehlern zur Formulierung der Regeln verwendet werden und ermöglichen es, Fehler zusammenzufassen, die gleich behandelt werden sollen.

Der zweite Ansatz, Berücksichtigung der zusätzlichen Informationen der OOB-Reparatur, erweitert den Horizont des Expertensystems bis hin zu den erkennbaren Fehlerursachen. Durch die Erstellung eines Ursachenkataloges zusätzlich zum Fehlerkatalog von TAQUA wird die Erfassung der in der Reparaturstelle der OOB-Kontrolle anfallenden Daten innerhalb von TAQUA ermöglicht. Dann kann das Expertensystem auch auf diese Informationen zugreifen und auf diese Weise Fehler einander zuordnen, die dieselbe Fehlerursache haben. Weiterhin kann das Expertensystem auch erweiterte Schlußfolgerungen aus der Kombination von Fehler und Ursache ziehen:

- Es kann erkennen, welche Fehlernummern zur Beschreibung der Symptome derselben Fehlerursachen verwendet werden und dadurch die Clusterung von Fehlernummern selbständig aktualisieren.

- Es kann einen 'Erfahrungsschatz' aufbauen, welche Fehler typischerweise welche Ursache haben.

- Mit Hilfe eines Produktionsstrukturkatalogs, der Fehler/Fehlerursachen ihren möglichen Verursachern in der Fertigung oder Zulieferern zuordnet, ist es möglich, die "intelligente Distribution" zu realisieren.

An dieser Stelle will ich auf die Probleme eingehen, die wir bei der Realisierung der zweiten Ausbaustufe, der "intelligenten Distribution", von QUEX sehen. Dazu das folgende Beispiel:

TRIUMPH-ADLER
QUALITAETSSICHERUNG

EXSPFQ   Das Expertensystem meldet: EVX1
        Liste der auffaelligen Fehler am 87/11/20 um 11:30 Uhr

FE-NR KZ Fehlertext   Anzahl

0511   C Tastenknopf lose/fehlerhaft   3
0515   C Tastenknopf Symbol unsauber   2
0331   B Abdruck zu schwach oben/unten   5

Abbildung 4: Ausgabe der auffälligen Fehler

Der Regeleditor

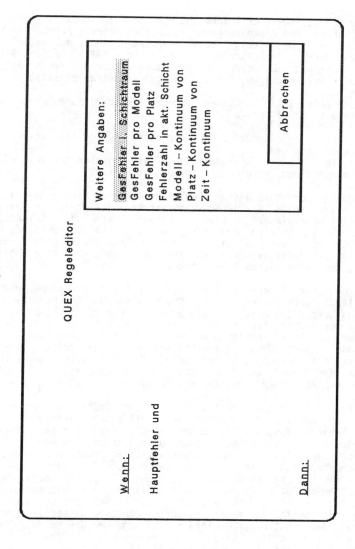

Abbildung 5

Der Fehler 0313, falscher Zeichenabdruck, kann zwei völlig verschiedene Ursachen haben: Den Abschlaghammer, oder eine defekte Farbbandkassette. Je nachdem, was den Fehler konkret verursacht hat, muß natürlich die Information über sein Auftreten an verschiedene Plätze in der Fertigung übermittelt werden: Entweder zu dem Monteur, der die Typenträgerwagen einbaut, oder zu demjenigen, der die Farbbandkassetten einsetzt.

Um dieses Problem lösen zu können, ergeben sich zwei Forderungen für den Fehlerursachenkatalog:

- er muß inhaltlich eindeutige Fehlerursachen auf einem etwa gleichen Niveau enthalten und
- er muß fein genug gegliedert sein, um zwischen den verschiedenen Ursachen einzelner Fehler unterscheiden zu können.

Die Zuordnung der Kombination Fehler/Ursache zu Fertigungsplätzen im Betrieb ist Aufgabe des Produktionsstrukturkataloges. Er definiert "logische Arbeitsplätze", die unabhängig von der tatsächlichen Lokalisierung im Betrieb und der momentanen Besetzung sind, um die Flexibilität der Fertigung nicht einzuschränken. Dieser Katalog ist ein Teil der Wissensbasis des Expertensystems und kann daher auch Regeln zur Bestimmung des vermutlichen Fehlerverursachers enthalten.

Ein (mit gewisser Sicherheit) festgestellter Fehlerverursacher wird über ein in TAQUA bereits enthaltenes Programm darüber informiert, daß ein Fehler festgestellt wurde, für den er entweder verantwortlich ist, oder aber den er hätte feststellen können. Dadurch ist eine schnelle Rückkopplung in die Fertigung gewährleistet. Bei dieser "intelligenten Distribution" nimmt QUEX keinen Einfluß darauf, wie auf den gemeldeten Fehler reagiert werden soll. Wie bereits erwähnt, gehen wir davon aus, daß schon der Hinweis auf eine gestiegene Fehlerhäufigkeit am richtigen Platz eine positive Auswirkung auf die Produktionsqualität haben wird.

Im Moment ist dieses Verteilen der von QUEX zusammengestellten Informationen noch nicht automatisiert, weil zuerst sichergestellt sein muß, daß Fehlermeldungen nicht an den falschen Empfänger gesandt werden. Das Regelwerk zur Steuerung dieser Distribution ist aber noch nicht hinreichend ausgereift. Daher übernimmt hier noch ein Mensch die Entscheidungsfunktion. In unserem Falle ist dies der Leiter der Qualitätssicherung. Er erhält die Ausgabe von QUEX: sie besteht aus einer Liste der auffälligen Fehler (siehe Abbildung 4), zusammen mit einer Übersichtstabelle für jeden einzelnen dieser Fehler, aus der hervorgeht, warum er als auffällig markiert wurde. Anhand dieser Informationen entscheidet der Leiter der Qualitätssicherung, wer die Meldung über den Fehler erhalten soll. Eine quasi-natürlichsprachliche **Erklärungskomponente**, die erläutern konnte, wieso ein Fehler als auffällig markiert wurde, besaß nur die erste Implementierung von QUEX. Sie wurde aus zwei Gründen von einer tabellarische Übersicht der Daten verdrängt:
- die schematisch aufgebauten Sätze waren nicht in der Lage, die Menge der gewünschten Informationen genügend schnell ("auf einen Blick") zu vermitteln und
- die eintönige Satzstruktur langweilte die Benutzer.

Um die prinzipielle Flexibilität der Wissensdarstellung in einer Wissensbasis für den Endbenutzer verfügbar zu machen, wurde ein

Regeleditor entwickelt, sobald feststand, welches Spektrum von Regeln von den Qualitätsexperten gewünscht wurde. Dieser Editor ermöglicht es dem Leiter der Qualitätssicherung, selbst Regeln in das Expertensystem einzugeben, ohne auf die Hilfe von einem Systementwickler angewiesen zu sein (siehe Abbildung 5).

Schließlich möchte ich noch erläutern, warum wir uns für eine direkte Implementierung in PROLOG entschieden haben und nicht etwa mit einer Standard KI-Entwicklungsumgebung:

1. Die Art der in TAQUA erfassten Daten legt eine Abspeicherung in einer herkömmlichen Datenbank nahe, eine Darstellung dieser Informationen als Objekte in einer mächtigen Wissensrepräsentationssprache ist nicht notwendig.

2. Keine der einsatzfähigen Entwicklungsumgebungen war auf der durch die Einbindung in ein bestehendes Rechnernetz (TANET mit M32) vorgegebenen Hardware verfügbar.

6. Weitere Entwicklungen

Die weiteren Ausbaustufen von QUEX sehen vor, zunächst dem Personal, das über Fehlerhäufungen informiert wurde, Änderungen des Vorgehens zu empfehlen. So sollten z.B. die Kontrolleure an den FRS Plätzen auf solche Änderungen ihres Prüfablaufes hingewiesen werden, die es ermöglichen, möglichst viele der bedeutenderen Fehler frühzeitig zu entdecken. Da alle Arbeitsplätze mit Monitoren versehen sind, ist eine flexible Steuerung der Prüfpositionen, zumindest an den FRS Plätzen, relativ leicht zu erreichen. Man muß allerdings berücksichtigen, daß Änderungen der Prüfempfehlungen
- nicht zu häufig erfolgen,
- widersprüchliche Empfehlungen ganz vermieden werden und
- ein einheitlicher Prüfablauf möglich bleibt.

Auch für diese Aufgabe erscheinen wissensbasierte Methoden angemessen.

Schließlich sollen adaptive Prüfpläne, die verbindlichen Character haben, auch für die OOB-Kontrolle aufgestellt werden. Bevor dies erreicht werden kann müssen noch die folgenden Aufgaben gelöst werden:

1. Die Prüfpläne müssen in einzelne Prüfpositionen aufgegliedert werden, die voneinander unabhängig sind und in eindeutiger Weise Fehler identifizieren können. Es ist noch nicht untersucht, inwiefern eine totale Zergliederung überhaupt sinnvoll ist (unter Berücksichtigung eines einheitlichen Prüfablaufes).
2. Es muß geklärt werden, ob die Organisation der OOB-Kontrolle beibehalten werden kann, wenn die Prüfpläne je nach Bedarf für jeden Kontrolleur neu generiert werden, oder ob diese Flexibilisierung nicht etwa mit Einbußen bei der Umsetzung durch das Personal behaftet ist.

7. Wirtschaftlichkeitsbetrachtungen

Der größte Nutzeffekt, den man von einem System wie QUEX erwarten kann, geht natürlich von der prognostizierten Erhöhung der Produktionsqualität aus. In Folge davon sinken die Kosten für Nacharbeit an gesperrten Produktionslosen sowie die Kosten für Garantieleistungen an Produkten

(Schreibmaschinen), an denen Produktionsfehler erst beim Kunden erkannt werden. In zweiter Linie können direkt Kosten der Qualitätssicherung reduziert, bzw. der Personaleinsatz optimiert werden. Das größte Potential der aufgezählten Kosteneinsparungsmöglichkeiten liegt klar bei den Garantieleistungen an Geräten. Sollten die Effekte beim Einsatz des voll ausgebauten QUEX tatsächlich in der erwarteten Größenordnung (Bruchteile von Prozent bei der Steigerung der Produktionsqualität) liegen, so betragen für einen Betrieb wie TA die hier erreichbaren Kostenverringerungen einige Millionen DM pro Jahr.

Literaturverzeichnis

1) Adey, R., Sriram, D.:
   Applications of Artificial Intelligence in Engineering Problems
   1st Int. Conf., Southampton University, U.K., April 1986
   Berlin et al. (1986), Bd. 1 und 2

2) Büttel, I., Hirsch, A.:
   QUEX - Ein Expertensystem in der Qualitätssicherung
   In: CIM MANAGEMENT, Heft 4 (1987), S. 36 - 42

3) Deutsche Gesellschaft für Qualität e.V.:
   Stichprobenprüfung anhand qualitativer Merkmale
   DGQ-SAQ-ÖVQ-Schrift Nr.16-01
   Berlin (1986)

4) gfmt - Gesellschaft für Management und Technologie:
   Qualitätssicherung in der Fabrik mit Zukunft
   4. Qualitätsleiterforum 1986
   München (1986)

5) Steinbach, W.:
   Anforderungen und Auswahlkriterien bei CAQ-Systemen
   In: QZ 32, Heft 2 (1987), S. 90 - 94

6) TAQUA - Triumph-Adler Qualitäts-Informations-System
   Benutzer-Handbuch, Jan. (1987)

7) Winterhalder, L.:
   Mit CAQ die wirtschaftliche Zukunft sichern
   In: MEGA, Juni (1987), S. 19 - 22

8) Winterhalder, L.:
   Erfahrungen mit CAQ
   In: ZWF CIM, Oktober (1987), S. CA 126 - CA 128

9) Helbrich, R.:
   Wie arbeiten Expertensysteme
   In: Expertensysteme in der betrieblichen Praxis - Ergebnisse
       des AWF/VDI Arbeitskreises, S. 53 - 69
   Herausgegeben vom AWF, Ausschuß für Wirtschaftliche Fertigung,
   Eschborn (1988)

10) Hayes-Roth, F., Waterman, D. A., Lenat, D. B. (Hrsg.):
    Building Expert Systems, Addison-Wesley (1983)

11) Waterman, D. A.:
    A Guide to Expert Systems, Addison-Wesley (1986)

12) Harmon, P., King, D.:
    Expertensysteme in der Praxis, Oldenbourg (1987)

13) Nebendahl,D. (Hrsg.):
    Expertensysteme, Berlin et al. (1987)

14) Hirsch, A.:
 QUEX - Ein Expertensystem zur Qualitätssicherung in der Endmontage
 In: Expertensysteme in der betrieblichen Praxis - Ergebnisse
   des AWF/VDI Arbeitskreises, S. 146 - 168
 Herausgegeben vom AWF, Ausschuß für Wirtschaftliche Fertigung,
 Eschborn (1988)

TA Triumph-Adler AG
Forschung

Hundingstr. 11b
8500 Nürnberg

EINE WISSENSBASIS ZUR RECHNERUNTERSTÜTZTEN ARBEITSPLANERZEUGUNG

Prof. Dr.-Ing. H.J. Warnecke, Stuttgart
Dr.-Ing. Dipl.-Math. H. Kühnle, Stuttgart
Dipl.-Ing. H. Wiedenmann, Stuttgart

Noch vor zehn Jahren lagen die vom Kunden gewünschten Sonderanforderungen an ein Produkt bei durchschnittlich 10 % aller Aufträge. Heute liegt dieser Wert bei durchschnittlich 90 %. Dieser Sachverhalt macht deutlich, daß schnellebige Produkte, größere Produkt- und Variantenvielfalt bei sinkenden Produktstückzahlen auch zur Arbeitsplanerstellung Computereinsatz notwendig machen, um die vielfältiger werdende Arbeit effektiv und rationell bewältigen zu können. Außerdem wurde bisher häufig übersehen, daß ein Großteil der für ein Produkt entstehenden Kosten in der Arbeitsplanung anfällt und die Arbeitsplanung wesentlichen Einfluß auf die Kostenstruktur und die Qualität der Erzeugnisse ausübt.

Innerhalb der sogenannten C-Technologien jedoch stellt die rechnerunterstützte Arbeitsplanung CAP[1] einen bisher aufgrund fehlender Systeme nur schwach durchdrungenen Bereich dar. Dies wiederum liegt im offenkundigen Mangel an tauglichen Wissensbasen für dieses Gebiet begründet.

---

[1] "CAP bezeichnet die EDV-Unterstützung bei der Arbeitsplanung. Hierbei handelt es sich um Planungsaufgaben, die auf den konventionell oder mit CAD erstellten Arbeitsergebnissen der Konstruktion aufbauen, um Daten für die Teilefertigungs- und Montageanweisungen zu erzeugen.
Darunter wird verstanden, die rechnerunterstützte Planung der Arbeitsvorgänge und der Arbeitsfolgen, die Auswahl von Verfahren und Betriebsmitteln zur Erzeugung der Produkte sowie die rechnerunterstützte Erstellung von Daten für die Steuerung der Betriebsmittel des CAM."

2   Stand der Technik

Grundsätzlich werden die Systeme in der Arbeitsplanung in

- Verwaltungssysteme (Wiederholplanung)
- Generierungssysteme (Varianten-/Neuplanung)

unterschieden (Bild 1).

Zu den Verwaltungssystemen zählen PPS-System-Komponenten und Auftragsabwicklungssysteme mit Textverarbeitungsfunktionen und eventuell Zeitplanung.

Innerhalb der Generierungssysteme muß man zwischen

- konventionell programmierten Systemen (firmenspezifische Lösungen in konventionellen Programmiersprachen)
- Systemen mit Anwenderprogrammiersprachen/technologieorientierte Systeme
- Systemen auf Basis von Entscheidungstabellen
- Expertensystemen

unterscheiden (siehe Bild 1).

Der Planer gibt jeweils Auftragsdaten und werkstückspezifische Daten ein und der Rechner ermittelt aufgrund einer abgespeicherten Planungslogik die Arbeitsgänge, technologische Daten, Fertigungsmittel und Vorgabezeiten. Der Aufbau der Planungslogik, das Erfassen von Planungsfakten und die Ermittlung der Planungsregeln wird dabei durch die überwiegend manuelle Aufbereitung erschwert. Rechnerunterstützung wird lediglich bei den verwaltenden Tätigkeiten geboten.

Das nachfolgend beschriebene System unterstützt daher gerade beim Aufbau der Wissensbasis und leistet einen wesentli-

chen Beitrag zur Reduzierung des Aufwands bei Erstellung und
Pflege von Wissensbasen zur Arbeitsplanung.

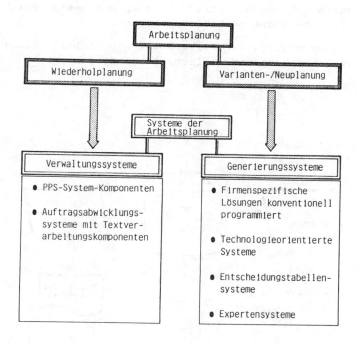

Bild 1: Systeme der rechnerunterstützten Arbeitsplanung

3 Wissensbasierte Arbeitsplanung

Der Einsatz wissensbasierter Arbeitsplanungssysteme läßt sich in zwei Abschnitte einteilen (Bild 2):

- Aufbau einer Wissensbasis zur Arbeitsplanerstellung durch Analyse und Strukturierung des bestehenden Produkt- und Arbeitsplanspektrums.

- Interpretation der Wissensbasis zur Arbeitsplanerstellung bei Neu- und Ähnlichkeitsplanungen.

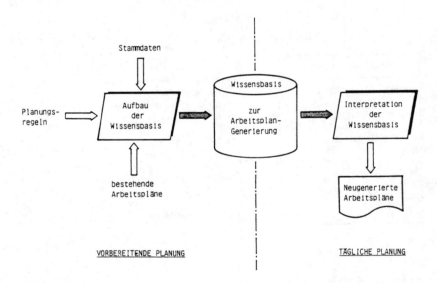

Bild 2: Wissensbasierte Arbeitsplanerzeugung

Da die Wissensbasis anhand bestehender Arbeitspläne ermittelt und das Ergebnis der Strukturierung in weiteren Systemen verwendet werden soll, sind Schnittstellen zu anderen Systemen zu realisieren (Bild 3). Im Einzelnen sind dies:

- vom CAD-System zur Übernahme produktbeschreibender Daten

- vom und zum PPS-/Werkstattsteuerungssystem zur Übernahme von Stammdaten bzw. zur Übergabe der Arbeitsplan-/Fertigungsfamilien und Betriebsmitteldaten.

- zur NC-Programmierung zur Übergabe der Planungsergebnisse.

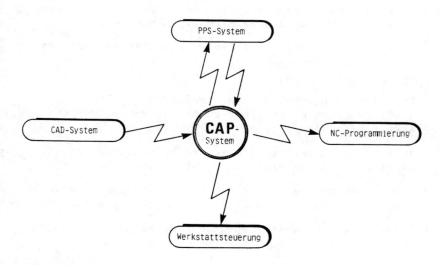

Bild 3: Schnittstellen des CAP-Systems

4 Rechnerunterstützter Aufbau der Wissensbasis

Insbesondere bei Systemeinführung aber auch im Rahmen der Pflege der Wissensbasis muß vorhandenes Datenmaterial zur Verwendung im System aufbereitet und aus vorhandenem Datenmaterial eine Wissensbasis zur Arbeitsplanung extrahiert werden. Dies kann in folgenden Schritten ablaufen (Bild 4):

- Übernahme der bestehenden Arbeitspläne in die Datenstruktur des Systems.
- Anpassung des Standard-System-Arbeitsplans (z.B. nach REFA - Bild 5) an die Betriebsgegebenheiten.
- Klassifizierung des bestehenden Arbeitsplanspektrums anhand der Arbeitsgangfolge unter Einsatz der Clusteranalyse (Bilden von Arbeitsplanfamilien - Bild 6).
- Codierung der Arbeitsgänge/-verfahren nach DIN 8580. Ermitteln einer Standard-Arbeitsgangfolge je Arbeitsplanfamilie (Bild 6).
- Analyse der Arbeitsgangfolge-Varianten einer Arbeitsplanfamilie mit Extraktion der Variationsregeln.
- Ermittlung produktspezifischer Merkmale zur Eingliederung neuer Produkte in bestehende Arbeitsplanfamilien.
- Ermittlung der familienspezifischen Merkmalsausprägungen.
- Ermittlung von Zeitformeln je Arbeitsgang und Arbeitsplanfamilie anhand bestehender Zeiten mittels Regressionsanalyse.
- Aufbau der Regelbasis zur Zuordnung von Betriebsmitteln, Werkzeugen, Behältern, Arbeitspapierkennungen je Arbeitsgang und Arbeitsplanfamilie.

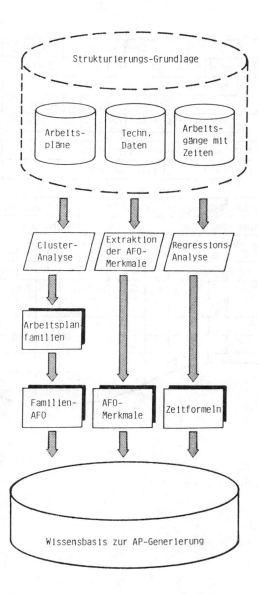

Bild 4: Aufbau einer Wissensbasis zur AP-Generierung

AP-Daten

AP-Aufbau:						Unternehmen	Bereich		T-Bereich	Blatt
erst.	B.	zu.	geprüf	B	geänd. B	gültig	PE	M-Ber.	AP-Art	AP-Nr.
ausg.	B.	zu.	geprüf	B		Kostenträger				Auftr.-AP
Auftragsangaben						A-Menge	L-Menge	L	A-Art	A-Nr.
Kunde:		K-Nr.:			bestellt	K-Termin	Endterm.	Zusatzinfo		

Ausgabedaten

Sach-Nr.	Teilefamilie	Bezeichnung des Arbeitsgegenstandes	Z-Nr.
Erzeugnis	Gruppe	Teil	Abnahmevorschrift	Ziel

Eingabedaten

Sachnr.Mat.	Materialfam.	Bez. des Ausgangsmat.	M	ME	Ausgangsmass	A-Gewicht
Teil	Materialbezugshinweis		M	ME	Rohmass	Roh-Gew.

AG-Daten

VG-Nr.	Vorg.-F	Kst	APLZ	WKZG	BV	ZE	TE	EF	TR	LG	EG	ZM	M	DF	U	SP	V
	Vorgangsbezeichnung			AT	ET		DLZ	MS	Msts		B		Puf		Sonst.		

Bild 5: Arbeitsplan nach REFA

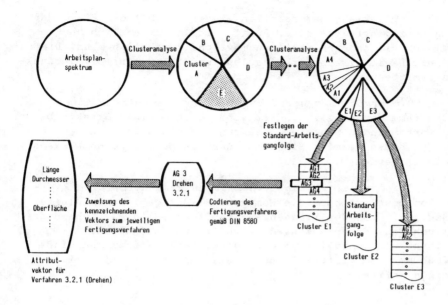

Bild 6: Strukturierung und Codierung des AP-Spektrums

4.1 Bilden von Arbeitsplanfamilien

Die Cluster-Analyse ist ein Verfahren zur rechnerunterstützten Klassifizierung von Objekten. Die Objekte werden hierbei durch mehrere Merkmale beschrieben und durch das Verfahren in möglichst homogene Klassen eingeteilt.

Mit Hilfe dieses Verfahrens wird ein bestehendes Arbeitsplanspektrum nach den unterschiedlichen Arbeitsgangfolgen

in Arbeitsplanklassen /-familien eingeteilt mit dem Ziel, daß
die Arbeitsgangfolgen einer Familie möglichst ähnlich und im
Vergleich mit anderen Familien möglichst unähnlich sind. Die
"Unähnlichkeit" zweier Arbeitspläne wird über eine Distanzfunktion ermittelt.

Die Ergebnisse der Cluster-Analyse werden in einem
Dendrogramm dargestellt . Hier sind in Form eines Strukturbaumes
alle vorkommenden Gruppierungen und die Distanzniveaus enthalten, auf denen jeweils Elemente oder Gruppen zu neuen Klassen
vereinigt werden.

Die optimale Anzahl von Klassen wird durch eine Zielfunktion bestimmt, die die Homogenität der gebildeten Cluster in
Abhängigkeit von der Klassenzahl abbildet (Bild 7). Anhand der
Zielfunktion können Aussagen getroffen werden, welche
Arbeitspläne sinnvollerweise zu einer Familie zusammengefaßt
bzw. ab welchem Distanzniveau eine Trennung in zwei Familien
erfolgen sollte.

4.2 Bilden der familienspezifischen Wissensbasis

Aus den vorhandenen Arbeitsplänen einer Familie werden
eine Standardarbeitsgangfolge sowie alle auftretenden Arbeitsgänge bestimmt.

Für die Varianten in der Arbeitsgangfolge werden die
entsprechenden Fakten und Regeln ermittelt und für jede Arbeitsplanfamilie in der Wissensbasis abgebildet.

Dann werden alle familienspezifischen Ausprägungen der
Arbeitsgangdaten wie Zeiten, Betriebsmittel, Werkzeuge, Behälter
usw. zusammengestellt, codiert und formalisiert. So kann
beispielsweise für die Stückzeit eines bestimmten Arbeitsgangs
mit Hilfe der Regressionsanalyse eine Zeitformel bestimmt und im
entsprechenden Feld des Familien-Arbeitsplans hinterlegt werden.

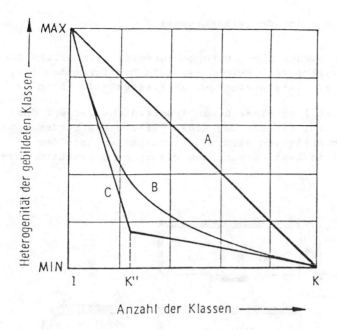

Bild 7: Zielfunktionbildung bei der Clusteranalyse

Das Ergebnis dieser Strukturierung und Formalisierung stellt die betriebsspezifische Wissensbasis zur Arbeitsplanerstellung dar.

5   Interpretation der Wissensbasis

Aus der strukturierten Vorgehensweise beim Aufbau der Wissensbasis ergeben sich automatisch die Möglichkeiten bzw. die Vorgehensweise zur Interpretation der Wissensbasis (Bild 8).

Zur Ermittlung eines neuen Arbeitsplans fordert das System zunächst zur Eingabe der klassifizierenden Faktoren auf. Anhand weiterer Kriterien wird die richtige Variante der Arbeitsplanfamilie bestimmt und dem Planer am Bildschirm angezeigt.

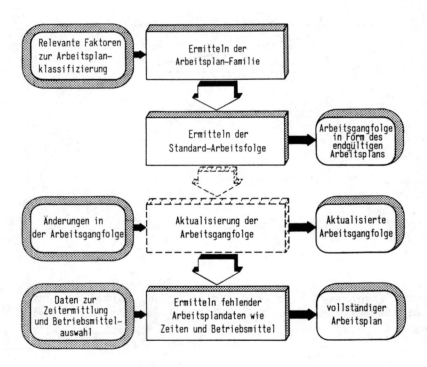

Bild 8: Interpretation der Wissensbasis

Hier, wie auch zu verschiedenen späteren Zeitpunkten, erhält der Planer die Möglichkeit, Änderungen am automatisch generierten Arbeitsplan vorzunehmen. Dabei wird die Plausibilität der bestehenden Fakten- und Regelbasis überprüft und im Bedarfsfall die bestehende Wissensbasis sukzessive im Dialog zwischen System und Planer verfeinert und erweitert.

Falls der Arbeitsplan mit Zeiten, Betriebsmitteln usw. zu vervollständigen ist, werden vom Rechner die dazu notwendigen "Feinplanungsmerkmale" abgefragt. Anhand der ermittelten Fakten, Regeln und Formalismen werden die Daten automatisch ermittelt und den richtigen Arbeitsplanfeldern zugeordnet.

6 Zusammenfassung

Der Arbeitsvorbereiter erfährt durch das beschriebene System Entlastung in allen Bereichen der Arbeitsplanerstellung und beim strukturierten Aufbau einer dazu geeigneten Wissensbasis. Dabei kommen multivariate Analyseverfahren, wie z.B. die Clusteranalyse und die Regressionsanalyse, zum Einsatz. Anhand der Wissensbasis werden Schritt für Schritt die arbeitsplanbestimmenden Merkmale abgefragt und der Arbeitsplan erstellt.

Das heißt, das System erweitert die bestehenden Ansätze zur automatisierten Arbeitsplan-Erstellung entscheidend in Richtung "Rechnerunterstützung zur Reduzierung des Aufwands bei Erstellung und Pflege von Wissensbasen zur Arbeitsplanung."

Wissensbasierte Arbeitsplanungssysteme in der mechanischen Fertigung

Christoph Mathis / Hans-Jürgen Nenz

1. Zusammenfassung

Die Aufgabe der Fertigungsvorbereitung ist es, aus den Konstruktionsdaten (z.B. Konstruktionszeichnung, Fertigungszeichnung, Stückliste) die exakte Vorgabe für die Herstellung der Produkte zu ermitteln. Neben einer Prüfung der Fertigbarkeit wird die notwendige Folge von Operationen zur Herstellung des Produkts ermittelt.

Bei der SEL AG wird im Rahmen des EUREKA - Projekts 'Fabrik der Zukunft' zusammen mit anderen Partnern[1] ein Generierungssystem für Arbeitspläne in der Teilefertigung erstellt. Dieses System generiert Arbeitspläne für komplizierte prismatische Teile. Mit dem System wird die Neuplanung, also die Erstellung von kompletten Arbeitsplänen für neue Konstruktionen, unterstützt.

Das Systemkonzept ist so angelegt, daß das System durchgängig während des gesamten Planungsablaufs vom Arbeitsplaner benutzt werden kann. Dabei werden für Teilbereiche Lösungsvorschläge generiert. In den dazwischenliegenden Phasen greift der Planer systemunterstützt direkt in den Ablauf ein.

Das System ist für den praktischen Einsatz im Produktionsbereich konzipiert. Daraus ergeben sich hohe Anforderungen an die Tragfähigkeit und Erweiterbarkeit der Grundkonzeption und an die Integration in die bestehende CIM - Landschaft.

2. Problembereich Arbeitsplanung

Die Aufgabe der Fertigungsvorbereitung ist es, aus den Konstruktionsdaten (z.B. Konstruktionszeichnung, Fertigungszeichnung, Stückliste) die exakte Vorgabe für die Herstellung der Produkte zu ermitteln. Dabei werden Neu- und Variantenplanung unterschieden [1].

Die Neuplanung geht davon aus, daß die konstruktionsspezifischen Anforderungen nach gewissen Regeln in Anweisungen (Arbeitsgänge) zur Herstellung der beschriebenen Produkte umgesetzt werden. Die vorgegebenen Informationen, die das Produkt beschreiben, stammen im Wesentlichen vom Konstrukteur.

---

1 Am EUREKA - Projekt sind außer der SEL AG noch beteiligt: Fraunhoferinstitute IPA, IAO (Stuttgart), Maschinenfabrik Trumpf (Ditzingen), Montanwerke Walter (Tübingen), CAMOS (Stuttgart).

Bei der Variantenplanung liegt die Problemstellung anders: in vielen Fertigungsbetrieben existiert eine sehr große Anzahl von Fertigungsplänen. Es besteht ein Interesse, diese Pläne wieder zu verwenden, u.a. um den Planungs- und Konstruktionsaufwand zu reduzieren. Es stellt sich also das Problem, eine schon vorhandene oder die 'ähnlichste' Lösung aufzufinden. Zu diesem Zweck sind verschiedene Verfahren für spezifische Teilespektren entwickelt worden. Die gefundene Prototyplösung muß dann ggfls. modifiziert werden.

Wir beschränken uns hier auf die Neuplanung, d.h. wir betrachten keine Verfahren, um 'ähnliche' Pläne zu klassifizieren und wiederzuverwenden.

Der wesentliche Informationsträger für den Arbeitsplaner ist bei der Teilefertigung die Konstruktionszeichnung. Dadurch werden die geometrischen Konstellationen einschließlich der Vermaßungsbeziehungen definiert. Daneben gibt der Konstrukteur als Texte oder Symbole in der Zeichnung verschiedene andere Parameter an, z.B. Material, Oberflächeneigenschaften und allgemeine Toleranzen.

Der fertige Arbeitsplan muß eine vollständige Folge von Bearbeitungsschritten und Hilfsmitteln beinhalten, nach denen sich das gewünschte Werkstück fertigen läßt. Die definierten Bearbeitungsschritte können jeweils wieder Aufgabenstellungen wie das Erstellen von NC - Programmen und auch komplizierte Konstruktionsprobleme wie das Konstruieren von speziellen Spannvorrichtungen nach sich ziehen. Diese Tätigkeiten werden vom NC - Programmierer oder vom Arbeitsplaner ausgeführt, bevor der Arbeitsplan endgültig in die Fertigung gehen kann.

Die Tätigkeit des Fertigungsplaners ist also im wesentlichen gekennzeichnet durch

— die Kenntnis und die notwendige Beachtung einer Vielzahl einzelner Randbedingungen technischer, wirtschaftlicher und organisatorischer Art,

— evtl. Konstruktionsaufgaben, z.B. für Vorrichtungen

— die Auflösung von Konflikten zwischen konkurrierenden Anforderungen und Zielsetzungen

— schnell wechselnde, durch das gesamte Betriebsgeschehen bedingte Anforderungen

— einen hohen Aufwand für die Pflege existierender Fertigungspläne bzw. von Varianten davon.

Die Heuristiken und Regeln für die Arbeitsplanung unterscheiden sich aufgrund der konkreten Technologien. Die geschilderten Planungsschritte sind daher teilweise für die Teilefertigung spezifisch.

3. Vorhandene Arbeitsplan - Generierungssysteme

Als ein der eigentlichen Fertigung vorgelagerter Bereich trägt die Fertigungsvorbereitung wesentlich zur Bestimmung der Fertigungs/Herstellkosten bei. Aus diesem Grund erfährt die Planung wie auch andere fertigungsvorbereitende Bereiche eine wachsende Aufmerksamkeit im Hinblick auf Rationalisierungsmöglichkeiten.

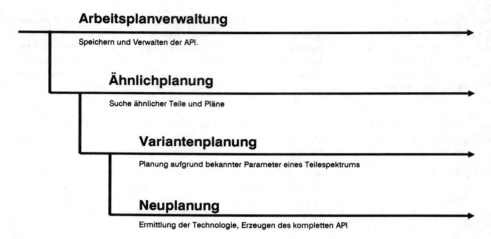

Abb.: Kategorien von Arbeitsplanungssystemen
(gegliedert nach zunehmender Übertragung von Aufgaben vom Planer an das System)

Der Einsatz von EDV - Hilfsmitteln in der Arbeitsplanung hinkt aber bisher insgesamt hinter dem in der Fertigung her [2]. Erst in jüngster Zeit zeichnet sich ein breiteres Interesse an diesem Thema ab. Dies mag daran liegen, daß die Arbeitsplanung erst als Zwischenglied zwischen einer auf CAD beruhenden Konstruktion und einem PPS - System zu einem Teil eines integrierten Datenflusses wird.

3.1 Konventionell programmierte Arbeitsplanungssysteme

Diese Systeme sind von einzelnen Firmen für ihre eigene Arbeitsplanung entwickelt worden. Sie sind in einer konventionellen Programmiersprache geschrieben und werden für ihre speziellen Ziele auch eingesetzt. Wegen der fest kodierten Planungslogik sind sie jedoch kaum übertragbar und nicht als allgemeine Lösung zu betrachten.

Beispiele:
— SIB, SISPA (Siemens)
— APLAN (Honsberg)
— ROVA (Daimler Benz)

Vorteile:
— firmenspezifische Lösung

Nachteile:
— hoher Entwicklungsaufwand
— Probleme bei Änderung der Entscheidungslogik
— geringe Transparenz
— kaum übertragbar

3.2 Systeme mit Anwender - Programmiersprache

Einige Systeme haben eine eigene anwendungsspezifische Programmiersprache, um eine verfahrensspezifische Planungslogik zu formulieren. In dieser Programmiersprache wird die Planungslogik hinterlegt, werden Variantenbestimmungen formuliert usw., betriebsspezifische Daten wie Werkstoffe, Maschnen usw. werden dagegen in Dateien hinterlegt.

Beispiele:
— CAPEX (EEP)
— AVOPLAN (EXAPT - Verein)
— DISAP (Krupp-Atlas)

Vorteile:
— umfangreiches Planungswissen für einzelne Fertigungsverfahren
— bessere Transparenz

Nachteile:
— Hoher Anpassungsaufwand
— geringe Einsatzbreite
— Schwierigkeiten bei Anpassung der Planungslogik

3.3 Systeme auf der Basis von Entscheidungstabellen

Systeme auf der Basis von Entscheidungstabellen bieten dem Anwender eine Möglichkeit, ohne eigene Programmierkenntnisse seine Planungslogik zu formulieren. Allerdings wird der Formalismus für komplizierte Logiken leicht unübersichtlich und die Arbeitsgeschwindigkeit wird wegen der interpretativen Arbeitsweise dieser Systeme langsam.

Beispiele:
— ENGIN (CAMOS)
— EPOS (TDV)

Vorteile:
— hohe Flexibilität
— große Einsatzbreite
— dem Anwender einsichtiger Darstellungsformalismus

Nachteile:
— komplexe Planungslogik wird schnell unübersichtlich
— Antwortzeitverhalten nicht optimal
— Wissensrepräsentation nicht mächtig genug

3.4 Expertensystem - Ansätze in der Arbeitsplanung

Systeme auf der Basis von Expertensystemen sind im Wesentlichen noch im Forschungs- und Versuchsstadium. Ein Beispiel ist das System ESOP [3]. Es plant die Fertigung von Aluminium - Gehäusen für Telekommunikations - Anlagen. Es ist in Prolog geschrieben, es bedient keine interaktive Graphik, sondern nur ein alphanumerisches Terminal und umfaßt die Auswahl und Parametrisierung der Bearbeitungsschritte, allerdings keine Bestimmung der Aufspannungen.

GARI [4] verfügt über eine Beschreibungsstruktur für Werkstücke und über ca. 50 Regeln zur Planung von Bearbeitungsschritten. Es ist in MACLISP geschrieben und wird (1981) als 'being experimentally used by machining planning engineers' ([4], S.771) bezeichnet.

3.5 Vergleich mit der Problematik in anderen Technologien

Als Vergleich bieten sich die Systeme an, die Drehteile bearbeiten. Bei näherem Hinsehen bemerkt man aber schwerwiegende Unterschiede:

- bei Drehteilen ist der größte Teil der Werkstückbeschreibung über die Kontur, d.h. zweidimensional, abzuhandeln

- die Bearbeitungsreihenfolge ist in viel stärkerem Maße als bei Frästeilen aus der Werkstückform eindeutig ableitbar.

Andere bisher beschriebene Systeme bewältigen Probleme wie Blechteil- und Leiterplattenfertigung. Diese Bereiche stellen ebenfalls keine verwendbaren Methoden zur Verfügung, da die dort auftretenden spezifischen Problemstellungen mit einer zweidimensionalen Beschreibung zu erfassen sind. Bei den Leiterplatten gibt es darüber hinaus noch eine starre Vorgabe der Bearbeitungsschritte.

Frästeile stellen eine kompliziertere Problematik dar:

- eine dreidimensionale Beschreibung und komplexe räumliche Beziehungen sind für die korrekte Planung wesentliche Voraussetzungen

- es ergeben sich zwischen Werkstück, Maschine, Werkzeug, Spannvorrichtung, Aufspannung und Herstellungsreihenfolge komplexe Wechselwirkungen

Daraus ergibt sich, daß eine wesentlich größere und kompliziertere Wissensbasis zur Beschreibung der Fräsoperationen, der Auswahl und Konstruktion der Maschinen und Hilfsmittel und vor- und nachgelagerter Bearbeitungen wie z.B. Entgraten, Gleitschleifen notwendig ist. Mit konventionellen Softwaretechniken würde dies ein erhebliches Problem darstellen. Die Realisierung als Expertensystem erscheint daher als die einzig gangbare Lösung.

4. Planungsablauf

Die relevanten von der Konstruktion gelieferten Informationen für die Teilefertigung (die geometrischen Elemente, die Toleranzen und die genannten Zusatzinformationen) bilden den Ausgangspunkt der Planung. Die für uns wesentlichsten Informationen sind die geometrischen Größenverhältnisse, die Toleranzen und die Vermaßungsbeziehungen.

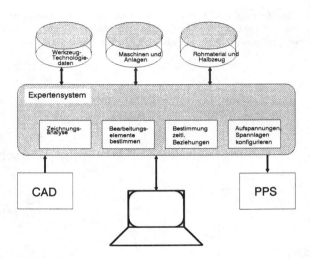

Abb.: Systemkonzept und Wissensbasen

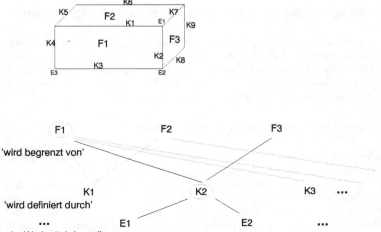

Abb.: geometrische Werkstückdarstellung
(Ausschnitt aus dem Geflecht der Relationen, die das Werkstück repräsentieren: Relationen zur Kante "K2")

Im Verlauf der Planung werden verschiedene Repräsentationen für das Planungswissen gebildet. Der Ausgangspunkt des Arbeitsplanungsprozesses ist eine Zeichnungsdarstellung, in der die geometrischen Werkstückelemente als Einheiten dargestellt sind.

Danach werden den geometrischen Elementen Bearbeitungstechnologien und Klassifizierungen zugeordnet (z.B. Bohrung / bohren, Tasche / fräsen + entgraten).

Erst auf dieser Stufe werden globale Reihenfolgeprobleme betrachtet. Dadurch wird der Prozeß der Werkstückbearbeitung als Ablauf modelliert. Die geometrischen Relationen der Elemente treten gegenüber den zeitlichen (im Sinne von Planungsreihenfolge) in den Hintergrund.

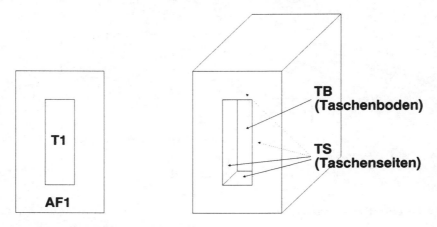

Abb.: Erkennen der Bearbeitungselemente

4.1 Ausgangspunkt: geometrische Werkstückdarstellung

Der Ausgangspunkt der Bearbeitung ist eine einfache Umsetzung der vom CAD - System gelieferten Datenstrukturen in die interne Datenbasis. Wesentlich dabei ist, daß schon hier neben der Relation 'grenzt an' eine zweite Relation über die Vermaßungsbeziehungen der Elemente vorgegeben ist. Diese Vermaßungsbeziehungen geben Hinweise darauf, welche Toleranzen relevant und kritisch sind und enthalten damit auch wesentliche Hinweise für Fertigungsreihenfolgen.

4.2 Erkennen der Bearbeitungselemente

Die Bearbeitungselemente sind eine spezialisierte Darstellung des Werkstücks, die im Hinblick auf den Fertigungsprozeß relevant ist. Der Arbeitsplaner betrachtet nicht einfach Flächen und Kanten, sondern im Hinblick auf Fertigungsschritte eine Tasche, einen Absatz, eine Bohrung usw. Im obigen Beispiel "sieht" der Arbeitsplaner eine Tasche mit der Bodenfläche TB und den Tascheseitenflächen TS, die in die Aussenfläche AF1 gefräst wird. Diese Strukturierung findet ihren Niederschlag in den einzelnen zu planenden Operationen und muß daher auch rechnerintern nachgebildet werden. Die Bearbeitungselemente werden anhand jeweils typischer Konstellationen von Kanten, Flächen usw. erkannt, es handelt sich hier um ein Problem der *Mustererkennung*.

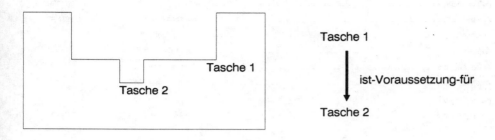

Abb.: Bearbeitungsfolgen

4.3 Bearbeitungsfolgen

Bearbeitungselemente stehen in enger Beziehung zueinander. Im folgenden Beispiel entsteht durch die Fertigung der äußeren Tasche erst die Voraussetzung für die Fertigung der inneren Tasche. Aus den geometrischen Verhältnissen ergeben sich also schon Zwangsreihenfolgen. Bearbeitungsfolgen beschreiben solche Situationen schon auf dieser Planungsstufe, obwohl hier noch keine durchgängige Reihenfolgeplanung erfolgt.

4.4 Bestimmung zeitlicher Beziehungen

Über diese Zwangsreihenfolgen hinaus ergeben sich weitere Reihenfolgefestlegungen:

- Fertigungsschritte, die die Stabilität des Werkstücks beeinflussen (die z.B. dünne Wände stehen lassen), sollten möglichst spät ausgeführt werden

- Flächen, die in Bezug aufeinander vermaßt sind, sollten in derselben Aufspannung gefertigt werden. Je nach der angegebenen Toleranz ist dies ggfls. sogar eine 'harte' Forderung

- generell ist es ein wichtiges Ziel, die Zahl der Aufspannungen zu minimieren. Damit können aber verschiedene andere Anforderungen in Konflikt stehen, z.B. die (betriebsspezifische) Festlegung, daß das Vorfräsen der Außenflächen eines Werkstücks auf einer anderen Maschine durchgeführt werden soll.

4.5 Konfiguration von Aufspannungen und Spannlagen

Zu der Gesamtheit der Bearbeitungselemente ist jetzt die 'optimale' Zuordnung zu Aufspannungen zusammenzustellen, d.h. zu konfigurieren. In diese Zusammenstellungen gehen neben dem aufgebauten Wissen u.a. noch ein:

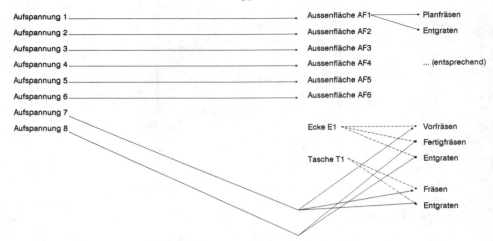

Abb.: Konfiguration der Elementaroperationen in Aufspannungen (für Beispielwerkstück (s.u.), schon mit Verfeinerung in Elementaroperationen).

- das Wissen über die vorhandenen Maschinen und deren Leistungsfähigkeit, z.B. Größenbeschränkungen, mögliche Toleranzen usw.

- das Wissen über die Maschinenbelegungspolitik

- Wissen über vorhandene Werkzeuge und Spannmittel

4.6 Verfeinerung der Bearbeitungsschritte in Elementaroperationen

Jedes Bearbeitungselement wird durch eine oder mehrere Elementaroperationen hergestellt, z.B. ein Folge von 'Vorfräsen, Fertigfräsen, Schlichten'. Welche Operationen ausgeführt werden, hängt von der Art des Bearbeitungselements, dessen Geometrie und den geforderten Toleranzen ab. Die Elementaroperationen sind für ein Bearbeitungselement untereinander zeitlich geordnet. Da die Zuordnung von Elementaroperationen zu Bearbeitungselementen in den meisten Fällen relativ schematisch möglich ist, realisieren wir diesen Schritt über *Skripts*.

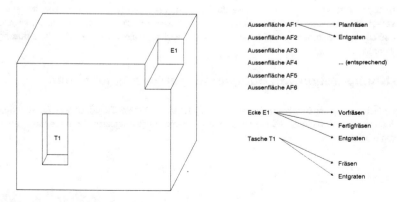

Abb.: Verfeinerung in Elementaroperationen

Unter Umständen ergeben sich aus dieser Verfeinerung weitere Anforderungen in Hinblick auf Spannlagen wie z.B. die Notwendigkeit, eine zusätzliche Aufspannung zu wählen. In diesem Fall kann es notwendig werden, die Konfiguration in Aufspannungen entsprechend zu ändern. Diese 'Flexibilität' in der Reihenfolge der Planungsschritte' ordnet das System den *opportunistischen Planern* zu

Diese Konfiguration kann für einige Typen von Bearbeitungselementen schon vorab bestimmt werden, z.B. braucht eine Ecke in der Regel zwei Spannlagen.

4.7 Der erzeugte Arbeitsplan

Während der oben genannten Planungsschritte wird eine große Menge an Wissen über das Werkstück und alternative Möglichkeiten zu seiner Herstellung zusammengetragen. Im Arbeitsplan wird nur ein Teil dieses abgeleiteten Wissens über das Werkstück weitergegeben:

- die Arbeitsgänge werden als lineare Folge (d.h. numerierte Positionen) weitergegeben, wobei die Information darüber verloren geht, welche Reihenfolgebeziehungen technologisch notwendig sind und wo Arbeitsgänge vorgezogen werden könnten und nur "zufällig" eine höhere Ordnungsnummer erhalten haben.

- die einzelnen Elementaroperationen werden nicht detailliert aufgeführt, z.B. wird statt der einzelnen Bohrungen typischerweise eine Angabe wie 'bohren Stirnseite komplett' weitergegeben.

Ein Teil dieser Informationen muß ein zweites Mal erzeugt werden (z.B. vom NC - Programmierer) oder ist gar nicht mehr verfügbar (wie alternative Reihenfolgeangaben für die Werkstattsteuerung).

5. Planungsmethoden

Der jeweilige Planungsstand wird im Wesentlichen über ein semantisches Netz beschrieben. Darin sind verschiedene Relationen definiert, die z.T. spezialisiert für bestimmte Planungsphasen gelten. Beispiele sind geometrische Beziehungen wie 'grenzt an' und Vermaßungsbeziehungen ('ist vermaßt in Bezug auf').

Relationen sind als eine eigene Objektart realisiert, so daß der Inferenzmechanismus direkt darüber operieren kann. Es ist damit auch die Möglichkeit vorhanden, Constraints als spezielle Relationen zu betrachten, ihnen Eigenschaften zuzuweisen und ebenfalls darüber zu inferieren.

In der Planung werden phasenspezifisch verschiedene Planungsmethoden [5] verwendet. Bei der Erkennung der Bearbeitungselemente werden Methoden der Mustererkennung angewandt. Die Verfeinerungsschritte bedienen sich eines Skript - Mechanismus. An bestimmten Stellen werden Entscheidungen vorgezogen, wenn die zugrundeliegenden Informationen schon komplett sind, sie also 'billig' zu fällen sind und es wahrscheinlich ist, daß sie den Suchraum insgesamt einschränken. Die zeitlichen Beziehungen zwischen den Operationen sind während der Planung nicht vollständig bekannt. Wir bewegen uns daher auf einem Gebiet der opportunistischen und der nichtlinearen Planung.

5.1 Mustererkennung

Bei der Analyse der CAD - Daten werden einzelne Geometrieelemente klassifiziert und bestimmte Muster und Konstellationen bestimmt. Verschiedene Arten von Bearbeitungselementen lassen sich dadurch bestimmen, daß eine typische Konstellation von geometrischen Elementen festgestellt wird.

Einfache Konstellationen lassen sich sofort klassifizieren, manche erst, nachdem ihre Nachbarelemente klassifiziert oder sogar einem Bearbeitungselement zugeordnet sind. Die Zuordnung der übernommenen Geometrieelemente ist also als typisches Problem der Mustererkennung zu beschreiben.

Der Aufwand für die Erkennung der Bearbeitungselemente wird von der Art der übernommenen Daten stark beeinflußt. Verschiedene Zeichnungselemente wie Beschriftung oder Bemaßung sollten schon als solche deklariert sein. Als CAD - Datenbasis wird daher die eigene ('non - generic') Repräsentation des CADDS-4X - Systems verwendet, da vorhandene standardisierte Schnittstellen (IGES) zu stark zeichnungsorientiert sind.

5.2 Opportunistische Planung

Planen bedeutet, eine Folge von Handlungsschritten vor der Ausführung festzulegen. Das Ergebnis des Planens ist eine vollständig oder teilweise in der Reihenfolge festgelegte Menge von Handlungsschritten.

Beim nichthierarchischen Planen werden nur elementare Operationen (bzw. Handlungen) betrachtet. Man versucht, diese Operationen so zu generieren bzw. anzuordnen, daß sie zusammen eine Gesamtlösung angeben.

In vielen Problemen - wie auch in unserem Problem - beeinflussen sich aber die Teilziele und Operatoren gegenseitig. Dies führt dann bei größeren Aufgabenstellungen zu starken Wechselwirkungen und kombinatorischen Problemen.

Durch die Betrachtung von Teilplänen versucht man diesen kombinatorischen Problemen vorzubeugen. Konflikte können evtl. schon auf der Basis einer mehr oder weniger abstrakten Betrachtung erkannt und vermieden werden.

Eine Weiterführung des Gedankens des hierarchischen Planens ist mit 'opportunistischem Planen' oder 'island driving' gegeben. Die Grundidee beim opportunistischen Planen geht davon aus, daß es keine festgelegte Reihenfolge gibt (z.B. Breitensuche), sondern daß an Stellen, wo es gewissermaßen naheliegt, "Inseln des Wissens" gebildet werden. Im Verlauf der Planung werden diese Inseln erst zu "Festland" verbunden.

Von dieser Möglichkeit wird beim Konfigurieren der Aufspannungen Gebrauch gemacht. Beim Beispiel der Festlegungen der Fertigungsschritte für eine Ecke hatten wir schon Aufspannungen 'im Voraus' generiert, bevor die Elementaroperationen, die in diesen Aufspannungen ausgeführt werden sollten, bekannt waren.

5.3 Skriptbasierte Planung

Skripts sind Skelette, d.h. eine standardisierte Folge von Aktionen, die eine abstraktere Aktion verfeinern. Sie werden da angewandt, wo schematische, immer wieder ähnliche Abläufe vorkommen.

Der typische Einsatz für Skripts sind Probleme, die durch eine große Anzahl von Einzelfällen beschreibbar sind, diese Einzelfälle aber jeweils als ein Schema zu beschreiben sind. Diese Anforderung trifft auf den Planungsschritt zu, in dem zu den Bearbeitungselementen die Elementaroperationen bestimmt werden.

5.4 Constraints

Constraints werden in letzter Zeit häufig als Repräsentation von Planungswissen untersucht ([6], [7]). Sie bieten die Möglichkeit, deklarativ Zusammenhänge zu formulieren und ihnen relative Wichtigkeiten zuzuordnen. Wenn das Netz der Constraints widersprüchlich ist, können einzelne Constraints gezielt gelockert ('constraint relaxation') werden.

Bei der Betrachtung der relativen Wichtigkeit unterscheidet man 'harte' Constraints (d.h. notwendige Bedingungen) und 'weiche' Constraints (Soll - Bedingungen).

Harte und weiche Constraints können ineinander übergehen. So kann man z.B. aus einer Vermaßungsbeziehung ableiten, daß die Elemente in der gleichen Aufspannung gefertigt werden sollten. Bei geringen Toleranzen kann es unbedingt notwendig werden, daß Bearbeitungselemente in der gleichen Aufspannung gefertigt werden, weil sonst die geforderte Genauigkeit nicht erreicht werden kann.

Der regelbasierte Teil des Systems operiert über einem umfangreichen deklarativen Wissen, dargestellt in den Planungsobjekten (z.B. Ecken, Kanten usw.) und auch den Relationen und Constraints, die bis zu diesem Zeitpunkt gebildet wurden.

6. Stand des Projekts

Die Implementierung wird gegenwärtig mit KEE auf MicroVAX vorgenommen. Es ist ein 'Laborprototyp' fertiggestellt, der ein eingeschränktes Teilespektrum bearbeiten kann und mit dem gegenwärtig die Tragfähigkeit der Konzeption überprüft wird.

6.1 User Interface

Das Systemkonzept ist so angelegt, daß das System durchgängig während des gesamten Planungsablaufs vom Arbeitsplaner benutzt werden kann. Dabei werden für Teilbereiche Lösungsvorschläge generiert. In den dazwischenliegenden Phasen greift der Planer systemunterstützt direkt in den Ablauf ein. Der Planer kann zusätzliche Entscheidungen und Informationen zu jedem Zeitpunkt eingeben. Diese Entscheidungen werden sofort zur Planungsgrundlage und vom System im weiteren Fortgang berücksichtigt.

6.2 Konsequenzen für den CIM - Gedanken

Aus dem gegenwärtigen Stand lassen sich schon einige Konsequenzen formulieren, die bei dem Einsatz von Expertensystemen im Bereich "CAP" und "CIM" insgesamt von Bedeutung zu sein scheinen.

Zunächst läßt sich erkennen, daß ein verhältnismäßig hoher Aufwand dafür getrieben werden muß, die vom CAD - System gelieferten Eingangsdaten aufzubereiten. Dies ist darauf zurückzuführen, daß im CAD - System die Erfordernisse einer Datenaufbereitung für die Fertigung nicht genügend Berücksichtigung finden.

Zum einen ist dies ein Hinweis für eine sinnvolle Veränderung von CAD - Systemen in Richtung einer Einbeziehung von domänenspezifischem Wissen (in Richtung eines "intelligenten CAD - Systems"). Zum anderen zeigt es die Notwendigkeit auch von organisatorischen Konsequenzen mit Blick auf den "CIM - Gedanken": eine engere Kopplung zwischen Konstruktion und Arbeitsplanung kann positive Auswirkungen auf konstruktiv bedingte Fertigungskosten haben. Mit einem Expertensystem für die Arbeitsplanung könnte sich der Konstrukteur sogar schon vorab über fertigungstechnische Konsequenzen von Konstruktionsentscheidungen beraten lassen und damit Abstimmungsaufwand und Durchlaufzeiten verringern.

Ein weiterer Punkt wird bei der Analyse der im Planungsverlauf vom System untersuchten Fertigungsalternativen deutlich: Während der Arbeitsplanung stehen die Informationen zur Verfügung, mit denen entschieden werden kann, welche Fertigungsschritte parallel zueinander abzuarbeiten wären und welche Alternativen zur Herstellung, der daraus resultierenden Maschinenzuordnung etc. jeweils zur Verfügung stehen. Mit Zugriff auf diese Informationen könnte eine flexiblere und eine auf den IST - Zustand in der Werkstatt bezogene Einplanung in der Werkstattsteuerung realisiert werden. Dies ist aber nur bei einer stärkeren organisatorischen und informationstechnischen Integration der beiden Bereiche möglich.

Insgesamt wurde schon zu Beginn der Wissensakquisition schnell deutlich, wie stark das Wissen des Expertensystems mit bekannten Informationen der herkömmlichen EDV in Verbindung steht, daß das Expertensystem nur als integrierter Baustein wirksam werden kann.

CIM - Komponenten, die als Expertensysteme realisiert sind, können nicht nur wie hier Beschränkungen der konventionellen Software in einzelnen Bereichen kompensieren helfen, sondern sind auch flexibler und integrationsfähiger als "hart-kodierte" herkömmliche EDV - Komponenten. Es steht also zu erwarten, daß Expertensysteme als Komponenten in einer komplexen CIM - Umgebung eine schnell wachsende Bedeutung bekommen werden.

Literaturliste

[1] U. Beckendorff, K. Hellberg: Stand und Entwicklungstendenzen der rechnergesteuerten Arbeitsplanung.
Vortrag beim Spezialseminar "CAP"
CADCAM - Labor Karlsruhe, 26.11.1987

[2] M. Hüllenkremer: Marktübersicht von Systemen zur rechnerunterstützten Arbeitsplanerstellung. Stuttgart 1987

[3] M. Detollenaere et. al.: ESOP: An Expert System for Operation Planning on Machining Centers WTCM-CRIF, Heverlee, Belgien, 1987

[4] Y. Descotte, J.-C. Latombe: GARI: A Problem Solver then plans how to machine complex Parts. Proc. 7th IJCAI, 1981, pp 766-772

[5] Handbook of Artificial Intelligence, Vol III
pp. 515-562, 22-27

[6] M. Fox: Constraint Directed Search: A Case Study of Job Shop Scheduling. Comp. Sci. Dept of Carnegie Mellon Univ. 1983

[7] Workshop "Expertensysteme zum Planen und Konfigurieren"
c/o GMD Bonn/Schloß Birlinghofen 4/88

Adresse der Autoren

Christoph Mathis
GOPAS mbh
z.Zt. SEL AG
Rudolfstr. 17
7500 Karlsruhe 1
0721-697391

Hans-Jürgen Nenz
SEL AG

Lorenzstr. 10
7000 Stuttgart 40
0711-821-3745

CHAMP: Ein Expertensystem zur wissensbasierten Erstellung von Arbeitsplänen

Dipl.-Inform. Thomas Mielke, TU Braunschweig

Ziel der Arbeit soll es sein, die Konstruktionsdaten in der Prozeßkette der Planung und Fertigung so anzureichern, daß diese ausreichen, um einen fertigen Steuercode für die Bearbeitung des Teiles auf der Werkzeugmaschine zu liefern. Dabei ist der menschliche Planungsprozeß in der Arbeitsvorbereitung derjenige, der nicht parametrisierbar ist, sondern dessen Erfahrungen und Fertigungsregeln sind hier in einem heuristischen Ansatz zu entwickeln.
Die Fertigungstechniker spricht von einer direkten CAD/CAM Kopplung.

1. Einführung

1.1. Arbeitsvorbereitung als Bindeglied zwischen CAD und CAM

In dem "Handbuch der Arbeitsvorbereitung" (AWF/REFA) /1/ werden als
<u>Arbeitsvorgang</u> alle zusammenhängenden Bearbeitungen bezeichnet, die beispielsweise auf einer Maschine ausgeführt werden, als
<u>Arbeitsvorgangsfolge</u> alle Bearbeitungsschritte, die zur kompletten Bearbeitung notwendig sind und als
<u>Teilarbeitsvorgang</u> alle die Bearbeitungen, die zur Ausführung einer planbaren Einzelaktion, wie beispielsweise vordrehen, Gewinde freistechen oder auch hinterbundstechen dienen.

1.2. Geometrie- und Technologieaustausch

Da die wiederholte Grunddateneingabe mit erheblichen Effektivitäts- und Zeitverlusten verbunden ist, sind Versuche unternommen worden, um Geometriedaten und im besonderen Technologiedaten wie Oberflächenangaben und Toleranzangaben für die Arbeitsplanung aus den Konstruktions-zeichnungen zu übernehmen.
Diese Schnittstellen unterscheiden sich in herstellerunabhängige (IGES, VDA-FS, STEP) und herstellerabhängige Schnittstellen (z.B.:SIEMENS: CADIS 2D -> <u>DAF</u> -> SIGRAPH-NC Drehen).
Zum weiteren Verständnis soll hier nur vorausgesetzt werden, daß hier ein Kopplungsbaustein existiert, der aus den Daten einer IGES-Datei eine <u>Werkstückkontur mit allen technologischen Daten</u> zurückgewinnt und diese als Drahtmodell in einer ASCII-Datei dem Expertensystem zur Verfügung stellt.

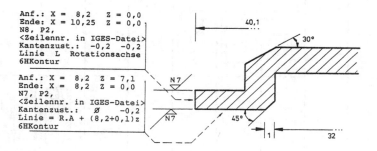

Bild 1: NC-gerechtes Werkstückmodell (Auschnitt aus Bild 3)

1.3. Aufgaben der Arbeitsvorbereitung

Ausgehend von den Konstruktionsergebnissen vollzieht sich die Fertigungsvorbereitung in mehreren Schritten. Es ist der Werkstoff festzulegen, die Teileart zu bestimmen (Stanzteil, Drehteil usw.) und damit der Auftrag an die funktionsgebunde FV weiterzuleiten. Diese Gruppe erstellt für das Werkstück den Arbeitsplan, die Arbeitsunterweisung, den Werkzeugfolgeplan und die für die Maschine notwendigen Einrichteblätter und NC-Steuerprogramme. Letzteres wird durch die Unterstützung einer <u>Makrobibliothek</u> und eines Werkzeugkastens programmiert /2/.

2. Aufbau der Wissensbasis von CHAMP
(CHAMP = computer heuristic aided manufacturing and planning)

2.1. Der Arbeitsablauf mit CONC-T als Wissensdomäne

Mit der Entwicklung der Makrobibliothek CONC-T [1] ist ein Programmgenerator für EXAPT 2 entstanden mit dem hauptsächlich folgende fünf Anforderungen verfolgt wurden:

- Verwendung eines Standard-Werkzeugsatzes /3/ in Zusammenhang mit:
- <u>maximal parametrisierbaren Bausteinen</u> als Planungsgrundlage
- Rückgriff auf möglichst viele Parameter (Werkzeug-, Werkstoff- und Werkzeugmaschinendatei)
- maschinenneutraler NC-Programmerstellung durch EXAPT-Ausgabe
    und
- paralleler Prüfung der Benutzereingabe auf Konsistenz

---

[1] Hier ist die weiterentwickelte Form des Programmes gemeint.

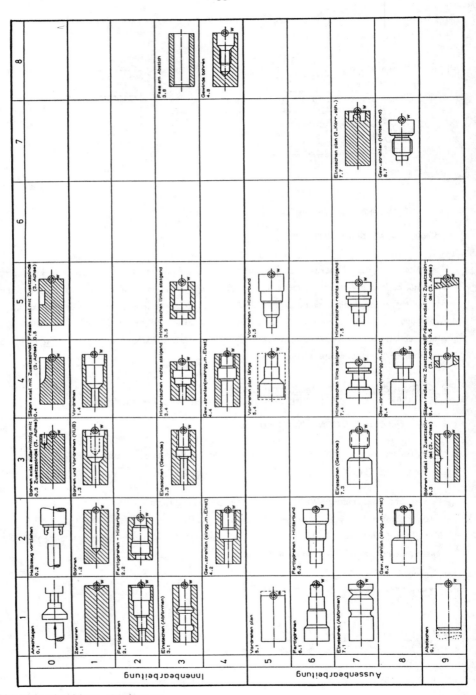

Bild 2: Makroübersicht von CONC-T /3/

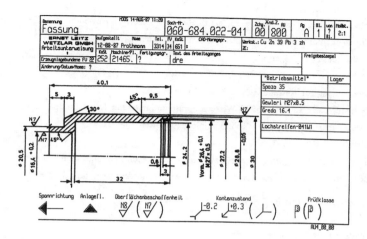

Bild 3: Beispiel einer Arbeitsunterweisung

Wkz.-Aufruf	Makro	Bearbeitungsart	Wkz.-Nr.
1	0.1	anschlagen	138-076.750
2	1.4	innen vordrehen	138-076.162
3	5.4	außen vordrehen	138-103.100
4	3.3	innen einstechen Gewinde	138-103.290
5	2.1	innen fertigdrehen	138-103.631
6	4.2	innen strehlen Gewinde	138-103.360
7	7.5	außen einstechen	138-103.205
8	6.1	außen fertigdrehen	138-103.600
9	9.1	außen abstechen	138-103.550

Bild 4: Beispiel des zu Bild 3 gehörenden Makrofolgeplans

Die Regeln zur Verwendung der Makros sind dabei in langjähriger Anwendung in der Praxis entstanden und wurden in der Form von Produktionsregel in das Expertensystem aufgenommen.
Diese bestehen aus zwei Teilen:

- Der Vorbedingung zur Anwendung der Regel (Prekondition):
  Diese stützt sich auf die aktuelle Wissensrepräsentation und anderen Randparametern wie Werkzeugbeschaffenheit und Rohmaterialeigenschaften.
- Dem Ausführungsteil:
  Dieser liefert als Ergebnis die anzuwendenden Makros mit Parametern und
  bildet die Arbeitsoperation durch Änderung der Wissensrepräsentation ab.

WENN (Vorbedingung erfüllt) DANN (Aktionsteil ausführen)

2.2. Verwendung der Wissensrepräsentation

Die Wissensrepräsentation des Werkstückes ist eine interne Beschreibung, die in Anlehnung an das NC-gerechte Werkstückmodell aufgebaut ist. Besonders deutlich wird die Notwendigkeit der zwischenzeitlichen Repräsentation durch die Konstellation folgender Arbeitsoperationen:

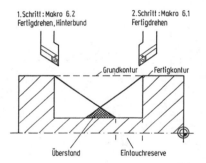

Bild 5: Zwischenzeitliche Repräsentation eines teilweise geplanten Werkstückes

In das Werkstück soll eine Tasche eingearbeitet werden, die durch die Kombination des Makros 6.2 (Fertigdrehen-Hinterbund) und danach des Makros 6.1 (Fertigdrehen) herzustellen ist. Der Anfangspunkt der Schrägen dient hier als Entscheidungskriterium, ob der Fertigdrehmeißel genügend tief eintauchen kann, um diesen Teilarbeitsvorgang abzuschließen.

2.3. Der Suchbaum

Stellt man alle möglichen Anwendungen von Produktionsregeln auf die Zustände der Wissensbasis dar (Bild 6), so ergibt sich bei dem Verfahren der Vorwärtsverkettung (forward-chaining) ein Suchbaum mit:

- dem Rohteil als Ausgangszustand
- allen theoretisch herstellbaren Drehteilen,
- dem zu fertigenden Drehteil an einem Suchbaumende und
- einem ausgezeichneten Pfad, dem Makrofolgeplan.

Um dem grenzenlosen Ausmaß des Suchbaumes (einer kombinatorischen Explosion) entgegenzuwirken, sind zusätzliche Kontrollstrategien, die sogenannten Metaregeln (Abschnitt 3.5) anzugeben.

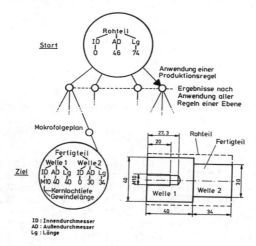

Bild 6: Suchbaum und Wissensrepräsentation eines Drehteiles

Die Konsultierung des Wissensingenieurs mit dem Experten hat gezeigt, daß der Arbeitsplaner sich an Formelementen in der Werkstattzeichnung orientiert und diese Bereiche durch die Makros bearbeitet, die für den Laien schon offensichtlich durch ihr zugehöriges Schaubild mit der zu entstehenden Geometrie übereinstimmen (Feature Analyse /4/). Mehrere verschiedene Makrofolgen stehen oftmals parallel zur Auswahl, sind aber unter anderen Vorbedingungen auszuwählen oder liefern z.B. in ihrer Qualität ein unterschiedliches Ergebnis.

Für die Praxis bedeutet das, daß sich für dasselbe Teil soviele unterschiedliche Planungsergebnisse erstellen lassen, wie Arbeitsvorbereiter vorhanden sind.

2.4. Die Ebenenstruktur der Produktionsregeln

Der Suchbaum kann als UND/ODER Graph angesehen werden, wobei die Auswahl an praxisorientierten Möglichkeiten durch einen parallelen Aufbau die Ebenenstruktur beschrieben ist. Bereits an der Systematisierung der Makrobezeichnung erkennnt man, daß einige Makros ähnliche Aufgaben haben oder sich bei diesen Bearbeitungsaufgaben ergänzen. Dies hat dazu geführt, daß 17 Ebenen von ODER-Regeln anzulegen sind, die jeweils folgende Arbeitsinhalte aufweisen:

- 0 Anschlagen
- 2 Vorbearbeitung   innen
- 3 Vorbearbeitung   außen
- 4 Vorbearbeitung   innen/außen
- 6 Hinterstechen   innen
- 7 Einstechen   innen
- 8 Fertigdrehen   innen
- 9 Gewinde strehlen   innen
- 10 Hinterstechen   außen
- 11 Einstechen   außen
- 12 Einstechen   plan
- 13 Fertigdrehen   außen
- 14 Gewinde strehlen   außen
- 15 Zusatzspindel   axial
- 16 Zusatzspindel   radial
- 17 Abstechen

Als Beispiel einer Ebene wird hier die Ebene 2: "Vorbearbeitung innen" aufgeführt.

```
    Vorbedingung         Aktionsteil

─WENN V0 erfüllt DANN keine Bearbeitung innen─
─WENN V1 erfüllt DANN Regel 1: Makrofolge 1.2 ─
─WENN V2 erfüllt DANN Regel 2: Makrofolge 1.3 ─
─WENN V3 erfüllt DANN Regel 3: Makrofolge 1.4 ─
─WENN V4 erfüllt DANN Regel 4: Makrofolge 1.1-1.2 ─
─WENN V5 erfüllt DANN Regel 5: Makrofolge 1.2-1.4 ─
─WENN V6 erfüllt DANN Regel 6: Makrofolge 1.3-1.4 ─
─WENN V7 erfüllt DANN Regel 7: Makrofolge 1.1-1.2-1.3 ─
─WENN V8 erfüllt DANN Regel 8: Makrofolge 1.1-1.2-1.4 ─
─WENN V9 erfüllt DANN Regel 9: Makrofolge 1.1-1.2-1.3-1.4 ─
```

Bild 7: Entscheidungsebene M2, 9 parallele Regeln zur Vorbearbeitung innen

Jeder der waagerechten Lösungswege stellt eine Produktionsregel der Wissensbasis dar, die im Aktionsteil die oben angegebenen Makrofolgen zur Bearbeitung bestimmt.

Die Vorbedingungen erklären sich folgendermaßen:

Zentrieren (Makro1.1) ist nur in Zusammenhang mit dem Bohren (Makro 1.2) sinnvoll.

Vor dem Plansenken (Makro 1.3) und Vordrehen (Makro 1.4) ist das Zentrieren überflüssig, da die betreffenden Werkzeuge durch eine Zentrierbohrung nicht zusätzlich geführt werden.

Zentrieren (Makro1.1) ist nur in Zusammenhang mit dem Bohren (Makro 1.2) sinnvoll.

Vor dem Plansenken (Makro 1.3) und Vordrehen (Makro 1.4) ist das Zentrieren überflüssig, da die betreffenden Werkzeuge durch eine Zentrierbohrung nicht zusätzlich geführt werden.

Die zu den Makros 1.2 und 1.3 gehörenden Werkzeuge können aus dem Vollen arbeiten, so daß die Kombination 1.2 - 1.3 (Bohren - Plansenken) nicht sinnvoll ist. In diesem Fall ist jedoch vor dem Bohren zu zentrieren. Damit ergibt sich die Makrofolge 1.1 - 1.2 - 1.3.

Ist vor dem Vordrehen ein Bohren erforderlich, so kann dies mit den zu den Makros 1.2 und 1.3 gehörenden Werkzeugen erfolgen.

Da Makro 1.2 zu den Standardmakros gehört und die Zeitspanvolumina der zugehörigen Werkzeuge höher sind als die der Werkzeuge zu Makro 1.3, ist im allgemeinen die Kombination 1.2 - 1.4 sinnvoll.

Handelt es sich jedoch um ein Werkstück mit einer nicht durchgehenden Bohrung, die durch eine Planfläche abgeschlossen wird, so ist die Kombination 1.3 - 1.4 zu wählen.

Die zugehörigen Parameter bestimmen sich für jedes Makro durch die Werte der Fertigteilkontur und dem aktuellen Stand der Wissensrepräsentation

2.5. *Zurückverfolgung (backtracking)*

Sollte in Entscheidungsebenen einer tieferen Hierarchie eine Werkstückbearbeitung derart erfolgt sein, daß sich eine erwünschte Konturform nicht mehr herstellen läßt oder es zu Schwierigkeiten mit der Werkstücksteifigkeit oder nur zum Ende einer möglichen Alternative kommt, so wird eine Ebene nach der anderen bis zu einem neuen Entscheidungsansatz zurückverfolgt.

2.6. *Wissenserwerbskomponente*

Der Nachteil in den bislang programmierten Systemen zur automatischen Arbeitsplanerstellung [2] lag darin, daß diese auf algorithmisierbaren Annahmen fußten, was dazu führte, daß Verbesserungen der Fertigungstechnologie zu Programmänderungen und zwangsläufig zu Inkonsistenzen führen mußten /5/.

Hier hilft der parallele, heuristische Ansatz weiter. Neue Kombinationen von Makros (zur Vorbearbeitung innen) und auch neue Makros (z.B. Radien drehen) mit anderen Einsatzbedingungen sind für die Zukunft dadurch möglich, daß diese Kriterien gleichrangig mit den bereits existierenden in die Entscheidungsebene (M2) eingefügt werden.

Allerdings ist an diesem Punkt zu prüfen, wessen Kompetenz so weitreichend sein soll, um auch dadurch auftretende Schäden an Software und Fertigungseinrichtungen verantworten zu können.

---

[2] Wessel, H.-J.; Steudel, M.:"Gegenüberstellung von Systemen zur automatischen Arbeitsplanerstellung" VDI-Z 122(1980) S.302-310.
(Prof.Eversheim, TH Aachen)   AUTOAP
(Prof.Spur, TU Berlin)   CAPSY
(Prof.Tönshoff, TU Hannover) DREKAL weiterentwickelt zu AVOPLAN

3. Das Expertensystem CHAMP

Unter der Bezeichnung CHAMP (computer heuristic aided manufacturing and planning) wird am Institut für Fabrikbetriebslehre und Unternehmensforschung ein Expertensystem zur planenden Tätigkeit der Arbeitsvorbereitung entwickelt. Die ausgeführten Lösungen seien im folgenden kurz beschrieben.

3.1. Maschinenauswahl

Zur Maschinenauswahl werden die Kriterien
- Verhältnis von Halbzeugdurchmesser zum maximalen mit der Maschine bearbeitbaren Durchmesser,
- Umfang und Art des Standardwerkzeugsatzes und
- Qualitätsanforderungen

ohne direkte Hilfe des Arbeitsplaners herangezogen, sondern durch Produktionsregeln und die von EXAPT beschriebenen Dateien bestimmt.

3.2. Halbzeugermittlung

Bei der Bestimmung von Rohrmaterial und Vollmaterial wird vom System CHAMP nach den DIN-Vorschriften 1795, 1756,.. vorgegangen. Dabei wird das Halbzeug so ausgewählt, daß der Verschnitt minimiert wird. Zusätzlich muß aber 1mm Aufmaß bleiben, da 0,3mm Fertigdrehaufmaß und 0,7mm Aufmaß wegen möglicher Unrundheit des Halbzeuges vorzusehen sind.
Meldet das Lagerwesen, daß das benötigte Rohrmaterial nicht vorrätig ist, wird auf die Bearbeitung aus Vollmaterial ausgewichen.

3.3. Werkstückausrichtung

Bei der Werkstückausrichtung wird berücksichtigt, daß bei der abschließenden Feinbearbeitung an der Spindelseite möglichst große Steifigkeit existiert und der Späneabfluß bei der Innenbearbeitung gewährleistet ist.

3.4. Bestimmung der Teilarbeitsvorgangsfolge

Dieser Schritt ist in den obigen Erklärungen zur Wissensbasis schon genaustens ausgeführt. Grundsätzlich ist zu sagen, daß nicht alle fertigungstechnisch und betrieblich möglichen Kombinationen in die einzelnen Ebenen aufgenommen werden. Wenn bei mehreren möglichen Kombinationen eine als die grundsätzlich optimale erkannt werden konnte, so wurde nur diese aufgenommen. Die Arbeitsweise orientiert sich so direkt an den Auswahlkriterien der Arbeitsplaner, wodurch größtmögliche Transparenz gegeben ist.

3.5. Kontrollstrategie und Metaregeln

Neben den oben beschriebenen Produktionsregeln mit fertigungstechnischem Inhalt sind formal höher anzusiedelnde Regeln, die Metaregeln, aufzustellen. Diese sollen die Verwendung der Regeln der Wissensbasis derart steuern, daß möglichst viele sinnvolle Schlußfolgerungen erfolgen und der kombinatorischen Explosion entgegengewirkt wird.

Die verwendeten Metaregeln sind folgender Art:

Die Vorbearbeitung hat vor der Feinbearbeitung zu erfolgen.

Solange wie möglich sind Werkzeuge des Standardwerkzeugsatzes zu verwenden.

Gewindebearbeitung hat als letzter Schritt bei der Innen/Außenbearbeitung zu erfolgen.

Stehen zwei Bearbeitungsoperationen zur Auswahl, wird jene mit der kürzesten Schaltzeit des Revolvers [3] ausgewählt.

Sobald Bearbeitungen auf der 3.Achse erfolgen, ist die Fertigteilkontur möglichst weit herzustellen, um dort weniger Material zu zerspanen.

Die Bearbeitungsoperationen auf der 3.Achse sollen aufeinander folgen, um die jeweils bis zu 7 Sekunden dauernden Positioniervorgänge der Spindel zu verkürzen.

Fertigdrehen liegt zeitlich später, damit der bei der Bearbeitung auf der 3.Achse entstehende Grat wieder entfernt wird.

4. Übersicht zum Realisierungszustand

Wichtig für das Verständnis des gesamten Systems ist die entwickelte CAD/CAM-Kopplung zur Übernahme geometrischer und technologischer Daten aus der IGES-Schnittstelle. Diese wurde ausgewählt, da die IGES-Schnittstelle zwar schwer den Werkstückcharakter wiedergibt, aber die zur Zeit weitverbreitetste herstellerunabhängige Schnittstelle ist. Dieser Baustein sollte sobald möglich durch die STEP-Schnittstelle mit entsprechend angepaßtem Interpreter ersetzt werden. Notwendig für die weitere Planungsarbeit ist die Existenz eines NC-gerechten Werkstückmodelles. Darauf bauen folgende drei Möglichkeiten auf, die alle einen Makrofolgeplan liefern sollen. Der NC-Steuercode nach DIN 66025 wird zur Programmierung nicht mehr erstellt.

---

[3] alternativ: Jene Operation, bei der der Revolver nach unten zu schalten hat und somit keinen Span über das Werkstück ziehen kann.

Universelle CAD/CAM-Kopplung

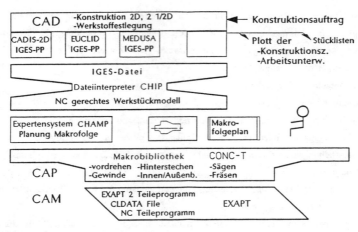

Bild 8: Übersicht zur universellen CAD/CAM-Kopplung

1. Das Expertensystem CHAMP entwickelt für die einfachsten Werkstücke automatisch den -Makrofolgeplan der gegebenenfalls von einem Arbeitsvorbereiter kontrolliert wird. Das Expertensystem hat nicht die verwirrende Kompexität, um alle Werkstücke planen zu können, da solch eine Forderung meist eine "Verschlimmbesserung" zur Folge hat. Vielmehr werden diese Teile mit den anderen zwei Möglichkeiten geplant.

2. Eine Reduzierung des Eingabeaufwandes wird dadurch erreicht, daß ausgehend von dem IGES-Dateiinterpreter das Werkstück auf dem Bildschirm erscheint, der Arbeitsplaner die Makroreihenfolge bestimmt und die Parameter am Bildschirm durch anklicken mit dem Fadenkreuz kennzeichnet.

3. Für den zur Zeit noch möglichen Fall, daß der Dateiinterpreter kein Werkstückmodell erzeugen kann [4] wird der Makrofolgeplan mitsamt seinen Parametern von der ausgeplotteten Arbeitsunterweisung abgelesen.

4. Das Werkstück muß in der konventionellen Weise in EXAPT programmiert werden, da ein derartiger Sonderfall eingetreten ist, daß ein Konturelement mit keinem der bereitgestellten Makros geplant werden kann.

Mit zunehmender Erfahrung in der Arbeitsplanung wird es so möglich, mehr und mehr Aufgaben von Punkt 4. Richtung 1. zu verlagern. Ein stufenweiser, überschaubarer Einstieg für den praktischen Anwender in diese neue und universell anwendbare Technik ist somit gewährleitet.

---

[4] Oftmals sind bei dem IGES-Format Lücken in benachbarten Konturelementen, Doppeldeutungen und weitere Probleme aufgetaucht.

5. Literaturhinweis

/1/ Hrsg.: AWF/REFA. Teil1: Arbeitsplanung. Berlin: Beuth 1968

/2/ U.Berr, Th.Mielke: Entwicklung eines Expertensystems zur automatischen Arbeitsplanerstellung.
wt-Z. ind.Fertig 78(1988) Nr.4, S.243-250

/3/ U.Berr, G.Zenke: Dialogorientierte NC-Programmierung für ausgewähltes Teilespektrum.
wt-Z. ind.Fertig. 71(1983) Nr.12, S.735-739

/4/ Krause,F.-L.;Armbrust,P.;Bienert,M.:Methodbases and product models as a basis for integrated design and manufacturing. Proc.II. Int. Conf. on Manufacturing Science Technology and Systems of the Feature. Ljubljana (Jugoslawien), 1985

/5/ H.-J.Wessel;M.Steudel: Gegenüberstellung von Systemen zur automatischen Arbeitsplanerstellung.
VDI-Z 122(1980) Nr.8, S.302-310

ASPEKTE DER WISSENSBASIERTEN AKTIONSPLANUNG FÜR INTEGRIERTE ROBOTERARBEITSZELLEN

F. Dai, Darmstadt

Zusammenfassung: Die Integration von Roboterarbeitszellen in die CIM-Umgebung steigert die Flexibilität und Produktivität der Fertigungszellen. Es erhöht aber gleichzeitig die Komplexität der Roboterprogrammierung. So wird die wissensbasierte Aktionsplanung ein sehr wichtiger Bestandteil der Roboterprogrammierung. In diesem Beitrag werden Aspekte wie funktionale Aufgabenbeschreibung, Wissensrepräsentation und -interpretation sowie die graphische Unterstützung bei der Aktionsplanung diskutiert und dazu Lösungsansätze vorgestellt.

1   Einleitung

Roboter sind flexible programmierbare Handhabungsautomaten. Ihre Integration in die Computer-gestützte Fertigung (CIM) bringt große Flexibilität der Fertigungszellen und senkt stark die Produktionskosten. Allerdings werden die Aufgaben der Roboter auch komplexer. Die heute vorhandenen Werkzeuge zur Roboterprogrammierung arbeiten in der Ebene der Steuerung oder Bewegungsplanung (Teach-In, explizite Programmierprachen). Die Definition der Aufgaben und Planung der Aufgabendurchführung sowie die Generierung der erforderlichen Aktionssequenzen der Roboter und Werkzeugmaschinen werden von den Menschen (Experten der Fertigung) durchgeführt. Wegen der Komplexität der zukünftigen Anwendungen wird dieser Weg aber aufwendig und ineffizient. Es fallen große Mengen von Daten (Wissen über die Gegebenheiten) an, und der (humane) Planer benötigt unterschiedliche und immer mehr Kenntnisse über die Lösungsmethoden und komplexe Regeln, um die Aktionsplanung durchzuführen. Diese Situation stellt ein wichtiges Hindernis beim flexiblen Einsatz von Robotern dar. Daraus ergibt sich die Notwendigkeit der wissensbasierten Aktionsplanung in integrierten Roboterarbeitszellen (in CIM-Umgebung integrierte Fertigungszellen mit Robotern als zentrale, Aktionen-durchführende Komponenten) in Verbindung mit der Roboterprogrammierung.

Ein wissensbasiertes System arbeitet i.a. nach dem in Bild 1 dargestellten Schema: Der Planer formuliert eine Problemstellung in einer funktionalen Weise, anhand dieser funktionalen Problembeschreibung liefert eine Inferenzmaschine unter Benutzung der in einer Wissensbasis gespeicherten Informationen eine explizite Lösung zu dem gestellten Problem. Methoden zur Problemlösung werden von Experten bereitgestellt, und können für gleichartige Probleme immer wieder benutzt werden. Hierbei wird der Planer dadurch unterstützt, daß er nur wissen muß, was das Problem ist, und welche Anforderungen erfüllt werden sollen, nicht hingegen, wie man das Problem lösen kann.

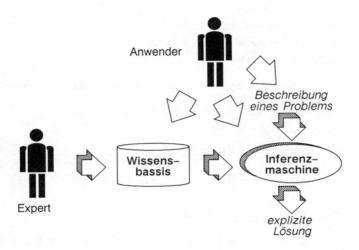

Bild 1   Problemlösen mit Hilfe eines wissensbasierten Systems

Bei der wissensbasierten Aktionsplanung von Roboterarbeitszellen werfen sich folgende Fragen auf:

- Welche Anwendungen kommen in Frage ?
- Wie kann eine Aufgabe funktional beschrieben werden ?
- Wie soll eine explizite Lösung aussehen, die zur direkten Erzeugung von expliziten Programmen genutzt werden kann ?
- Welche Lösungsmethoden sind bekannt bzw. möglich ?
- Welche weitere Informationen werden benötigt ?

Im folgenden werden diese Fragen näher untersucht und Lösungsansätze zur Realisierung eines wissensbasierten Aktionsplaners vorgeschlagen.

2   Die Anwendungen und ihre Beschreibung

2.1   Klassifizierung der Anwendungen

Als erstes muß untersucht werden, welche Anwendungen für Roboterarbeitszellen in Frage kommen. Wenn wir uns auf den industriellen Bereich (Fertigung) konzentrieren, können wir u.a. folgende Anwendungen auflisten:

- Materialverarbeitung (Fräsen, Drehen, Bohren)
- Materialverformung (Biegen, Pressen)
- Oberflächenbearbeitung (Lackieren, Schleifen)
- Positionieren (Palletieren, Bestücken)
- Qualitätskontrolle (Bemessung)
- Montage/Demontage
- Schweißen/Schneiden

Man stellt fest, daß funktional gesehen folgende Klassifizierung möglich ist:

a) topologische Geometrieänderung von einzelnen Teilen

b) strukturelles Zusamenfügen/Zerlegen

c) geometrische Vereinigung/Trennung

d) Verformung

e) Bearbeitung/Handhabung ohne Geometrie- und Strukturänderung

2.2 Funktionale Beschreibung der Anwendungen

Wir unterscheiden zwei Arten von Aufgabenbeschreibungen: Die funktionale Beschreibung, wo es nur darum geht, festzulegen was getan werden soll, und die explizite Beschreibung, wo die Methoden der Aufgabendurchführung explizit angegeben werden. Das letztere enthält dann die benötigten Aktionen der Betriebsmittel und Bedingungen zur Ausführung dieser Aktionen.

Bei der funktionalen Beschreibung einer industriellen Anwendung sind die Ausgangsprodukte, die Endprodukte und die dabei anzuwendenden Technologien maßgebend:

$$\mathbf{P}_A \circ T \rightarrow \mathbf{P}_E$$

Dabei sind $\mathbf{P}_A$ Menge der Ausgangsprodukte, $\mathbf{P}_E$ Menge der Endprodukte, und T Menge der anzuwendenden Technologien:

$$\mathbf{P}_A \subset \mathbf{P}$$

$$\mathbf{P}_E \subset \mathbf{P}$$

$$\mathbf{P} = \{p_i \mid i \in \mathbf{N}\}, \quad \text{Menge der Produktbeschreibungen}$$

Zu einer Produktbeschreibung p_i gehören i.a. Geometrie (g_i), Struktur (s_i, Teile und Zusammenhang der Teile), Physikalische Werte (w_i, z.B. Toleranzen, Restriktionen) und Handhabungsinformationen (h_i, z.B. Greiffläche, zulässige Kräfte):

$$\mathbf{P} = \mathbf{G} \times \mathbf{S} \times \mathbf{W} \times \mathbf{H}$$

2.3 Beispiele zur Aufgabenbeschreibung

Hier wollen wir anhand von zwei Beispielen zeigen, wie mit Hilfe von CAD-Techniken die Aufgabenbeschreibung formuliert werden können, und wie die Beschreibung aussehen.

a) Gewindeschneiden

Bei Anwendungen, wo die Geometrie eines Werkstückes geändert wird (Gruppe a), sind die Anforderungen durch die Beschreibung der Geometrie des Rohlings und des Endproduktes festgelegt. Hier entfällt die Strukturbeschreibung. Beim geometrischen Modellieren wird die räumliche Enstehung des Produktes beschrieben. Dabei kann man die Aufgabenbeschreibung vervollständigen, indem man zu den normalen geometrischen Operatoren (CSG, Sweeping) auch die Technologie mitspezifiziert. Z.B. für ein Produkt mit einer Gewinde wird beim geometrischen Modellieren ein CSG-Baum erzeugt (Bild 2).

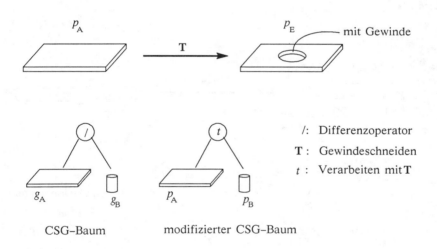

Bild 2   Beschreibung einer Aufgabe mit Geometrieänderung

g_A steht hier für die Geometrie des Ausgangsproduktes, g_B ist ein Hilfsvolumen. Hier kann man ein zweites (logisches) Ausgangsprodukt p_B definieren, dadurch die Parameter des Gewindes spezifizieren, und den Operator mit einer Technologiebezeichnung versehen.

$\mathbf{P}_A = \{p_A, p_B\}$

$\mathbf{P}_E = \{p_E\}$

Aus der Technologieangabe geht hervor, daß p_B kein physikalisches Werkstück ist, sondern Informationen über das Gewinde enthält.

b) Montage

Bei der Montage werden mehrere Werkstücke zu einem strukturierten Produkt zusammengesetzt. Hierbei sind physikalische Werte unwesentlich, dagegen ist die Struktur des Endproduktes Maßgebend.

$$\mathbf{P}_A = \{p_{A,1}, p_{A,2}, \cdots p_{A,n}\} \subset \mathbf{P}$$

$$\mathbf{P}_E = \{p_E\}$$

Dabei sind die Ausgangsprodukte elementare Teile, besitzen somit keine Struktur:

$$\mathbf{P}_A = \mathbf{G} \times \mathbf{H}$$

Die Endproduktbeschreibung enthält keine Geometrie, sondern eine Struktur aus geometrischen Objekten. Die Geometrie des Endproduktes ist implizit durch die Struktur beschrieben.

$$\mathbf{P}_E = \mathbf{S} \times \mathbf{H}$$

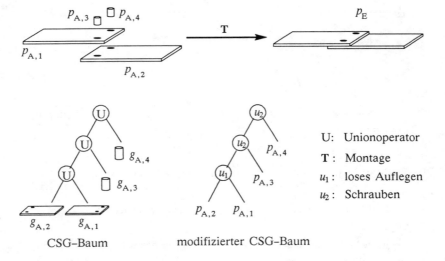

Bild 3 Beschreibung einer Montageaufgabe

Ähnlich wie bei a) kann man auch hier das Produkt mit Hilfe des geometrischen Modellierens beschreiben. Dazu muß allerdings der Vereinigungsoperator modifiziert werden (Bild 3). Bei der Montage sind die Knoten nur logische Verbindungen. Die Verbindungstypen sind in **S** enthalten (loses Auflegen, Schraubverbindung, Niet, Klemmverbindung etc.). Mittels binärer Baumstruktur wird eine mögliche Montagereihenfolge angegeben. Wenn nun die beiden einanderfolgenden u_2-Operatoren zusammengefaßt werden, ist auch Redundanz vorhanden.

Die gezeigten Beispiele sind aus den Anwendungsklassen Geometrieänderung und strukturelles Zusammenfügen. Bei den anderen Anwendungsklassen sind die Beschreibungen i.a. einfacher. Z.B. sind beim Schweißen die Verbindungen fest, d.h es findet geometrische Vereinigung statt. Hier wird außer der Beschreibungen der Teile und des Produktes nur noch eine Technologieangabe benötigt. Wichtig für alle Anwendungen sind die Geometrie, Handhabung und die technologie-bezogenen Informationen. Die Technologieangabe wird benötigt, um die richtigen Methoden aus der Wissensbasis zu verwenden und die physikalischen Werte zu interpretieren.

3 Das Wissen zur Aktionsplanung

Die Aktionsplanung hat die Aufgabe, Aktionsfolgen bestehend aus elementaren Aktionen der Betriebsmittel zur Durchführung der Anwendung zu generieren. Nun ist es ersichtlich, daß dabei folgendes bekannt sein muß:

- Wie ist die Arbeitszelle zusammengesetzt (Struktur) ?
- Wie ist das Layout der Zelle (Räumliche Anordnung) ?
- Wie sind und was können die Komponenten der Zelle ?
- Wie sind die angegebenen Technologien anzuwenden ?
- Welche Bedingungen und Anforderungen sind zu befolgen ?

3.1 Aufbau einer Arbeitszelle

Die Struktur, das Layout und die Beschreibung der einzelnen Komponenten bilden zusammen die Beschreibung der Arbeitszelle [3]. Eine Arbeitszelle besteht i.a. aus folgenden Komponenten:

- Roboter
- Werkzeugmaschinen (z.B. Dreh-, Hobel-, Füllmaschinen)
- Transportsysteme (Transportband, Wagen, Lift)
- Werkzeuge (z.B. Schweißgerät, Auftrager, Lakierer, Schleifer)
- Sensoren (Bild-, Abstands-, Kraftsensoren)
- Ablage (Arbeitstisch, Magazine, Schrank..)
- Werkstücke (Teile und Produkte)

<u>Roboter</u> sind die zentralen, flexiblen Komponenten einer Arbeitszelle. Durch entsprechende Programmierung und mit geeigneten Effektoren versehen, können sie zur verschiedensten Zwecken eingesetzt werden. <u>Werkzeugmaschinen</u> sind z.T. auch programmierbar. Sie führen aber nur Aktionen auf Werkstücken aus, die an ihrer Arbeitsposition

angebracht sind. Hier wollen wir alle fest stehende Maschinen, die eine Spezialaktion ausführen können, dazu zählen. <u>Tranportsysteme</u> sind Hilfsmaschinen, spielen aber eine sehr wichtige Rolle in der Arbeitszelle. Transportsysteme bringen Objekte, die ihnen zugeordnet sind, von einer Position zu einer anderen Position. Dies geschieht meistens in einer Ebene oder sogar nur in eine bestimmte Richtung.

<u>Werkzeuge</u> sind keine selbständige Komponenten, können aber in Verbindung mit den Robotern oder den Werkzeugmaschinen aktiv werden. Hierunter sind auch die Robotergreifer einzuordnen, da einerseits die Greifer auch an verschiedenen Roboter montiert werden können, und andererseits die Roboter auch mit anderen Werkzeuge versehen werden und somit andere Aktionen als Greifen ausüben können. <u>Sensoren</u> gewinnen zunehmend an Bedeutung in der flexiblen Fertigung. Sie liefern Zustandsinformationen von Objekten zurück, beeinflussen aber nicht die Zustände. Sensoren werden meistens in Verbindung mit anderen aktiven Komponenten der Arbeitszelle verwendet. <u>Ablage</u> oder Speicher sind passive Hilfsmittel. <u>Werkstücke</u> werden der Vollständigkeit halber der Arbeitszelle zugeordnet, ihre genaue Modelle werden aber bei der Aufgabenbeschreibung erzeugt.

Die Struktur einer Arbeitszelle wird durch das Vorhandensein der Komponenten und die Beziehungen der Komponeten zueinander bestimmt. Dabei können natürlich auch Teile einer Arbeitszelle als eine logische Einheit zusammengefaßt und als eine Unter-Arbeitszelle der Arbeitszelle zugeordnet werden.

Die Beziehungen der logischen Komponenten einer Arbeitszelle zueinander sind Zuordnungen. Zwei Arten von Zuordnungen sind hier vorhanden: die Bearbeitungszuordnung (ein Werkstück wird bearbeitet, ein Objekt wird gegriffen) und Ablagezuordnung (Werkstücke liegen auf einem Transportband oder befinden sich auf der Ablagefläche einer Werkzeugmaschine). Feste Zuordnungen wie z.B. die Verbindung von Endeffektor mit einem Roboterarm werden durch die Strukturen der Komponenten selbst (z.B. Roboter) beschrieben. Diese Zuordnungen gehören dann nicht zur Struktur der Arbeitszelle, da es sich hierbei nicht um Beziehungen zwischen logischen Komponenten der Arbeitszelle handelt.

3.2 Die elementaren Aktionen einer Arbeitszelle

Unter den elementaren Aktionen sind die Aktionen zu verstehen, die bei allen Anwendungen gleichermaßen benötigt werden und für eine Arbeitszelle in der Planungsphase als elementares Wissen definiert werden können bzw. sollen.

Roboter sind kinematische Ketten. Sie besitzen von sich aus nur eine einzige Aktion: das räumliche Positionieren ihres freien Endes (i.a. ist ein Effektor am Ende der Kette montiert, so daß der Endeffektor bewegt wird). Andere Aktionen werden vom Endeffektor ausgeführt. Es hängt davon ab, welcher Effektor angebracht ist. Daher gibt es Effektoraktionen.

Jede Werkzeugmaschine kann eine andere Funktion besitzen. Wir können hier aber Werkzeugmaschinenaktionen als elementare Aktionen ansehen. Spezialmaschinen wollen wir hier auch als Werkzeugmaschinen betrachten. Transportsysteme besitzen die Fähigkeit, eine räumliche, meistens aber begrenzte Transformation von Objketen durchzuführen. Diese Aktion ist auch abhängig von dem jeweiligen Transportsystem.

Sensoreninformationen spielen dann eine Rolle, wenn für die Aktionen der anderen Komponenten Bedingungen überprüft werden müssen, die sich auf die Zustände der Arbeitszelle beziehen.

Das Montieren von Werkzeugen an Roboter oder Werkzeugmaschinen ist auch eine notwendige Aktion einer flexiblen Arbeitszelle, denn nur dadurch kann eine Arbeitszelle wirklich flexibel arbeiten. Diese Aktion wird meistens auch vom Roboter durchgeführt.

Nun können wir zusammenfassen und die elementaren Aktionen einer Arbeitszelle zusammenstellen:

- Bewegen der Roboterhand
- Effektoraktionen
- Wechseln von Effektor
- Werkzeugmaschinenaktionen
- Welchsel Werkzeug für eine Werkzeugmaschine
- Fahren eines Transportsystems
- Abfragen von Sensorinformationen.

Die genaue Beschreibung der elementaren Aktionen müssen beim Aufbau der Wissensbasis bekannt sein und stehen als Grundwissen zur Verfügung. Dieses Grundwissen kann nicht mehr von normalen Benutzern verändert werden.

3.3 Aktionsfolge und zusammengesetzte Aktionen

Die elementaren Aktionen können von einer Arbeitszelle ausgeführt werden, genau so auch Zusammensetzungen aus diesen. Es wird meistens die Bezeichnung Aktionsfolge für solche Zusammensetzungen verwendet. Hier handelt es aber nicht nur um Folgen, sondern eine Mischung von sequnziellen und parallelen Strukturen aus elementaren Aktionen, da es mehrere aktive Komponenten in einer Arbeitszelle geben kann. Wir wollen den Begriff **Aktion** verallgemeinern und auch für die Zusammensetzung aus elementaren Aktionen verwenden:

Eine Aktion **A** *der Arbeitszelle* **AZ** *ist eine Abbildung von ihrem einen Zustand* Z_A *auf einen anderen* Z_E *mit einem Ergebniswert* **E***, also*

$$A: Z_A(AZ) \rightarrow Z_E(AZ) \times E$$

Aktionen einer Arbeitszelle können dann in Strukturen aus elementaren Aktionen dargestellt werden. Diesen elementaren Aktionen werden Ausführungsbedingungen vorgesetzt. Ausführungsbedingungen beziehen sich zum Teil auf die Arbeitszellenzustände (z.B. daß eine Roboteraktion darauf warten soll, bis ein Werkstück auf einem Transportband eine bestimmte Position erreicht hat) und zum Teil auf Resultat einer anderen Aktion (z.B. Koordination mehrer Roboter). Das Ergebnis einer Aktionsplanung soll dann eine solche verallgemeinerte Aktion sein.

3.4   Methoden und Regeln, Technologiebeschreibung

Technologie ist die wichtigste aller Wissenskomponenten. Wir wollen hier nicht alle bekannten Technologien aufzählen, sondern wählen wiederum als Beispiel die Montage.

Montage ist eine der komplexesten Anwendungen für eine Roboterarbeitszelle. Wie eine Montageaufgabe durchgeführt werden kann, geht aus der Aufgabenbeschreibung hervor. Hierzu müssen die Verbindungstypen bekannt sein. Dann ist das Wissen ausreichend:

Montieren := die Teile in angegebene Positionen bringen und die spezifizierten Verbindungen herstellen.

Es lassen sich Algorithmen entwickeln, die eine Menge der technologiebezogenen Regeln (z.B. Vorrangbedingung) anwenden und die Montagefolge generieren [2].

Ähnlich ist es bei anderen Anwendungen. Es wird zuerst eine Beschreibung der Technologie benötigt, die aus der Spezifikation von erforderlichen Aktionen und technologiespezifischen Regeln besteht. Dann ist noch ein Algorithmus nötig, um anhand der Technologiebeschreibung eine Folge von expliziten Aktionen zu generieren.

Diese Aktionsfolgen sind aber noch nicht unbedingt die Aktionsfolgen der Roboter und Maschinen, die ausgeführt werden können. Denn eine technologiebezogene Methode berücksichtigt nur die Anwendungsanforderungen, nicht aber die allgemeinen Regeln.

Allgmeine Regeln sollen der Bezeichnung nach für alle Anwendungen gültig sein. Sie sind auf die Funktionen der Roboter und Maschinen, die Struktur der Arbeitszelle, und auf die allgemeinen, logischen und physikalischen Wechselwirkungen der Komponenten miteinander bezogen. Zwei Hauptgruppen von allgemeinen Regeln sind die Handhabungsregeln (wie die Handhabungsbeschreibungen benutzt werden) und die Konsistenzbedingungen (Überprüfung der Objektzusände und -beziehungen).

4.   Eine Systemstruktur zur wissensbasierten Aktionsplanung

Nachdem die Aufgabenbeschreibung und die zur Aktionsplanung benötigten Informationen untersucht worden sind, kann ein wissensbasiertes System zur Unterstützung der Aktionsplanung realisiert werden. Die Anforderungen an ein solches System gehen aus dem

Ziel des Systems hervor:

- Es soll dem Benutzer bei der Aufgabenbeschreibung untersützen.
- Es muß erlauben, eine Wissensbasis aufzubauen.
- Aus dem Wissen und der Aufgabenbeschreibung soll eine Aktion generiert werden, die von der Arbeitszelle ausgeführt werden und die Aufgabe lösen kann.

Das System muß dem zufolge folgende Komponenten aufweisen:

- <u>Ein Modul zur Modellierung der Arbeitszelle.</u> Damit werden die Komponenten der Arbeitszelle beschrieben und deren Anfangszustände definiert. Während der Planungsphase kann sich aus den Aufgabenanforderungen die Notwendigkeit ergeben, die Arbeitszelle zu modifizieren.

- <u>Ein Modul zur Definition der Aufgabe.</u> Hier werden die Produkte modelliert und die Aufgaben funktional beschrieben.

- <u>Ein Modul zur Definition von Regeln und Aktionen.</u> Es wird vorkommen, daß in der Wissensbasis nicht hinreichend genaue oder keine geeignete Regeln vorhanden sind, die der Benutzer aber leicht formulieren kann. Es soll auch die Möglichkeit geben, eine generierte Aktion zu modifizieren.

- <u>Eine Wissensbasis.</u> In der Wissensbasis werden alle Informationen gespeichert und verwaltet, das sind die Arbeitszellenbeschreibung, die Methoden und Regeln, bekannte Aktionen etc. Das Frame-Konzept [5] ist hier für die Repräsentation von Wissen geeignet. Hierbei kann eine einheitliche Datenstruktur für alle Wissenskomponenten definiert und für jede einzelne Komponentengruppe eine Frame-Klasse vorgesehen werden.

- <u>Ein Inferenz-Modul.</u> Hier werden die Aufgabenbeschreibungen mit dem vorhandenen Wissen verarbeitet und Aktionen zur Durchführung der Aufgaben generiert.

- <u>Simulator.</u> Mit einem Simulator sollen die Ergebnisse der Aktionsplanung geprüft werden. Dies ist zur Aufdeckung und Korrektur vom Planungsfehlern notwendig.

- <u>Anwender-Schnittstelle.</u> Über eine komfortable Schnittstelle soll der normalen Benutzer Zugang zu den Modulen erlangen.

- <u>Experten-Schnittstelle.</u> Elementare Aktionen, Technologiebeschreibungen, grundlegende Regeln und Algorithmen werden von Experten erzeugt. Vor allem werden die Frame-Klassen der Beschreibungen hier festgelegt.

In Bild 4 ist die Struktur des Gesamtsystems dargestellt.

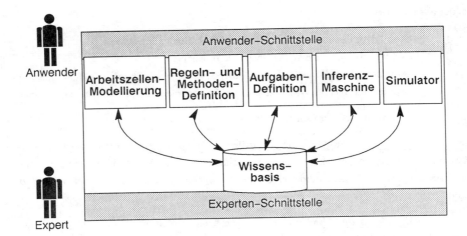

Bild 4   Die Struktur eines Aktionsplaners

5   Graphische Unterstützung bei der Aktionsplanung

Die graphische Unterstützung ist überall dort angebracht, wo es um Mensch-Maschine-Komunikation geht. Folgende Bereiche können mit der Computergraphik unterstützt werden:

- Interaktive Modellierung
- Erläuterung von Aufgabenbeschreibung
- Veranschaulichung von Strukturen
- Veranschaulichung von Regeln
- Verifizierung von Methoden
- Einbringung von Benutzerwissen
- Simulation der Aufgabendurchführung.

Das geometrische Modellieren von Produkten und die Definition von Produktionsmerkmalen werden von den CAD-Systemen unterstützt. Graphische Darstellung von Projektionen, Schnittflächen, Abmessungen etc. sind bekannte Techniken hierzu. Bei der Modellierung einer Arbeitszelle kann die dreidimentionale Darstellung einen Überblick über das Layout der Zelle und die Geometrie der einzelnen Komponentten verschaffen.

Zur Veranschaulichung von Strukturen und Beziehungen der Objekte zueinander sind Graphen erfolgreiche Hilfsmittel. Dazu können auch Symbole für die Arbeitszellenkomponenten sowie die Technologien benutzt werden, um sie funktional darzustellen. So ist bei der Modellierung von Arbeitszellen sowie bei der Beschreibung von anderen abstrakten Wissenskomponenten jeweils eine graphisch-funktionale Repräsentation anzugeben.

Es werden u.a. folgende Techniken der Computergraphik benötigt:

- Darstellung von dreidimensionalen Szenen und ihre Ansichten.
- Darstellung von Graphen und Tabellen
- Geometrische Transformationen von graphischen Objekten
- Eingabetechniken wie Menü, Picken, Wertgeber
- Fenstertechnik

Mit graphischer Unterstützung kann der Benutzer leichter in die Aktionsplanung eingreifen und somit können weniger komplexe Modelle und einfachere Algorithmen verwendet werden. Dadurch kann die praktische Umsetzung von wissensbasierten Systemen beschleunigt werden.

6 Schlußbemerkung

Die Integration von Robotern in die CIM-Umgebung steigert die Flexibilität und Produktivität einer Fertigungszelle. Gleichzeitig werden die Anwendungen der Roboter komplexer und flexibler. Diese Situation erfordert wissensbasierten Methoden bei der Roboterprogrammierung. Der erste Schritt bei der Roboterprogrammierung ist die Planung der Roboteraktionen. Da die Roboter mit den aktiven Komponenten ihrer Arbeitszellen zusammen arbeiten, ist es notwendig, die Aktionsplanung von Roboterarbeitszellen zu untersuchen.

In diesem Beitrag wurden die genannten Aspekte untersucht und eine Systemstruktur vorgeschlagen. Dabei wurde auch die graphische Untersützung bei dem Aktionsplaner diskutiert.

Bei einer wissensbasierten Aktionsplanung kann die Beschreibung der Aufgaben funktional geschehen. Diese funktionale Aufgabenbeschreibung besteht aus Beschreibung der Ausgangsprodukte und Endprodukte und die Spezifikation der anzuwendenen Technologien. Zur Erzeugung solcher Aufgabenbeschreibungen sind Ergänzungen in der CAD-Produktbeschreibung notwendig. Mit Hilfe von gespeichertem Wissen kann eine funktionale Aufgabenbeschreibung in elementare Aktionen der Roboter und anderer beteiligten aktiven Komponenten umgewandelt werden. Das Wissen besteht aus Beschreibungen der Arbeitszelle und der Technologien, aus allgemeinen Regeln und Lösungsmethoden sowie aus bekannten Aktionen.

Ein Prototyp des Systems ist am Institut als Teil eines Programmierungs- und Simulationssystems für Roboterarbeitszellen [1] implementiert. Dabei wurde allerdings noch keine vollständige Wissensbasis aufgebaut und die Aktionsplanung geschehen daher nur in sehr eingeschränkter Maße wissensbasiert. Eine abgeschlossene Arbeit ist die Entwicklung und Implementierung einer Wissensbasis zur Beschreibung von Roboterarbeitszellen [3]. Ferner ist eine formale Definition eines verallgemeinerten Objektmodells entworfen [4], um eine einfache Erweiterung der Frame-Klassen zu ermöglichen. Dabei sind auch Strukturen zur Repräsentation von Aktionen definiert. Die Implementierung wird zur Zeit fortgeführt. Bei der Implementierung werden sicherlich noch Probleme auftreten, deren Lösung wird aber der Vervollständigung und Verbesserung der theoretischen Überlegungen helfen.

7 Literaturverzeichnis

[1] Dai, F. and Encarnaçao, J.L.: Graphical Interactive Robotics Core System for Supporting Flexible Robot Applications. Advances in CAD/CAM, Xian, 1987.

[2] Frommherz, B.: Robot Action Planning. Institutsbericht. Institut für Informatik III, Universität Karlsruhe. 1987.

[3] Frühauf, M. und Dai, F.: Eine Wissensbasis zur Beschreibung von Roboterarbeitszellen. (angenommen zur Veröffentlichung in Robotersysteme 4 (1988))

[4] Kehrer, B. und Dai, F.: Formale Definition von Standard-Objekten zur Beschreibung von Roboterarbeitszellen. (Interner Bericht). Fahcgebiet Graphisch-Interaktive Systeme, Fachbereich Informatik, Technische Hochschule Darmstadt. 1988.

[5] Minsky, M.: A Framework for Representing Knowledge, in The Psychology of Computer Vision, McGraw-Hill, 1975, S.211ff

Dipl.-Ing. F. Dai
Fachgebiet Graphisch-Interaktive Systeme
Fachbereich Informatik
Technische Hochschule Darmstadt
Wilhelminenstraße 7
D-6100 Darmstadt

**GRAPHISCHE DOKUMENTATION VON WISSENSBASEN
IN TECHNISCHEN ANWENDUNGEN**

Bernardo Wagner
GPP Gesellschaft für Prozeßrechnerprogrammierung mbH,
Kolpingring 18a, 8024 Oberhaching

1. Einführung

Fehlerdiagnose, Konfiguration bzw. Auswahl von Hard- und Software oder Produktionsplanung unter Randbedingungen sind Beispiele für die zahlreichen Möglichkeiten Expertensysteme in technischen Anwendungsgebieten einzusetzen. Expertensysteme werden in der Regel durch KI-Fachleute in Zusammenarbeit mit Fachgebietsexperten (Ingenieure, Techniker usw.) erstellt. Nur in Ausnahmefällen sind Experte und KI-Fachmann (Wissensingenieur) die selbe Person. Ingenieure und Techniker verwenden meist graphische Darstellungen zur Beschreibung komplexer Sachverhalte (z.B. Schaltpläne in der Elektrotechnik oder Blockdiagramme in der Regelungstechnik). Natürlichsprachliche Beschreibungen sind im allgemeinen zu unübersichtlich und die von KI-Fachleuten verwendeten kompakten formalen Beschreibungen sind für Techniker ungewohnt und führen zu Verständigungsproblemen.

Zur Verbesserung der Kommunikation zwischen KI-Fachmann und Fachgebietsexperte beim Aufbau technischer Expertensysteme sind graphische Darstellungen deshalb unverzichtbar. Die Generierung graphischer Darstellungen aus der formalen Beschreibung einer Wissensrepräsentationssprache vereinfacht die Diskussion zwischen KI-Fachmann und Fachgebietsexperte [3].

Ein Expertensystem muß in der gleichen Weise wie andere Softwaresysteme auf eine korrekte Arbeitsweise hin überprüft werden. Dies kann auf drei unterschiedliche Arten geschehen:

- Test durch Konsultation des menschlichen Fachgebietsexperten mit dem Expertensystem,

- automatische Testläufe an vorgegebenen Beispielen,
- statische Analysen vor Ablauf der Konsultation, um formale Fehler zu vermeiden.

Die beiden erst genannten Prüfarten müssen unter Mitwirkung des Fachgebietsexperten durchgeführt werden. Die letzte Prüfart ist unabhängig von inhaltlichen Belangen des Fachgebiets und kann vom KI-Fachmann allein durchgeführt werden. Irreguläres Verhalten bei der Konsultation, das durch formale und daher vermeidbare Fehler hervorgerufen wird, vermindert die Akzeptanz des Fachgebietsexperten. Manuelle Prüfungen sind mühsam und fehleranfällig. Sie sollten daher maschinell durchgeführt werden. Nur wenige Wissensrepräsentationssprachen erlauben allerdings die automatische Analyse auf formale Beschreibungsfehler. Die bei der automatischen Analyse entstehenden Prüfprotokolle (Referenzlisten, isolierte oder unvollständige Beschreibungsteile usw.) sind zudem eine gute Grundlage für die Arbeitsgespräche zwischen KI-Fachmann und Fachgebietsexperte.

Die obigen Überlegungen wurden bei der Entwicklung der Expertensystem-Shell KNOSSOS berücksichtigt. KNOSSOS ist eine Entwicklungs- und Anwendungsumgebung für Expertensysteme, die neben einer leicht verständlichen Wissensrepräsentationssprache zahlreiche graphische Dokumentations- und Analysewerkzeug zur Entwicklung von Expertensystemen bereitstellt [1].

Das in diesem Beitrag als Beispiel verwendete Expertensystem wurde mit dem Ziel realisiert, die notwendigen Eigenschaften eines Roboters ausgehend von einer gegebenen Aufgabenstellung und den geltenden Randbedingungen zu bestimmen. Bei der Vielzahl der möglichen Robotertypen und ihrer unterschiedlichen Eigenschaften ist dies eine Aufgabe die nur von einem im praktischen Einsatz von Robotern erfahrenen Experten in kurzer Zeit gelöst werden kann. Die Realisierung des Expertensystems kann von einem KI-Fachmann durchgeführt werden. Das Erfahrungswissen muß vom Fachgebietsexperten geliefert werden, der anhand von graphischen Darstellungen und Analyseprotokollen Einblick in die Realisierung des Expertensystem gewinnt.

Der Anwender des Beratungssystems zur "Roboterauswahl" ist z.B. ein Angebotsersteller, der die Anforderungen der Automatisierung (Fertigungszelle) kennt und mit möglichst geringem Aufwand einen Kostenrahmen für die Realisierung der Fertigungszelle, in diesem Fall für den Teilaspekt Roboterbeschaffung, abschätzen möchte.

2. KNOSSOS - Eine Entwicklungs- und Anwendungsumgebung zum Aufbau von Expertensystemen

Mit der Entwicklungsumgebung KNOSSOS können Expertensysteme oder allgemeiner wissensbasierte Beratungssysteme realisiert werden. Daneben gibt es für KNOSSOS auch eine Anwendungsumgebung in der die entwickelten, wissensbasierten Beratungssysteme losgelöst von den Erstellungswerkzeugen verfügbar gemacht werden können. Dies kann entweder in Form eines eigenständigen Programms oder als ein in eine vorhandene Softwareumgebung integrierte Komponente geschehen.

Die Repräsentation des Wissens erfolgt in einer problemorientierten, auch für nicht KI-Fachleute verständlichen Wissensbeschreibungssprache [4], [5]. Die Wissensrepräsentationssprache kennt sieben verschiedene Typen von sogenannten Wissensobjekten:

FRAME .... Beschreibung von Objekten und ihrer Eigenschaften. Innerhalb einer Hierarchie von FRAMES werden Eigenschaften vererbt. Bei den Eigenschaften können die Bestimmungsmittel, die erlaubten Wertebereiche, ein Defaultwert und ein Fragetext mit dazugehöriger Bildausgabe angegeben werden.

RELATION ...... Angabe von zwei- bzw. mehrstelligen Beziehungen zwischen FRAMES. Es kann eine Beziehungseigenschaft angegeben werden.

INSTANCE ...... Vorabfestlegung von Eigenschaften. Beschreibung bekannter Fakten z.B. in Form von Karteien. Sicherung von Konsultationsergebnissen.

RULE	Beschreibung kausalen Wissens in rückwärtsverkettender Regel. Einzelbedingungen können logisch verknüpft werden (AND, OR, NOT). Es gibt Prädikate für unsicheres Wissen, Quantoren für Instanzen, die Möglichkeit zum Wertevergleich und eine einfache Arithmetik.
OPERATION	Beschreibung vorwärtsverkettender Produktionsregeln. Die Konfliktlösung geschieht mit Prioritäten. Prämissen werden wie bei der Regel angegeben. Im Aktionsteil stehen alle Konstrukte der STRATEGY zur Verfügung.
STRATEGY	Konzentration von prozeduralem Wissen in Haupt- und Unter-Strategien. Von hier erfolgt die Steuerung des wissensbasierten Beratungssystems (z.B. Instanzenkreierung, Anstoß der beiden Regelinterpreter, Ein-/Ausgabe auf Bildschirm oder Datei).
PROCEDURE	Kopplung mit externen (Fortran, Pascal usw.) und internen (LISP, Graphik-Grundfunktionen) Prozeduren.

Die Komponenten von KNOSSOS sind in Bild 1 angegeben. Mit der Wissenserwerbskomponente erfolgt die Eingabe und Änderung des Wissens und dessen Ablage in der Wissensbank. Neben den Grundfunktionen gibt es die Teilbereiche Wissensdokumentation und Wissensanalyse (vgl. folgende Unterkapitel). Die Wissensbank enthält das in den oben angegebenen Wissensobjekten beschriebene Wissen. Die Inferenzkomponente besteht aus einem vorwärts- und einem rückwärtsverkettenden Regelinterpreter und einem Strategieinterpreter. Über die Prozedur-Schnittstelle können externe Programme und der integrierte LISP-Interpreter aufgerufen und Daten übergeben werden.

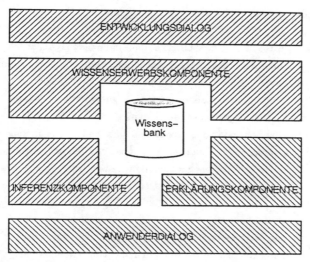

Bild 1:   Komponenten von KNOSSOS

Die Funktionen der Erklärungskomponente erlauben das Verhalten des Beratungssystems nachzuvollziehen. Die Dialogkomponente stellt mit Bildschirmmasken, Alternativenwahl über Maus und Fenstertechnik eine einfach zu bedienende Bedieneroberfläche zur Verfügung (vgl. Bild 2). Es wird zwischen Entwickler- und Anwenderdialog unterschieden.

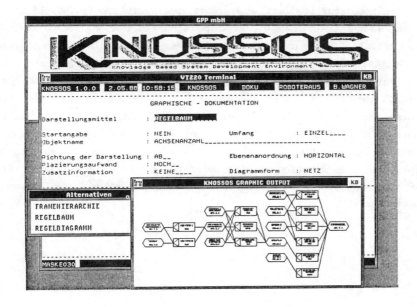

Bild 2: Entwicklungsdialog in KNOSSOS

3. Ein Expertensystem zur Auswahl von Robotern

Ein Anwendungsbeispiel für KNOSSOS ist das Beratungssystem "Roboterauswahl". Dieses Beratungssystem setzt sich aus zwei Teilen zusammen. In einem ersten Teil werden für eine bestimmte Aufgabenstellung (z.B. Fertigungszelle für Modulschienen) die Eigenschaften eines "idealen Roboters" bestimmt. Die Eigenschaften dieses "idealen Roboters" werden im zweiten Teil des Expertensystems zusammen mit den Anforderungen an die konkrete Fertigungszelle dazu verwendet, aus der Menge der verfügbaren und bekannten Roboter den geeignetsten auszuwählen. Dabei werden die Eigenschaften des "idealen Roboters" mit den Eigenschaften der "realen Roboter" verglichen.

Die Beschreibung der Eigenschaften des "idealen" und der "realen Roboter" erfolgt in der Wissensrepräsentationssprache von KNOSSOS mit Hilfe des Objekttyps FRAME und dem untergeordnetem Beschreibungsmittel ATTRIBUTE. Mit ATTRIBUTES werden Eigenschaften, wie die Zahl der benötigten Achsen, Positioniergenauigkeit, Kosten usw. beschrieben. Die Definition der Verbindungen einzelner Roboterkomponenten (z.B. Verwendung von Effektoren) geschieht mit dem Objekttyp RELATION. Mit Hilfe von rückwärtsverkettenden RULES (WENN-DANN-Beziehungen) werden auf der Basis von Benutzerangaben die benötigten Eigenschaften und die Struktur des "idealen Roboters" bestimmt. Hilfsroutinen in Form von PROCEDURES werden für numerische Berechnungen oder graphische Ausgaben auf den Bildschirm verwendet. Die Struktur des gesamten Vorgehens wird mit Wissensobjekten des Objekttyps STRATEGY definiert. Das Ergebnis einer Konsultation ist eine detaillierte Beschreibung des "idealen Roboters" in Form einer INSTANCE des FRAMES "Idealer-Roboter". Die verfügbaren und bekannten Roboter sind in der gleichen Weise als INSTANCES des FRAMES "Realer-Roboter" in der Wissensbank festgehalten. Dadurch wird ein Vergleich der einzelnen Eigenschaften möglich. Der "reale Roboter", der die meisten der geforderten Eigenschaften erfüllt, wird als der geeignetste ausgewählt. Bild 3 zeigt Ausschnitte aus der Wissensbeschreibung des Beispiels "Roboterauswahl".

```
FRAME Haupttaetigkeit
ATTRIBUTE Auszufuehrende-Taetigkeit
  TYPE : ENUM
  RANGE : {Bestueckung, Einfacher-Transport, Montagetaetigkeit,
           Werkzeugbenutzung, Schweissen}
  DETERMINATION : ASK
  PROMPT : "Wie wollen Sie Ihren Roboter hauptsaechlich einsetzen?"
FRAMEEND

######################################################################

RELATION Fuehrt-Aus
DESCRIPTION : "Der Roboter muss bestimmte Taetigkeiten durchfuehren."
TYPE : BOOLEAN
BETWEEN : Roboter -> Taetigkeit,
          Roboter -> Nebentaetigkeit
RELATIONEND

######################################################################

RULE Komplexe-Bewegung
DESCRIPTION : "Einige komplexe Bewegungen benoetigen 6 Achsen, um
               ausgefuehrt werden zu koennen."
CATEGORY : 'Axes'
USED-ON : Taetigkeit Tk,
          Roboter Ir
PREMISES : Trajektorie [Tk] IS Teil-Wenden OR
           (Trajektorie [Tk] IS Zugangsprobleme AND
            Bewegung [Tk] IS Ja)
CONCLUSION : Achsenanzahl [Ir] := 6 <0.9>
RULEEND

######################################################################

PROCEDURE Kostenfunktion-Roi
DESCRIPTION : "Prozedur die den ROI (return on invest) eines Roboters
bestimmt. Kalkulationsgrundlage sind die
Anschaffungskosten, die durch ihn erwirkte jaehrliche
Einsparung und seine Lebensdauer."
=> (Ro : REAL, Re : REAL)
<= (Dc : REAL)
EXTERNAL : "dcf-calculation "
LANGUAGE : KNLISP
CODE : "(defun Kostenfunktion-roi (ro re)
        (setq ro (car(car ro)))
(setq re(car(car re)))
(/ (- (expt (+ ro 1.0 ) re ) 1.0)(* ro (expt (+ ro 1.0) re ))))"
PROCEDUREEND
```

Bild 3: Auszug aus der Textdokumentation zum Beispiel "Roboterauswahl"

4. Graphische Dokumentation von Wissensbasen

Zur Verbesserung der Kommunikation zwischen den verschiedenen bei der Realisierung eines Expertensystems beteiligten Personen sind umfangreiche Dokumentationsformen für Wissensbasen notwendig. Diese müssen sowohl in textueller als auch in graphischer Form verfügbar sein. Für die textuelle Dokumentation (siehe Beispiel in Bild 3) ist vor allem ein Formatierer, der ein standardisiertes Ausgabeformat erzeugt, notwendig.

Bestimmte Sachverhalte einer Wissensbeschreibung können graphisch dargestellt werden. Zur graphischen Darstellung sind Symbole notwendig. Es gibt weder eine Norm noch einen Standard für die Verwendung graphischer Symbole für Sachverhalte, wie Regeln, Vererbung usw.. In Anlehnung an die in KNOSSOS darstellbaren Sachverhalte mußten daher eigene graphische Symbole festgelegt werden.

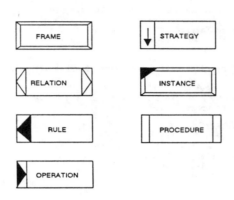

Bild 4: Graphische Symbole für Wissensbeschreibungen

Die in Bild 4 angebenen Symbole werden in den verschiedenen Diagrammen einheitlich verwendet. Jedes Symbol wird mit dem Namen des Wissensobjekts aus der textuellen Beschreibung und dessen Kurzkennung ausgefüllt.

In einem Expertensystem enthält die Objekt- und die Regelstruktur die wesentlichen Informationen. Folgende Informationen sollten graphisch dargestellt werden:

Objektstruktur:
- Eigenschaften
- Vererbung über Hierarchie von Objekten
- Instantiierung
- Beziehungen zwischen den Objekten

Regelstruktur:
- Verknüpfung der Regeln im Sinne einer Eingangs/Ausgangsbeziehung
- Rückwärts- und Vorwärtsinferenz:

rückwärts ...   Was wird benötigt, um eine bestimmte Eigenschaft
oder Beziehung zu bestimmen?
vorwärts ....   Was kann aus dieser Eigenschaft oder Beziehung
geschlossen werden?

Die in KNOSSOS gewählte Lösung unterscheidet vier Diagrammarten. Jedes
Diagramm kann durch den Benutzer für die Ausgabe parametriert werden
(Lage, Format usw.). Die Bilder 5, 6 und 7 zeigen Beispiele aus der
graphischen Dokumentation des Anwendungsbeispiels "Roboterauswahl".

Framehierarchie:
Darstellung der "ist_ein" Hierarchie von Frames. Zusätzlich werden
entweder die Eigenschaften der Frames gezeichnet oder es werden die
bekannten Frameinstanzen zu jedem Frame gezeichnet.

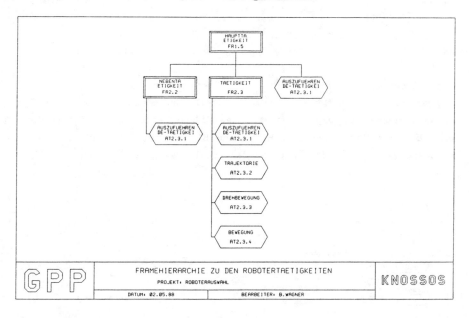

Bild 5: Diagramm zur Darstellung der Framehierachie
(incl. Eigenschaften)

Regelbaum:
Der Regelbaum zeigt ausgehend von einem bestimmten Attribut, alle Regeln
die angewandt werden müssen, um das Attribut oder Relation zu bestimmen.
Über Zwischen-Attribute entsteht ein Netz. Kreuzende Linien werden durch
einen entsprechenden Plazierungsalgorithmus auf ein Minimum reduziert.

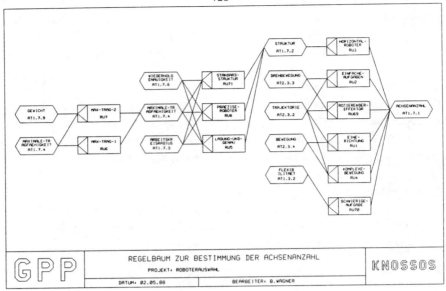

Bild 6: Graphische Darstellung des Regelbaums (rückwärts)

Regeldiagramm:

Das Regeldiagramm zeigt eine einzelne Regel oder einen Regelmodul in Form einer Eingangs/Ausgangsbeziehung. Regelmodule werden durch Kategorieangabe bei der Regel erzeugt. Bei einer Einzelregel wird im Inneren des rechteckigen Blockes die Textform der Regel ausgegeben.

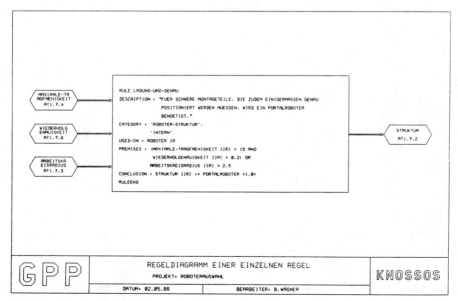

Bild 7: Regel in Form eines Regeldiagramms

Relationendiagramm:
Das Relationendiagramm zeigt die Beziehungen zwischen Frames bzw. deren Instanzen in Form eines Entity-Relationship-Diagramms. Das Relationendiagramm ist noch in Entwicklung. Es kann daher kein Beispiel angegeben werden.

5. Statische Analysen von Wissensbasen

Mit Hilfe statischer Analysen der Wissensbeschreibung können formale Fehler vor Ablauf der Konsultation erkannt werden. Diese Analysen helfen einerseits eine Wissensbeschreibung zu erstellen, andererseits können bei der Inferenz bestimmte Prüfungen weggelassen werden, weil davon ausgegangen werden kann, daß diese Fehler bereits vor Anstoß der Inferenz erkannt und behoben werden. Dies verbessert die Laufzeit des wissensbasierten Beratungssystem.

Bei Überprüfung einer Wissensbeschreibung können zwei Kategorien unterschieden werden:

- **objektbezogene, lokale Analysen:**
  Überprüfung eines einzelnen Objekts auf syntaktische Korrektheit, korrekte Verwendung von Variablen, Typdefinition usw.. Prüfungen können unmittelbar bei der Eingabe durchgeführt werden.

- **wissensbasisbezogene, objektübergreifende Analysen:**
  Überprüfung des Gesamtinhalts einer Wissensbasis. Diese Prüfungen betreffen Zusammenhänge, die zwei oder mehr Objekte betreffen. Diese Prüfungen müssen vom Expertensystem-Entwickler einzeln beauftragt werden. Er muß entscheiden, ob eine Wissensbasis in einem Zustand ist, mit dem diese Prüfung sinnvoll ist.

In KNOSSOS gibt es zahlreiche objekt- und wissensbasisbezogene statische Analysen. Zu den wissensbasisbezogenen Prüfungen gehören z.B.:

Grundprüfungen   Überprüfung der Wissensbasis auf Namenskonflikte, isolierte Objekte und offene Referenzen.

Framezuordnung   Sind die z.B. in den Regeln verwendeten Attribute den richtigen Frames zugeordnet? Kann das entsprechende Attribut über die **Framehierarchie** geerbt werden?

Wertzuweisung   Überprüfung, ob verwendeter Typ und zugewiesener Wert mit dem definierten Typ und Wertebereich übereinstimmt.

Bestimmungsmittel   Analyse, ob es für jedes Attribut bzw. Relation eine Möglichkeit gibt einen Wert zu bestimmen.

Zirkelschlüsse   Ermittlung von Kreisschlüssen in den Regeln.

Proceduraufrufe   Ist die entsprechende Prozedur verfügbar? Wurden die Parameter richtig belegt?

Bild 8 zeigt das Protokoll einer Analyse des Beispiels "Roboterauswahl" auf fehlende "Bestimmungsmittel".

```
###########################################################
   Mit INFER spezifizierte Attribute ohne Bestimmungsregel
###########################################################

FUER ALLE MIT  I N F E R  DEKLARIERTEN ATTRIBUTE EXISTIERT
MINDESTENS EINE BESTIMMUNGSREGEL !!!



###########################################################
             RELATIONEN ohne Bestimmungsregel
###########################################################

FUER FOLGENDE RELATIONEN SIND KEINE BESTIMMUNGSREGELN
VORHANDEN:

KANN-VERWENDET-WERDEN-VON  RE 1
    (WERTZUWEISUNG IN STRATEGY)
EINBEZOGEN-IN  RE 2
    (WERTZUWEISUNG IN STRATEGY)
AUF  RE 3
    (WERTZUWEISUNG IN STRATEGY)
FUEHRT-AUS  RE 4
    (WERTZUWEISUNG IN STRATEGY)
```

Bild 8 Analyseprotokoll

6. Erfahrungen im Einsatz

Erste Erfahrungen im Einsatz von KNOSSOS gab es im Rahmen von Pilotanwendungen bei den Firmen AEG (Frankfurt), Bosch (Schwieberdingen), Contraves (Stockach), Dornier-System (Friedrichshafen) und ESG (München) und an der Universität Stuttgart [2], [6], [7].

Die Entwickler von Expertensystemen haben die umfangreichen statischen Analyse- und Dokumentationsmöglichkeiten von KNOSSOS als sehr hilfreich bezeichnet. Dabei wurde z.B. festgestellt, daß mit den graphischen Darstellungen die Diskussion mit anderen nicht unmittelbar an der Realisierung beteiligten Personen (z.B. Abteilungsleiter) erheblich vereinfacht werde. Umfangreiche Regelmengen, die in Textform nicht mehr überschaubar seien, werden in einer übersichtlichen Form dargestellt. Das Ergebnis ist eine frühzeitige Erkennung von inhaltlichen Fehlern. Durch die umfangreichen statischen Analysen beschränkt sich der Aufwand beim Test des Expertensystems auf rein inhaltliche Aspekte.

7. Ausblick

Die in KNOSSOS verfügbaren Funktionen werden laufend erweitert. Bei der Erweiterung der Dokumentation- und Analyse-Möglichkeiten sind die folgenden Funktionen geplant:

Graphische Dokumentation der Konsultation:
Die Konsultation wird mit allen End- und Zwischenergebnissen und den benutzten Regeln in Form eines mit Werten belegten Regeldiagramms graphisch protokolliert.

Graphische Simulation von Testfällen:
Die Arbeitsweise (aktive Regel, Attributbelegungen) des Expertensystems wird am Regeldiagramm unmittelbar veranschaulicht.

Automatische Testfallgenerierung:
Ausgehend von der vorhandenen Wissensbeschreibung werden automatisch Konsultationen durchgeführt. Die Konsultationsergebnisse müssen vom Fachgebietsexperten gegen die verwendeten Attributsbelegungen geprüft werden.

Literatur

[1] Baur, P.:
Ingenieurgerechte Expertensysteme und ihre praktische Anwendung im Bereich von CASE/CAD-Systemen. CAD-Kongreß "Datenverarbeitung in der Konstruktion '88"

[2] Gauger, J.:
Automatische benutzerdefinierte Dokumentation von Automatisierungssystemen. Fachtagung Prozeßrechensysteme '88, Informatik Fachberichte 167, Springer Verlag 1988

[3] McAleese, R.:
The Graphical Representation of Knowledge as an Interface to Knowledge Based Systems. Human-Computer Interaction - INTERACT'87, H.-J.Bullinger and B.Shackel (Editors) Elsevier Science Publishers B.V. (North Holland), pp.1089-1093

[4] Lauber, R. und Permantier, G.:
A Knowledge Representation Language for Process Automation Systems. IFAC'87, 10th World Congress on Automatic Control, July 27-31 1987, Munich, Vol.6, pp.330-333

[5] Permantier, G.:
Darstellungsmöglichkeiten für inexakten Ingenieurwissens. Fachtagung Prozeßrechensysteme '88, Informatik Fachberichte 167, Springer Verlag 1988

[6] Wagner, B.; Lauber R.; Beutler, K.; Gauger, J.; Hampp, A.; Permantier, G.; Seckler, J. und Poncin, H.:
Der Projekt-Advisor: Ein wissensbasiertes Werkzeugsystem zur Rechnerunterstützung bei Automatisierungsprojekten. Techn. Akademie Esslingen, 2.Kolloquium Software-Entwicklungssysteme und -Werkzeuge, 8.-10.September 1987, S.20.4-1 - 20.4-7

[7] Wagner, B.:
Berücksichtigung von Randbedingungen bei der Entwicklung von Automatisierungsystemen. Fachtagung Prozeßrechensysteme '88, Informatik Fachberichte 167, Springer Verlag 1988

Ein Expertensystem zur Lösung der kinematischen Gleichung

Franz Grzeschniok, TU Berlin, Institut für Technische Informatik

Zusammenfassung: Die *kinematische Gleichung* eines Roboters beschreibt den Zusammenhang zwischen der Einstellung seiner Gelenke und der Stellung des Effektors im Raum. Um eine vorgegebene Effektorstellung anfahren zu können, muß zunächst die kinematische Gleichung nach den Gelenkvariablen aufgelöst werden. Die Grundversion eines Expertensystems zur expliziten Lösung der kinematischen Gleichung wird hiermit vorgestellt.

Benutzereingabe ist eine Roboterspezifikation durch *Denavit-Hartenberg-Quadrupel*. Daraus wird die kinematische Gleichung hergeleitet und als Gleichung *homogener 4x4-Matrizen* dargestellt. Verschiedene *Ansätze* (äquivalente Umformungen der Matrizengleichung) liefern durch Gleichsetzen der Matrixelemente etwa 200 verschiedene *Elementgleichungen*. Zur Ableitung von Lösungsformeln müssen geeignete Gleichungen gefunden, miteinander kombiniert und umgeformt werden. Aufgrund der Komplexität der Umformungen und der großen Zahl von Kombinationsmöglichkeiten kann man nicht alle möglichen Lösungsformeln berechnen, um daraus die optimale auszuwählen. Deshalb wird hier die Eignung der Gleichungen zur Bestimmung der verschiedenen Variablen *bewertet*, ohne Lösungsformeln zu berechnen. Das Problem, zur Bestimmung der Gelenkvariablen optimal geeigneten Gleichungen auszuwählen, wird mit der *Zustandsraum-Methode* gelöst.

I Die Expertise

Dieser Beitrag zeigt, wie ein komplexes mathematisches Problem aus der Roboterkinematik mit Methoden des Knowledge Engineering in Angriff genommen wird. Die Expertise gehört nicht zum Alltagswissen. Deshalb führt dieser erste Teil kurz einige Begriffe aus der Roboterkinematik ein.

1 Die kinematische Gleichung

In der Roboterkinematik ist es üblich, die Stellung beliebiger Objekte im Raum durch *homogene 4x4-Matrizen (Frames)* zu beschreiben. Die ersten drei Elemente der ersten drei

Zeilen einer homogenen 4x4-Matrix bilden ihren *Orientierungsteil*, die nichttrivialen drei Elemente der vierten Spalte den *Positionsteil* [1].

Die Effektorstellung im Bezugskoordinatensystem (BKS) wird mit dem *Denavit-Hartenberg-Verfahren* [2, 3] berechnet. Dazu wird in jedes Robotergelenk ein Zwischenkoordinatensystem gelegt, dessen z-Achse mit der Bewegungsachse des Gelenks identisch ist. Der Übergang von einem Koordinatensystem zum nächsten wird durch eine homogene 4x4-Matrix beschrieben, die aus vier sogenannten *Elementarmatrizen* berechnet wird. Der Gelenkübergang wird in abgekürzter Form durch ein *Denavit-Hartenberg-Quadrupel* (d,t,l,a) spezifiziert, welches für das folgende Produkt aus *Elementarmatrizen*

$$\mathrm{rot}(z,d)\cdot\mathrm{trans}(z,t)\cdot\mathrm{trans}(x,l)\cdot\mathrm{rot}(x,a)$$

steht. Dabei bezeichnet

$\mathrm{rot}(z,d)$ eine Rotation um die z-Achse,
$\mathrm{trans}(z,t)$ eine Translation entlang der z-Achse,
$\mathrm{trans}(x,l)$ eine Translation entlang der x-Achse und
$\mathrm{rot}(x,a)$ eine Rotation um die x-Achse.

Bei Rotationsgelenken ist die erste Komponente des Denavit-Hartenberg-Quadrupels Gelenkvariable (Rotationsvariable), bei Translationsgelenken (Schubgelenken) ist die zweite Komponente des Denavit-Hartenberg-Quadrupels Gelenkvariable (Translationsvariable).

Ein Roboter, der in jeder Stellung weniger als 6 Freiheitsgrade hat, heißt *global degeneriert*. Roboter mit weniger als 6 Gelenken sind global degeneriert, welche Konstruktionen 6-achsiger Roboter global degeneriert sind und welche nicht, kann in [3] nachgelesen werden. Ein Roboter mit mehr als 6 Gelenken heißt *kinematisch überbestimmt*.

Die Beziehung zwischen den Einstellungen der n Gelenke eines Roboters und der Stellung des Effektors im BKS drückt die *kinematische Gleichung* aus. Die Matrix zur Beschreibung der Stellung des Effektors im BKS heißt *Zielmatrix* oder *W-Matrix*. Nach dem Denavit-Hartenberg-Verfahren hat die kinematische Gleichung die Form

$$K\cdot\prod_{i=1}^{n}(\mathrm{rot}(z,d_i)\cdot\mathrm{trans}(z,t_i)\cdot\mathrm{trans}(x,l_i)\cdot\mathrm{rot}(x,a_i))\cdot\mathrm{Tr} = W$$

K und Tr sind konstant. K ist von der Einheitsmatrix verschieden, wenn das BKS nicht mit dem im ersten Robotergelenk liegenden Koordinatensystem identisch ist, Tr ist von der Einheitsmatrix verschieden, wenn das Effektorsystem nicht mit dem Koordinatensystem im letzten Robotergelenk identisch ist.

Die *Vorwärtsrechnung* ist die Anwendung der kinematischen Gleichung zur Berechnung der W-Matrix aus bekannten Gelenkvariablen; die *Rückwärtsrechnung* oder *Lösung der kinematischen Gleichung* ist die Bestimmung der Gelenkvariablen aus gegebener Zielmatrix. Zur Vereinfachung der Rückwärtsrechnung werden die Konstanten K und Tr mit W zusammengefaßt. Die Lösung der kinematischen Gleichung ist die Voraussetzung zur Ansteuerung eines Roboters durch eine explizite Programmiersprache.

Die 12 nichttrivialen Gleichungen, die durch Gleichsetzen der Matrixelemente der kinematischen Gleichung entstehen, reichen im Allgemeinen für die Herleitung einer Lösung nicht aus. Ein *Ansatz* entsteht durch Äquivalenzumformung der kinematischen Gleichung, indem ein Teil der Matrizen der linken Seite auf die rechte Seite gebracht wird.

Die Summe der Quadrate der ersten drei Elemente der vierten Spalte einer homogenen 4x4-Matrix ist ihr *Abstandsausdruck*. Geometrisch interpretiert ist er das Quadrat des Abstands zwischen den Ursprüngen zweier Koordinatensysteme, die durch diese Matrix aufeinander abgebildet werden. Durch Gleichsetzen der Abstandsausdrücke beider Seiten eines Ansatzes erhält man dessen *Abstandsgleichung*. Einschließlich der Abstandsgleichung liefert jeder Ansatz 13 nichttriviale *Elementgleichungen*.

Eine *sukzessive Lösung* der kinematischen Gleichung ist eine Lösung, in der die Variablen in einer bestimmten Reihenfolge berechnet werden. In den Lösungsformeln können die bereits bekannten Variablen vorkommen.

Beide Seiten einer Elementgleichung eines Ansatzes können als Summe von Produkten dargestellt werden. In jedem Produkt kommt eine Variable höchstens einmal vor. (Ausgenommen sind Abstandsgleichungen, in denen Quadrate von Translationsvariablen vorkommen.) Durch Tangens-Substitution läßt sich eine Gleichung, die sin(d) oder cos(d) enthält (d ist Rotationsvariable), umwandeln in ein Polynom 2. Grades in tan(d/2). Wenn also eine Elementgleichung nach einer Variablen aufgelöst wird, kann die Variable als Nullstelle eines Polynoms vom Grad kleiner oder gleich 2 berechnet werden. Polynome höheren Grades gibt es nur in Gleichungen, die mit dem Einsetzungsverfahren aus bekannten Gleichungen hergeleitet wurden.

Wenn alle Variablen der kinematischen Gleichung als Nullstellen von höchstens quadratischen Polynomen sukzessive berechnet werden können, heißt die kinematische Gleichung *sukzessive geschlossen quadratisch lösbar*, kurz *sgq-lösbar* [3].

Von dem hier vorgestellten System werden Elementgleichungen ausgewählt, aber keine neuen Gleichungen hergeleitet. Mit diesem Verfahren kann die kinematische Gleichung nur dann gelöst werden, wenn sie auch sgq-lösbar ist.

2 Parallele Rotationsachsen

Heiß hat nachgewiesen, daß bei bestimmten Roboterklassen die kinematische Gleichung sgq-lösbar ist, wenn die Achsen bestimmter Rotationsgelenke konstruktionsbedingt ständig parallel sind [3]. Außerdem kann man bei Anwendung von Wissen darüber, welche Rotationsachsen ständig parallel sind, bessere Lösungsformeln für die kinematische Gleichung finden, als ohne dieses Wissen.

Enthält ein Matrizenprodukt Rotationsvariablen d_i, d_{i+1}, ..., d_j (in dieser Reihenfolge), welche sich auf Achsen beziehen, die konstruktionsbedingt ständig parallel zueinander sind, so können die Terme im Orientierungsteil des Matrizenprodukts derart zusammengefaßt werden, daß in ihnen nur noch die Summe $d_i+...+d_j$ als Argument der trigonometrischen Funktionen vorkommt, die Terme im Positionsteil können derart zusammengefaßt werden, daß in ihnen nur noch die Summen d_i, d_i+d_{i+1}, ..., $d_i+...+d_j$ vorkommen.

Enthält eine Roboterspezifikation die Rotationsvariablen d_1, ..., d_n (in dieser Reihenfolge), welche sich auf ständig parallele Achsen beziehen, so können bei den verschiedenen Ansätzen beliebige Teile dieser Kette paralleler Rotationsvariablen isoliert auf einer Seite stehen. In der Gesamtheit aller Ansätze können von d_1, ..., d_n die folgenden Summen

$$\sum_{k=i}^{j} d_k \quad \text{mit i,j aus \{1, ..., n\} und } i \leq j$$

als Argumente trigonometrischer Funktionen vorkommen.

Die Bestimmung einer solchen Summe ist häufig einfacher als die Bestimmung einer Gelenkvariablen. Besonders $d_1,+...+d_n$ läßt sich häufig einfach berechnen. Deswegen werden diese Summen wie Variablen behandelt und *zusammengesetzte Variablen* genannt. Als *Gelenkvariablen* werden nur die nicht zusammengesetzten Variablen bezeichnet.

3 Eignung einer Gleichung zur Bestimmung einer Variablen

Die Menge aller Variablen, die in einer Gleichung vorkommen, heißt *Abhängigkeitsmenge* dieser Gleichung. Eine Gleichung ist *geeignet zur Bestimmung einer Variablen* d *in Abhängigkeit von* (einer Variablenmenge) M, wenn ihre Abhängigkeitsmenge d enthält und Teilmenge von M ∪ {d} ist.

Es sind Algorithmen bekannt, mit denen ohne Vorwärtsrechnung die Abhängigkeitsmengen der 13 Elementgleichungen eines Ansatzes einschließlich seiner Abstandsgleichung ermittelt werden können [4]. Diese Ideen werden hier nicht weiterverfolgt, weil mit den Abhängigkeitsmengen alleine keine weiteren Aussagen als über die 'Eignung' möglich sind, insbesondere keine Aussagen über Eindeutigkeit und weitere Qualitäten der aus den Gleichungen ableitbaren Lösungsformeln.

4 Eindeutigkeit der Lösung

Im Gegensatz zu Translationsvariablen, die in den Gleichungen selbst als Faktoren auftreten, kommen Rotationsvariablen nur in trigonometrischen Funktionen vor. Aus einer Gleichung kann höchstens eine trigonometrische Funktion einer Rotationsvariablen v bestimmt werden. Dann gibt es zwischen 0 und 2π zwei Winkel, die diese Gleichung erfüllen. Wenn aber zwei linear unabhängige Gleichungen

(4.1) $a \cdot \sin v + b \cdot \cos v = c$

   $d \cdot \sin v + e \cdot \cos v = f$

existieren, so lassen sich sin v und cos v bestimmen, und damit läßt sich v eindeutig bestimmen durch v = ATAN2(sin v, cos v). Das Übersehen von einer dieser beiden Gleichungen führt zu einer falschen Zweideutigkeit für v.

Wenn die Koeffizientenmatrix des Gleichungssystems (4.1) keine Nullen enthält, kann die Frage nach linearer Abhängigkeit nicht ohne Berechnung der Determinanten $a \cdot e - d \cdot b$ entschieden werden. Die Entscheidung, ob die Determinante für jede Belegung der in ihr enthaltenen Variablen identisch Null ist, hat die Qualität eines Theorembeweises. Sie kann nämlich Terme enthalten, zu denen es Gleichungen gibt, die darüber weitere Aussagen machen, z.B. daß solch ein Term stets gleich Null ist. Oder auf Grund einer globalen Degeneration des Roboters kann der Fall vorliegen, daß jede Belegung der W-Matrix, bei der die Determinante ungleich Null ist, eine unerreichbare Zielstellung ist.

Beispiele linear abängiger Gleichungspaare:

(4.2) $\quad 0 = -\sin d_1 \cdot w_{11} \cdot \sin d_6 + \cos d_1 \cdot w_{21} \cdot \sin d_6 - \sin d_1 \cdot w_{12} \cdot \cos d_6 +$
$\cos d_1 \cdot w_{22} \cdot \cos d_6$,

$0 = \sin d_1 \cdot w_{11} \cdot \sin d_6 \cdot L_H - \cos d_1 \cdot w_{21} \cdot \sin d_6 \cdot L_H + \sin d_1 \cdot w_{12} \cdot \cos d_6 \cdot L_H$
$- \cos d_1 \cdot w_{22} \cdot \cos d_6 \cdot L_H - \sin d_1 \cdot w_{14} + \cos d_1 \cdot w_{24}$

ist ein linear abhängiges Gleichungssystem in den Unbekannten $\sin d_6$, $\cos d_6$. (ASEA-IR B6 : Die Spezifikationen der im Text angeführten Beispielroboter stehen im Anhang 11.)

Wäre ein Gleichungssystem der Art

(4.3) $\quad a \cdot \sin v + b \cdot \cos v = 0$,

$d \cdot \sin v + e \cdot \cos v = 0$

in den Variablen $\sin v$, $\cos v$ linear unabhängig, so wäre $\sin v = 0$ und $\cos v = 0$, es gäbe keine Lösung für v. Nur die Zielstellungen sind erreichbar, für die das obige Gleichungssystem linear abhängig ist.

Beim Mitsubishi RM501 gibt es dafür **zwei Beispiele**

(4.4) $\quad 0 = -\sin d_1 \cdot w_{14} + \cos d_1 \cdot w_{24}$,

$0 = -\sin d_1 \cdot w_{13} + \cos d_1 \cdot w_{23}$

mit $v = d_1$ und

(4.5) $\quad 0 = w_{31} \cdot \sin d_5 + w_{32} \cdot \cos d_5$,

$-\sin d_5 \cdot w_{11} \cdot w_{14} - \sin d_5 \cdot w_{21} \cdot w_{24} - \sin d_5 \cdot w_{31} \cdot w_{34} - \cos d_5 \cdot w_{12} \cdot w_{14}$
$- \cos d_5 \cdot w_{22} \cdot w_{24} - \cos d_5 \cdot w_{32} \cdot w_{34} = 0$

mit $v = d_5$.

5 Gütekriterien für Lösungsformeln

Numerische Stabilität ist nach der Eindeutigkeit die wichtigste Forderung an die Lösungsformeln. Wenn der Betrag einer Summe nahe bei Null ist, kann Auslöschung bei den vorderen Stellen eintreten, und das Ergebnis kann sehr ungenau werden.

Ein anderes Problem sind die Definitionslücken der Lösungsformeln. Jede Lösungsformel ist eine Abbildung von der Menge der homogenen 4x4-Matrizen in die Menge der reellen Zahlen. Für bestimmte Belegungen der W-Matrix (Argument der Abbildung) können diese Abbildungen undefiniert sein. Eine Lösungsformel ist genau dann undefiniert, wenn sie einen der folgenden drei undefinierten Terme enthält :

- eine Wurzel mit negativem Argument

- ATAN2(0,0)

- einen Quotient mit Nenner = 0

Ein negatives Wurzelargument in der Lösungsformel hat immer eine unerreichbare Zielstellung als Ursache [3]. In diesen Fällen existiert keine Lösung, wir brauchen sie deshalb hier nicht weiter zu beachten. Für das Expertensystem sind nur die Definitionslücken relevant, die dadurch entstehen, daß Nenner oder beide Parameter von ATAN2 gleich Null werden.

Im Falle von zweideutig bestimmten Rotationsvariablen sowie von Translationsvariablen entstehen sie dadurch, daß die Variable aus der zu ihrer Bestimmung herangezogenen

Gleichung verschwindet. Das folgende **Beispiel** zeigt, daß daraus noch nicht folgt, daß die Variable frei wählbar ist.

Beim Mitsubishi RM501 kann als erste Variable d_1 zweideutig bestimmt werden mit der Gleichung

(5.1) $\quad 0 = -\sin d_1 \cdot w_{14} + \cos d_1 \cdot w_{24}$

Für Zielstellungen, deren Position auf der z-Achse des BKS liegt, sind wegen $w_{14}=w_{24}=0$ beide Lösungen

(5.2) $\quad d_1 := \text{ATAN2}(w_{24}, w_{14})\quad$ und

(5.3) $\quad d_1 := \text{ATAN2}(-w_{24}, -w_{14})$

nicht definiert. d_1 muß aber auch der Gleichung

(5.4) $\quad 0 = -\sin d_1 \cdot w_{13} + \cos d_1 \cdot w_{23}$

genügen. Die beiden aus ihr abgeleiteten Lösungsformeln

(5.5) $\quad d_1 := \text{ATAN2}(w_{23}, w_{13})\quad$ und

(5.6) $\quad d_1 := \text{ATAN2}(-w_{23}, -w_{13})$

sind für Zielstellungen, die so orientiert sind, daß deren z-Achse zur z-Achse des BKS parallel ist, nicht definiert. In diesen Fällen muß zur Berechnung von d_1 die Gleichung (5.1) herangezogen werden. Tatsächlich liegt erst für die Zielstellungen, bei der d_1 aus den beiden Gleichungen (5.1) und (5.4) verschwindet, eine Reduktionsstellung [3] vor, indem d_1 durch d_5 egalisiert werden kann, womit d_1 frei wählbar ist.

Bei einer eindeutig bestimmten Rotationsvariablen d bedeutet das Vorkommen von ATAN2(0,0) in der Lösungsformel nicht, daß d aus den zur Lösung herangezogenen Gleichungen verschwindet, sondern daß aus diesen Gleichungen $\sin d = 0$ und $\cos d = 0$ hergeleitet wurde. Das kommt bei erreichbaren Zielstellungen nicht vor. Normalerweise erscheint die Determinante des aufgelösten Gleichungssystems in Nennern der Lösungsformel. Analog zur zweideutigen Lösung kann man auch für die Zielstellungen, bei denen das Gleichungssystem linear abhängig ist, nicht davon ausgehen, daß die Variable zweideutig bestimmt werden kann. Vielmehr kann ein anderes Gleichungspaar existieren, das für diese Zielstellung linear unabhängig ist.

Der praktische Einsatz der Lösungsformeln zur Ansteuerung eines Roboters setzt eigentlich eine Analyse der Definitionslücken und die Bereitstellung von Ersatzformeln für die Fälle, in denen keine Reduktionsstellung und keine lokale Degeneration [3] vorliegt, voraus. Die Erkennung von Definitionslücken ist bisher noch nicht automatisiert worden. Durch die Suche nach Lösungsformeln mit möglichst einfachen Nennern und damit mit möglichst wenig Definitionslücken läßt sich dieses Problem immerhin entschärfen.

Um Lösungsformeln mit möglichst wenig Definitionslücken zu erhalten, ist es also gerechtfertigt, in der Komplexität der Nenner ein wichtigeres Gütekriterium zu sehen, als in der Komplexität der gesamten Formel.

II Das System

Das ganze Expertensystem wurde in PROLOG implementiert. Portierungen auf verschiedene Interpreter und Hardware sind ohne Schwierigkeiten durchgeführt worden. Die folgende Graphik gibt einen Überblick über das Gesamtsystem :

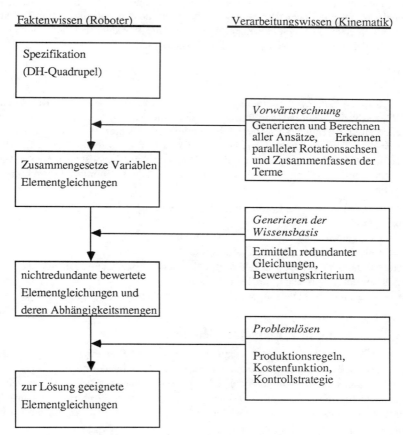

Die Pfeile in dieser Graphik deuten Aktivitäten an. Die Aktivitäten des Gesamtsystems werden in den drei Phasen *Vorwärtsrechnung*, *Generierung der Wissensbasis* (Bewerten der Elementgleichungen) und *Problemlösen* vollzogen.

Davon sind die ersten beiden Phasen konventionell programmiert. Diese Programme sind selbst kein wissensbasiertes System, sondern sie haben die Aufgabe, die Wissensbasis des Expertensystems zu erzeugen.

Das Problem 'kinematische Gleichung' wird entsprechend [5] durch ein Produktionssystem gelöst. Das *Problemlösen* beinhaltet

- erstens die Ermittlung einer geeigneten Reihenfolge, in der die Variablen bestimmt werden können und
- zweitens zu jeder Variablen dieser Folge die Auswahl von Elementgleichungen, die optimal (bezüglich des Bewertungskriterium, siehe 6.2) zu ihrer Bestimmung geeignet sind.

Der Anwendung einer *Produktionsregel* entspricht die Bestimmung einer Variablen des Roboters. Von dem hier vorgestellten System werden jedoch nur die 'optimal' dafür geeigneten Gleichungen ausgewählt, die Auflösung dieser Gleichungen bleibt einem Formelmanipulator vorbehalten. Die möglichen *Problemzustände* unterscheiden sich in den zur Zeit bekannten Variablen. Über eine geeignete Reihenfolge, in der die Variablen bestimmt werden können, entscheidet die *Kontrollstrategie* des Produktionssystems.

6 Wissensbasis

Bei einem regelbasierten Expertensystem bilden die Speicher für Regeln und Fakten die Wissensbasis, während der Regelinterpreter die Schlußfolgerungskomponente (engl. inference engine) realisiert [6]. Hier repräsentieren die Fakten Wissen über den konkreten Roboter, dessen kinematische Gleichung das Expertensystem gerade bearbeitet; die Regeln repräsentieren Verarbeitungswissen aus der Roboterkinematik. Das Faktenwissen ist Gegenstand dieses Abschnitts, die Regeln werden im nächsten Abschnitt (7) mit dem Produktionssystem eingeführt.

Um die optimale Lösungsformel für eine Variable finden zu können, ist die Kenntnis der folgenden Fakten erforderlich
- welche Gelenkvariablen Translationsvariablen sind
- welche Gelenkvariablen Rotationsvariablen sind
- welche Rotationsvariablen sich auf konstruktionsbedingt parallele Achsen beziehen
- welche zusammengesetzten Variablen existieren
- die bewerteten Elementgleichungen aller Ansätze und deren Abhängigkeitsmengen.

6.1 Redundante Elementgleichungen

Verschiedene Ansätze haben oft gemeinsame Elementgleichungen, oder anders gesagt, dieselbe Elementgleichung kann in mehreren Ansätzen vorkommen. Zwei Ansätze heißen *benachbart*, wenn sie sich nur durch die Stellung einer einzigen von der W-Matrix verschiedenen Matrix unterscheiden. Jeder Ansatz hat einen bis vier benachbarte Ansätze. Benachbarte Ansätze haben stets gemeinsame Elementgleichungen. Tab.1 faßt die Ergebnisse für die verschiedenen Typen benachbarter Ansätze zusammen.

Diese Zusammenhänge ergeben sich direkt aus der Matrizenarithmetik bis auf die Tatsache, daß die Multiplikation von links mit einer Rotationsmatrix den Abstandsausdruck unverändert läßt. Sie wird geometrisch dadurch erklärt, daß die Multiplikation einer homogenen 4x4-Matrix von links mit einer Rotationsmatrix zwar den Ortsvektor vom Ursprung des BKS zum relativen Koordinatensystem im BKS dreht, aber dabei seine Länge unverändert läßt. Beim Nachrechnen ergibt sich, daß der Winkel dieser Rotation im Abstandsausdruck des Produkts wegen $\sin^2 W + \cos^2 W = 1$ verschwindet.

benachbarte Ansätze		gemeinsame Gleichungen
$L \cdot rot(z,W) = R$	$L = R \cdot rot(z,W)^{-1}$	3., 4. Spalte + Abstand
$L \cdot rot(x,W) = R$	$L = R \cdot rot(x,W)^{-1}$	1., 4. Spalte + Abstand
$L \cdot trans(z,W) = R$	$L = R \cdot trans(z,W)^{-1}$	Orientierungsteil
$L \cdot trans(x,W) = R$	$L = R \cdot trans(x,W)^{-1}$	Orientierungsteil
$rot(z,W) \cdot L = R$	$L = rot(z,W)^{-1} \cdot R$	3. Zeile + Abstand
$rot(x,W) \cdot L = R$	$L = rot(x,W)^{-1} \cdot R$	1. Zeile + Abstand
$trans(z,W) \cdot L = R$	$L = trans(z,W)^{-1} \cdot R$	Orientierungsteil + 4. Spalte
$trans(x,W) \cdot L = R$	$L = trans(x,W)^{-1} \cdot R$	Orientierungsteil + 4. Spalte

Tab. 1   Redundante Elementgleichungen

Die Elementgleichungen werden gemäß der Tabelle in Klassen äquivalenter Gleichungen eingeteilt. Aus jeder Äquivalenzklasse wird ein Repräsentant ausgewählt, die anderen Gleichungen dieser Klasse werden als *redundant* bezeichnet. Die Praxis hat gezeigt, daß ca. 80% aller Gleichungen redundant sind, die Anzahl der nichtredundanten Gleichungen liegt, abhängig von der Komplexität der kinematischen Gleichung, in der Größenordnung von 200. Durch diese Klasseneinteilung wird beim Bewerten der Gleichungen viel Rechenzeit gespart und die Wissensbasis wird von redundanten Fakten verschont.

6.2   Bewertungskriterium

Die Elementgleichungen werden bewertet in bezug auf ihre mehr oder weniger gute Eignung zur Bestimmung einer Variablen. Diese 'Bewertung' ist nicht zu verwechseln mit der Bewertungsfunktion des A*-Algorithmus [5], denn die Gleichungen sind keine Problemzustände. Das *Bewertungskriterium* sollte Aussagen über die Gütekriterien gemäß 5 ermöglichen, über numerische Stabilität und Definitionslücken. Ein grobes Kriterium für numerische Stabilität ist die Anzahl der arithmetischen Verknüpfungen in der Lösungsformel. Die Anzahl der arithmetischen Verknüpfungen in der Lösungsformel hängt nicht allein von der Anzahl der arithmetischen Verknüpfungen der benutzten Gleichung ab.

Eine Gleichung mit n verschiedenen Variablen kann dazu benutzt werden, eine davon in Abhängigkeit von den übrigen n-1 zu bestimmen. Diese Gleichung kann also n verschiedenen **Verwendungszwecken** dienen, je nachdem, welche der n Variablen aus ihr in Abhängigkeit von den übrigen bestimmt wird. Das folgende **Beispiel** demonstriert, daß ein vom Verwendungszweck unabhängiges Bewertungskriterium nur ganz begrenzte Leistungsfähigkeit haben kann.

Beim Mitsubishi RM501 kann d_5 eindeutig bestimmt werden in Abhängigkeit von d_1. Dazu sind die folgenden 9 Gleichungen geeignet:

(6.1) $0 = w_{31} \cdot \sin d_5 + w_{32} \cdot \cos d_5$

(6.2) $- \sin d_5 \cdot w_{11} \cdot w_{14} - \sin d_5 \cdot w_{21} \cdot w_{24} - \sin d_5 \cdot w_{31} \cdot w_{34} - \cos d_5 \cdot w_{12} \cdot w_{14}$
        $- \cos d_5 \cdot w_{22} \cdot w_{24} - \cos d_5 \cdot w_{32} \cdot w_{34} = 0$

(6.3) $\cos d_5 = -\sin d_1 \cdot w_{12} + \cos d_1 \cdot w_{22}$

(6.4) $\sin d_5 = -\sin d_1 \cdot w_{11} + \cos d_1 \cdot w_{21}$

(6.5) $\cos d_1 = w_{21} \cdot \sin d_5 + w_{22} \cdot \cos d_5$

(6.6) $-\sin d_1 = w_{11} \cdot \sin d_5 + w_{12} \cdot \cos d_5$

(6.7) $0 = \cos d_1 \cdot w_{11} \cdot \sin d_5 + \sin d_1 \cdot w_{21} \cdot \sin d_5 + \cos d_1 \cdot w_{12} \cdot \cos d_5$
         $+ \sin d_1 \cdot w_{22} \cdot \cos d_5$

(6.8) $0 = \sin d_1 \cdot w_{11} \cdot \cos d_5 - \cos d_1 \cdot w_{21} \cdot \cos d_5 - \sin d_1 \cdot w_{12} \cdot \sin d_5$
         $+ \cos d_1 \cdot w_{22} \cdot \sin d_5$

(6.9) $-1 = \sin d_1 \cdot w_{11} \cdot \sin d_5 - \cos d_1 \cdot w_{21} \cdot \sin d_5 + \sin d_1 \cdot w_{12} \cdot \cos d_5$
         $- \cos d_1 \cdot w_{22} \cdot \cos d_5$

Die ersten beiden Gleichungen (6.1), (6.2) haben die Abhängigkeitsmenge {d_5} und sind linear abhängig. Eine eindeutige Lösung ist nur mit Anwendung von wenigstens einer der sieben übrigen Gleichungen mit der Abhängigkeitsmenge {d_1,d_5} möglich. Davon stimmen die ersten (und besten) vier (6.3), (6.4), (6.5), (6.6) in ihrer Struktur so weit überein, daß jedes vom Verwendungszweck unabhängige Bewertungskriterium sie gleich bewerten müßte. Damit wäre es dem Zufall überlassen, welche davon als optimal ermittelt würde. Tatsächlich ist das erste Gleichungspaar zur Bestimmung von d_5 am besten geeignet, denn die daraus abgeleitete Lösungsformel

(6.10) $d_5 = \text{ATAN2}(-\sin d_1 \cdot w_{11} + \cos d_1 \cdot w_{21},\ -\sin d_1 \cdot w_{12} + \cos d_1 \cdot w_{22})$

hat keine Nenner und weniger arithmetische Verknüpfungen als alle anderen möglichen Lösungsformeln, die durch Auswahl eines Paares aus den geeigneten Gleichungen bestimmt werden können. Das kann aber nur mit Hilfe einer vom Verwendungszweck abhängigen Bewertung entschieden werden.

Das Bewertungskriterium wurde als abstrakter Datentyp mit drei Operationen entworfen: Eine *Bewertungsprozedur* mit einer Elementgleichung und dem Verwendungszweck als Eingabeparameter, die die *Bewertung* der Gleichung berechnet. Die *Bewertung* kann eine beliebige Datenstruktur sein, auf der eine *Ordnungsrelation besser* und eine *Addition* definiert sind. Die Ordnungsrelation definiert, wann eine Bewertung 'besser' ist als eine andere. Die *Addition* kann eine Halbgruppe sein und sollte vernünftigerweise mit der Ordnungsrelation verträglich sein. Das Bewertungskriterium wird durch Reimplementierung dieser Operationen oder Teilen davon ausgetauscht.

In der Praxis hat sich für die *Bewertung einer Gleichung bezüglich einer Variablen* das Zahlenquadrupel (M,m,V,A) als brauchbar erwiesen. Dabei bedeuten

    A := Anzahl Summanden in der Gleichung,

    V := Anzahl der in der Gleichung enthaltenen Variablen.

In die ersten beiden Komponenten M und m geht der Verwendungszweck der Gleichung ein. Wenn mit der Gleichung eine Translationsvariable t bestimmt werden soll, ist

    m := 0   und

    M := Anzahl variabler Faktoren des Produkts mit den meisten Variablen, das t enthält.

Wenn mit der Gleichung eine Rotationsvariable d bestimmt werden soll ist

$m := \min(S, C)$ und

$M := \max(S, C)$ wobei

$S :=$ Anzahl variabler Faktoren des Produkts mit den meisten Variablen, das $\sin(d)$ enthält.

$C :=$ Anzahl variabler Faktoren des Produkts mit den meisten Variablen, das $\cos(d)$ enthält.

Die Zahlen M,m,S,C,A beziehen sich auf die Darstellung der Elementgleichungen als Polynomgleichungen ohne Klammern. M ist übrigens genau dann ungleich Null, wenn die Gleichung tatsächlich zur Bestimmung der Variablen geeignet ist, bezüglich derer sie bewertet wurde.

Es gilt (M_1,m_1,V_1,A_1) *ist besser als* (M_2,m_2,V_2,A_2)

wenn $M_1 < M_2$ oder

$M_1 = M_2$ und $m_1 < m_2$ oder

$M_1 = M_2$ und $m_1 = m_2$ und $V_1 < V_2$ oder

$M_1 = M_2$ und $m_1 = m_2$ und $V_1 = V_2$ und $A_1 < A_2$.

Ebenso werden Bewertungen komponentenweise *addiert*.

Die ersten beiden Komponenten sind die Ursache dafür, daß eine durch diese Bewertung gesteuerte Suche mit höchster Priorität Gleichungen der Art

$\sin d = ...$ und

$\cos d = ...$

liefert. Die aus solchen Gleichungen abgeleiteten Lösungsformeln haben keine Nenner. Die Priorität, mit der Lösungsformeln mit einfachen Nennern gesucht werden, kann durch Änderungen an den ersten beiden Komponenten der Bewertung abgeschwächt werden [7]. Mit der dritten Komponente V wird berücksichtigt, daß sich die bei numerischer Berechnung einer Variablen entstehenden Rundungsfehler fortpflanzen, wenn später eine weitere Variable in Abhängigkeit davon berechnet wird. Also sind Lösungsformeln besser, die von weniger Variablen abhängig sind. Die letzte Komponente der Bewertung erlaubt eine vage Abschätzung über die Anzahl der in der Lösungsformel zu erwartenden arithmetischen Verknüpfungen.

Es ist unmöglich, allein durch die Definition einer Ordnungsrelation auf den zur Bestimmung einer Rotationsvariablen d geeigneten Gleichungen (genau das tut das Bewertungskriterium) Aussagen über **eindeutige Lösbarkeit** zu machen. Dazu wäre vielmehr ein Prädikat, das auf Gleichungspaaren operiert, notwendig. Die lineare Abhängigkeit eines Gleichungspaares, das von der zu bestimmenden Variablen nur ein und dieselbe trigonometrische Funktion enthält (vgl. 4), kann aber einfach erkannt werden mit Hilfe der obengenannten Zahlen S und C, die bei der Berechnung der Bewertung als Zwischenergebnisse anfallen.

7 Produktionssystem

Die Begriffe Produktionssystem, Produktionsregel, Regelinterpreter, Kontrollstrategie werden entsprechend [5,8], die Begriffe Zustand, Zustandsraum, Zustandsgraph, Suchgraph, Kostenfunktion werden entsprechend [5,9] benutzt.

7.1 Zustandsraum

Weil das Expertensystem keine neuen Gleichungen aus bekannten Gleichungen herleitet (vgl. 1), ist die Menge der bekannten Variablen alles, was sich während der Suche ändert. Ein *Problemzustand* ist die Menge der zur Zeit bekannten Variablen. *Zielzustand* ist die Menge aller Variablen; *Startzustand* ist bei einem Roboter mit nicht mehr als 6 Gelenken die leere Menge, bei einem kinematisch überbestimmten Roboter mit n>6 Gelenken eine Menge mit n-6 Gelenkvariablen. Ein anderes Suchziel als die Menge aller Variablen dürfte wohl kaum von besonderem Interesse sein. Dagegen wird man sich bei einem kinematisch überbestimmten Roboter für verschiedene Startzustände interessieren. Aber auch bei Robotern mit nicht mehr als 6 Gelenken können beim manuellen Nachbessern der vom Expertensystem gefundenen Lösung andere Startzustände erwünscht sein. Möchte man eine bestimmte Variable zu einem früheren Zeitpunkt berechnen als es das Expertensystem vorschlägt, so startet man die Suche erneut mit einem Zustand, der diese Variable enthält.

Eine sinnvolle Erweiterung dieses Zustandsbegriffs wäre bei Integration des Formelmanipulators, zusätzlich zu den bekannten Variablen auch deren Lösungsformeln abzuspeichern. Mit dieser Erweiterung wären genauere Aussagen über numerische Stabilität, insbesondere über Fehlerfortpflanzung möglich. Eine solche Erweiterung ist möglich, ohne das hier entwickelte Konzept von Produktionsregeln und Kontrollstrategie grundlegend zu ändern.

7.2 Produktionsregeln

Zu jeder Variablen existiert eine *Produktionsregel*. Der Anwendung der zur Variablen d gehörenden Produktionsregel auf den Zustand Z entspricht die Bestimmung der Variablen d in Abhängigkeit von den im Zustand Z bekannten Variablen.

Der *Bedingungsteil* (LHS) der zur Variablen d gehörenden Produktionsregel ist im Zustand Z erfüllt, wenn eine Gleichung existiert, die zur Bestimmung von d in Abhängigkeit von Z geeignet ist.

Den *Aktionsteil* (RHS) bilden eine oder zwei Gleichungen, die nach dem Bewertungskriterium (6.2) optimal zur Berechnung von d in Abhängigkeit von Z geeignet sind. Eigentlich besteht die Aktion in der Auflösung dieser Gleichungen nach d. Aber die Gleichungsauflösung ist Aufgabe des Formelmanipulators und noch nicht in das System integriert. Wenn d Translationsvariable ist, besteht der Aktionsteil aus einer Gleichung. Wenn d Rotationsvariable ist, besteht der Aktionsteil genau dann aus zwei Gleichungen, wenn wenn d eindeutig bestimmt werden kann, sonst aus einer Gleichung.

Es ist zu verhindern, daß aus falsch verstandenen Komplexitätserwägungen im Gesamtzusammenhang eine alternativ mögliche zweideutige Lösung einer eindeutigen Lösung vorgezogen wird. Dieser Gesamtzusammenhang besteht in der richtigen Auswahl der anwendbaren Produktionsregeln und liegt daher außerhalb der Zuständigkeit der Produktionregeln. Er wird durch die Kostenfunktion berücksichtigt.

Der *Nachfolgezustand* ist eine Obermenge von Z ∪ {d}. Wenn d eine zusammengesetzte Variable ist, oder wenn sich d auf eine Rotationsachse bezieht, zu der eine parallel Rotationsachse existiert, enthält der Nachfolgezustand außer d noch die Variablen, die sich als Summe oder Differenz von d und den schon bekannten Variablen ergeben. In den anderen Fällen ist der Nachfolgezustand Z ∪ {d}.

7.3 Kostenfunktion

Die Anwendung einer Produktionsregel, oder anders gesagt, jede Kante des Zustandsgraphen, wird durch eine *Kostenfunktion* gewichtet. Die Kosten sind um so geringer, je besser die Lösung ist. Die Kostenfunktion ermöglicht, im Zustandsgraphen Wege mit vielen eindeutigen Lösungen vor Wegen mit weniger eindeutigen Lösungen zu bevorzugen. Sie ist die Grundlage für die Entscheidung, welche *Reihenfolge* der Berechnung aller Variablen optimal ist. Daß bei der Produktion einer Kante des Suchgraphen erkannt wird, ob eine Variable eindeutig bestimmt werden kann, gewährleistet schon die Produktionsregel.

Kosten werden durch das Paar (E,W) repräsentiert, wobei E eine natürliche Zahl und W ein Objekt des abstrakten Datentyps 'Bewertung' ist. Eine Kante im Suchgraphen, die durch zweideutige Bestimmung einer Rotationsvariablen produziert wurde, kostet

(1, Bewertung der gefundenen Gleichung).

Eine Kante, die durch eindeutige Bestimmung einer Rotationsvariablen produziert wurde, kostet

(0, Summe der Bewertungen der beiden gefundenen Gleichungen).

Eine Kante, die durch Bestimmung einer Translationsvariablen produziert wurde, kostet

(0, Bewertung der gefundenen Gleichung).

Kosten werden komponentenweise addiert und verglichen.

(E_1,W_1) *ist billiger als* (E_2,W_2)

wenn $E_1 < E_2$ oder

$E_1 = E_2$ und W_1 ist besser als W_2.

'besser' ist die Ordnungsrelation des abstrakten Datentyps 'Bewertung'.

Die *Kosten eines Weges* im Zustandsgraphen sind durch die Summe der Kosten der Kanten, die den Weg bilden, definiert. Die erste Komponente der Kosten eines Weges gibt an, wieviele Rotationsvaribablen auf diesem Weg zweideutig bestimmt wurden.

Ein **Beispiel** für die Anwendung dieser Kostenfunktion: Beim ASEA-IR B6 sind in Abhängigkeit von $\{d_1,d_6\}$ wahlweise d_2, d_3, d_5 oder $d_2+d_3+d_4$ bestimmbar, davon d_5 und $d_2+d_3+d_4$ eindeutig. Bei der Wahl einer günstigen Reihenfolge können alle übrigen Variablen eindeutig bestimmt werden. d_2 kann eindeutig bestimmt werden in Abhängigkeit von $\{d_1,d_5,d_6\}$, und d_3 kann eindeutig bestimmt werden in Abhängigkeit von $\{d_1,d_2,d_6\}$.

Wenn ausgehend vom Zustand $\{d_1,d_6\}$ zuerst d_3 und danach d_2 bestimmt wird, kostet dieser Weg von $\{d_1,d_6\}$ nach $\{d_1,d_2,d_3,d_6,d_2+d_3\}$ (2, _). Wird d_3 nach d_2 bestimmt, kostet der gleiche Weg nur (1, _), denn jetzt kann d_3 eindeutig bestimmt werden. Wenn aber die Variablen d_5, d_2, d_3 in dieser Reihenfolge bestimmt werden, dann können sie alle eindeutig bestimmt werden, und der Weg von $\{d_1,d_6\}$ nach $\{d_1,d_2,d_3,d_5,d_6,d_2+d_3\}$ kostet nur noch (0, _).

7.4 Kontrollstrategie

Es gilt, im Zustandsraum den Weg vom Start- zum Zielzustand mit minimalen Kosten zu finden. Rückwärtsverkettete Suche ist bei diesem Problem nicht sinnvoll und kann sogar in

Sackgassen führen. Außerdem ist sie auf einen erweiterten Zustandsbegriff, der nicht nur Variablen sondern auch deren Lösungsformeln umfaßt (vgl. 7.1), nicht anwendbar. Vorwärtsverkettete Suche führt dagegen nie in eine Sackgasse, denn eine bekannte Variable mehr schadet nie. Welche Regel auch immer angewandt wird, der damit eingeschlagene Weg führt auch zum Zielzustand, sofern es überhaupt einen Weg gibt. Eine Kontrollstrategie, die irgendeinen Weg sucht, bräuchte noch nicht einmal Backtracking vorzusehen. Es wird aber nicht irgendeine, sondern die optimale Lösung gesucht, also der kostengünstigste Weg.

Der 'Problemzustand' ist als Datenstruktur so einfach, daß es möglich ist, verschiedene Zustände gleichzeitig im Speicher zu halten. Die explizite Darstellung eines Suchgraphen ist kein Problem, das Zurücknehmen einer Produktionsregel geschieht einfach durch Rückgriff auf den explizit dargestellten Ausgangszustand. Als Kontrollstrategie kann ein Graph-Suchalgorithmus eingesetzt werden [5].

Zur Suche des kostengünstigsten Weges wurde ein Spezialfall des A*-Algorithmus mit heuristischer Funktion konstant gleich Null implementiert und praktisch eingesetzt. Es wurden auch Versuche mit dem Hillclimbing-Algorithmus gemacht. Der Hillclimbing-Algorithmus wendet von den möglichen Produktionsregeln immer die an, welche die wenigsten Kosten verursacht, und erfordert nicht das Zurücknehmen einer einmal angewandten Produktionsregel und braucht deshalb bedeutend weniger Zeit und Speicherplatz als der A*-Algorithmus [5]. Die Resultate der beiden Kontrollstrategieen waren nicht sehr unterschiedlich.

8 Dialogkomponente

Bei normalem Betrieb findet eigentlich kein richtiger Dialog statt. Der Anwender gibt eine Roboterspezifikation ein, legt die Kontrollstrategie und das Bewertungskriterium fest, startet das System und wartet auf die Ausgabe der vom System ausgewählten Gleichungen. Weitere Anfragen des Benutzers können sich auf Erklärung der vom System getroffenen Entscheidungen beziehen oder auf Gleichungen, die nicht als 'optimal zur Lösung der Kinematischen Gleichung geeignet' ausgegeben wurden.

Es wurde bewußt keine Abschirmung des Benutzers von der PROLOG-Umgebung vorgenommen, der Dialog geschieht durch Aufruf von PROLOG-Prädikaten. Damit wird dem Anwender insbesondere ermöglicht, direkt auf die Relationen zuzugreifen, welche das Faktenwissen repräsentieren, und sich virtuelle Relationen wie Projektionen oder natural Join zu definieren [10].

9 Erklärungskomponente

Die Kontrollstrategie ist so implementiert, daß jede Regelanwendung auf dem Benutzerterminal protokolliert wird mit aktuellem Zustand, Nachfolgezustand, Aktionsteil (gefundene Gleichungen) und Kosten. Dieses Protokoll kann natürlich auch auf Datei umgelenkt und auf diese Weise zu Papier gebracht werden. Es erklärt die von der Kontrollstrategie getroffenen Entscheidungen und stellt gleichzeitig den Suchgraphen dar. Außerdem besteht die Möglichkeit, einen Zustand einzugeben und interaktiv darauf eine Produktionsregel anzuwenden.

Noch mehr ist das Resultat einer Regelanwendung, die Auswahl der einen oder zwei optimalen Gleichungen, erklärungsbedürftig. Dazu gibt es ein Prädikat, das zu einem Zustand und einer Variablen alle Gleichungen ausgibt, die geeignet sind, diese Variable in Abhängigkeit von den in diesem Zustand schon bekannten Variablen zu bestimmen. Diese Gleichungen werden sortiert nach ihren Bewertungen ausgegeben. So kann der Anwender die Auswahl optimaler Gleichungen nachvollziehen.

10 Ausblick

Das System kann auf seinem jetzigen Stand noch nicht selbständig die beste explizite Lösung der kinematischen Gleichung finden. Für den Menschen, der eine kinematische Gleichung lösen will, ist es schon durch die Berechnung aller Ansätze und die Elimination redundanter Elementgleichungen eine wertvolle Unterstützung. Das hier vorgestellte Bewertungskriterium liefert auch bei seiner Unvollkommenheit eine brauchbare Vorauswahl der geeigneten Gleichungen.

Zur Zeit wird ein Formelmanipulator entwickelt, speziell für die Auflösung der Elementgleichungen nach den Variablen. Bei Integration des Formelmanipulators in die Produktionsregeln werden zuverlässigere Aussagen über eindeutige Lösbarkeit und numerische Stabilität der Lösungsformeln möglich.

Völlig offen ist noch das Problem der automatischen Erkennung von Definitionslücken der Lösungsformeln und die Bereitstellung von Ersatzformeln für die Definitionslücken bzw. gegebenenfalls zu erkennen, daß bei der Definitionslücke eine Ausnahmesituation (Reduktionsstellung oder lokale Degeneration) [3] vorliegt.

11 Anhang

Spezifikationen der im Text angeführten Beispielroboter:

Mitsubishi RM501

1. Gelenk	d_1	0	0	90
2. Gelenk	d_2	0	l_2	0
3. Gelenk	d_3	0	l_3	0
4. Gelenk	d_4	0	0	-90
5. Gelenk	d_5	0	0	0

Gelenkvariablen: d_1, d_2, d_3, d_4, d_5

ASEA-IR B6

1. Gelenk	d_1	0	0	90
2. Gelenk	d_2	0	L_1	0
3. Gelenk	d_3	0	L_2	0
4. Gelenk	d_4	0	0	-90
5. Gelenk	d_5	-LH	0	-90
6. Gelenk	d_6	0	0	0

Gelenkvariablen: $d_1, d_2, d_3, d_4, d_5, d_6$

Die vom Expertensystem gefundenen Bestimmungsgleichungen für ASEA-IRB 6

d_1 [kosten,1,1,1,1,2]
$$0 = -\sin d_1 \cdot w_{14} + \cos d_1 \cdot w_{24}$$

$d_2+d_3+d_4$ [kosten,1,2,1,2,3]
$$0 = \sin(d_2+d_3+d_4)\cdot\cos d_1 \cdot w_{13} + \sin(d_2+d_3+d_4)\cdot\sin d_1 \cdot w_{23} - \cos(d_2+d_3+d_4)\cdot w_{33}$$

d_6 [kosten,0,2,0,6,8]
$$\cos d_6 = \sin(d_2+d_3+d_4)\cdot\cos d_1 \cdot w_{12} + \sin(d_2+d_3+d_4)\cdot\sin d_1 \cdot w_{22} - \cos(d_2+d_3+d_4)\cdot w_{32}$$
$$\sin d_6 = \sin(d_2+d_3+d_4)\cdot\cos d_1 \cdot w_{11} + \sin(d_2+d_3+d_4)\cdot\sin d_1 \cdot w_{21} - \cos(d_2+d_3+d_4)\cdot w_{31}$$

d_5 [kosten,0,2,0,5,7]
$$\cos d_5 = -\sin d_1 \cdot w_{13} + \cos d_1 \cdot w_{23}$$
$$-\sin d_5 = \cos(d_2+d_3+d_4)\cdot\cos d_1 \cdot w_{13} + \cos(d_2+d_3+d_4)\cdot\sin d_1 \cdot w_{23} + \sin(d_2+d_3+d_4)\cdot w_{33}$$

d_2 [kosten,0,7,5,7,30]
$$\begin{aligned}
L_2^2 = {} & L_1^2 + 2\cdot L_1\cdot\cos d_2\cdot\cos d_1\cdot w_{11}\cdot\sin d_6\cdot L_H \\
& + 2\cdot L_1\cdot\cos d_2\cdot\sin d_1\cdot w_{21}\cdot\sin d_6\cdot L_H + 2\cdot L_1\cdot\sin d_2\cdot w_{31}\cdot\sin d_6\cdot L_H \\
& + 2\cdot L_1\cdot\cos d_2\cdot\cos d_1\cdot w_{12}\cdot\cos d_6\cdot L_H \\
& + 2\cdot L_1\cdot\cos d_2\cdot\sin d_1\cdot w_{22}\cdot\cos d_6\cdot L_H + 2\cdot L_1\cdot\sin d_2\cdot w_{32}\cdot\cos d_6\cdot L_H \\
& - 2\cdot L_1\cdot\cos d_2\cdot\cos d_1\cdot w_{14} - 2\cdot L_1\cdot\cos d_2\cdot\sin d_1\cdot w_{24} - 2\cdot L_1\cdot\sin d_2\cdot w_{34} \\
& + w_{14}^2 + w_{24}^2 + w_{34}^2 - 2\cdot w_{11}\cdot w_{14}\cdot\sin d_6\cdot L_H - 2\cdot w_{21}\cdot w_{24}\cdot\sin d_6\cdot L_H \\
& - 2\cdot w_{31}\cdot w_{34}\cdot\sin d_6\cdot L_H - 2\cdot w_{12}\cdot w_{14}\cdot\cos d_6\cdot L_H - 2\cdot w_{22}\cdot w_{24}\cdot\cos d_6\cdot L_H \\
& - 2\cdot w_{32}\cdot w_{34}\cdot\cos d_6\cdot L_H + L_H^2
\end{aligned}$$
$$\begin{aligned}
0 = {} & \cos d_2\cdot\cos d_1\cdot w_{11}\cdot\cos d_6\cdot\sin d_5 + \cos d_2\cdot\sin d_1\cdot w_{21}\cdot\cos d_6\cdot\sin d_5 \\
& + \sin d_2\cdot w_{31}\cdot\cos d_6\cdot\sin d_5 - \cos d_2\cdot\cos d_1\cdot w_{12}\cdot\sin d_6\cdot\sin d_5 \\
& - \cos d_2\cdot\sin d_1\cdot w_{22}\cdot\sin d_6\cdot\sin d_5 - \sin d_2\cdot w_{32}\cdot\sin d_6\cdot\sin d_5 \\
& + \cos d_2\cdot\cos d_1\cdot w_{13}\cdot\cos d_5 + \cos d_2\cdot\sin d_1\cdot w_{23}\cdot\cos d_5 \\
& + \sin d_2\cdot w_{33}\cdot\cos d_5
\end{aligned}$$

d_3 [kosten,0,2,0,6,18]
$$\begin{aligned}
L_1^2 + 2\cdot L_1\cdot\cos d_3\cdot L_2 + L_2^2 = {} & w_{14}^2 + w_{24}^2 + w_{34}^2 - 2\cdot w_{11}\cdot w_{14}\cdot\sin d_6\cdot L_H \\
& - 2\cdot w_{21}\cdot w_{24}\cdot\sin d_6\cdot L_H - 2\cdot w_{31}\cdot w_{34}\cdot\sin d_6\cdot L_H - 2\cdot w_{12}\cdot w_{14}\cdot\cos d_6\cdot L_H \\
& - 2\cdot w_{22}\cdot w_{24}\cdot\cos d_6\cdot L_H - 2\cdot w_{32}\cdot w_{34}\cdot\cos d_6\cdot L_H + L_H^2
\end{aligned}$$
$$-\cos(d_3+d_4)\cdot L_H + \sin d_3\cdot L_2 = -\sin d_2\cdot\cos d_1\cdot w_{14} - \sin d_2\cdot\sin d_1\cdot w_{24} + \cos d_2\cdot w_{34}$$

Gesamtkosten [kosten,2,16,7,27,68]

III   Literatur

[1] Richard P. Paul,
"Robot Manipulators: Mathematics, Programming, and Control",
MIT Press, Cambridge (Massachusetts) and London (England), 1981

[2] J. Denavit, R. S. Hartenberg,
"A kinematic Notation for Lower-pair Mechanisms Based on Matrices",
ASME Journal of Applied Mechanics 22 (June 1955), pp. 215 - 221

[3] Hermann Heiß,
"Die explizite Lösung der kinematischen Gleichung für eine Klasse von Industrierobotern",
Dissertation, TU Berlin, 1985

[4] Peter Schorn,
"Ein Expertensystem zur Lösung der kinematischen Gleichung",
Diplomarbeit, TU München, 1985

[5] Nils J. Nilsson,
"Principles of Artificial Intelligence",
Springer Verlag, Berlin, 1982

[6] Frederick Hayes-Roth,
"Rule-Based Systems",
Communications of the ACM,1985 , Vol.28 No.9, pp. 921-932

[7] Franz Grzeschniok
"Ein Expertensystem zur Lösung der kinematischen Gleichung - Implementierung der Auswahl geeigneter Ansätze in PROLOG",
TU Berlin,FB 20, Institut für technische Informatik, Studienarbeit, 1987

[8] Randall Davis, Jonathan King,
"An Overview of Production Systems",
in E.W.Elcock, Donald Michie (Hrsg.),
Machine Intelligence 8, 1977, pp. 300-332

[9] Avron Barr, Edward A. Feigenbaum (Hrsg.),
"The Handbook of Artificial Intelligence", Vol. 1,
Kaufmann, Los Altos, Calif., 1981

[10] Leon Sterling, Ehud Shapiro,
"The Art of Prolog",
MIT Press, Cambridge (Massachusetts) and London (England), 1986

Franz Grzeschniok
TU Berlin, Institut für technische Informatik,
Fachgebiet PDV und Robotik, Sekr. FR 2-2
Franklinstr. 28/29
1000 Berlin 10

ROKON.1: EIN EXPERTENSYSTEM
ZUR AUSWAHL VON GREIFERN UND SENSOREN FÜR ROBOTER ANWENDUNGEN

T. J. Doll und D. Huber, Universität Karlsruhe

Zusammenfassung: ROKON.1 ist ein Expertensystem zur Unterstützung eines Planungsingenieurs bei der Auswahl und Konfiguration von Greifern und Sensoren für Roboteranwendungen. Es besteht aus mehreren Modulen für eine interaktive Problemspezifikation. Das System wurde in OPS5 (FRANZLISP Version) auf einer VAX750 unter UNIX implementiert.

1 Einleitung

Durch das Greifer- und Sensorsystem eines Industrieroboters wird maßgeblich die Flexibilität einer Gesamtanlage festgelegt. Greifer und Sensoren bilden die Schnittstelle zwischen dem Roboter und seiner Umwelt. Durch das eingesetzte Greifersystem wird unmittelbar festgelegt, welche Klasse von Objekten gegriffen und welche Arbeitsoperationen durchgeführt werden können. Sensoren werden eingesetzt, um Störungen des Produktionsablaufes auszuschließen, d.h. Unsicherheiten zu erkennen und angemessen darauf zu reagieren. Hieraus leitet sich die wachsende Bedeutung von Greifern, Sensoren und sogenannten Greifersensorsystemen ab, was heute zu einem breiten Angebot derselben auf dem Markt geführt hat. Bei der Planung von Montageaufgaben stehen daher Durchführbarkeit, Komplexität und Kosten in einem engen Zusammenhang mit der Auswahl geeigneter Greifer und Sensoren. Beschreibungen von Roboter-Applikationen finden sich u.a. in [2], [12].

In dieser Arbeit soll der Entwurf, die Entwicklungserfahrungen und die Architektur eines Expertensystems für die Auswahl und Konfiguration von Sensorgreifern vorgestellt werden. Ausgangspunkt der Entwicklung war ein konkret vorliegendes Produktprogramm bestehend aus 30 mechanischen Komponenten und 8 Sensoren mit zugehöriger Sensordatenverarbeitung, aus denen sich ca. 200

verschiedene Varianten von Sensorgreifern erzeugen lassen. Das Problem bestand nun darin, für eine vorgegebene Automatisierungsaufgabe geeignete Greifersensorsysteme zusammenzustellen.

Um aus der Vielzahl der Kombinationsmöglichkeiten die beste Lösung zu finden, bedurfte es einer sorgfältigen Auswahlmethodik. Diese orientierte sich zum einen am Anwendungsfall und zum anderen an dem Produktprogramm.

Als Einzelprobleme erwiesen sich u.a.:
* Eine möglichst genaue Festlegung der Parameter bzgl. ihrer Verfügbarkeit und Anzahl zu definieren und zu erfassen
* Ein Auswahlverfahren für ein größeres Werkstücksspektrum zu entwickeln (Flexibilität)
* Eine Werkstücksklassifizierung und -beschreibung durchzuführen
* Eine anwenderunabhängige Zuordnung der Parameter zu den Einflußgrößen vorzunehmen

Bisher wurde diese Aufgabe von einem _Planungsingenieur_ gelöst. Eine unstrukturierte Sammlung von Informationen bestehend aus Projektbeschreibung, Technischen Zeichnungen, Musterteilen und gelegentlich einer Besichtigung der Montageanlage bilden die Ausgangsbasis für den Auswahl- und Konfigurationsprozeß. Aus dieser Informationssammlung leitet der Experte ein entsprechendes Anforderungsprofil für das Greifersensorsystem ab und wählt anhand von Datenblättern die entsprechenden Greifer und Sensoren aus einem Produktprogramm aus.

Dieser Ablauf soll nun aus folgenden Gründen teilautomatisiert werden. Spezialisten, die für eine solche Aufgabe in Frage kommen, sind in der Praxis rar; sie sind zudem teuer und nicht stets verfügbar. Darüberhinaus ist das zusammenzusetzende Produkt (der Sensorgreifer) so billig, daß damit die Suche nach einer sinnvollen Rationalisierung gerechtfertigt ist.

Ziel ist es, zukünftig die Problemstellung mittels eines Datenerhebungsbogens zu erfassen. Darüber hinaus soll eine rechnergestützte Auswahl und Konfiguration der Module eines Greifersensorsystems von einem durchschnittlich qualifizierten Personal durchgeführt werden. Zur Lösung dieser Aufgabe wurde das Expertensystem ROKON.1 (Expertensystem zur ROboter-KONfiguration, Version 1) entwickelt, welches im folgenden näher beschrieben ist, vgl. auch [10].

Ein Expertensystem (ES) ist hierbei ein "intelligentes" Computerprogramm, das das Wissen und die Denkmechanismen eines (menschlichen) Experten auf dessen eng begrenztes Gebiet bei einem Problemfindungsprozeß simuliert. I.a. liegt die Intention eines ES nicht darin, den Experten vollständig zu ersetzen. Vielmehr soll es den Charakter eines Beratungssystems haben, wobei die letzte Entscheidung immer noch dem Menschen überlassen sein soll.

Generell ist ein ES modular aufgebaut und besteht i.d.R. aus den folgenden Komponenten:
* Wissensbasis
* Problemlösungskomponente
* Benutzerschnittstelle mit den Bausteinen
  - Wissenserwerbskomponente
  - Erklärungskomponente
  - Dialogkomponente

2 Die Entwicklung von ROKON.1

Zunächst wurden aus der Literatur bekannte Arbeiten zur Sensorauswahl [1], [6], [7] und Lösungsvorschläge zur Greiferauswahl [4], [9], [11] ausgewertet. Die Anwendung von Ansätzen aus diesen Arbeiten waren vor allem hilfreich in der Identifikationsphase, um die Problemcharakteristik zu analysieren. Es zeigte sich jedoch recht bald, daß die bisher entwickelten Planungsmethoden für die vorliegende Problemstellung nur bedingt anwendbar waren. Die Gründe lagen insbesondere in dem umfangreichen Datenerfassungsaufwand und der unvollständigen Verfügbarkeit der Daten zum Auswahlzeitpunkt.

Greifbare Ergebnisse wurden erst durch die enge Zusammenarbeit mit einem Experten erreicht. Grundlage für die Problemanalyse wurde sodann durch die Erstellung eines Datenerfassungsbogens geschaffen. Dieser mußte mehrfach überarbeitet werden, bis es dem Experten möglich war, ohne weitere Zusatzinformationen das gestellte Problem zu erfassen und zu analysieren. Damit konnte die Ausgangsbasis für die Analyse der Vorgehensweise des Experten und für die Entschlüsselung des Expertenwissens geschaffen werden. Der erstellte Datenerfassungsbogen, die Datenblätter des Produktprogramms und das abgeleitete Expertenwissen bildeten somit die Basis für eine erste Prototypimplementierung.

Die Implementierung wurde auf einer VAX750 unter dem Betriebssystem UNIX in der regelbasierten Programmiersprache OPS5 (in der FRANZLISP Version) vorgenommen. Detailiertere Informationen zu OPS5 finden sich in [3].

3 Die Entwicklung der Datenstrukturen

Die Datenstrukturen ergaben sich aus dem Aufbau und der Funktionalität der einzelnen Teilkomponenten eines Sensorgreifersystems sowie deren technischen Leistungsmerkmalen. Zusätzlich mußten wirtschaftliche und organisatorische Kriterien eine Berücksichtigung in der Datenstruktur finden, da diese grundsätzlich jeden industriellen Auswahlprozeß beeinflussen. Wirtschaftliche Kriterien beziehen sich dabei vornehmlich auf Kosten-Nutzen-Betrachtungen. Firmeninterne Aspekte sowie Umgebungsbedingungen sind dagegen bei den organisatorischen Kriterien berücksichtigt.

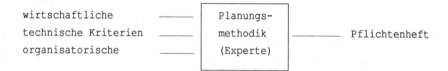

Abbildung 1: Einflußgrößen auf einen Auswahlprozeß

Das funktionale Modell schließlich (= die technischen Kriterien) eines solchen Systems ist in Abb. 2 dargestellt.

Ein <u>Greifer</u> besteht im allgemeinen aus den 3 Komponenten:
1) Antriebssystem zur Zuführung der Stellenergie
2) Übertragungssystem (Getriebe) zur Übertragung der vom Antrieb erzeugten Energie auf das Wirksystem.
3) Wirksystem (Finger) zur Einleitung der erzeugten Greifkraft auf das Handhabungsobjekt (HHO)

Das Getriebe nimmt einen wesentlichen Einfluß auf den Grad der Flexibilität eines Greifers ein. Die maßgeblichen Einflußgrößen sind die Größe des Spannbereichs, die Größe der Greifkraft, die Art der Einleitung der Greifkraft

sowie die Bewegungsbahn der Backen. Die Greifkraft kann nach folgenden 3 Grundprinzipien eingeleitet werden:
1)   Kraftschlüssige Verbindung
2)   Formschlüssige Verbindung
3)   Stoffschlüssige Verbindung

Diese Aufteilung hat Auswirkung auf die Form, Art und den Beschaffungszustand der Wirkorgane. In der Praxis werden fast ausschließlich Kombinationen dieser Prinzipien verwendet, was eine analytische Berechnung der Greifkraft nahezu unmöglich macht und man gerade hier auf Expertenwissen angewiesen ist [5].

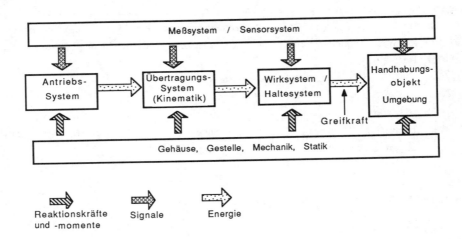

Abbildung 2: Funktionsmodell eines Greifersensorsystems

Eine in 4 Hierarchieebenen eingeteilte Greiferklassifizierung baut auf das Wirksystem auf:
1)   Unterscheidung nach dem Greiferprinzip (mechanische Greifer, Magnetgreifer, Vakuumgreifer, Balkengreifer)
2)   Lage der Wirkorgane am Handhabungsobjekt (innen- / außengreifend)
3)   Anzahl der Wirkorgane
4)   Kinematik der Wirkorgane

Diese Klassifizierung bildete die Grundlage für Hierarchieabstufung in der funktionalen Greiferdatenbasis.

Charakteristisch für jeden <u>Sensor</u> ist sein sogenanntes Sensorprinzip, welches sich in 2 Unterprinzipien teilen läßt:
1. Durch das Wirkprinzip wird die Art der Erfassung der Meßgröße festgelegt. Diese ist berührend (taktil) oder berührungslos (nicht taktil).
2. Das Aufnahmeprinzip beschreibt das physikalische Prinzip der Erfassung der Meßgröße. Im wesentlichen werden diese über ein mechanisches, optisches, akustisches, induktives und kapazitives Aufnahmeprinzip erfaßt.

Ein weiteres Kriterium zur Klassifizierung eines Sensors ist seine Meßmethode (Schalter, d.h. binäre Meßmethode, skalar, d.h. es ist eine kontinuierliche Messung möglich). Wichtige funktionelle Daten eines Sensors sind sein Meßbereich, seine Meßgenauigkeit und seine Störempfindlichkeit. Zur vollständigen Sensorspezifikation müssen zusätzliche Parameter bestimmt werden, welche das Handhabungsobjekt (Material, Gewicht, Größe, Form, Oberfläche, Bewegung, Entfernung usw.), die Umgebungseinflüsse (Temperatur, Feuchtigkeit, Lichtverhältnisse usw.) und die elektrische Versorgung (Spannung, Schaltfrequenz, Ausgabeart usw.) berücksichtigen.

Aufgrund der großen Anzahl der notwendigen Klassifizierungsmerkmale und der geforderten Erweiterbarkeit der Datenbasis wurde eine funktional hierarchische und speichertechnisch "frame"artige Struktur aufgebaut. Eine Erweiterungsmöglichkeit ist jederzeit gegeben.

4 <u>Die Architektur des Systems</u>

Die Problemlösung vollzieht sich in folgenden Teilschritten, welche jeweils durch Module (Programmteile) und deren Beziehungen untereinander innerhalb von ROKON.1 wiedergespiegelt werden:

* Ableitung der Leistungsmerkmale aus dem Datenerfassungsbogen
    Mittels einem Fragekatalog wird die Problemstellung des Kunden erfaßt und die notwendige Leistungscharakteristik des Systems abgeleitet. Die Komplexität dieses Schrittes hängt maßgeblich davon ab, wie "direkt" vom Fragebogen auf die Leistungsmerkmale der Komponenten geschlossen werden

kann.

* Abgleich der ermittelten Leistungsmerkmale mit denjenigen der vorgegebenen Produktkomponenten

    In diesem Schritt werden alle Komponenten ermittelt, die technisch und funktional die geforderten Leistungsgrößen erfüllen.

* Konfiguration der einzelnen Komponenten

    Die Konfiguration von Teillösungen und schließlich der Gesamtlösung führt zu einer Reduzierung der im vorherigen Schritt gefundenen Lösungsmöglichkeiten. Hier sind die Kombinationsfähigkeiten unter bestimmten technischen Randbedingungen zu untersuchen.

* Lösungsbewertung

    Dieser Baustein soll neben den technischen auch die wirtschaftlichen und organisatorischen Randbedingungen berücksichtigen.

Die Vorgehensweise läßt sich durch einen statischen (Modulbeschreibung) und einen dynamischen Aspekt (Ablaufstruktur) näher beschreiben.

4.1 Der statische Aufbau des Systems

Das Gesamtsystem besteht aus drei wesentlichen Softwarekomponenten, welche gemäß Abb. 3 ablaufen:
* einem Definitionsblock: definitionen
* neun Regelblöcken:
    - prod.allg (quasi Hauptprogramm)
    - prod.fragein
    - syntax
    - prod.grobpruef
    - prod.folg
    - prod.greifaus
    - prod.sensaus
    - prod.konf
    - prod.gewi
* einer Datenbasis (Greifer-,Sensorkomponenten): datenbasis

Der <u>Definitionsblock</u> ist eine OPS5-spezifische Komponente. Diese Sprache erfordert vor der ersten Anwendung einer Anweisung (=Regel) eine Definition aller im Programm benutzten Elementklassen. Dadurch werden Attribute einer bestimmten Elementklasse zugeordnet und gemäß dem Rete-Match-Algorithmus [8] in eine interne Zahldarstellung überführt. Für die Aufspaltung der verschiedenen Attribute in Elementklassen ist ein Kompromiß zwischen Lesbarkeit einerseits, Verwaltungs- und Speicheraufwand andererseits zu finden. Für eine möglichst große Aufspaltung der Attribute in verschiedene Elementklassen spricht die daraus resultierende gute Lesbarkeit des Programms, was zusätzlich eine leichte Wartbarkeit einschließt. Im vorliegenden Fall konnten durch mehrfache gleiche Namensvergabe ca. 30% des Speicherbedarfs eingespart werden. Dennoch mußten 546 Attribute in 98 Elementklassen definiert werden. Durchschnittlich bildeten so ca. 6 Attribute eine Elementklasse.

Die <u>Regelbasis</u> ist in 9 verschiedenen Regelblöcke partitioniert. Dabei werden alle Module durch das Hauptprogramm ("prod.allg") im Sinne eines Verteilers aufgerufen. Dazu läuft jeder Baustein unter einem eigenen "kontext". Sprünge werden programmtechnisch durch einen Kontext-Wechsel realisiert. Mit der Kontext-Methode wird entscheidender Einfluß auf die Ablaufstruktur und die "performance" genommen. Das gesamte Wissen, welches zur Problemlösung notwendig war, wurde in die anderen 8 Regelblöcke aufgespalten.

In der <u>Datenbasis</u> sind alle die für die Bearbeitung einer Aufgabe problemrelevanten Parameter untergebracht. Sie setzt sich aus einem fixen und einem variablen Teil zusammen. Im fixen Teil befinden sich alle Datenelemente zur Beschreibung des Produktprogramms. Insgesamt sind z.Zt. 469 Elementklassen mit ca. 3000 Attributen abgelegt. In der variablen Datenbasis sind dagegen alle systemspezifischen Daten untergebracht, die während einer Problemlösung erzeugt, geändert oder gelöscht werden. Der jeweilige Zustand des variablen Teils repräsentiert damit den aktuellen Zustand der Problembearbeitung.

4.2   <u>Der dynamische Aufbau des Systems</u>

Über den dynamischen Aufbau des Systems und somit auf die Arbeitsweise und Aufgaben von ROKON.1 soll im folgenden detaillierter eingegangen werden. Vgl. hierzu Abb. 3.

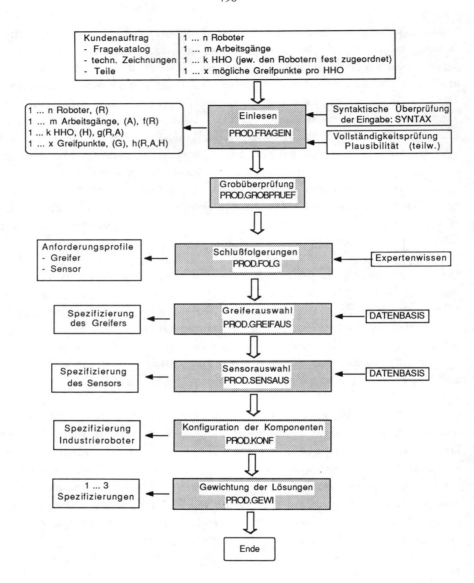

Abbildung 3: Dynamischer Aufbau von ROKON.1

Anhand des Kundenauftrags wird der Datenerfassungsbogen (Fragekatalog) aufgenommen, der die für eine Roboter-Konzipierung wichtigsten Angaben enthält. Einflußbereiche lassen sich bzgl. der Werkstücke, der Peripherie, der Fertigungs-Mittel und des Roboter-Grundgerätes unterteilen. Insofern wird die (Montage-) Aufgabe i.a. in mehrere Arbeitsgänge aufgespalten. Diese können als Teilprobleme getrennt behandelt werden. Die einzelnen HHO werden pro Roboter, pro Arbeitsgang und pro möglichen Greifpunkten beschrieben.

Die Bearbeitung einer Aufgabe beginnt mit dem Einlesen des Datenerfassungsbogens. Dazu werden in "__prod.fragein__" verschiedenen Datenelemente aufgebaut, welche Grundlage für die spätere Auswahl und Konfiguration der Produktkomponenten sind. Den Datenelementen wird ihre Zugehörigkeit zum Arbeitsgang, HHO und Greifpunkt mittels entsprechender Attribute festgehalten.

<u>Beispiel für ein Datenelement:</u>   (literalize greifpunkt
                                                     arbeitsgang-nr
                                                     hho-nr
                                                     greifpunkt-nr
                                                     greifart
                                                     verschmutzung
                                                     fingeroeffnung
                                                     schliessweg)

Optional kann beim Einlesen der "__syntax__"-Baustein angebunden werden, welcher bei jeder Dateneingabe deren syntaktische Korrektheit überprüft.

Der Modul "__prod.grobpruef__" führt eine grobe (Vor-) Überprüfung der eingegebenen Daten durch, z.B. ist das Objektgewicht kleiner als die maximale Tragfähigkeit des Roboters, ist der erforderliche Raumbedarf vorhanden usw. Damit wird vorzeitig abgeklärt, ob das vorliegende Produktprogramm den Anforderungen der Problemstellung überhaupt gerecht werden kann.

In der zentralen Komponente "__prod.folg__" befindet sich der wesentliche Kern des Expertenwissens. Hier kommt es zu den wissensbasierten Ableitungen. Grundlegend für die Ablaufsteuerung ist hierbei die Existenz oder Nichtexistenz bestimmter Datenelemente im Arbeitsspeicher, denn dadurch wird auf die Notwendigkeit oder Empfehlung bestimmter Komponenten zur Lösung der Problemstellung geschlossen und eine entsprechende Spezifikation der Leistungsparameter

sich hierbei drei verschiedene Typen von Schlußfolgerungen unterscheiden:
1) Schlußfolgerungen, welche direkt auf bestimmte Komponenten mit entsprechenden Leistungsparametern schließen lassen
2) Schlußfolgerungen, welche auf die Notwendigkeit oder Empfehlung bestimmter Komponenten führen
3) Schlußfolgerungen, welche eine Spezifikation der Leistungsparameter ableiten, wie z.B. die Abschätzung der notwendigen Greiferöffnungswerte

Im Verlaufe eines Problemfindungsprozesses kann es zu einem Übergang von zunächst empfehlenswerten zu notwendigen Komponenten kommen.Das Ergebnis dieses Moduls ist eine Liste notwendiger und empfehlenswerter Komponenten für Greifer (Antrieb, Getriebe, Wirksystem) und Sensoren mit mehr oder weniger vollständig spezifizierten Leistungsparameter. Die Anzahl der ableitbaren Leistungsparameter hängt hierbei direkt mit der Vollständigkeit des ausgefüllten Datenerhebungsbogens zusammen.

<u>Beispiel für eine Ableitungsregel:</u>

```
      (p schlussfolgerung-sensor-notwendig-feld-26-1-b
          (kontext . . . )
          (greifpunkt-empfindlich ^arbeitsgang-nr <arbeitsgang-nr>
              . . .
                            ^text {<text> <<Stoss Druck>>})
              . . .
-->
              . . .
          (make sensor
              ^sensortyp spannkraft
              ^status 1))
```

Die nächsten Bausteine "<u>prod.greifaus</u>" und "<u>prod.sensaus</u>" wählen aus der Datenbasis (= dem Produktprogramm), falls möglich, die den jeweiligen Anforderungsprofilen genügende Objekte aus und machen sie auf dem Bildschirm mit den jeweiligen Bestellnummern sichtbar. Erwähnenswert erscheint, daß zunächst eine Vorbelegung der einzelnen Attribute vorgenommen wird, welche dann ggf. durch die gefundenen Anforderungsprofile überschrieben werden.Damit ist der Auswahlprozeß in eine bestimmte Richtung hin manipulierbar. Durch die Defaultwerte wird es möglich, auch unvollständig spezifizierte Problemstellungen zu lösen.

In "prod.konf" werden die einzelnen Komponenten nach deren Kombinationsmöglichkeiten untersucht und geeignet zusammengestellt. Die resultierenden Konfigurationen werden ausschließlich auf technischer und damit funktionaler Basis abgeleitet.

Wirtschaftliche und organisatorische Kriterien kommen in "prod.gewi" zur Geltung und reduzieren die Lösungsmenge auf max. 3 gültige Anordnungen. Der letzte Baustein ist in ROKON.1 aufgrund von fehlendem Expertenwissen noch nicht explizit aufgefüllt.

4.3   Statische Analyse des Regelwerkes

Eine statische Analyse des Regelwerkes von ROKON.1 ist in Abb. 4 durchgeführt worden.

Programm-modul	Programm-zeilen	Regeln insgesamt	Regeln Kontextwechs.	Regeln E/A	Sonstige Verwaltung	Anzahl Wissens Reg.
prod.allg	721	32	11	9	12	0
prod.frag	4751	309	88	82	94	45
syntax	2610	141	6	135	0	0
prod.grobp.	193	9	2	3	2	2
prod.folg	2863	130	17	9	43	61
prod.greif.	3601	193	49	22	94	28
prod.sens.	972	30	7	6	3	14
prod.konf.	20	1	1	0	0	0
prod.gewi	20	1	1	0	0	0
Summe	15751	846	182	266	248	150

Abbildung 4: Das Regelwerk von ROKON.1

5   Schlußbetrachtungen

ROKON.1 stellt eine erste Version eines ES dar, um das Problem der Greifersensorkonfiguration allgemein und teilautomatisiert zu lösen. Dabei war es die vornehmliche Absicht der Verfasser, ein lauffähiges System mittels bestimmter Grundstrukturen aufzubauen, welches einfache Möglichkeiten bietet, Erweiterungen schrittweise durchzuführen. Neues Wissen und neue Produkte sollten möglichst einfach in das bestehende ES integrierbar sein. Daher wurde ROKON.1 streng modular aufgebaut.

Die Effektivität des (Auswahl-) Verfahrens, insbesondere auch dessen Handhabung, Erweiterbarkeit und Wartung ist abhängig von der zugrunde liegenden Programmiersprache. Hier bietet OPS5 ein recht mächtiges "tool", was die Verarbeitungsgeschwindigkeit und die Speichereffizienz angeht. (Die Reaktionszeiten liegen im Zehntel-Sekunden-Bereich. Das gesamte Laden aller Bausteine sowie deren Vernetzung dauert dagegen je nach Systembelastung ca. 4 - 7 Minuten.) Die Programmierung erfolgt allerdings auf einer ziemlich niedrigen Ebene, so daß viel Schreibarbeit zur Implementierung notwendig war (25.120 Programmierzeilen).

Definitionsteil:	98 Elemente	1049 Programmierzeilen
Regelbasis:	973 Regeln	17960 Programmierzeile
(fixe) Datenbasis:	469 Elemente	6111 Programmierzeilen.

Die in Kap. 1 angesprochene Erklärungskomponente wird in ROKON.1 durch die entsprechenden OPS5-internen Funktionen repräsentiert. Allerdings ist dies durch die "forward-chaining" Strategie von OPS5 nicht sehr befriedigend gelöst.

Wünschenswert und für ROKON.1 bei einem Ausbau äußerst nützlich wäre ein Wissensaquistionsmodul, welches programmgesteuert neues Wissen aufnimmt, altes entfernt und das bestehende wartet. Dieser Schritt bleibt somit einer späteren Version vorbehalten.

Was die Benutzerschnittstelle angeht, so bietet OPS5 ausgesprochen wenig Komfort. (Das Nachfolgmodell OPS83 ist hierbei bedeutend komfortabler). Es würde sich anbieten, benutzer- und damit E/A-intensive Programmteile in einer (anderen) angemesseneren Programmiersprache zu implementieren und somit das Expertensystem als Zusammenschluß aus multisprachlichen und multifunktionellen Teilbereichen aufzubauen.

Die (Vor-) Beschreibung der Arbeitsaufgabe mittels einem Datenerfassungsbogen hat sich bewährt. Wesentliche Angaben sind Es ist praxisnah aufgebaut und sollte zukünftig verstärkt eingesetzt werden.vorweg abgedeckt. Denkbar wäre zusätzlich die Bezugnahme auf eine "Roboterdatei" und "Steuermoduldatei". Problematisch bleibt die formale Bestimmung und Beschreibung der HHO und ihrer Greifpunkte. In ROKON.1 müssen sie noch explizit angegeben werden. Es könnte hierauf evtl. ein weiteres ES aufsetzen. Für die Auswahlproblematik der entsprechenden Komponenten scheint der Einsatz von Expertensystemen wie ROKON.1 ein probates Instrumentarium zu sein.

Literaturverweise

[1] Ball, D.: "Sensor Selection Guide", in: Sensors, April 1986
[2] Blume, C., Dillmann, R.: "Frei programmierbare Manipulatoren", Aufbau und Programmierung von Industrierobotern, (Chip-Wissen), Vogel-Verlag, 1981
[3] Brownston,L., Farrell, R., Kant, E., Martin, N.: "Programming Expert Systems in OPS5", An Introduction to Rule-Based Programming, Addison-Wesley Pub. Comp., 1986
[4] Cardaun, U.,: "Systematische Auswahl von Greiferkonzepten für die Werkstückhandhabung", Dissert. Universität Hannover, Fakultät f. Maschinenwesen, 1981
[5] Chen, F. Y.: "Force Analysis and design considerations of grippers", in: The Industrial Robot, December 1982
[6] Eversheim, W., Hausmann, A.: "Planung des Sensoreinsatzes für flexibel automatisierte Montagesysteme mit Industrierobotern", Laboratorium für Werkzeugmaschinen und Betriebslehre (WZL), Aachen, in: VDI-Z, Bd. 127, Nr. 1/2 (1985)
[7] Eversheim, W., Hausmann, A.: "Die richtigen Sensoren auswählen", Laboratorium für Werkzeugmaschinen und Betriebslehre (WZL), Aachen, in: VDI-Z, Bd. 127, Nr. 10 (1985)
[8] Forgy, C. L.: "RETE: A Fast Algorithm for the Many Pattern / Many Object Pattern Match Problems", in: Artificial Intelligence 19 (1982)
[9] Granow, R.: "Strukturanalyse von Werkstückspektren", Planungshilfsmittel beim Aufbau flexibel automatisierter Fertigungen, aus d. Reihe: Betriebstechnik, VDI-Verlag, 1984
[10] Huber, D.: "Aufbau eines Expertensystems zur Unterstützung der Greifer- und Sensorauswahl bei der Einsatzplanung von Industrierobotern", Dipl.-Arbeit Universität Karlsruhe, Institut f. Prozeßrechentechnik u. Robotik, 1987
[11] Nnaji, B.: : "Computer-Aided Design, Selection and Evaluation of Robots", Manufacturing Research and Technology, Elsevier 1986
[12] Scharf, P., Warnecke, H.-J. (Hrsg.): "Strukturen Flexibler Fertigungssysteme", Gestaltung und Bewertung, (Buchreihe: Produktionstechnik heute, Bd. 9), Krausskopf-Verlag 1976

Verfasser: Dipl.-Ing. T. J. Doll und Dipl.-Inform. D. Huber
Universität Karlsruhe
- Institut für Prozeßrechentechnik und Robotik -
Postfach 6980
7500 Karlsruhe

EIN WISSENSBASIERTES SYSTEM FÜR DAS VERLEGEN VON TECHNISCHEN LEITUNGEN IN DEN DECKENHOHLRÄUMEN HOCHINSTALLIERTER GEBÄUDE

fritz haller

zusammenfassung

thema des hier vorgestellten projekts ist das verlegen von technischen leitungen in hochinstallierten gebäuden. neben anderen aktivitäten entwickeln wir für diese planungsaufgabe ein "intelligentes CAD-system". das bereichswissen ist in einem allgemeinen installationsmodell formuliert. es wird in regeln, objektspezifische methoden und in eine komplexe datenstruktur umgesetzt. diese struktur basiert auf einer taxonomischen hierarchie, die die eigenschaften und die relationen der beplanten objekte beschreibt. sie erlaubt, ein weitgehend strukturgleiches abbild des beplanten deckenhohlraums zu organisieren. hinzu kommt eine task-steuerung, die insbesondere berücksichtigt, dass die planung nur in einem dialog von planer und planungssystem entstehen kann.

die vorgeschichte

seit vielen jahren arbeitet mein büro in der schweiz vorrangig an der frage, welche eigenschaften gebäude besitzen müssen, damit sich ihre nutzung, ohne grosse organisations- und bauprobleme in beliebig kurzen abständen ändern kann. das wird insbesondere im produktions- und dienstleistungsbereich immer mehr zur notwendigkeit. heute schon werden viele entsprechende neubauten in der bauzeit umgebaut, weil sich die angenommene erstnutzung während der planungs- und bauzeit geändert hat.
in diesem sinne haben wir uns die aufgabe gestellt, häuser zu bauen, für die umnutzungen der normalfall sind. das problem ist, dass wir von den umnutzungen oft nicht viel mehr wissen, als dass sie mit sicherheit kommen werden. also verfolgen wir das ziel, die gebäude gegenüber den nutzungen weitgehend neutral zu gestalten. sie sollen sie zwar ermöglichen, sich aber nicht von ihnen bestimmen lassen. um das leisten zu können, müssen sie möglichst einfach erweiterbar und umbaubar sein, und sie dürfen nicht für eine einzelne nutzung, sondern müssen für eine klasse von nutzungen entworfen werden, in der die jeweils vorhandene nur eine von vielen ist.

dieser arbeitsansatz führte dazu, dass wir weniger an
einzelnen gebäuden sondern mehr an baukastensystemen arbeiten,
mit denen häuser gebaut werden können.

das leitbild für diese baukastensysteme ist ein möbelbausystem, an dem wir seit mehr als zwanzig jahren arbeiten, und
das international ein produkt geworden ist. es handelt sich um
einen baukasten, mit dem ganz unterschiedliche schrank- und
regalmöbel gebaut werden können. diese möbel können um- und
ausgebaut, erweitert und demontiert und zu anderen möbeln re-
montiert werden. alte teile können entfernt und durch neue ersetzt werden. da entsprechende arbeiten leicht auszuführen sind,
kann jeder nutzungsänderung kurzfristig entsprochen werden.

wir setzten uns das ziel, die möglichkeiten dieses möbelbau-
kastens auch in gebäudebaukästen zu realisieren, wohl wissend,
dass dieses ziel bei der komplexität der problemstellung wohl
immer eine utopie bleiben wird.

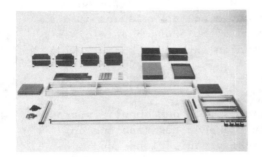 

abb. 1a, 1b: das USM HALLER möbelbausystem

zu beginn der siebziger jahre machten wir mit einer
theoretischen studie einen grossen schritt in richtung dieses
ziels. wir entwickelten einen baukasten für mehrgeschossige gebäude mit mittleren spannweiten - MIDI-system genannt - in dem
alle konstituierenden teile des gebäudes elementiert und auf der
basis einer koordinierten, modularen ordnung in definierten beziehungen zueinander stehen. der baukasten umfasste wirklich
alle wesentlichen komponenten eines gebäudes, also nicht nur das
tragwerk, die fassade und die innenwände, sondern auch böden und
decken, treppen, installationsschächte und die keller-
konstruktion. wohl zum ersten mal wurden auch die technischen
leitungsnetze als teil-baukästen konzipiert und in den gesamtbaukasten integriert.

abb. 2a, 2b: das MIDI-system mit integrierten leitungsnetzen

mit diesem gebäudebaukasten erreichen wir theoretisch die flexibilität und variabilität, die unser möbelbausystem besitzt.

mit der MIDI-studie begannen zwei entwicklungen:

- die studie sollte für die entwicklung von baureifen teil-baukästen als leitfaden dienen. es war uns klar, dass der gesamtbaukasten nur nach und nach, in konkreten projekten, bis zur baureife entwickelt werden konnte.
1980 bekamen wir und die architekten barth und zaugg den auftrag, das ausbildungszentrum der schweizerischen bundesbahnen (SBB) zu bauen. das geforderte schulungsgebäude war der geeignete anlass, um nach der MIDI-studie einen baureifen tragwerk-baukasten zu entwickeln. seine träger sollten unter anderem die hochgradige installierbarkeit der deckenhohlräume erlauben.

- die leitungsbaukästen des MIDI-systems basieren auf einer geometrischen zonierung des deckenhohlraums. sie hat die funktion eines dreidimensionalen planungsrasters, auf den regeln abgebildet werden, mit denen die leitungsnetze systematisch und weitgehend konfliktfrei verlegt werden können. da dieser raster nur in wenigen punkten auf die umgebende konstruktion abgestimmt ist und ansonsten nur auf internen gesetzmässigkeiten beruht, war es naheliegend, ihn in andere, auch konventionelle gebäudestrukturen zu implantieren, um auch dort mit den verlegeregeln arbeiten zu können. schon die ersten versuche führten zu guten ergebnissen - und zur hypothese, dass in den regeln ein allgemeines, von anderen konstruktionsproblemen unabhängiges modell für das verlegen von leitungen in hochinstallierten gebäuden

abb. 3: SBB-ausbildungszentrum, das MIDI-tragwerk im aufbau

angelegt ist. ein solches modell kann für das bauen von grosser bedeutung sein, da es einen wichtigen beitrag zur realisierung flexibler und variabler gebäude darstellt.

mit diesem ziel und mit der einsicht, dass sich entsprechende planungen nur sinnvoll mit EDV-unterstützung realisieren lassen, habe ich, ebenfalls im jahr 1980, in meinem institut an der universität karlsruhe eine forschungsgruppe aufgebaut. (das SBB-projekt war fallstudie und erstes anwendungsobjekt zugleich.) diese gruppe arbeitete über die zeit mit unterschiedlichen schwerpunkten an zwei teilaufgaben:
- sie verallgemeinerte und vervollständigte die verlegeregeln des MIDI-systems zu einem allgemeinen installationsmodell, das wir ARMILLA nennen.
- sie entwickelt ein wissensbasiertes system, das mit diesen regelpaketen arbeitet.

die inhaltliche arbeit an den verlegeregeln ist weitgehend abgeschlossen. das wissenbasierte system ist in einem ersten prototypen realisiert. wir arbeiten zur zeit an einem zweiten.

die wichtigsten grundlagen für die verlegeregeln

ORGANISATION DER GESCHOSSFLÄCHE: die betrachtete geschossfläche ist gleichmässig mit einem dichten muster potentieller anschlussorte belegt. es basiert auf einem ungerichteten, orthogonalen planungsraster, der im normalfall mit dem raster der innenwände koordiniert ist. eine installationswand kann aus zwei anschlussorten am boden und zwei an der decke mit einzelanschlüssen ver- und entsorgt werden. es gibt unterschiedliche anschlussmuster. sie können zu teilen im selben anschlussort überlagert werden.

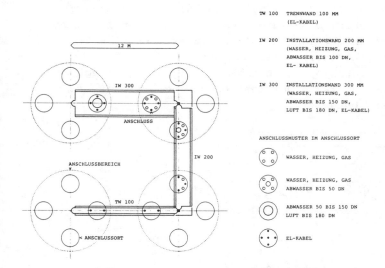

abb. 4: muster der anschlussorte mit innenwänden

AST- UND ZWEIGLEITUNGSPLANUNG: es gibt ast- und zweigleitungen. sie werden beim verlegen unterschiedlich behandelt.
  die astleitungen verbinden die anschlussbereiche mit einer sogenannten stammleitung. diese verbindet das geschoss mit der ver- oder entsorgenden zentrale, die sich zumeist im keller oder auf dem dach des gebäudes befindet. das erste verlegeziel ist es, die anschlussbereiche durch astleitungen mit der jeweiligen stammleitung zu verbinden.
  die zweigleitungen verbinden in einem anschlussbereich eine bestimmte astleitung mit einem oder mehreren anschlüssen, an die einzelne installationsobjekte angeschlossen sind. wenn die astleitungen verlegt sind, gliedert sich der rest der aufgabe - die

zweigleitungsplanung - in überschaubare, gleich strukturierte teilaufgaben, die lokal und weitgehend losgelöst voneinander bearbeitet werden können.

EBENEN- UND BÄNDERZONIERUNG: der deckenhohlraum ist in übereinander liegende ebenen gegliedert. die beiden inneren ebenen sind für astleitungen reserviert und die beiden äusseren für zweigleitungen. alle vier ebenen sind in nebeneinander liegende bänder gegliedert. ein band darf nicht mehr als eine leitung aufnehmen, eine leitung kann aber mehrere bänder benötigen.

KLASSIFIZIERUNG VON LEITUNGSSYSTEMEN: die leitungssysteme werden geometrisch nach dem grössten im jeweiligem leitungssystem vorhandenen querschnitt klassifiziert. es gibt K-leitungssysteme (kleine), M-leitungssysteme (mittlere), G-leitungssysteme (grosse). je nach klassifizierung belegt ein leitungssystem ein, zwei oder mehr bänder. elektrokabelrinnen werden gesondert behandelt.

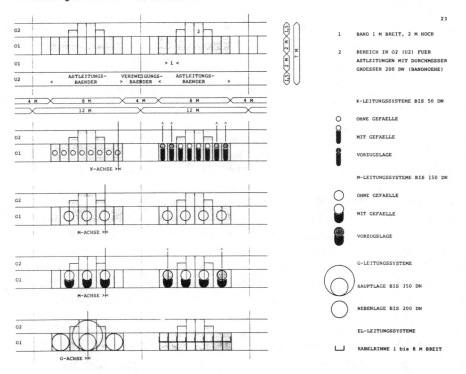

abb. 5: die verschiedenen leitungssysteme und ihre lagen

MINIMIEREN VON VERLEGEKONFLIKTEN: die trennung von ast- und
zweigleitungsebenen schliesst konflikte zwischen ast- und zweigleitungen aus. in der einen astleitungsebene werden die
leitungen in X-richtung, in der anderen in Y-richtung verlegt.
damit sind kreuzungskonflikte zwischen astleitungen ausgeschlossen, mit dem nebeneffekt, dass ein richtungswechsel immer
auch ein ebenenwechsel ist. die astleitungen werden je nach
systemtyp in definierten K-, M- oder G-trassen verlegt.

G-astleitungen haben zumeist einen so grossen querschnitt,
dass sie die höhe einer ast- und einer zweigleitungsebene
brauchen, um verlegt werden zu können. verlegekonflikte mit
zweigleitungen sind deshalb nicht auszuschliessen, können aber
durch eine geeignete lage der leitung weitgehend minimiert
werden.

beide astleitungsebenen sind in verlegerichtung abwechselnd in
bereiche gegliedert, in denen astleitungen verlegt bzw. nicht
verlegt werden dürfen. in den astleitungsfreien bereichen können

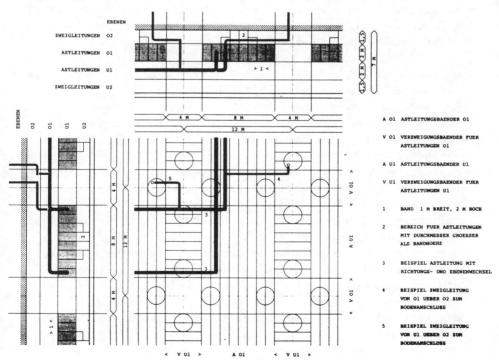

abb. 6: die lagen von ast- und zweigleitungen

ohne verlegekonflikte K- und M-stammleitungen angeordnet werden und auch zweigleitungen, die eine der ebenen kreuzen müssen.

das verlegen der zweigleitungen erfolgt nach sogenannten trassenkarten. sie geben vor, welche wege eine zweigleitung zwischen einer astleitung und einem anschluss gehen kann. es gibt drei K-, M,- und G-trassenkarten. sie sind so aufeinander abgestimmt, dass sie in teilen im selben anschlussbereich überlagert werden können.

LAGE DER STAMMLEITUNGEN: die geometrischen orte der K-, M- und EL-stammleitungen sind identisch mit den anschlussorten. G-stammleitungen liegen auf grund ihrer grossen querschnitte in den astleitungsbereichen und bilden für astleitungen ein hindernis.

STANDARDISIERBARE LEITUNGSTEILE: die modulare gliederung des deckenhohlraums macht es möglich, alle form- und rohrstücke in den leitungsnetzen modular zu standardisieren und damit den bau der leitungsnetze weitgehend von der baustelle weg, in den produktionsbereich zu verlagern.

OBJEKTSPEZIFISCHE MODIFIZIERUNGEN: alle bisher dargestellten festlegungen können objektspezifisch modifiziert werden:
- der modul des planungsrasters kann verändert werden. ein grösserer modul ergibt mehr raum für die astleitungen, reduziert jedoch die dichte der anschlussbereiche. ein kleinerer modul bewirkt das gegenteil.
- das angebot von vier installationsebenen kann in einzelnen teilen des gebäudes reduziert werden, wenn in diesen teilen eine entsprechend niedrigere installationsdichte ausreicht.
- der deckenhohlraum kann durch einbauten aller art modifiziert werden, zum beispiel durch die äussere form des gebäudes, durch das tragwerk, durch treppen und aufzugsschächte, aber auch durch schon verlegte leitungen. alle diese einbauten stellen hindernisse für die zu verlegenden leitungen dar.

das installieren von deckenhohlräumen - eine design-aufgabe

wir planten das EDV-system, das den planer beim verlegen der leitungen unterstützen soll, von anfang an als "intelligentes CAD-system". dafür sprach, dass es sich bei unserer planungsaufgabe um eine sogenannte design-aufgabe handelt.

dieser typ von aufgabe befasst sich mit offenen planungsproblemen. das bedeutet, dass der planer zu beginn der planung nur in teilen eine vorstellung von dem (zumindest theoretisch) vorhandenen lösungsraum hat. oft kennt er nur wenige merkmale der lösungen, weiss jedoch, dass auch die sich in der planung ändern können. bei unserem problem weiss er zum beispiel, durch welche merkmale sich ein funktionierendes leitungsnetz auszeichnet. welche geometrischen merkmale das erzeugte layout auszeichnen werden, ist ihm jedoch weitgehend unbekannt.

unter diesen umständen ist es das erste ziel, eine funktionsfähige lösung zu erzeugen. nur in wenigen fällen ist es möglich, teilprobleme mit einer festen abfolge von planungschritten bearbeiten zu können. die lösung ist zumeist das resultat einer kette von einzelentscheidungen, die oft nicht über die jeweilige planungssituation hinaus verallgemeinert werden können. es sind jedoch immer wieder situationen möglich, in denen selbst solches wissen fehlt. und es kann sein, dass sich entscheidungen in einem nachfolgenden planungsstadium als unvernünftig erweisen können.

der erste prototyp des planungssystems

im rahmen des forschungsprojekts wurde im herbst 1987 der erste prototyp des planungssystems fertiggestellt:
- das system arbeitet auf einem nicht-modifizierten deckenhohlraum, mit den schwerpunkten ast- und zweigleitungsplanung.
- es verlegt alle astleitungen und auch in den meisten (den einfachen) fällen alle zweigleitungen.
- dabei berücksichtigt es K-, M-, und G-querschnitte.
- das system musste ohne professionelle programmierumgebung realisiert werden, da uns bis dato die entsprechenden finanziellen möglichkeiten fehlten.
- es erlaubt graphische eingaben und gibt den stand der planung in form von zeichnungen aus.
- es wurde in FRANZ-LISP und in der darin eingebetteten wissensrepräsentationssprache PEARL geschrieben.
- seine architektur basiert auf den konzepten von HEARSAY II.
- das system arbeitet in erster linie mit vorwärtsverkettenden regeln und mit dämonen.

stand der arbeit

seit herbst 1987 verfügen wir über geeignete hard- und software (GPX-VAX, KNOWLEDGE CRAFT). wir arbeiten zur zeit an einem nächsten prototypen, der sich, nicht zuletzt wegen den grösseren möglichkeiten, in wesentlichen punkten vom ersten unterscheiden wird.

DATENSTRUKTUR: grundlage dieses prototypen ist eine komplexe datenstruktur, in die alle relevanten planungssachverhalte abgebildet werden können.
die objekte der datenstruktur werden in frames und slots dargestellt. die slots repräsentieren die eigenschaften des jeweiligen objektes oder relationen zu anderen objekten. jeder slot kann einzelne werte, oder listen von werten enthalten - oder auch methoden, die in andere slots werte eintragen. einige enthalten angaben für die zeichnerische darstellung des objekts.
die objekte werden nach konzepten und instanzen unterschieden. die konzepte bilden über vererbung eine taxonomische hierachie, in der die konzepte der unteren ränge die der oberen spezifizieren.

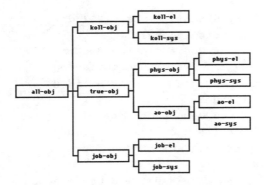

abb. 7: die ersten hierachiestufen der taxonomie

die wurzel der hierachie ist ein allgemeines objekt. es enthält die slots, die allen objekten gemeinsam sind. folgende spezifikationen sind:
- kollissionsobjekt: leitungen und hindernisse aller art werden in weiten teilen der planung als kollissionskörper behandelt, sozusagen als luftkästen, die die eigentlichen objekte umschliessen.

- wahres objekt: wird nachfolgend durch anordnungsraum und
  physikalisches objekt spezifiziert.
- anordnungsraum: räumlicher bereich, mit einer festgelegten
  eignung für das anordnen von kollissionskörpern für leitungen.
- physikalisches objekt: wird in kollisionskörpern angeordnet.
- job-objekt: planungswerkzeug und anderes - siehe unten.

nachfolgend werden generell entsprechende systeme und elemente spezifiziert. das ermöglicht eine einfache beschreibungen von element-system-beziehungen und eine system- und element-spezifische unterscheidung von mengen und methoden.

blätter dieser hierachie sind zum beispiel die konzepte bogen-stück und k-karte:
- bogenstück spezifiziert die konzepte leitungsplanung, element, physikalisches objekt, wahres objekt und allgemeines objekt.
- k-karte spezifiziert die konzepte zweigleitungsplanung, system, anordnungsraum, physikalisches objekt, wahres objekt und allgemeines objekt.

die blätter der hierachie besitzen instanzen. das sind die konkreten objekte, die zusammengenommen das planungsergebnis ausmachen. die taxonomie definiert, welche arten von konkreten objekten es gibt. so definiert zum beispiel das konzept bogen-stück die slot-struktur, die alle im plan enthaltenen bogen-stücke auszeichnet. das konzept hat dann soviele instanzen, wie es bogenstücke im plan gibt. ein bestimmtes bogenstück unter-scheidet sich von den anderen durch einträge in solchen slots, die situationsabhängig verschiedene werte besitzen können.

auf dem taxonomie sind dann noch mehrere relationen definiert. die wichtigsten sind element-system-relationen. so ist zum bei-spiel ein bestimmtes bogenstück - über vererbung - teil eines astleitungsnetzes, teil eines leitungsnetzes und teil der ein-bauten im deckenhohlraum.

so haben wir erreicht, dass die datenstruktur in vielen teilen und aspekten ein strukturgleiches abbild der verhältnisse im beplanten deckenhohlraum ist.

WISSENSREPRÄSENTATION: das planungssystem wird weiterhin durch die besondere behandlung von situations- und objektgebundenem planungswissen bestimmt. das objektgebundene planungswissen wird als methoden bestimmten konzepten mitgegeben. das situations-orientierte wissen ist entweder eigentum des planers oder in der regelkomponente des systems formuliert.

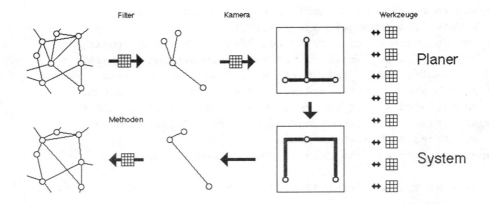

abb. 8: planungssdialog planer-system

PLANUNGSDIALOG PLANER-SYSTEM: bei der formulierung von
situationsorientiertem wissen in der regelkomponente des systems
muss an erster stelle berücksichtigen werden, dass es immer
wieder teilaufgaben geben wird, die nur von einem sachkundigen
planer bearbeitet werden können. daraus resultiert das problem,
wie planer und system gemeinsam konsistente pläne erstellen
können. eine mögliche antwort ist: indem sie gemeinsame
planungswerkzeuge benutzen.

unter einem planungswerkzeug verstehen wir ein
standardisiertes paket von aktionen, wie es auch auf der rechten
seite einer production stehen kann. wir haben viele solcher
werkzeuge entwickelt. sie versetzen den planer in die lage,
ausschliesslich auf der zeichnerischen repräsentation der datenstruktur arbeitend, die komplexe datenstruktur in jeder gewünschten form zu verändern. solche werkzeuge sind zum beispiel
bei der astleitungsplanung astleitung-in-geigneter-lage anordnen, astleitung-entfernen und astleitungsnetz-aufbrechen.

neben der frage gemeinsamer werkzeuge stellt sich für planer
und system eine weitere frage: wie können die aktuell planungs-
relevanten zusammenhänge aus der komplexen datenstruktur
selektiert werden? dazu dienen kameras und filter.

ein filter selektiert aus der datenstruktur eine beliebig
definierbare objektmenge. wir unterscheiden system- und element-
mengen. eine systemmenge ist zum beispiel alle-abwassernetze.
eine elementmenge ist zum beispiel alle-bogenstücke-in-zu-und-
abluftleitungen. es gibt aktive und passive filter. die objekte
der aktiven filter können manipuliert werden. sie machen insge-

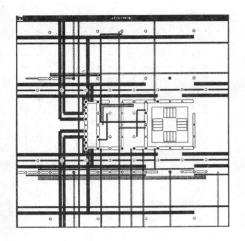 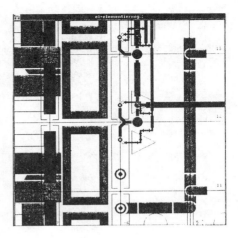

abb. 9a, 9b: interaktive ast- und zweigleitungsplanung

samt den für planer und system sichtbaren teil der datenstruktur aus. die objekte der passiven filter dienen dem planer darüberhinaus zur besseren orientierung

die filter stecken in sogenannten kameras. eine kamera wird durch eine geometrische bereichsangabe und durch die angabe einer planungsstufe definiert. (wir unterscheiden vier planungsstufen. sie erscheinen uns weitgehend für planungsproblemspezifisch und nicht verallgemeinerbar.) mit der angabe der planungsstufe bekommt der planer einen spezifischen werkzeugkasten zur verfügung gestellt, und es werden dem werkzeugkasten entsprechende regeln geladen. sie bestimmt auch die form der zeichnerischen darstellung.

eine kamera kann beliebig viele filter enthalten, und es können beliebig viele kameras in benutzung sein. sie können bei bedarf gewechselt, modifiziert, gelöscht und definiert werden. sie stellen sich auf dem bildschirm als besondere windows dar.

das arbeiten in selektierten zusammenhängen kann zur folge haben, dass einzelne massnahmen auch objekte und relationen betreffen, die nicht in der jeweiligen kamera sind. durch die an bestimmte konzepte angehängten methoden, verfügen die objekte jedoch über eigenes, objektspezifisches wissen, mit dem sie auf einflüsse aus ihrer umgebung reagieren können.

```
(defschema k-job-sys-kamera                              ;03.05.88

    (is-a              k-job-sys)                 ; position in der taxonomie
    (is-a+inv          k-job-sys-kamera-obj)
                       k-job-sys-kamera-inst)
                       k-job-sys-kamera-ll)
                       k-job-sys-kamera-al)
                       k-job-sys-kamera-zl)
    (kamera-hat-filters)                          ; liste der kamerafilter
    (kamera-hat-all-objs)                         ; liste der dargestellten objekte
    (install           install-kamera)            ; ordnet die kamera in den
                                                  ; funktionellen Zusammenhang ein
    (deinstall         deinstall-kamera)          ; loescht die kamera aus dem
                                                  ; funktionellen zusammenhang aus
    (destroy           destroy-kamera)            ; loescht die kamera
    (display           display-kamera)            ; stellt die kamera mit allen
                                                  ; objekten grafisch dar
    (erase             erase-kamera)              ; loescht die grafische darstellung der
                                                  ; kamera
    (vd-id)                                       ; display-addresse der kamera
    (wd-id)                                       ; window-addresse der kamera
    (xld               0.0)                       ; position des windows auf dem
    (yud               0.0)                       ; display
    (xrd               15.6)
    (yod               15.6)
    (xdw               10.3)
    (ydw               10.3)                      ; birdschirmgroesse der kamera
    (get-all-obj       get-all-obj-kamera)        ; identifiziert ein objekt der kamera
    (all-objs-id-flaechen)                        ; liste der identifikationsflaechen
                                                  ; aller objekte der kamera
    (add-all-obj       add-all-obj-kamera)        ; nimmt ein neues objekt in die
                                                  ; kamera auf
    (sub-all-obj       sub-all-obj-kamera)        ; loescht ein objekt aus der kamera
    (display-all-obj   display-all-obj-kamera)    ; stellt ein objekt grafisch dar
    (erase-all-obj     erase-all-obj-kamera)      ; loescht die grafik eines objektes
    (form-all-obj      form-all-obj-kamera)       ; bestimmt die grafik eines objektes
    (add-filter        add-filter-kamera)         ; nimmt einen neuen filter auf
    (sub-filter        sub-filter-kamera)         ; loescht einen filter aus der kamera
```

abb. 10: das konzept kamera

wir unterscheiden element- und systemmethoden. elementmethoden sind zum beispiel kollisionsfreiheit-testen und direkte-nachbarschaften-verwalten. eine systemmethode ist zum beispiel zusammenhang-testen.

TASK-STEUERUNG: die methoden können fehlerhafte zusammenhänge objektorientiert korrigieren oder feststellen, dass korrekturen auf der ebene der objekte nicht möglich sind, da sie komplexe objektzusammenhänge betreffen. in solchen fällen formulieren sie für den planer und das system einen task.

so erzeugt zum beispiel der planer einen fehler, wenn er zu
beginn der planung die anschlüsse und die stammleitung für ein
zu planendes leitungsnetz eingibt, denn dieses netz ist wegen
der fehlenden leitungen (noch) nicht zusammenhängend. die
systemmethode zusammenhang-testen der entsprechenden instanz von
leitungsnetz stellt den fehler fest. sie kann ihn aber nicht
korrigieren, da sie nicht über das situationsspezifische
planungswissen verfügt. deshalb formuliert sie einen für dieses
leitungsnetz spezifizierten task linienleitungsplanung.

die so formulierten tasks werden dem planer und dem system in
form von kameras aufgearbeitet und in eine reihenfolge gestellt,
die aus den vier festgelegten planungsstufen abgeleitet wird.

ausblick

wir entwickeln diesen zweiten prototypen aus pragmatischen
gründen zuerst einmal auf der planerseite. mit den planungswerkzeugen und den kameras ist es uns gelungen, eine benutzeroberfläche zu schaffen, die dem planer erlaubt, die oben skizzierte
komplexe datenstruktur wie mit herkömmlichen CAD-Methoden zu
manipulieren. zur zeit sind wir dabei, die planungswerkzeuge in
die regelkomponente zu integrieren und das automatische laden
und verwalten von kameras durch die regelkomponente zu
implementieren.

in zusammenhang mit dem hier vorgestellten projekt haben wir
und DEC münchen im mai 1988 einen vertrag über eine forschungskooperation vereinbart. das thema des ersten gemeinsamen
projekts ist die konfiguration und installationsplanung von
rechnernetzen in gebäuden.

literatur

- MIDI - ein offenes system für mehrgeschossige bauten mit
  integrierter medieninstallation / f.haller / 1974 /
  USM münsingen, schweiz : der komplette entwurf des systems
- ARMILLA - ein installationsmodell / f.haller und andere /
  1985 / institut für baugestaltung der universität karlsruhe :
  detaillierte, umfassende darstellung des installationsmodells
- installationsplanung mit einem wissensbasierten system /
  ch.mathis / voraussichtlich sommer 88 / institut für baugestaltung der universität karlsruhe : detaillierte, umfassende
  darstellung des expertensystems

- artificial intelligence / p.h. winston / 1981 / addison-wesley
  publishing company
- principles of artificial intelligence / n.j.nilsson / 1982 /
  springer-verlag
- rule-based expert systems / b.g.buchanan, e.d.shortliffe /
  1985 / addison-wesley publishing company
- expert systems in computer-aided design / edited by j.s.gero /
  1987 / elsevier science publishers b.v., amsterdam

Problemlösungsvorgänge in CAD-Expertensystemen

o.Prof. Dr.-Ing. H. Grabowski
Dipl.-Wirtsch.-Ing. T. Benz

1. Zusammenfassung

Im vorliegenden Beitrag wird ein Konzept vorgestellt, um den gesamten Konstruktionsprozeß auf die Methoden der künstlichen Intelligenz abzubilden. Ein hierauf basierendes System ist fähig, die an ein zu entwickelndes Produkt gestellten Anforderungen aufzunehmen. Aus der so formulierten Gesamtfunktion können alle möglichen, dem System bekannten Teil- und Elementarfunktionen in einer vorwärtsschreitenden Suche gefunden werden. Jeder Elementarfunktion kann ein solches System die funktionserfüllenden Funktionsträger zuweisen, die ihrerseits charakteristische Konstruktionsgrößen für eine anschließende Gestaltung enthalten. Ausgehend von den Funktionsträgern kann das System aus der Vielzahl gefundener Einzellösungen komplexere Lösungen bis hin zur Gesamtlösung entwickeln, indem es die physikalische Verträglichkeit von Funktionsträgern überprüft, die in ihrem Zusammenwirken komplexere Teilfunktionen umsetzen.

Um die Problemlösungsvorgänge zu verdeutlichen, wird die Vorgehensweise aus der Methodischen Konstruktion analysiert und auf ein allgemeines Vorgehensmuster abstrahiert, das eine Abbildung auf die Mechanismen von Expertensystemen erlaubt.

2. Anforderungen an die Modellierung in CAD-Expertensystemen

Die Unterstützung des Konstrukteurs bei der Gestaltung eines Produkts über die reinen Dokumentationsfähigkeiten heutiger CAD-Systeme hinaus ist das Ziel sogenannter CAD-Expertensysteme. Sie sollen die Möglichkeiten zur Verfügung stellen, um Lösungsfindungsmethoden, Informations- und Entscheidungsprozesse auf das CAD-System abzubilden, d.h. zu echten Konstruktionssystemen zu werden.

Die Entwicklung heutiger CAD-Systeme zielt vor allem darauf ab, neben der bisher verarbeitbaren makrogeometrischen Information auch die Informationen zur Mikrogeometrie und zur Technologie in rechnerinternen Modellen speichern und verarbeiten zu können. In Weiterentwicklung hierzu wird ein Produktmodell spezifiziert, welches in der Lage ist, alle während der Konstruktionsphasen auftretenden Informationen und deren Zusammenhänge aufzunehmen. Die Haltung redundanter Informationen wird dabei vermieden. Informationszuwachs in späteren Phasen wird unmittelbar mit den in früheren Phasen spezifizierten Informationen in Beziehung gesetzt /5/.

Zur Information über das eigentliche Objekt kommt der Bedarf an Handhabung von Hilfsgeometrien unterschiedlichster Komplexität wie beispielsweise Mittellinien, Schnittebenen durch Bauteile oder Konstruktionsräume hinzu. Zukünftig müssen auch geometrische Aspekte der Funktions- und Prinzipmodellierung im Produktmodell abzubilden sein. Zusammenhänge zwischen 3D-Modell im Rechner und der auf einem Bildschirm oder einer Zeichnung dargestellten Repräsentationen müssen organisiert werden und finden ihren Platz im Partialmodell Darstellung /5/.

Darüber hinaus besteht die Notwendigkeit des sog. technischen Gestaltsmodells, welches in der Lage ist, Baugruppenstrukturen, Einzelteile, wie auch Formelemente zu behandeln. Ebenso werden über Strukturen des technischen Gestaltsmodells Möglichkeiten geschaffen, die zu einem Einzelteil oder zu einer Baugruppe gehörigen Hilfsgeometrien zu organisieren und zu handhaben /5/. <u>Bild 1</u> zeigt die hierfür vorliegenden Partialmodelle des CAD-Systems DICAD /3/.

Neben obigem Produktmodell ist für eine Systementwicklung ein Konzept für die Realisierung von Modellierungsverfahren erforderlich. Diese Verfahren lassen sich nach den Modellinhalten, die sie erzeugen und manipulieren, in unterschiedliche Klassen einteilen.

Die am weitaus häufigsten verwendete Bezeichnung für den Vorgang der Merkmalsdefinition oder -beschreibung konstruktiver Objekte stellt das "Geometrische Modellieren" dar, dessen Charakteristikum das Beschreiben geometrisch/topologischer Eigenschaften von technischen Elementen ist /7/. Im Gegensatz hierzu definiert Seiler das "Technische Modellieren" als ablauforientierte, manipulative oder synthetisierende Gestaltung aller für technische Prozesse relevanter Informationen über Makro- und Mikrogeometrie sowie physikalischer und organisatorischer Daten eines technischen Objekts (Produktes) /7/.

Diese Verfahren bilden in ihrer Umsetzung bei /4, 7/ ein Werkzeug zur umfassenden Beschreibung der technischen und geometrischen Eigenschaften eines Produkts, d.h. sie unterstützen die von der Konstruktionsmethodik VDI 2221 /9/ festgelegten Konstruktionsphasen der Gestaltung und Detaillierung und stellen Informationen für die der Konstruktion nachgelagerten Bereiche bereit.

Um jedoch den gesamten Konstruktionsprozeß, d.h. auch die Phasen der Funktionsfindung und Prinziperarbeitung, zu unterstützen, ist es notwendig, Modellierungsverfahren zu entwickeln, die es erlauben, die Funktionen eines technischen Objekts und die zur Realisierung dieser Funktionen verwendbaren physikalischen Wirkprinzipien modellieren zu können. Man bezeichnet dies als "funktionale Modellierung".

Unabhängig von der Art bzw. der Ebene der Modellierung lassen sich Methodentypen unterscheiden, wie diese Modellierung durchgeführt werden kann. Es werden die drei Methodentypen

- o konventionelle Modellierung,
- o Deduktion und
- o Mustererkennung

unterschieden.

Die Unterscheidung der Methoden ist anhand des Beschreibungsaufwandes zur Modellierung der gewünschten Information möglich.

So ist bei konventioneller Modellierung die Gesamtheit der Information durch den Systembenutzer zu beschreiben. Die deduktive Methode erlaubt dem System nach der Beschreibung charakteristischer Merkmale eines Objekts die restliche Information durch explizit angegebene Assoziationen zu vervollständigen. Die Methode der Mustererkennung versucht, ausreichend übereinstimmende Objektmuster in der Datenbasis zu finden, um die noch nicht beschriebene Information durch automatisches, d.h. implizites Erzeugen von Assoziationen zu vervollständigen.

Bild 2 stellt die Modellierungsebenen dem Methodentyp der Modellierung gegenüber und nennt charakteristische Modellierungsmethoden für die einzelnen Abbildungskonzepte /5/.

Hieraus werden die beiden zentralen Anforderungspunkte zur funktionalen Modellierung deutlich,

o die Möglichkeit der Deduktion zur Steuerung von Problemlösungsmethoden und

o der Mustererkennung zum Wiederfinden bereits erarbeiteter Teil- oder Gesamtlösungen.

Diese Anforderungen legen den Schluß nahe, die Problemlösungsmechanismen von Expertensystemen zur Modellierung technischer Objekte zu verwenden, indem man die Vorgehensweisen zur Problemlösung, die in der Konstruktionsmethodik erarbeitet werden, auf die Mechanismen der Expertensysteme abbildet.

3. Der Lösungsfindungsprozeß in der methodischen Konstruktion als Vorgehensmuster

Eine Realisierung der oben beschriebenen Modellierungsmethoden ist nur möglich, wenn es gelingt, die Entscheidungs- und Lösungsfindungsprozesse der Konstruktion auf diejenigen in Expertensystemen zu übertragen. Es ist daher notwendig, die Ergebnisse der Konstruktionsmethodik zu analysieren und die Konstruktionstätigkeiten soweit wie möglich durch moderne Werkzeuge der Datenverarbeitung zu unterstützen.

Der Konstruktionsprozeß wird nach VDI 2210 /8/ und VDI 2221 /9/ bzgl. der unterschiedlichen Informationsmengen und deren Darstellungsformen in die Konstruktionsphasen

- Klären der Aufgabenstellung,
- Funktionsfindung,
- Prinziperarbeitung,
- Gestaltung und
- Detaillierung

unterteilt.

Die <u>Klärung der Aufgabenstellung</u> besteht in der Formulierung der Gesamtfunktion, die das zu entwickelnde Produkt erfüllen soll, und den Anforderungen und Randbedingungen, die bei der Umsetzung dieser Funktion zu beachten sind. Das Ergebnis dieser Phase, die Anforderungsliste, geht als Grundlage in die <u>Funktionsfindung</u> ein. Sie dient der Auflösung der Gesamtfunktion in ein Netz von Teil- bzw. Einzelfunktionen, für deren Realisierung in der <u>Prinziperarbeitungsphase</u> physikalische Wirkprinzipien gesucht werden. Aus der Auswahl der Wirkprinzipien zur Erfüllung einer Funktion werden durch die physikalischen Gesetzmäßigkeiten bereits erste physikalische und geometrische Konstruktionsgrößen festgelegt, die sich in der Prinzipstruktur eines Produkts niederschlagen. Aus ihr leitet der Konstrukteur in der <u>Gestaltungsphase</u> unter Berücksichtigung der zur Verfügung stehenden Werkstoffe und Fertigungsverfahren die Gestalt des Produktes ab und dokumentiert die Gestalt in der Entwurfszeichnung. Diese ist im Maschinenbau in der Regel das erste mit Hilfe von CAD-Systemen dokumentierte Arbeitsergebnis, das daraufhin in der Phase der <u>Detaillierung</u> zur Erstellung von Fertigungszeichnungen, Stücklisten u.ä. vervollständigt wird.

Bild 3 verdeutlicht den Konstruktionsablauf und das Einfließen der Arbeitsergebnisse einer Phase als Voraussetzung für die darauffolgende.

Die Aufgaben jeder Konstruktionsphase sind jedoch so komplex, daß sie in weitere Teilaufgaben zerlegt werden müssen. Die Erarbeitung der Lösung einer genügend kleinen Teilaufgabe erfolgt jedoch nach einer festen, aus der Systemtechnik bekannten Sequenz von Tätigkeiten (Bild 4):

- Der Konfrontation mit dem Problem,
- dem Finden einer Lösung,
- der Lösungsdarstellung,
- dem Bewerten der Lösung und
- der Entscheidung über die gefundene Lösung.

Synthetisiert man die Teilprobleme einer Konstruktionsphase und die zu ihnen erarbeiteten Lösungen zu einer Gesamtheit, so gestaltet sich der Lösungsfindungsprozeß zweischichtig:

- Es müssen alle zum betrachteten Problem möglichen Lösungen gefunden werden.

- Aus der Menge aller gefundenen Lösungen muß die Lösung ausgewählt werden, die zu den ausgewählten Lösungen der anderen bereits bearbeiteten Teilprobleme paßt.

Bild 5 stellt diesen Übergang von der Problemstellung zur Lösung in einer Konstruktionsphase als eine Art Puzzle dar.

Aus der Allgemeingültigkeit der Tätigkeitssequenz (Bild 4) und der Tatsache, daß die Lösung eines im Konstruktionsprozeß zeitlich vorgelagerten Problems die Lösungsvoraussetzung des nachgelagerten Problems ist, läßt sich das in **Bild 6** dargestellte allgemeine Vorgehensmuster des Problemlösungsvorgangs in der Konstruktion herleiten. Dieses bietet die Basis zu einer Abbildung auf den Rechner. Die Voraussetzung hierzu ist die Abbildung des Vorgehensmusters auf ein formales Modell, das es erlaubt, den Lösungsfindungsvorgang in Form von Vorgehensregeln und die gegebenen Voraussetzungen und die Lösungsumgebung (s. Bild 5) in Form von Fakten als Lösungsmuster abzubilden.

Vorgehensmuster bzw. -regeln sind jedoch nur dann sinnvoll, wenn sie auf eine genügend große Anzahl von Lösungsmustern in einem integrierten Produktmodell als Wissensbasis zugreifen und neue Lösungen dieser Wissensbasis direkt wieder zuführen können.

Formal werden diese Voraussetzungen zur Lösungsfindung wie folgt bezeichnet:

$$D_L = \{D_L \mid D_L \text{ ist eine dargestellte Lösung}\}$$

mit den zur Lösung gehörenden Voraussetzungen D_V, d.h. im allgemeinen Fall der gegebenen Anforderungen

$$D_V = \{D_V \mid D_V \text{ ist Voraussetzung zur Lösung } D_L\}.$$

Die Zuordnung gegebener Voraussetzungen zu gegebenen Lösungen und umgekehrt ist nur dann möglich, wenn die zu beachtenden Randbedingungen, d.h. die Lösungsumgebung U_L ebenfalls vorliegen.

$$U_L = \{U_L \mid U_L \text{ ist Lösungsumgebung zur Lösung } D_L \text{ unter der Voraussetzung } D_V\}.$$

Der Lösungsfindungsprozeß reduziert sich daher auf die Suche nach einer in der Lösungssammlung vorhandenen Konstellation, die der vorliegenden Problemstellung am ähnlichsten ist. Es handelt sich daher um ein Pattern-Matching der Problemstellung, d.h. des Tripels (D_V, U_L, X) mit der Menge aller bisher erarbeiteten Lösungstripel, der Lösungsmenge $L = L(D_V, U_L) = \{(D_V, U_L, D_L) \mid D_L$ ist Lösung zu D_V unter der Bedingung $U_L\}$.

Dieses allgemeine Lösungsschema läßt sich auf die einzelnen Konstruktionsphasen übertragen und bis in die detailliertesten Konstruktionsschritte anwendbar (siehe hierzu /5/).

4. Abbildung des methodischen Konstruierens auf Problemlösungsvorgänge in Expertensystemen

Zur Verdeutlichung der Abbildungsmöglichkeiten des methodischen Konstruierens auf rechnerinterne Beschreibungsmöglichkeiten werden im folgenden die Konstruktionsphasen Funktionsfindung und Prinziperarbeitung und ihre Umsetzung in die Methoden der funktionalen Modellierung näher betrachtet. So soll unter dem Begriff Funktion nach Koller /6/ "die Zuordnung von Ein- und Ausgangsgrößen eines technischen Gebildes und deren qualitative Eigenschafts- bzw. Zustandsänderung verstanden werden" /6/. Der so zu verstehende Begriff der physikalischen-technischen Funktion wird durch die Angabe der Eigenschaft und/oder des Zustandes der physikalischen Größe vor und nach dem betreffenden System sowie durch die Tätigkeit, die notwendig ist, um die betreffende Eingangsgröße in die entsprechende Ausgangsgröße umzusetzen, beschrieben /6/.

Formalisiert man die Beschreibungsmerkmale einer Funktion in Richtung eines Datenmodells, so ist sie über folgende Elemente zu beschreiben:

o Die Funktion selbst, die als Funktionsverb
die physikalischen Grundoperationen
/6/ ausdrückt,
o der Funktionseingang und
o der Funktionsausgang.

Funktionseingang und -ausgang hängen von der Funktionsgröße und der Funktion direkt ab, können aber allgemein charakterisiert werden durch die Merkmale

o Funktionsgröße, die durch eine Funktion in irgendeiner Weise manipuliert werden soll,
o Typ der Funktionsgröße,
o Wert und Einheit der Funktionsgröße und
o Vektor zur normierten Beschreibung einer gerichteten Funktionsgröße.

Eine Funktion als Datenobjekt kann damit durch das in <u>Bild 7</u> gezeigte Modell abgebildet werden.

Die Funktion eines komplexen technischen Gebildes läßt sich im allgemeinen aus einer Vielzahl von Teil- oder Elementarfunktionen zusammensetzen /6/. Es ist daher notwendig, bei dem in Bild 7 dargestellten Modell die Voraussetzungen zu schaffen, diese Auflösung in Teilfunktionen abzubilden. Dies ist durch eine hierarchische Verknüpfung möglich (<u>Bild 8</u>), die sich inhaltlich auf Teilfunktionen bezieht, formal jedoch auf ein identisches Modellkonstrukt.

In dieser Weise können für einen Konstruktionsschritt innerhalb der Phase der Funktionsfindung die Lösungsvoraussetzung, die Formulierung der Gesamtfunktion, die Lösung selbst und die Menge der Teilfunktionen, abgebildet werden.

Die Erfüllung von Elementar- und Teilfunktionen wird in der darauffolgenden Phase der Prinziperarbeitung durch die Bestimmung des physikalischen Wirkprinzips und die Auswahl der sog. Funktionsträger, die dieses Prinzip umsetzen, erreicht.

Der Funktionsträger kann ebenfalls wieder als Datenobjekt aufgefaßt werden, das folgende Elemente enthält:

- Bezeichnung des physikalischen Effektes,
- Eingangs- und Ausgangsdaten, diese müssen der zu erfüllenden Funktion entsprechen,
- die den Effekt beschreibende physikalische Funktion, d.h. mathematische Formel,
- die für den Funktionsträger charakteristischen Konstruktionsgrößen, die als Voraussetzung bzw. Zwangsbedingung für die anschließende Gestaltung dienen,
- Liste aller von diesen Funktionsträgern erfüllten Elementarfunktionen.

Das entsprechende Datenmodell zeigt Bild 9.

Für die Repräsentation der abzuleitenden Gestalt und aller Folgedaten sind bereits geeignete Modelle bekannt /1, 7/ und sollen hier nicht weiter verfolgt werden. Von größerer Bedeutung ist dagegen die im folgenden dargestellte Abbildung der in Kapitel 3 entwickelten methodischen Vorgehensweise.

Sie ist auf einen Mechanismus abzubilden, der von den Voraussetzungen im o.a. Modell alle Lösungsmöglichkeiten findet. Dies ist auf folgenden zwei Wegen möglich:

o   Mustervergleich zwischen aktueller Problemstellung und den in den bisherigen Musterlösungen hinterlegten Problemstellungen,

o   Mustervergleich der aktuellen Problemstellung mit Standard- bzw. Klassenmustern bzgl. der Lösungs- bzw. Konstruktionsregeln zur Erarbeitung einer neuen Lösung.

Die vorliegende Problemstellung durchläuft zunächst einen Analyseprozeß, der die Gesamtfunktion mit Hilfe des Funktionsverbs einer Klasse von Funktionen zuordnet. Eine weitere Klassifizierung der Funktion erfolgt anschließend durch einen Vergleich der durch das Funktionsverb manipulierten Funktionsgröße mit den in der Funktionsklasse vorliegenden Mustergrößen. Liegen für eine solche Klasse von Funktionen bereits Standardeigenschaften oder -lösungen in Teilfunktionen vor, so werden diese den aktuellen Gesamtfunktionen über einem Vererbungsmechanismus automatisch zugewiesen (Bild 1o) /1o/.

Diese Konstellation stellt dann das Suchmuster für die Menge der bisher erarbeiteten Lösungen dar. Jede Lösung wird auf ihre Übereinstimmung mit dem Muster untersucht und bzgl. des Grades an Übereinstimmung bewertet. Dies ist insbesondere für die Unterscheidung von Festforderungen und Wunschforderungen an ein zu entwickelndes Produkt von Bedeutung, wobei Festforderungen ein K.O.-Kriterium bilden und die

Erfüllung der Wunschforderungen die Rangfolgen der Bewertung ergeben (<u>Bild 11</u>).

Liefert der Mustervergleich in der Lösungssammlung keine ausreichende Lösung für eine weitere Bearbeitung, so tritt der zweite Lösungsmechanismus in Kraft, der versucht, aus hinterlegten Ableitungsregeln für Funktionen, in Analogie zu anderen Vorgehensweisen eine Lösung zu synthetisieren. Zur genaueren Beschreibung des Vorgehens müssen zwei Fälle unterschieden werden:

o Für das angegebene Funktionsverb liegt kein ausreichendes Muster für die Manipulation der angegebenen Funktionsgrößen vor.
o Für das angegebene Funktionsverb liegen unabhängig von den Funktionsgrößen keine ausreichenden Muster vor.

Im ersten Fall wird ein Analogieschluß vorgenommen. Die aktuelle Funktionsgröße wird zunächst durch eine andere von der angegebenen Funktion manipulierbare Größe substituiert. Mit dieser Funktionsgröße wird nun der Mustererkennungsprozeß durchgeführt. Werden ausreichende Lösungen gefunden, so wird in diesen Lösungen d.h. Teilfunktionen die Funktionsgröße wieder durch die Originalgröße ersetzt und es findet ein erneuter Mustererkennungsprozeß statt, um zu überprüfen, ob diese Teilfunktion in Bezug auf die Funktionsgröße im System definiert ist. Ist dies für alle Teilfunktionen einer "Analoglösung" der Fall, so wird diese neue Lösung der Problemstellung zugeordnet und dem Benutzer angeboten. Akzeptiert der Benutzer die vorgeschlagene Lösung, wird sie als neues Muster im Modell abgelegt. Ist ein Teil der synthetisierten Lösung verifizierbar, so wird dem Benutzer diese angeboten und er hat die Möglichkeit, sie durch ergänzende Angaben bzw. Auswahl und Hinzufügen neuer Teilfunktionen zu vervollständigen.

Der zweite Fall tritt ein, wenn auf dem oben beschriebenen Weg keine Lösung erarbeitet werden kann, d.h. wenn für das Funktionsverb keine Definitionen oder keine Lösungsmengen hinterlegt sind. Ein Mustererkennungsprozeß kann hier also nicht über die verfügbaren Lösungsmuster geführt werden. Daher geht man den Weg, die Ein- und Ausgänge der aufzulösenden Funktion zu analysieren und so auf Einzelfunktionen rückzuschließen. Stimmen beispielsweise Ein- und Ausgangsgröße einer Funktion nicht überein, so können die Musterlösungen zur Funktionsklasse "Wandeln" daraufhin untersucht werden, ob es eine Funktion gibt, die diesen Effekt beschreibt.

Die Herleitung der Funktion aus den Ein- und Ausgängen wird mittels Regeln durchgeführt, die die einzelnen Elemente des Eingangs und des Ausgangs vergleicht bzw. Kombinationen der Elemente auf Zusammenhänge überprüft, aus denen sich auf Funktionen schließen läßt.

Damit steht eine Kette von Mechanismen zur Verfügung, die eine weitgehende Automatisierung eines Konstruktionsschrittes in den Phasen der Funktionsfindung und Prinziperarbeitung ermöglicht. Sie lassen sich jedoch auf jede gefundene Teillösung erneut automatisch anwenden. So entsteht ein Lösungsbaum, der jeden vom System gefundenen Weg der Funktionsauflösung über die Wirkprinzipien bis zu den Funktionsträgern beinhaltet. D.h. jedoch, daß Teilfunktionen, Elementarfunktionen und deren Funktionsträger mehrfach auftreten und nun rückwärtsschreitend zu Gesamtlösungen synthetisiert werden müssen, deren Komponenten untereinander verträglich und in ihren physikalischen wie geometrischen Dimensionen aufeinander abgestimmt sind.

Hierzu wird ein Mechanismus in Gang gesetzt, der den in Kapitel 3 definierten Begriff der Umwelt (Bilder 5 und 6) umsetzt.

Ausgehend von dem Funktionsträger mit der höchsten Bewertung bzgl. der zu erfüllenden Teil- oder Elementarfunktion wird über die Liste der Teilfunktionen, die er erfüllt, geprüft, ob eine oder mehrere dieser Teilfunktionen in dem Teilbaum enthalten sind, der zu dem Funktionsträger geführt hat. Diese werden daraufhin zu einem Funktionskomplex zusammengefaßt. Anschließend wird mit den übrigen Funktionsträgern in diesem Teilbaum in gleicher Weise verfahren, wobei die Nachbarschaftsbeziehung zu bisher abgearbeiteten Funktionsträgern die Reihenfolge der Bearbeitung bestimmt. Jeder Funktionsträger wird auf seine "Verträglichkeit", d.h. auf die Übereinstimmung der Schnittstelle mit der seiner direkten Nachbarn überprüft und bei Nicht-Übereinstimmung verworfen. So werden Mehrfachnennungen von Funktionsträgern ausgeschlossen, Elementarfunktionen werden zu Teilfunktionen, die Funktionskomplexen entsprechen, zusammengefaßt und diese wieder zum Teil über mehrere Stufen zur Gesamtfunktion zurückgeführt (<u>Bild 12</u>). Jeder erreichte Lösungskomplex erhält eine aus den Bewertungen der Einzellösungen zusammengesetzte Komplexbewertung, die ihrerseits wieder in die Bewertung der Gesamtlösung einfließt.

Im Rahmen dieser Synthese werden mehrere Lösungskomplexe und falls möglich, mehrere Gesamtlösungen erreicht, die unter unterschiedlichen Gesichtspunkten (Kosten, Qualität, Produktionsmittel u.ä.) bewertet werden können. Diese Bewertung führt schließlich zur Auswahl einer Gesamtlösung.

Parallel zur Prüfung der Verträglichkeit benachbarter Funktionsträger werden deren Ein- und Ausgänge assoziativ verknüpft und bieten damit die Gewähr, daß die Verträglichkeitsbedingungen auch bei den nachfolgenden Modellierungsoperationen zur Gestaltung eines Produkts berücksichtigt werden. Voraussetzung für diese Modellierungsoperation, die als "Technische Modellierung" /7/ bezeichnet wird, bilden die in den Funktionsträgern abgelegten Konstruktionsgrößen, die hier als Parameter für technische Formelemente und deren Verknüpfung durch technische Assoziationen eingehen /2, 4/. Eine ausführliche Darstellung der technischen Modellierung für die Konstruktionsphasen der Gestaltung im Dialogorientierten Integrierten CAD-System DICAD findet sich bei /2, 4, 7/ und soll hier nicht näher ausgeführt werden.

5. Literatur

/1/ Anderl, R.: Simulation von Fertigungsvorgängen auf der Basis rechnerinterner Modelle - Ein Beitrag zur rechnerunterstützten Integration von Konstruktion und Fertigungsplanung, Dissertation, Universität Karlsruhe (TH), 1984

/2/ Anderl, R.: A coherent Product Model - a basic approach to advanced modelling in CAD/CAM-systems, Proceedings zur Tagung in XIANG "Advances in CAD/CAM" vom 1.1o.-5.1o.1987

/3/ Grabowski, H. et al.: Interne Dokumentation, Institut RPK, Universität Karlsruhe, 1987

/4/ Grabowski, H., Anderl, R., Pätzold, B. und Rude, S.: Development of Advanced Modelling Techniques in: ESPRIT '87, Achievements and Impact, North-Holland; 1987

/5/ Grabowski, H., Benz, T., Rude, S.: Integrierte Produktmodelle als Basis intelligenter CAD-Systeme, CAD-Tagung, Magdeburg, 1988

/6/ Haller, R.: Konstruktionslehre für den Maschinenbau, Springer-Verlag, 1985

/7/ Seiler, W.: Technische Modellierungs- und Kommunikationsverfahren für das Konzipieren und Gestalten auf der Basis der Modell-Integration, Fortschr.-Ber. VDI-Reihe 1o, Nr. 49, VDI-Verlag, Düsseldorf, 1985

/8/ VDI: VDI 221o, Datenverarbeitung in der Konstruktion, Analyse des Konstruktionsprozesses im Hinblick auf den EDV-Einsatz, Beuth-Verlag, Berlin, 1975

/9/ VDI: VDI 2221, Methodik zum Entwickeln und Konstruieren technischer Systeme und Produkte, Beuth-Verlag, Berlin, 1985

/1o/ Winston, P.H.: Künstliche Intelligenz, Addison Wesley Publishing Company, 1987

o.Prof. Dr.-Ing. H. Grabowski
Dipl.-Wirtsch.-Ing. T. Benz
Universität Karlsruhe (TH)
Institut für Rechneranwendung in Planung
und Konstruktion
Kaiserstr. 12
75oo Karlsruhe 1

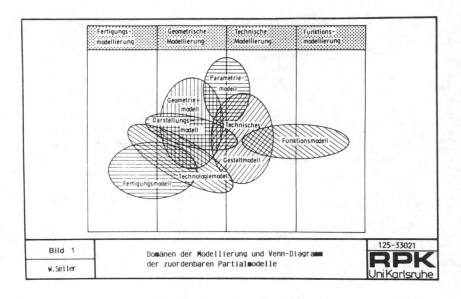

Bild 1 — W.Seller — Domänen der Modellierung und Venn-Diagramm der zuordenbaren Partialmodelle

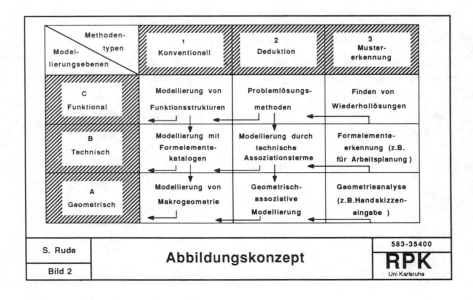

S. Rude — Bild 2 — Abbildungskonzept

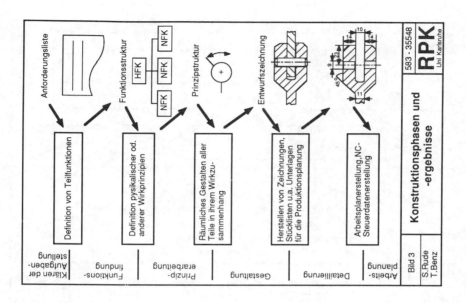

Bild 3 — Konstruktionsphasen und -ergebnisse
S. Rude, T. Benz

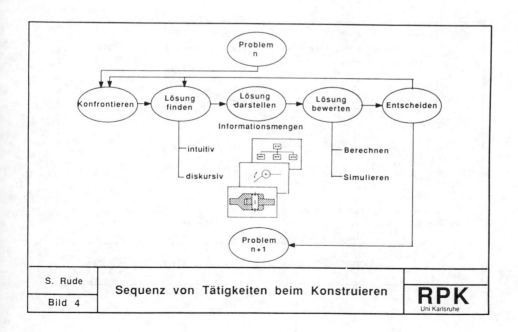

Bild 4 — Sequenz von Tätigkeiten beim Konstruieren
S. Rude

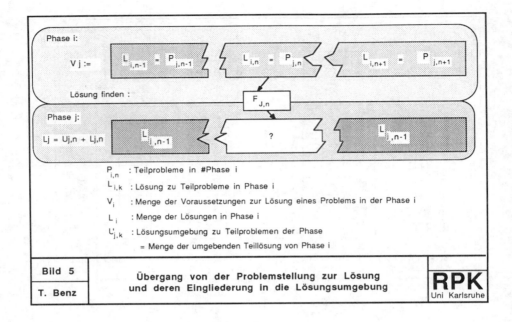

Bild 5 — T. Benz
Übergang von der Problemstellung zur Lösung und deren Eingliederung in die Lösungsumgebung
RPK Uni Karlsruhe

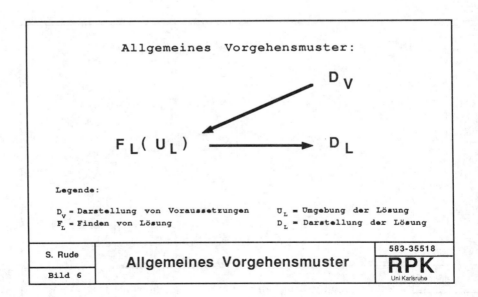

S. Rude — Bild 6
Allgemeines Vorgehensmuster
583-35518
RPK Uni Karlsruhe

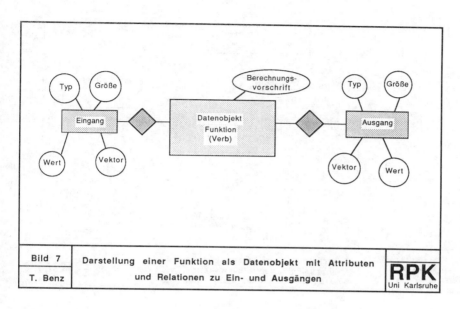

Bild 7 — T. Benz: Darstellung einer Funktion als Datenobjekt mit Attributen und Relationen zu Ein- und Ausgängen. RPK Uni Karlsruhe

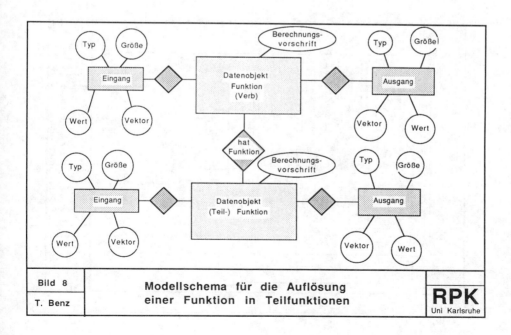

Bild 8 — T. Benz: Modellschema für die Auflösung einer Funktion in Teilfunktionen. RPK Uni Karlsruhe

194

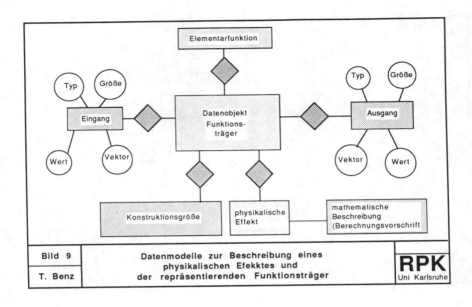

Bild 9 — Datenmodelle zur Beschreibung eines physikalischen Efekktes und der repräsentierenden Funktionsträger
T. Benz — RPK Uni Karlsruhe

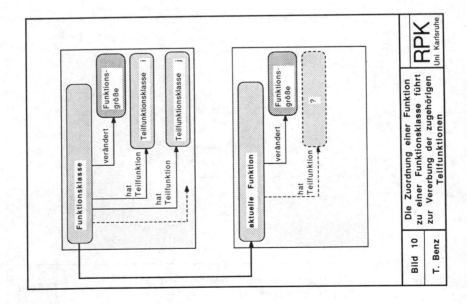

Bild 10 — Die Zuordnung einer Funktion zu einer Funktionsklasse führt zur Vererbung der zugehörigen Teilfunktionen
T. Benz — RPK Uni Karlsruhe

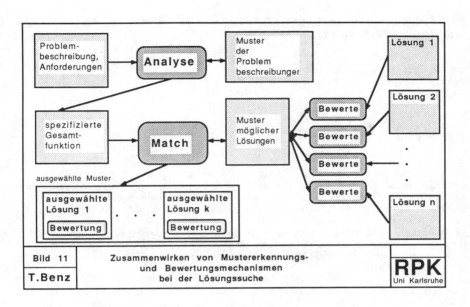

Bild 11 — T. Benz — Zusammenwirken von Mustererkennungs- und Bewertungsmechanismen bei der Lösungssuche — RPK Uni Karlsruhe

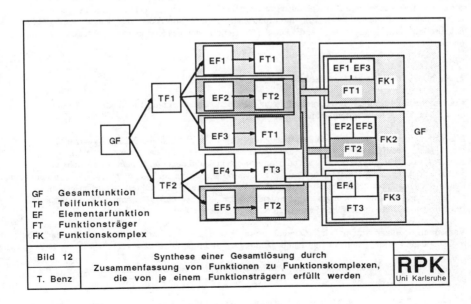

GF Gesamtfunktion
TF Teilfunktion
EF Elementarfunktion
FT Funktionsträger
FK Funktionskomplex

Bild 12 — T. Benz — Synthese einer Gesamtlösung durch Zusammenfassung von Funktionen zu Funktionskomplexen, die von je einem Funktionsträgern erfüllt werden — RPK Uni Karlsruhe

WISSENSBASIERTE UNTERSTÜTZUNG DES KONSTRUKTEURS MIT ENTSCHEIDUNGSLOGIK

S. Braun, Eigner & Partner, Karlsruhe
Dipl.Ing. D. Swiderski, InterFace Computer GmbH, München

1. Einleitung

Ziel eines integrierten Konstruktionsprozesses ist die Minimierung der Kosten. Dies ist erreichbar durch Maßnahmen, die den Produktionszyklus vereinfachen und die Durchlaufzeit verkürzen. Maßnahmen zum Erreichen der Ziele beschäftigen sich vorwiegend mit der Informationsverfügbarkeit in den betrieblichen Bereichen, die die Gesamtkosten nicht verursachen, aber in erheblichem Maße festle- gen.

Untersuchungen zeigen, daß in der Entwicklung und Konstruktion etwa 70-80 % der gesamten Kosten festgelegt werden. Es stellt sich also die Frage, wie diese Bereiche so gestaltet werden können, daß Randbedingungen der Fertigung und Montage, in denen die Kosten letztendlich verursacht werden, am besten berücksichtigt werden.

Weitergehende Untersuchungen zeigen, daß in einem Fertigungsbetrieb bis zu 80 % der Konstruktionen bereits existieren oder ableitbar sind. Nur 20 % der Teile müssen wirklich neu entwickelt werden. Es liegt also nahe, auf den vorhandenen Konstruktionsplan und Teilbestand eines Betriebes zurückzugreifen.

Eine weitere Verbesserung der Kostensituation ist zu erwarten, wenn schon in der Planung die Randbedingungen von Fertigung und Montage bekannt sind. Daraus ergibt sich für Konstrukteure das Problem, sowohl Wissen über das Prinzip der Konstruktion als auch über die innerbetrieblichen Abläufe in einer Konstruktion zu vereinen. Verständlicherweise kann ein Konstrukteur nicht alle Details über bereits vorhandene Teile und Fertigungs- und Montageabläufe und deren Veränderungen wissen. Es müssen ihm also Hilfsmittel gegeben werden, die ihm das Wissen während des Konstruktionsprozesses verfügbar machen.

2. Konventionelle Hilfsmittel

Konventionelle Hilfsmittel zur rechnergestützten Informationsbereitstellung für Konstrukteure sind Stücklisten, Variantenprogramme und Ähnlichkeitsableitungen.

Mit Variantenprogrammen können Randbedingungen einer Konstruktion berücksichtigt werden, die indirekte Auswirkungen auf bereits vorhandene Teile bzw. Baugruppen haben. Sie werden nur insofern bearbeitet, wie ein neues Teil den technischen Randbedingungen genügt und nicht zu Sekundärwirkungen führt. Kommt es zu solchen Auswirkungen, kann ein Variantenprogramm nur mit einem Fehler reagieren, aber keine Anpassung der schon definierten Teile durchführen. In diesem Fall muß ein Variantenprogramm erneut gestartet werden, und der Bediener muß die gesamten Werte der bisherigen Konstruktion erneut eingeben unter Berücksichtigung der veränderten Randwerte.

Variantenprogramme werden in herkömmlichen Programmiersprachen implementiert und müssen bei betriebsbedingten Änderungen der zugrundeliegenden Logik umprogrammiert werden.

Unter diesen Gesichtspunkten zeigen sich Variantenprogramme als unflexibel, starr und schwer pflegbar.

Bessere und flexiblere Möglichkeiten zur Unterstützung des Konstrukteurs bieten wissensbasierte Systeme, die im folgenden vorgestellt werden sollen.

3. Konzept der wissensbasierten Unterstützung im Produktentwurf

3.1 Überblick

Das Prinzip der wissensbasierten Software ist es, das Wissens über einen Problembereich in allgemeinen abstrakten Kategorien explizit zu modellieren.

Das bedeutet für den Produktentwurf, sowie für die Arbeits- und Fertigungsplanung, daß das Konstruktions- und Fertigungswissen für eine Produktpalette in einem umfassenden, rechnerinternen Modell abgebildet wird.

Das Ziel ist, daß der Ingenieur das notwendige Wissen für die Konstruktion und Planung eines Produktes während des Entwerfens rechnergestützt zur Verfügung hat. Damit soll er die Konsequenzen der Konstruktion und Planung für die Kosten und die Qualitätsanforderungen in den nachfolgenden Fertigungsbereichen beurteilen können.

Das Wissen für ein solches Produktmodell kann aus den unterschiedlichsten Quellen stammen und soll in einer einheitlichen Form eingebbar und abrufbar sein. Hierzu gehören zum einen allgemeine Konstruktions- Qualitäts- und Fertigungsvorschriften, Normen etc. Weiterhin muß das Wissen aus der Fertigung, Montage und Qualitätssicherung zur Verfügung gestellt werden.

Für die Modellierung des umfangreichen Konstruktions- und Planungswissens über einen Produktbereich muß es möglich sein, logische und funktionale Zusammenhänge zwischen den unterschiedlichen Bereichen formulieren zu können:

- Geometrie
  (Zusammenhänge zwischen Form, Material und Funktion)
- Technologie
  (Zusammenhänge zwischen Material, Belastung, Toleranzen)
- Funktions- und Wirkungszusammenhänge
  (Funktionale Zusammenhänge innerhalb der Baugruppen)
- Fertigung/Montage
  (Zusammenhänge zwische Form, Material und Fertigungskosten sowie Qualität)

Ein solches umfassendes, integriertes Produktmodell kann mit den Methoden

- Beschreibung Objektstruktur zusammen mit einer
- Entscheidungslogik über die Attribute

effizient beschrieben werden. (/KIP/)

3.2 Die Prinzipkonstruktion als Basis für das Produktmodell

Ausgangspunkt ist das Wissensmodell für eine Prinzipkonstruktion. D.h. die prinzipielle Lösung für eine Produktpalette ist gegeben und kann durch Variantenkonstruktionen der Werkstücke, durch variante Stücklisten und durch Baukastenlogiken beschrieben werden. Alle möglichen und zulässigen Lösungen für diesen Produktbereich können durch Variation der Werkstücke, der Stückliste sowie durch Kombinationen der Baukastenlogik aus der Prinziplösung abgeleitet werden.

Der Konstruktionsprozeß ist somit in mehrere Schritte aufgeteilt:

Im ersten, eigentlich kreativen Akt wird die Prinziplösung für einen Problembereich erfunden.

Im zweiten Schritt wird diese Prinziplösung mit den abstrakten Kategorien Objektstruktur und Entscheidungslogik beschrieben und in ein rechnerinternes Wissensmodell abgebildet. Die fertigungsrelevanten Daten, die Informationen der Qualitätssicherung usw. werden dieser Beschreibung hinzugefügt.

Zusätzlich werden die Makro-Programme für das CAD-System, das NC-System, die variante Stückliste usw. entwickelt und die Parameteranforderungen festgelegt.

Die konkrete Konstruktionsaufgabe besteht dann darin, für gegebene äußere Anforderungen die internen Parameter der Objektstruktur und aller Komponenten so zu bestimmen, daß alle Randbedingungen der Entscheidungslogik eingehalten werden. Dies geschieht in einem Dialog, dessen Struktur aus der Logik der Objektbeschreibung abgeleitet wird. Wenn alle Parameter bestimmt sind, die Bedingungen eingehalten sind und die äußeren Parameter erfüllt sind, dann hat der Ingenieur eine zulässige Lösung der Konstruk- struktions- oder Konfigurationsaufgabe ermittelt.

In ähnlicher Weise kann das formulierte Wissen auch zur Unterstützung der Kunden (bzw. des Vertriebspersonals) bei der Konfiguration eines Produktes entsprechend den Kundenwünschen eingesetzt werden. Hierbei werden im Dialog die Kundenwünsche abgefragt und in mögliche Konfigurationen umgesetzt.

Im Anschluß werden dann automatisch die Parameter für die Makro-Programme aufbereitet und an die einzelnen Systeme (CAD, Stückliste, Arbeitsplanung etc.) übergeben.

3.3 Wissensmodellierung

Für die Modellierung des Wissens über eine Produktpalette hat sich die Kombination aus zwei Darstellungsformen als geeignet herausgestellt:

- Das Strukturwissen, welches die Objektstruktur des Produktes beschreibt, und

- das Regelwissen, in welchem die vielfältigen Zusammenhänge und Randbedingungen in Form einer Entscheidungslogik definiert werden.

3.3.1 Strukturwissen

Die Struktur des Produktes wird in einer objekt- und komponentenorientierten Sprache beschrieben, die auf einem Framesystem basiert. Dabei wird das Produkt in einer Aggregationshierarchie in Subkomponenten (=Baugruppen), bis auf die Ebene einfacher Objekte (=Werkstücke), gegliedert. Die einzelnen Objekte werden jeweils durch eine Reihe von Attributen beschrieben.

Neben dieser Aggregationshierarchie werden die Objekte in eine Klassifikationshierarchie eingeordnet. Durch eine solche Klassifikation werden Attribute, Zusammenhänge und Bedingungen aus den Klassen an die Unterklassen und die Objekte vererbt.

Auf diese Weise können allgemeine Aussagen wie Normen, Vorschriften, die nicht an ein spezifisches Produkt gebunden sind, schrittweise in eine firmenweite Wissensbasis eingefügt werden.

3.3.2 Regelwissen

Als Ergänzung zu dem Strukturwissen über das Produkt können Zusammenhänge sowohl zwischen den Objekten als auch zwischen den Parametern der einzelnen Objekte in Form von Regeln und Formeln formuliert werden. Hierbei bezieht der Ingenieur sich auf die Attribute der Objekte und kann damit Zusammenhänge zwischen den einzelnen Bereichen (Montage, Fertigung, Technologie, Geometrie) formulieren. Dieses Regelwissen beschreibt, welche Variation der Werkstücke, der Stückliste und der Baukastenlogik eine zulässige Lösung anbietet.

Für die Formulierung des Regelwissens, welches die vielfältigen Zusammenhänge zwischen den einzelnen Parametern ausdrückt, hat sich die Form der Entscheidungslogik und hier wiederum die Form der Entscheidungstabelle für bestimmte Probleme als sehr geeignet erwiesen. Diese Form der Darstellung und Formulierung von Wissen kommt dem Denken des Ingenieurs sehr entgegen.

Eine Entscheidungslogik ist als eine Untermenge allgemeiner Regelsysteme aufzufassen. Die einzelnen Regeln beschreiben Entscheidungssituationen in Form von

WENN (A UND B UND C) DANN (D UND E UND F).

Diese Regeln sind starr vorwärtsverkettet und werden in einer festgelegten Reihenfolge abgearbeitet. Sie beschreiben Verzweigungen in einem festgelegten Entscheidungsgraphen oder -baum.

Wir stellen in unserem System neben anderen Möglichkeiten auch die Form der Entscheidungstabelle nach DIN 66 241 als eine Teilmenge eines allgemeinen Regelinterpreters zur Verfügung. Diese wird im folgenden Kapitel 4 genauer beschrieben.

4. Das Entscheidungstabellensystem TABLO

Im folgenden soll das Konzept der Entscheidungstabelle nach DIN 66 241 vorgestellt werden, sowie dessen Integration in die anderen Konzepte der wissenbasierten Unterstützung.

Diese vom Rechnereinsatz zunächst völlig unabhängige Technik, soll zunächst kurz erläutert werden.

Die Norm dient dazu, die Entscheidungstabelle als ein tabellarisches Beschreibungsmittel für formalisierbare Entscheidungsprozesse festzulegen. Sie dient der Erleichterung der Kommunikation /DIN 66 241, Kap. 1/.

Eine Entscheidungstabelle besteht entsprechend ihrer Definition aus Bedingungen und Aktionen. Unter Bedingungen sind die Auswahlentscheidungen der formalisierbaren Prozesse zu sehen, Aktionen sind die aufgrund des Zutreffens bzw. Nichtzutreffens vorzunehmenden Handlungen. Um die jeweilige Entscheidung über das Zutreffen oder Nichtzutreffen einer Bedingung fällen zu können, muß eine Bedingung für einen konkreten Fall mit dem logischen Wert "Wahr" oder "Falsch" belegt werden können. Da in einer Entscheidungstabelle unterschiedliche Werte einer Bedingung auch zu jeweils anderen Aktionen führen, sind diese Alternativen der Ausprägung logischer Werte parallel aufzuführen. Dies erfolgt in einer Entscheidungstabelle durch sogenannte Entscheidungsregeln, die jeweils einen Entscheidungsfall repräsentieren.

Da im allgemeinen mehrere Bedingungen gleichzeitig zu prüfen sind, beinhaltet der Entscheidungsfall alle diejenigen Ausprägungen logischer Werte aller Bedingungen, die zusammen eine Entscheidungssituation charakterisieren und deren Handlungen, die in anderen Entscheidungssituationen durchzuführen sind, unterscheiden /HEI/ (Bild 1).

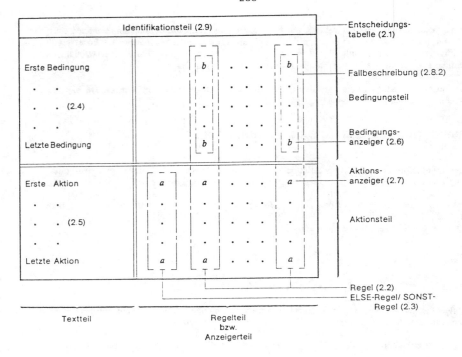

Bild 1: Die Entscheidungstabelle nach DIN 66 241

Zu nennen sind in diesem Zusammenhang noch folgende Begriffe:

- Ein-, Mehrtreffertabelle
- begrenzte und erweiterte Anzeiger
- formal und inhaltlich voll- bzw. unvollständig

Auf eine genaue Definition der Begriffe wird hier verzichtet.

Zu nennen bleiben noch die Interpretationsverfahren nach DIN. Die Norm unterscheidet zwischen einem zeilen- oder einem spaltenorientiertem Interpretationsverfahren. Sie unterscheidet sich, wie der Name schon sagt, in der Abarbeitungsrichtung der Bedingungsanzeiger. Beim spaltenorientierten Verfahren werden zunächst alle Bedingungsanzeiger einer Regel auf ihr Zutreffen geprüft und danach die Bedingungsanzeiger der nachfolgenden Regeln. Je nach Unterscheidung zwischen Ein- und Mehrtreffertabelle werden anschließend die Aktionen der zutreffenden ersten Regel bzw. aller zutreffenden Regeln von oben nach unten und von links nach rechts durchgeführt.

Beim zeilenorientierten Verfahren wird zunächst eine Bedingung über alle Regeln geprüft und danach die weiteren Bedingungen. Die Durchführung der Aktionen der zutreffenden Regeln entspricht dem spaltenorientiertem Verfahren.

Zu den Aktionen bleibt noch zu sagen, daß sie auch Aufrufe anderer Entscheidungstabellen bzw. deren Kombinationen beinhalten können.

Die Firmen EIGNER + PARTNER GmbH und InterFace Computer GmbH haben in einem gemeinsamen Projekt das Entscheidungstabellensystem TABLO entwickelt. Dies wurde mit anderen Konzepten der wissensbasierten Software integriert, insbesondere mit der komponentenorientierten Beschreibung technischer Systeme und mit der deklarativen Programmiersprache IF/Prolog.

5. Systembeschreibung des Entscheidungstabellensystems TABLO

Damit werden die Vorteile der wissensbasierten Unterstützung mit der einfachen Darstellung der Entscheidungstabelle dem Konstrukteur als Entscheidungshilfe angeboten. Als Werkzeuge der Implementierung wurden IF/Prolog und FORTRAN gewählt. Es werden so die besten Möglichkeiten zur Integration von KI-Tools mit weitverbreiteten technischen Informationssystemen erwartet.

Hauptgesichtspunkt der Entwicklung sind ein guter Bedienkomfort und effizientes integrationsfähiges Arbeiten mit dem Werkzeug. Zur besseren Strukturierung der verschiedenen Entscheidungstabellen wird eine Verbundbildung ermöglicht. Hierdurch können verschiedene Entscheidungstabellen zu Verbunden zusammengefaßt werden, die einen Konstruktionsprozeß logisch beschreiben. Diese Verbunde können direkt durch ihren Aufruf angesprochen werden und auch untereinander kommunizieren, womit Teilkonstruktionen zu einer Gesamtkonstruktion zusammengefaßt werden.

Weiterhin werden Konstanten und Variablen auf verschiedenen Ebenen unterschieden. Die Ebenen sind systemweit, verbundweit und lokal, d.h. für genau eine Entscheidungstabelle gültig. Mit dieser Unterteilung kann nun, wie in prozeduralen Programmiersprachen auch, die Übersichtlichkeit der Variablen- und Konstantenanwendung erheblich gesteigert werden. Die Werte selbst werden über sogenannte Definitionstabellen erklärt. Ihre Eingabe für die Abarbeitung kann so umgelenkt werden, daß sie nicht vom Anwender eingegeben werden muß, sondern aus Datenbanken geholt werden. Auch die Ausgabe kann auf diese Weise umgelenkt werden, wodurch die Integrationsfähigkeit erreicht wird. Diese Möglichkeiten der Strukturierung allein bieten, logisch gesehen, eine große Erleichterung für die Bediener.

Die Benutzeroberfläche wurde als Menüstruktur aufgebaut, die aus maximal drei Menüebenen besteht. Quersprünge zwischen den Funktionen sind fast überall möglich. Die Bildschirmmasken sind variabel und können vom Bediener selbst definiert werden.

Ein Anfänger muß nicht den vollen Funktionsumfang des Tools kennen, um damit arbeiten zu können. Für ihn ist es ausreichend, die Grundfunktionen und die Syntax der Eingabe zu verstehen. Mit zunehmender Einarbeitung wird er nach Erleichterungen der Eingabe suchen, die vom System geboten werden. Zum Erlernen dieser Funktionen wird ein Benutzerhandbuch und eine ausführliche ON-LINE-Helpfunktion geboten. Die Eingabe in die Entscheidungstabelle selbst ist durch die Verwendung von IF/Prolog sehr flexibel und kann im Rahmen der verwendeten Syntax vom Bediener frei gewählt werden (Bild 2).

```
Anwendungsbeispiele
-------------------
    1)
    ----------------------------------------------------------------
    | a > b       ||     j      |      n        |      %           |
    | c, d        ||     <      |      >        |      ==          |
    | <= z <=     ||   10,20    |    30,40      |    50,60         |
    | wert1 >     ||     z      |   z + delta   |   z + 2 * delta  |
    | ET-Motor()  ||     x      |      x        |      %           |
    | value =     ||    10      |     c * d     |     20           |
    | write()     ||  "Text1"   |   "Text2"     |   "Text3"        |
    ----------------------------------------------------------------

    2)
    ----------------------------------------------------------------
    | 10,20       ||    > a >   |   <= b <=     |                  |
    | ET_Motor()  ||     j      |      n        |                  |
    | write()     ||  " Text 1" |  " Text 2 "   |  " Else "        |
    | abc = z * z ||    stop    |      x        |      %           |
    ----------------------------------------------------------------
```

Bild 2 : Beispiele der Eingabesyntax

Zum Testen der Eingabe stehen dem Benutzer umfangreiche Test- und Debug-Funktionen zur Verfügung, die direkt aus dem Eingabeeditor aufrufbar sind. Damit hat der Anwender die Möglichkeit, die Richtigkeit seiner Eingabe zu testen, ohne die Tabelle zu speichern oder die Eingabefunktion überhaupt verlassen zu müssen. Hat nun der Anwender auf diese Weise seine Eingaben geprüft, kann er die Tabelle automatisch optimieren und kompilieren lassen und zum Einsatz freigeben.

Aus der Beschreibung der Objektstruktur und der Entscheidungslogik wird automatisch eine Dialogstruktur generiert. Im Dialog werden nach und nach die freien Parameter der Konstruktionslogik spezifiziert. Dabei ist die Reihenfolge, in der die freien Parameter spezifiziert werden, frei wählbar. Die Regeln und Formeln werden automatisch in der erforderlichen Richtung umgestellt und interpretiert.

Gemachte Entscheidungen können dabei ohne weiteres wieder rückgängig gemacht werden.

Während des Dialogs werden die einzuhaltenden Regeln und Randbedingungen kontinuierlich, vorausschauend überwacht (Constraint propagation). Wenn Regeln verletzt werden, dann wird eine entsprechende Warnung und auf Anfrage eine Erklärung abgegeben. Auch die Warnungen und Erklärungen werden automatisch aus der Wissensbasis generiert.

Bei der interaktiven Abarbeitung werden zunächst die Variableninhalte vom Benutzer abgefragt. Hier kann, wie bereits beschrieben, die Eingabe auf andere Datenbestände umgelenkt werden, eine Default-Einstellung übernommen oder das System zur Parameternachforderung im Bedarfsfall veranlaßt werden.

Die Konfiguration des Systems erlaubt eine direkte Einbindung in andere Systeme, so daß die Abarbeitung über eine Call-Schnittstelle aufgerufen werden kann und das aufrufende System über die Schnittstelle die Ergebnisse erhält. D.h. die Eingabe kann über einen Datenbestand, der die Produktlogik beschreibt, und eine Checkliste erfolgen. Die Ausgabe wird direkt an ein Textsystem, zum Erstellen eines Angebotstextes, an ein PPS-System, zur Generierung des Arbeitsplanes und einer Stückliste sowie an ein CAD-System, zum Erstellen der Angebotszeichnung übergeben. (Bild 3).

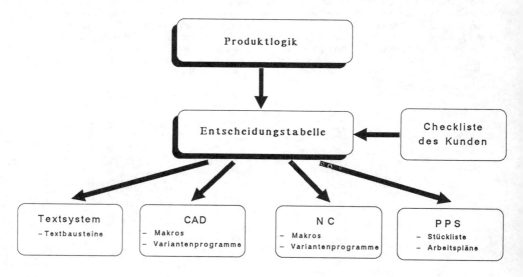

Bild 3: Systemübersicht

6. Vorteile

Das System ist eine gute Möglichkeit, dem Konstrukteur die wissensbasierte Unterstützung zur Verfügung zu stellen, ohne ihn mit dem Erlernen der Techniken zu überfordern. Ein herkömmliches Entscheidungstabellensystem ist ein für den Anwender verständliches Prinzip, um formalisierbare Entscheidungsprozesse zu beschreiben. Es stößt allerdings im Sinne des heutigen Entwicklungsstandes bald an seine Grenzen. Mit diesem Tool kann ein Anwender einen schrittweisen Einstieg in die wissensbasierte Unterstützung finden, da er von seinem Verständnis aus allmählich an die neuen Technologien herangeführt wird.

Unter dem Anwenderverständnis wird hier der Einsatz von Entscheidungstabellen nach DIN gesehen. Durch die einfache Benutzeroberfläche, interaktive Testmöglichkeiten, Parameternachforderungen, selbstdefinierte Funktionen, effiziente Abarbeitung und Integrationsfähigkeit ist das System schon in diesem Rahmen einsetzbar und macht somit Expertenwissen verfügbar.

Darüberhinaus wird der Status Quo des Rechnereinsatzes durch die Darstellung der Objekte mit höheren Datenstrukturen, die dynamische Parameternachforderung und die individuell gestaltbare Abarbeitung erreicht. Nicht zu vergessen bleibt die effiziente Abarbeitung durch Kompilieren, wobei der Zyklus des Editierens, Kompilierens und Linkens nicht explizit durchlaufen werden muß. Der Zyklus wird, dank der Verwendung von IF/Prolog, automatisch durchlaufen.

7. Zusammenfassung und Ausblick

Die wichtigsten Eigenschaften des hier beschriebenen Systems sind:

- Die Wissensbasis kann von Experten, die selber EDV-Laien sind, aus den unterschiedlichsten Bereichen stammen, erstellt und kontinuierlich weiterentwickelt werden.

- Das so erstellte Produktmodell steht für die unterschiedlichsten Aufgaben und Abteilungen zur Verfügung.

- Der Dialog zum Spezifizieren einer konkreten Konstruktion inklusive der Fehlermeldungen und der Erklärungen wird automatisch generiert.

- Der Dialog ist flexibel, d.h. die Reihenfolge ,in der die Parameter einzugeben sind, ist frei wählbar, und gemachte Entscheidungen sind wieder auflösbar.

- Der Dialog geschieht in Masken und wird über Menüs gesteuert.

- Das System gibt Erklärungen und Fehlermeldungen im notwendigen Grad an Detailliertheit.

- Das System verfügt über offene Schnittstellen und ist leicht in bestehende Applikationsumgebungen (CAD, NC, PPS, Datenbanken etc.) einbindbar.

Die Verfügbarkeit von Wissen innerhalb eines Betriebes wird durch den ständig wachsenden Druck des Investitionsgütermarktes immer wesentlicher, um im internationalen Wettbewerb bestehen zu können. Dieses Wissen kann durch den gezielten Einsatz von Rechnern verfügbar werden. Durch die neuen Technologien kann die Situation weiterhin verbessert werden, wenn das Wort "Rechner" nicht wörtlich genommen wird.

Das Entscheidungstabellensystem TABLO ist eine Möglichkeit, die wissensbasierte Unterstützung in die Entwicklungs- und Konstruktionsabteilungen der Firmen zu bringen, ohne DV-Laien mit den theoretischen Hintergründen zu überfordern. Vielmehr wird hiermit ermöglicht, die Schwellenangst der Betriebe zu überwinden. Es kann dem Konstrukteur eine ihm bekannte Technik bieten und darauf aufbauend die Vorteile der wissensbasierten Unterstützung ausnutzen. Dieses Konzept bestätigt seinen Sinn ebenfalls durch seine Integrationsfähigkeit.

Geplante Erweiterungen des Systems setzen genau an diesem Punkt sowie der Handhabung höherer Datentypen an. Bis zur SYSTEC werden die Erweiterungen implementiert sein und in einem Verbund mit anderen technischen Systemen die Leistungsfähigkeit des Systems unter Beweis stellen.

Literatur

/DIN/ DIN - Normschrift 66 241

/HEI/ Heiob, Walter: Einsatz dialogorientierter Entscheidungstabellentechnik in der Auftrag-
und Angebotsbearbeitung in Unternehmen mit auftragsgebundener Produktion.
Fortschrittsberichte der VDI-Zeitschriften, Reihe 10, Nr. 15., Düsseldorf: VDI-Verlag 1982.

/KIP/ Kippe, Jörg: Komponentenorientierte Repräsentation technischer Systeme,
in: Früchtenicht, H.W. (Hrsg.): Technische Expertensysteme
München/Wien: Oldenbourg Verlag 1988.

Der Ereignis-Prozessor

Jürgen Dorn

1 Einleitung

Heutige Rechnerarchitekturen basieren auf *Zuständen* und *Zustandsübergängen*. Im Rechner werden Zustände dargestellt. Auf der untersten Ebene sind dies die binären Zustände - Strom an - Strom aus. Darauf aufbauend werden Register und Speicherzellen definiert, die einen Zustand besitzen. Wir haben in den letzten vierzig Jahren gelernt, wie wir aus diesen binären Zuständen komplexere Zustände aufbauen können. So werden z.B. auf der Rechnerebene viele binäre Zustände gekoppelt und als neuer Zustand in einem Prozessorstatuswort interpretiert.

Auf einer höheren Ebene - der Softwareebene - stellen wir z.B. die Position einer Lokomotive als Zustand dar. Es wird eine Zustandsvariable definiert, die vielleicht den Namen Lokomotive trägt und die den Wert „Weiche2" erhält, weil die Lokomotive sich zur Zeit auf Weiche2 befindet. Dies ist ein Zustand. Der Zustand gilt nicht ewig. Stellt dieser Zustand die Position einer fahrenden Lokomotive dar, so ändert sich der Zustand laufend. Zustände, die immer gleich bleiben, sind uninteressant und werden selten dargestellt.

Im Bereich der wissensbasierten Planung wird für die Wissensrepräsentation in starkem Maße eine Methode benutzt, bei der der Problemraum durch Zustände (states) beschrieben wird. Ausgehend von einem Startzustand, der meistens bekannt ist (der momentane Zustand), wird ein Weg durch einen *Zustandsraum (state space)* gesucht, um ein abstrakt formuliertes *Ziel* (goal) - den Zielzustand - zu erreichen. Der gesuchte Weg ist dann eine Folge von Zuständen, deren Übergang durch *Operatoren* beschrieben wird.

Das charakteristische an Zuständen ist, daß es genau einen Folgezustand gibt. Für die Umwandlung eines Zustandes in den Folgezustand geben wir Umformungsregeln an, die wir Operator (auch Prozedur, Produktionenregel, Anweisung) nennen. Ein typisches Programm besteht aus einer Sequenz von Operatoren. Der Programmierer schreibt also nicht Zustände, sondern Operatoren nieder. Diese duale Darstellung durch Zustände und Operatoren nennen wir *zustandsorientierte Programmierung*.

Wird in Computerprogrammen die Bewegung der Lokomotive beschrieben, geschieht dies meist durch einzelne Positionen, an denen sie sich entlang bewegt. Es werden Zustände beschrieben - nicht die Bewegung. Eigentlich „denken" wir als Menschen aber anders. Wenn wir unsere eigene Bewegung „planen", betrachten wir diese Bewegung nicht zustandsorientiert. Geben wir einem anderen Menschen die Hand, denken wir nicht „die Position <2.3, 4.5, 2.6, 93°, 115°, 11°> ist die Zielposition, also bewege die Hand dorthin".

Wie lang ein Zustand dauert, darüber gibt es in der zustandsorientierten Programmierung meist keine expliziten Aussagen. Zustände sind sozusagen zeitlos. Diese Art der Darstellung hat sich jahrelang bewährt. Und in Programmen zur Buchführung, zum Schachspielen oder ähnlich gelagerten Problemen, stellt sie die vielleicht optimale Repräsentation dar. Aber es gibt auch nicht digitale Probleme. Das soll bedeuten, es gibt in unserer Umgebung viele Phänomene, die wir nicht adäquat durch Zustandsübergänge beschreiben können, wo wir sagen „das galt vorher und jetzt nicht mehr". Warum können wir nicht die Bewegung, wie wir sie stattfindet, in einem Programm darstellen?

Wissen über technische Prozesse ist meist sehr stark zeitabhängig. So ist das Wissen darüber, daß die Weiche W_1 auf gerade gestellt ist, nur zeitlich begrenzt gültig. In einem technischen Prozeß müssen Erscheinungen wie das Ansteigen einer Temperatur oder das Stellen eines Aktuators behandelt werden. Bei dieser Art von Wissen sprechen wir von Erscheinungen oder von einer ereignisorientierten Wissensrepräsentation. Zur Repräsentation von ereignisorientiertem Wissen haben wir bereits früher Skripte [2] definiert.

Zur Ausführung bzw. Überwachung von Erscheinungen und Skripten stellen wir nun eine spezielle Schnittstelle zur Verfügung - den Ereignisprozessor. In der ersten Implementierung besteht diese Schnittstelle aus einem Mikroprozessor und einer Realzeituhr. Diese Hardware-Schnittstelle wird über eine serielle Leitung mit dem technischem Prozeß und dem Applikationsrechner, auf dem unser wissensbasiertes System (WBS) arbeitet, verbunden. Dem Mikroprozessor ist ein eigener Speicherbereich zugeordnet.

Diese „intelligente" Schnittstelle zwischen wissensbasiertem System und Prozeß soll es uns erlauben, zeitkritische Abläufe aus dem wissensbasierten System fernzuhalten und unsere ereignisorientierte Wissensrepräsentation unterstützen.

Vom wissensbasierten System geben wir Aufträge an den Ereignisprozessor wann ein Prozeßinterface angesprochen werden soll und der Ereignisprozessor nimmt Signale von der Anlage auf und versieht sie mit einer Zeit und legt sie in seinem Speicher ab. Vom Applikationsrechner können dann gezielt einzelne Ereignisse abgefragt werden. So sollen Anfragen wie, „lag um $12^{\underline{00}}$ ein Signal an", oder „wann begann der Wasserdruck zu steigen" möglich sein. Der eigentliche Code mit dem Aktuatoren gesteuert werden und den Code den ein Meßgerät liefert, wird lediglich durch die Schnittstelle hindurchgereicht, das heißt der Ereignisprozessor tätigt nur eine Zeitbehandlung. Im Ereignisprozessor existiert also kein domänenabhängiges Wissen.

Mit Hilfe dieser Architektur hoffen wir die Lücke, die heute noch zwischen wissensbasierten Konzepten wie Allen's Intervallogik [1] oder unseren Skripten und auf der anderen Seite dem konkreten technischen Prozeß existiert, zu schliessen.

2 Prozeßanlage

Wir wollen im folgenden von einem konkreten physikalisch-technischem Prozeß ausgehen um die Konzepte zu verdeutlichen. Dieser Prozeß besteht aus einer Märklin Digitalmodelleisenbahn. Auf folgendem Gleisbild fahren mehrere Lokomotiven gleichzeitig und können je nach Aufgabenstellung Waggons transportieren und rangieren.

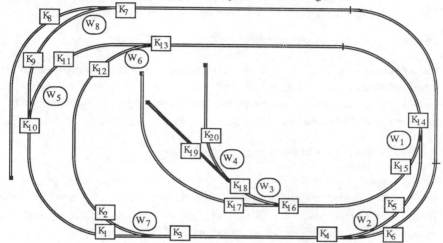

Bild 1: Gleisbild

Von der Hardware ermöglichte Eingriffe sind :

- Stellen einer der acht Weichen (W_4) auf abbiegen- oder geradeausfahren (Aktion)
- Stellen eines Signales auf rot bzw. grün (Aktion)
- Einschalten der Fahrspannung für eine von maximal 80 Lokomotiven (vor- oder rückwärts), es können unterschiedliche Geschwindigkeiten eingestellt werden (Aktion)
- Abkuppeln der Waggons hinter einer Lokomotive (Aktion)
- Abfrage, ob in einem bestimmten Blockabschnitt des Gleisbildes sich ein Zug befindet. Das gesamte Gleisbild kann in eine beliebige Anzahl von Blöcken unterteilt werden. Auf Anfrage meldet die Anlage, ob ein Block belegt ist (Zustand).

Die genannten Funktionen werden durch ein Interface von Märklin zur Verfügung gestellt [6]. Um die Sicherheit zu erhöhen, wurden von uns weitere Sensoren eingebaut.

- vor und hinter jeder Weiche existiert ein Reedrelais. Die Lokomotiven lösen durch einen Magneten beim Überfahren dieser Relais einen Kontakt $\boxed{K_{10}}$ aus (Ereignis).

3 Erscheinungen und Intervalle

Die Ideen die hier vorgestellt werden sollen, werden durch Prädikatenlogik dargestellt. Diese Logik interpretieren wir objektorientiert, d.h. jedes Argument eines Prädikates ist ein Objekt. Außerdem gehen wir von einer sortierten Logik aus, das heißt wir haben spezielle Variaben für bestimmte Sorten von Objekten. So stellen wir Intervallvariablen durch ein großes I dar. Anstatt also zu schreiben:

I beginnt-vor J $\wedge$ I ist Intervall $\wedge$ J ist Intervall   kürzen wir ab I_1 beginnt-vor I_2.

Außerdem existieren objektgenerierende Funktionen, das sind Funktionen, die ein Objekt einer bestimmten Sorte erzeugen. Wir benutzen die üblichen Operatoren wie $\neg, \wedge, \vee, \rightarrow$ und $\leftrightarrow$. Variablen beginnen mit einem Großbuchstaben. Anwendungsabhängige Funktionen und Konstanten werden durch den Schrifttyp Kapitälchen (LOKOMOTIVE) dargestellt.

3.1 Was ist eine Erscheinung

Erscheinungen sind Aussagen oder Feststellungen über unsere Umwelt, deren Gültigkeit sich mit dem Verlauf der Zeit verändert. Wir unterscheiden zwischen einer Erscheinungsform X und einer individuellen Erscheinung, die während eines eindeutigen Zeitraumes auftritt. Die Zeit beschreiben wir durch ein Intervall. Wir können beliebig viele parallele Erscheinungen darstellen. Die individuelle Erscheinung notieren wir durch: X @ I. Ein Beispiel dafür ist

$$\text{DAS-PLANUNGSMODULE-ARBEITET @ I}_{\text{PLANUNGSZEIT}}$$

Anstatt nun in Schlußfolgerungsprozessen neue Aussagen zu gewinnen, werden wir nur Gültigkeitszeiten von Erscheinungen berechnen bzw. stärker einschränken. Die Aussage DAS-PLANUNGSMODULE-ARBEITET existiert in unserer Wissensbasis immer. Im Extremfall gilt für Erscheinungen, daß sie im Intervall „nie" oder „immer" auftreten.

3.2 Zeitmessung

Zum Messen von Zeitpunkten oder -intervallen benötigen wir Meßinstrumente, die wir *Uhren* nennen. Eine physikalische Uhr - im Gegensatz zu einer astronomischen Uhr - ist ein Zeitmeßgerät dessen Arbeitsprinzip auf periodischen physikalischen Schwingungen beruht. Die prinzipielle Arbeitsweise ist das Zählen von Schwingungen und damit digitaler und nicht analoger Natur. Dieses wird bei analogen Uhren durch das fast kontinuierliche Vorrücken eines Zeigers verdeckt.

Digitale Meßgeräte sind durch *Digitalisierungsfehler* charakterisiert. Die Zeit, wie wir sie uns intuitiv vorstellen, schreitet während einer Schwingung zwar voran, aber das Meßinstrument zeigt während des gesamten Schwingungsintervalls den gleichen Meß-

wert, d.h. die gleiche Zeit an. Den Übergang von einem Meßwert zum nächsten Meßwert nennen wir *Tick*. Die Länge des Intervalls in dem der Meßwert unverändert bleibt, nennen wir *Granularität*. Diese Granularität ist ein Maß für den Digitalisierungsfehler.
Wenn wir nun Wissen über die Umwelt darstellen, dann ist die kleinste erfahrbare Zeiteinheit das *Granularitätsintervall*, das für uns deshalb im weiteren die Basiszeiteinheit sein wird. Unsere temporale Logik basiert also nicht auf theoretischen Zeitpunkten wie in temporalen Logiken, die beim Verstehen natürlicher Sprache verwendet werden. In technischen Systemen ist dieses Granularitätsintervall oft in der Größenordnung von Millisekunden. Wir gehen aber im weiteren von frei wählbaren Granularitätsintervallen aus. So würde die Granularität von betriebswirtschaftliche Anwendungen bei einer Stunde oder Tagen und bei volkswirtschaftlichen auf noch größeren Einheiten liegen.

3.3 Notation von Intervallen

Die Gültigkeit einer Aussage beziehen wir auf ein Zeitintervall. Ein solches Intervall besitzt einen Beginn und ein Ende. Bei der Darstellung von zeitlichen Aspekten mit *Intervallogik* gehen wir davon aus, daß wir nicht immer einen numerisch genauen Zeitpunkt bestimmen können, an dem eine Aussage wahr oder falsch ist. Oft können wir nur qualitative Aussagen aufstellen. In unseren technischen Anwendungen benötigen wir aber oft auch die quantitativen Werte. Deshalb erweitern wir die Intervallnotation um Attribute, die sonst in der Intervallogik unbekannt sind.

Wir schränken Zeitintervalle durch Granularitätsintervalle ein. Jeweils ein Granularitätsintervall stellt den Beginn und das Ende des Intervalls dar. Diese Begrenzungsintervalle sind ganz im Intervall enthalten. Das *wahre Zeitintervall*, in dem unsere Aussage gilt, ist immer kleiner oder gleich lang dem notierten Intervall, da wir stets einen Digitalisierungsfehler mit einbeziehen müssen. Die Dauer eines Intervalles kann auch angegeben werden, ohne daß Beginn oder Ende bekannt sind, da wir oft von einer Erscheinung wissen wie lange sie dauert, aber noch nicht wann sie stattfindet. Die Dauer gibt die Anzahl der Ticks (Zeitsprünge) im Intervall an.

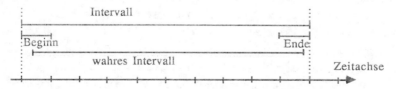

Bild 2: Verhältnis zwischen Intervall und wahrem Zeitintervall

Alle drei Attribute gemeinsam stellen eine Überbestimmtheit dar. Wir gehen aber davon aus, daß Intervalle oft nur unvollständig bestimmt sind. So können wir z.B. von einem

Prozeß sagen wie lange er dauert, wir wissen aber nicht im Vorhinein, wann er beginnen wird und wann er endet. Hat er einmal begonnen bestimmen wir das Ende mit Hilfe der Dauer.

Der Wertebereich der drei Attribute eines Intervalls sind die positiven ganzen Zahlen einschließlich Null. Dies ist eine willkürliche Festlegung. Die drei Attribute stehen in einem festen Verhältnis zueinander.

$$\text{ende}(I) - \text{beginn}(I) =_{def} \text{dauer}(I)$$

Zeitintervalle können durch einen symbolischen Namen angegeben werden. So ist HEUTE-FRÜH ein symbolischer Intervallname, hinter dem aber auch ein Datenobjekt steht, das über die drei Attribute verfügt.

3.4 Beschränkungen zwischen Erscheinungen

Beziehungen zwischen zwei Zeitintervallen sind *Beschränkungen* (constraints). Soll eine Lokomotive einen Waggon wegfahren, dann muß der Waggon zuerst angekuppelt werden. Definieren wir die Aktion «ankuppeln des Waggons» findet genau im Intervall I_1 statt und die Aktion «wegfahren» findet genau im Intervall I_2 statt, dann spezifizieren wir die Beschränkung, daß I_1 vor I_2 stattfindet. In diesem Beispiel benützen wir die Beschränkung für planerische Zwecke. Wir können diese Beschränkungen aber ebenso für die Überwachung von Plänen bzw. sonstigen Abläufen benutzen.

Zwischen zwei Zeitintervallen I_1 und I_2 können verschiedene Beziehungen existieren. Mit Hilfe der Begrenzungsintervalle Beginn und Ende können wir diese Beziehungen mit den Operatoren <, > und = definieren. In der Literatur (Allen [1], Vilain [11], Pelavin [9] und McDermott [7]) existieren eine Menge unterschiedlichen Beziehungen zwischen Intervallen und Zeitpunkten. Während Allen von disjunkten Beziehungen ausgeht, gehen andere, wie z.B. Pelavin von pragmatischeren Beziehungen aus. Er definiert sich die Beziehungen, die er für sein Problem braucht.

Das hier vorgestellte Zeitmodell geht davon aus, daß der Benutzer des Modells sich eigene Beschränkungen definieren kann. Die Relationen von Allen [1] sind in unserer Darstellung einfach zu definieren, wie aus Tabelle 1 zu erkennen ist.

Wir müssen nur immer beachten, daß die Definition mit Hilfe von Granularitätsintervallen geschieht. Bei der Definition von „trifft" (meets) bedeutet dies z.B., der Beginn des ersten Intervalls und das Ende des zweiten Intervalls sind gleich. Bei Allen sind dies zwei „theoretische" Punkte, die keine Dauer haben. Während wir mit unserer Relation erlauben, daß sich die beiden Intervalle überschneiden (Digitalisierungsfehler), ist dies bei Allen nicht der Fall.

Neben den üblichen Relationen von Allen, führen wir noch zwei Disjunktion dieser Relationen ein, weil wir glauben, daß diese häufig benutzt werden.

Beschränkungen werden intern durch Quadrupel dargestellt. Durch die vier Komponenten werden die Beziehungen zwischen den vier Granularitätsintervallen, den Enden der beiden beteiligten Intervalle, untereinander dargestellt. So beschreibt die erste Komponente in welcher zeitlichen Reihenfolge die beiden Granularitätsintervalle am Beginn der Intervalle stehen. Die Beschränkung

$$I_1 \ (=, B_2, B_3, B_4) \ I_2$$

besagt, daß der Beginn des ersten Intervalls gleich dem Beginn des zweiten Intervalls ist. Sind die anderen Komponenten nicht bekannt - wir haben dies durch die Variablen B_2, B_3 und B_4 dargestellt, können wir uns vorstellen, daß die Relation zwischen I_1 und I_2 entweder „startet", „startet-durch" oder „gleich" ist.

Zur Darstellung von Beschränkungen zwischen Granularitätsintervallen stehen uns die Operatoren =, <, >, <=, =>, <> und <=> zur Verfügung. Die letzten vier Operatoren stellen disjunktive Verknüpfungen dar. Der Ausdruck „beginn(I_1) => beginn(I_2)" bedeutet, daß der Beginn des ersten Intervalls mit dem Beginn des zweiten Intervalls zusammenfällt, oder nach dem Beginn des zweiten Intervalls liegt.

Die zweite Komponente einer Intervallbeschränkung beschreibt das Verhältnis der beiden Endpunkte zueinander. Die dritte Komponente beschreibt das Verhältnis des Beginns des ersten Intervalls zum Ende des zweiten Intervalls und die vierte Komponente das Verhältnis des Ende des ersten Intervalls zum Beginn des zweiten Intervalls. Unsere vordefinierten Beziehungen lassen sich dann wie in Tabelle 1 beschreiben:

Beschränkung	Repräsentation
trifft	(<,<,<,=)
getroffen	(>,>,=,>)
bevor	(<,<,<,<)
vor	(<,<,<,<=)
nachher	(>,>,>,>)
nach	(>,>,>,=>)
disjunkt	(<,<,<,<); (>,>,>,>)
in	(=>,<=,<,>)
gleich	(=,=,<,>)
eingeschlossen_durch	(>,<,<,>)
schließt_ein	(<,>,<,>)
startet	(=,<,<,>)
startet_durch	(=,>,<,>)
beendet	(>,=,<,>)
beendet_durch	(<,=,<,>)
ueberlappt	(<,<,<,>)
ueberlappt_durch	(>,>,<,>)

Tabelle 1: Interne Repräsentation der Intervallbeschränkungen

Die Konsistenz der Beschränkungen einer Menge von Intervallbeschränkung wird algebraisch auf der Ebene der Quadrupel überprüft.

3.5 Erscheinungsformen

Wir unterscheiden verschiedene Erscheinungsformen. Anhand dieser Unterteilung lassen sich später genauere Schlußfolgerungen ziehen. Beschreiben wir z.B., daß in einem Intervall eine Eigenschaft gilt, so schliessen wir, daß in jedem Teilintervall dieses Intervalls die Eigenschaft auch gilt.

DIE WEICHE STAND HEUTE AUF GERADEAUS.

⇓

DIE WEICHE STAND HEUTE MITTAG AUF GERADEAUS.

Erscheinungen teilen wir in solche auf, bei denen etwas passiert, d.h. in einer zustandsorientierten Modellierung würden wir Zustandsübergänge feststellen, und solchen Erscheinungen, bei denen der „Zustand" erhalten bleibt.

Die erstgenannte „dynamische" Erscheinung nennen wir *Geschehen* und gliedern sie weiter auf in *aktive Geschehen* - der *Handlung* - und in *passive Geschehen* - dem sogenannten *Geschehnis*. Diese Unterscheidung kann in einer Anwendung nicht immer eindeutig geschehen. Die Entscheidung wird intuitiv fallen. Bei Handlungen modellieren wir neben dem Geschehen einen *Akteur*, der das Geschehen verursacht oder veranlaßt, wie z.B. in folgendem Beispiel:

DIE DIESELLOKOMOTIVE ZIEHT DIE WAGGONS VORMITTAGS ZUM BAHNHOF.

Bei Geschehnissen läßt sich oft auch ein Verursacher ermitteln, aber im aktuellen Teilmodell unserer Anwendung ist dieser vielleicht gerade uninteressant und wir müssen ihn nicht darstellen. Im folgenden Beispiel wissen wir nicht welcher Zug gemeint ist, und es interessiert uns nicht.

DA GESTERN EIN ZUG BEI WEICHE4 ENTGLEIST IST,
   IST WEICHE4 HEUTE NICHT PASSIERBAR.

Aktive sowie passive Geschehen lassen sich noch nach einem anderen Kriterium gliedern, nämlich in diskrete und kontinuierliche Geschehen. *Kontinuierliche Geschehen* basieren auf kontinuierlichen Veränderungen, wie z.B. der Position der fahrenden Lokomotive im folgenden Beispiel:

DIE DIESELLOKOMOTIVE FÄHRT DEN GANZEN TAG.

Die *diskreten Geschehen* basieren auf einer Abstraktion, bei der die einzelnen Zustandsübergänge eines kontinuierlichen Geschehens ausgeblendet werden und nur eine einzige

Zustandsänderung gesehen wird, die jedoch auch in einem größeren Intervall stattfinden kann, so wie folgendes Geschehen:

DIE RANGIERLOKOMOTIVE HAT GESTERN BEIDE WAGGONS VERTAUSCHT.

Die Unterscheidung in diskrete und kontinuierliche Geschehen ist wiederum eine Entscheidung, die davon abhängt wie stark wir in unserem Teilmodell abstrahieren möchten. Diskrete, passive Geschehen nennen wir *Ereignisse*. Für Ereignisse gilt die Eigenschaft, daß sie nicht in einem Teilintervall auftreten. Das sie beschreibende Intervall wird durch das Ereignis ganz ausgefüllt. *Prozesse* sind im Gegensatz zu Ereignissen kontinuierliche Geschehen. Diskrete, aktive Geschehen heißen *Aktionen* und das kontinuierliche Gegenstück dazu sind die *Aktivitäten*.

Die zweite Hauptart von Erscheinung - die mehr „statische" Art - nennen wir *Faktum* und ein Beispiel dafür ist folgende Aussage:

DAS SIGNAL STAND DIE GANZE NACHT ÜBER AUF ROT.

Fakten gliedern wir in drei unterschiedliche Erscheinungsformen. *Objekte* sind für uns sinnlich feststellbare Gegenstände, die eine Lebenszeit besitzen. Objekte werden irgendwann erzeugt, produziert (oder auch geboren) und werden auch nur begrenzt lange existieren. Deshalb können auch sie zeitsensitiv sein. Beispiele in unserer Anwendung sind Lokomotiven, Weichen, ...

Eigenschaften sind Aussagen, die veränderbare Attribute eines Objektes beschreiben. Die Stellung einer Weiche ist eine Eigenschaft des Objektes Weiche und damit eine Erscheinungsform. Der Zeitraum der Gültigkeitszeit ist im Extremfall gleich der Lebenszeit des Objektes.

Zustände sind in unserer Terminologie Zusammenfassungen von Eigenschaften von möglicherweise verschiedenen Objekten. Zustände können theoretisch zeitlich beliebig lange sein. Sobald eine Veränderung einer Eigenschaft des Zustandes auftritt, beginnt ein neuer Zustand. In der Praxis sind Zustände sehr kurz.

Skripte stellen nun in unserer Klassifizierung eine Erscheinung dar, die sich aus anderen Erscheinungen zusammensetzt. So wird die Handlung eines Skriptes durch eine Menge von Erscheinungen definiert. Auch die Eintrittsbedingungen und Resultate stellen Erscheinungen dar.

Wie auf Basis dieser Darstellung eine Wissensverarbeitung, d.h. eine Planunung und Fehlerüberwachung für Echtzeitprozesse stattfinden kann, haben wir in [2] und [4] beschrieben.

4 Der Ereignisprozessor

Das Problem der expliziten Darstellung von Sachverhalten ist, daß die Verarbeitung nicht so effizient geschieht wie bei einer impliziten Darstellung in einem prozeduralen Kalkül. Wir müssen damit die Vorteile der Flexibilität und der Wartbarkeit bezahlen. Den Nachteil versuchen wir dadurch zu verringern, daß wir einen allgemeinen prozeduralen Verarbeitungsteil definieren - den Ereignisprozessor. Dieser Teil sollte insbesondere die zeitkritischen Vorgänge unterstützen. Diese Verarbeitung wird unabhängig von einer Anwendung definiert werden, d.h. der Ereignisprozessor sollte alle Anwendungen, die wir sehen - Prozeßsteuerung, Prozeßdiagnose, Prozeßüberwachung und Roboterplanung - unterstützen.

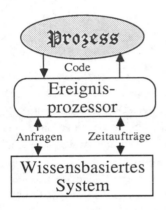

Bild 3: Der Ereignisprozessor

Dies bedeutet insbesondere, daß wir keine spezielle Peripherie zugrunde legen dürfen. Den Code den Sensoren uns liefern, soll der Ereignisprozessor nicht interpretieren, sondern durchreichen und mit Zeitattributen versehen. Der Ereignisprozessor soll keinen Code für Aktuatoren erzeugen. Dieser wird von dem wissensbasierten System geliefert. Er muß nur dafür sorgen, daß der Aktuator zu einer spezifizierten Zeit aktiviert wird. Die Aufgabe des Ereignisprozessors ist also die zeitliche Koordination von Aufträgen. Die benutzten Codes für die Peripherie liegen in einem ausgezeichneten Bereich der Wissensbasis des WBS und können so leicht geändert werden.

Der Ereignisprozessor besteht aus mehreren Teilen. Es existieren zwei Speicher, einer für Ereignisse, die festgestellt wurden und ein zweiter für Aufträge, die noch ausgeführt werden müssen. Jeder Eintrag besitzt eine Identifikationsnummer, mit Hilfe derer das wissensbasierte System den Eintrag adressieren kann. Einträge werden eine gewisse Zeit gespeichert, so daß das wissensbasierte System auch auf Daten der Vergangenheit zurückgreifen kann. Wir unterscheiden bei der Kommunikation zwischen Ereignisprozessor und wissensbasiertem System Zeitaufträge und Anfragen an den Inhalt der Speicher.

Um eine Synchronisation mit der Echtzeit zu gewährleisten, enthält der Prozessor eine Realzeituhr. Im wissensbasierten System stellen wir die Zeit durch eine natürliche Zahl dar. Deshalb ist es notwendig, in einer Initialisierungsphase die Zeit 0 mit einer konkreten Uhrzeit gleichzusetzen und die Größe eines Ticks zu definieren. Ein weiterer Teil des Prozessors ist der Scheduler, der die Aufträge an den Prozeß einplant. Das Prozeßinterface muß typische Protokolle unterstützen, die zur Kommunikation mit Prozessen üblich sind. Die Interaktionskomponente setzt die Aufträge, die vom wissensbasierten System kommen, in Einträge des Auftragsspeicher um.

Auftragsspeicher	Prozeßinterface	Ereignisspeicher
	Scheduler	
	Echtzeituhr	
	Interaktionskomponente	

Bild 4: Der Ereignisprozessor

4.1 Einfache Zeitaufträge

Einfache Zeitaufträge bestehen aus einer Identifikationsnummer, dem Code, der an das externe Gerät übertragen werden soll, einer Bezeichnung, an welchen Ausgabekanal des Prozessors der Code gesendet werden soll und ein Intervall. Die Identifikationsnummer dient der eindeutigen Identifikation eines Auftrages. Das wissensbasierte System numeriert seine Aufträge damit durch. Antwortet der Ereignisprozessor auf eine Anfrage, so dient die Nummer als Identifikator. So können auch alte Aufträge abgefragt werden.

Der Code ist eine Liste von beliebig vielen Einzeldaten. Wobei ein Einzeldatum aus zwei Komponenten besteht: dem Wert in ASCII-Zeichen ausgeschrieben und eine Spezifikation, in welcher Form dieser Wert an das Prozeßinterface gesandt werden soll (Integer, Real, ASCII).

Das Intervall kann, wie wir bereits gesehen haben, drei Attribute besitzen. Wird das Startintervall spezifiziert, so hat der Ereignisprozessor den Zeitauftrag zu jener Zeit zu initiieren. Ist keine Startzeit spezifiziert ist der Code direkt weiterzuleiten.

Identifikation	Code	Ausgabekanal	Intervall

Bild 5: Einfacher Zeitauftrag

In unserer Notation bedeuten unterstrichene Variablen Eingabeparameter, nicht unterstrichene Variablen Ausgabeparameter und die punktiert unterstrichenen Variablen Durchgangsparameter. Die letzteren können teilweise bereits bestimmt sein, aber durch die Ausführung des Auftrages weiter eingeschränkt werden.

    auftrag(ID, Code, Ausgang, Intervall).

Der Prozessor wird den Auftrag versuchen zu interpretieren. Dies kann ein Auftrag sein eine Aktion zu initiieren oder aber einen Meßwert zu lesen. Soll ein Meßwert gelesen werden, wird der Code an das Meßgerät gesandt und irgendwann später ein Meßwert in den Prozessor eingelesen.

4.2 Verwaltung des Auftragsspeichers

Es kann passieren, daß Aufträge, die an den Prozessor gegeben wurden, inzwischen veraltet sind. Das heißt, wir haben eine Zeit spezifiziert, die weit in der Zukunft lag und nun wird dieser Auftrag überflüssig oder sogar störend, weil unser wissensbasierte Prozeß sein Interesse auf andere Daten fokussiert. Dafür benötigen wir eine Löschfunktion.

    lösche-Aufträge(ID)
    lösche-Aufträge(Intervall).

Mit der zweiten Prozedur löschen wir alle Aufträge, die in dem spezifizierten Intervall ausgeführt werden sollten. Wird das Intervall nach vorne nicht beschränkt, so werden alle Aufträge bis zum spezifizierten Ende gelöscht. Ähnlich sieht dies beim Fehlen des Intervallendes aus.

Genauso wichtig wie das Löschen von Einträgen kann das Ändern von Einträgen sein. So kann es passieren, daß im Schlußfolgerungsprozeß des WBS das Intervall einer Erscheinung stärker eingeschränkt wird, obwohl der Zeitauftrag schon abgesetzt wurde. Dies wird häufig als Reaktion auf nicht eingeplante Ereignisse passieren. Da sie nicht erwartet wurden, muß nachträglich eine Neuplanung stattfinden.

    ändere-auftrag(ID, ...)

4.3 Zyklische Aufträge

Um einen Prozeß zu überwachen, müssen Sensordaten oft regelmäßig gelesen werden. In unserem wissensbasierten System können wir dies nur auf Kosten der Effizienz durchführen. Deshalb definieren wir zyklische Aufträge. Wir sagen dem Ereignisprozessor damit, daß er während eines Intervalls in festen Zeitabständen Sensordaten einlesen soll. Dieser Auftrag wird selbst im Auftragsspeicher abgelegt.

    zyklusauftrag(Anzahl-von-Ticks, ID, Code, Ausgang, Intervall).

Die Sensorwerte, die der Ereignisprozessor nun erhält, werden im Ereignisspeicher abgelegt. Ändert sich der gemessene Wert von einem Meßwert zum nächsten nicht, so wird nicht ein neuer Eintrag generiert, sondern das Intervall erweitert.

4.4 Anfragen

Da uns der Ereignisprozessor als Puffer für zeitkritische Dienste dient, müssen wir auch vom WBS die Möglichkeit haben diese Einträge zu lesen. Die uns interessierenden Sensorwerte liegen im Ereignisspeicher. Haben wir einen Auftrag an den Prozessor gesandt, daß ein Sensorwert gemessen werden soll, werden wir später den Wert aus dem Speicher lesen.

    anfrage(ID,Code, Intervall).

Hier wird nun ein komplizierter Matchingmechanismus durchgeführt. Ist das Intervall Teilintervall von einem im Speicher eingetragenen Intervall, so wird der Code zurückgegeben. Ist bei der Anfrage das Intervall nur unvollständig beschrieben, so wird das Intervall instantiiert. Das Verhältnis des spezifizierten Intervalls in der Anfrage und dem im Ereignisspeicher muß der „in"-Relation aus Tafel 1 entsprechen. Wir können ein explizites Verhältnis der beiden Intervalle durch folgende Anfrage fordern, wobei Beziehung eins der bekannten Viertupel aus Tabelle 1 ist:

    anfrage(ID,Code, Intervall, Beziehung).

4.4 Bedingte Aufträge

Manchmal müssen wir sehr schnell auf zeitkritische Erscheinungen reagieren. Fährt z.B. eine Lokomotive auf einen Blockabschnitt, auf dem bereits ein Zug steht, so ist die Lokomotive sofort anzuhalten. Diese sicherheitskritischen Fälle finden wir in vielen Anwendungen. Hier sollte das wissensbasierte System keine Schlußfolgerungsprozeß starten, sondern der Ereignisprozessor sollte selbständig die Initiative ergreifen. Wir können dem Ereignisprozessor deshalb einen bedingten Auftrag geben:

    bedingter-Auftrag(ID, Code1, Ausgang1, Intervall1, Code2, Ausgang2, Intervall2).

Die Semantik ist dabei folgende: Wenn der Code1 am Ausgang1 während Intervall1 eingelesen wird, dann wird sofort über den Ausgang2 der Code2 im Intervall2 ausgegeben.

4.5 Initialisierung

Starten wir eine Anwendung, so müssen wir den Ereignisprozessor initialisieren. Dazu gehört, daß die gesamten Speichereinträge gelöscht und die aktuelle Uhrzeit mit Tick 0 gleichgesetzt wird. Dies geschieht mit der Prozedur:

    initialisiere-EP(Tickgröße, Gültigkeit-Sensordaten, Gültigkeit-Aufträge)

Dabei werden über die Parameter die Größe des Granularitätsintervall und die Gültigkeitszeiten für Sensordaten und Aufträge definiert. Die Einheit sind dabei Ticks.

5 Zusammenfassung

Wir haben einen Mechanismus vorgestellt, der es erlaubt Wissen über technische Prozesse ereignisorientiert darzustellen. Dabei kommt der Darstellung der Zeit, des Verlaufs der Zeit und den zeitlichen Abhängigkeiten von Ereignissen eine herausragende Rolle zu.

Die ereignisorientierte Darstellung ist in der KI nicht neu. Mit Skripten bei Schank [10], der Intervallogik bei Allen [1] und dem Ereigniskalkül von Kowalski [5] können wir hier einige bekannte Ansätze zitieren. Diese Theorien sind jedoch für Anwendungen wie Verarbeitung natürlicher Sprache und Informationssysteme gedacht. Auch für technische Anwendung, wie z.B. bei der Bilderkennung [8], wurde eine solche Repräsentation vorgeschlagen.

In unseren Anwendungen kommen aber zwei spezielle Anforderungen hinzu. Zum einen muß eine Rechtzeitigkeit von Antworten des Steuerrechners zugesichert werden und zum anderen muß mit nicht standardisierten Prozeßinterfaces kommuniziert werden.

Für die Anwendung in technischen Prozessen nehmen wir deshalb weitere Konzepte in den ereignisorientierten Kalkül auf. Einer der wichtigsten ist dabei die Schnittstelle von dem wissensbasierten System zu dem technischen Prozeß. Wir haben dafür den Ereignisprozessor definiert.

Der Prozessor befreit unser wissensbasiertes System vor den zeitkritischsten Aufgaben. Wir können z.B. mit bedingten Zeitaufträgen für kritische Fälle Notaus-Aufträge formulieren. So können wir z.B. dem Ereignisprozessor mitteilen, wenn das Planungsmodule in den nächsten n Sekunden keine Lösung liefert, soll es den Strom im Prozeß abschalten. Trotzdem bleibt aber die für wissensbasierte Systeme geforderte Trennung von Wissensrepräsentation (deklarativ im WBS) und der Wissensverarbeitung (prozedural im WBS und Ereignisprozessor) [3] erfüllt.

Diese Definition kann nur ein erster Ansatz sein. Mit Hilfe dieser Schnittstelle muß nun anhand von verschiedenen technischen Prozessen Erfahrung gesammelt werden.

Literaturverzeichnis

[1] James F. Allen : Maintaining Knowledge about Temporal Intervals. CACM, Vol. 26, No 11, November 1983, pp 823-843

[2] Dorn, Jürgen; Hommel, Günter; Knoll, Alois : Skripte als ereignisorientierte Repräsentationsmechanismen in der Robotik. Proceedings der 16. Jahrestagung der GI, Berlin, Hrsg. G. Hommel und S. Schindler, Oktober 1986, pp 656 -670

[3] Dorn, Jürgen : Skripte und andere Konzepte für die Wissensrepräsentation in der Robotik. 2. Fachgespräch Autonome Mobile Roboter, Karlsruhe 1986, pp 38-57

[4] Dorn, Jürgen : Repräsentation von Abhängigkeiten durch Skripte. Arbeitspapiere der GMD, Beiträge zum Workshop „Planen und Konfigurieren", Hrsg. Joachim Hertzberg, April 1988

[5] Robert Kowalski; Marek Sergot : A Logic-based Calculus of Events. New Generation Computing 4 (1986), pp 67-95

[6] Märklin : Technische Beschreibung der Digital H0 Modelleisenbahn, 1985

[7] Drew McDermott : A Temporal Logic for Reasoning about Processes and Plans. Cognitive Science 6, (1982), pp 101-155

[8] Neumann, Bernd; Mohnhaupt, Michael : Propositionale und analoge Repräsentation von Bewegungsabläufen. KI 1/88, pp 4-10

[9] Pelavin, Richard; Allen, James F. : A Formal Logic of Plans in Temporally Rich Domains. Proc. of the IEEE, Vol. 74, No. 10, October 1986, pp 136-1382

[10] Schank, Roger C.; Riesbeck,Christopher K. (eds.) : Inside Computer Understanding, Erlbaum, Hillsdale, NY, 1981

[11] Vilain, Marc B.; Kautz, Henry : Constraint Propagation Algorithms for Temporal Reasoning. Proceedings AAAI 86, Philadelphia, PA, pp 377-382

Dipl. Inform. Jürgen Dorn
Technische Universität Berlin
Fachbereich Informatik
Fachgebiet Prozeßdatenverarbeitung und Robotik
Sekr. FR 2-2
Franklinstr. 28/29
1000 Berlin 10

Prozesskontrolle mit Expertensystemen

Dr. M. Ruckert   B. Mescheder   F. Mädler

1 Einführung

Im Hahn-Meitner-Institut Berlin wird seit 1982 amorphes Silizium (a-Si) erforscht. a-Si-Halbleiter lassen sich in großflächigen dünnen Schichten bei geringem Energieaufwand herstellen. Dotierbarkeit und Legierbarkeit aus der Gasphase heraus erlauben ein breites Spektrum wünschenswerter elektrischer Eigenschaften ([14], [15]). Die experimentellen Möglichkeiten sind während der letzten Jahre zunehmend durch Rechner-Unterstützung erweitert worden ([7]). Im letzten Jahr wurde das Projekt SOLEIL (Solarzellenproduktion mit Expertensystem-integrierender Labortechnik) gestartet. In der Form einer Kooperation zwischen der Nixdorf Computer AG und dem Hahn-Meitner-Institut wird der Einsatz wissensbasierter Systeme zur Real-Time Kontrolle industrieller Prozesse erprobt. Für eine Mehrkammer-Plasmadepositionsanlage (MPDA) wird auf der dort bereits laufenden Prozeßrechner Schicht ein Expertensystem auf Basis von TWAICE ([13]) geschaffen, mit dem die Produktion von Solarzellen unterstützt werden kann. Teile der Aufgaben sind in Echtzeit zu lösen. Im Experimentbetrieb sind einschneidende Sicherheitsbestimmungen zu beachten. Beide Forderungen gehören zu den für eine Lösung gestellten Randbedingungen.

Die Herstellung von Dünnschicht-Solarzellen aus hydrogenisiertem amorphen Silizium (a-Si:H) erfordert zum Erreichen einer hohen Materialgüte bei niedrigen Fertigungskosten einen beträchtlichen Aufwand bei den Produktionsanlagen und deren Steuerung. Um einen Zusammenhang zwischen den Prozeßparametern und den elektrischen Eigenschaften der produzierten Schicht finden zu können, müssen alle Daten der Depositionsabläufe (z.B. Druck, Temperatur, Amplitude und Abklingverhalten der in-situ-Meßsignale) archiviert und ausgewertet werden. Wegen der Komplexität des betrachteten Prozesses ist diese Korrelierung zwischen Prozeß und Produkt nur mit einem Rechner zu bewältigen.

In der ersten Phase des Projekts, von der hier berichtet werden soll, war die Aufgabe, die Steuerung der Anlage wissensbasiert zu realisieren. "Steuerung" bedeutet dabei die Beschränkung auf die rein mechanischen Erfordernisse einschließlich der komplexen Problematik der Prozeßgase, jedoch noch ohne Berücksichtigung einer Optimierung der physikalischen Bedingungen des gewünschten Produktionsprozesses.

Im folgenden beschreiben wir zuerst Problemstellung und Projektverlauf, sodann die Architektur und Wissensrepräsentation unserer Problemlösung. Den Abschluß bildet eine Darstellung und Bewertung unserer Erfahrungen bei der Durchführung des Projektes.

2   Problemstellung

Bevor auf das eigentliche Thema, die Prozeßkontrolle, näher eingegangen werden kann, ist es notwendig, zunächst die Grundlagen, d.h. die technische Anlage und den zu steuernden Prozeß zu beschreiben.

Die Herstellung von Dünnschicht-Solarzellen aus hydrogenisiertem amorphen Silizium (a-Si:H) erfordert zum Erreichen einer hohen Materialgüte bei niedrigen Fertigungskosten einen beträchtlichen Aufwand bei den Produktionsanlagen und deren Steuerung. Um für einen Aufbau solcher Produktionsanlagen Know-How zu gewinnen, wurde im Hahn-Meitner-Institut unter Leitung von Prof. H. Tributsch im Rahmen des Forschungsschwerpunktes "Grenzflächenprozesse und Energieumwandlung" eine Mehrkammer-Plasmadepositionsanlage (MPDA) entwickelt und in Betrieb genommen ([7]). Sie gestattet in einem einfachen und energetisch günstigen Verfahren, durch Zersetzen von Silan (SiH_4) mittels Hochfrequenz-Glimmentladung und anschließendem Abscheiden des entstehenden amorphen Siliziums auf einem Trägermaterial, die Herstellung von i-Schichten (intrinsisch) sowie von p- bzw. n-leitenden Schichten durch Hinzufügen von Dotierstoffen wie Phospin (PH_3) und Methan (CH_4) bzw. Diboran (B_2H_6). Die einzelnen Kammern der MPDA dienen der aufeinanderfolgenden Herstellung von p-, i- und n-Schichten, wobei ein Transportmechanismus das Material von Kammer zu Kammer leitet.

Üblicherweise werden die Gütemerkmale einer Solarzelle erst nach ihrer Fertigstellung - also nach Ablauf des Beschichtungsprozesses und anschließender Kontaktierung - ermittelt. Damit ist die Auswertung langer Versuchsreihen wesentliche Voraussetzung zur Festlegung des Prozeßablaufs, d.h. zur zeitabhängigen Regelung der Prozeßparameter wie Temperatur, Druck, Gasfluß, Hochfrequenzleistung, Beschichtungsdauer,... für das Depositionsverfahren.

Bei dem am HMI angewendeten Beschichtungsvorgang werden jedoch durch Laserpulsanregung und Mikrowellen-Detektionsverfahren photoelektrische Eigenschaften der entstehenden Halbleiterschicht wie Quanten-Ausbeute, Beweglichkeit und Lebensdauer der Ladungsträger bereits während des Produktionsprozesses ermittelt. Diese kontaktfreie und schnelle in-situ Meßmethode gestattet somit in einem sehr frühen Stadium die Charakterisierung der photoelektrischen Eigenschaften des bis dahin hergestellten Materials und eröffnet die Möglichkeit zu deren Optimierung bereits während des Beschichtungsvorgangs.

Um einen Zusammenhang zwischen den Prozeßparametern und den elektronischen Eigenschaften der produzierten Schicht finden zu können, müssen alle Daten der Depositionsabläufe archiviert und ausgewertet werden. Wegen der Komplexität des betrachteten Prozesses - an der MPDA gibt es mehr als 50 Stellglieder - und der Menge der abgespeicherten Daten ist diese Korrelierung zwischen Prozeßparametern, in-situ Meßsignal und photoelektrischen Schichteigenschaften nur mit Rechnerunterstützung zu bewältigen.

Die Gesamtanlage kann im hier behandelten Kontext als ein komplexes Gebilde aus verschiedenen Kammern, Leitungen, Ventilen, Pumpen und Schiebern angesehen werden. Verschiedene Parameter der Anlage sind vom Bediener direkt beeinflußbar, etwa die Stellung eines Ventils, andere, wie etwa Druck und Zusammensetzung von Gasen in den verschiedenen Kammern und Leitungen (auch die Leitungsvolumina müssen bei der Steuerung berücksichtigt werden !) sind nur indirekt beeinflußbar. Letztere können auch nicht direkt bestimmt werden, sondern müssen immer rechnerisch mitgeführt werden.

Zwischen den verschiedenen Anlagenparametern gibt es komplexe Beziehungen. So hängt die Frage, ob ein bestimmtes Ventil geöffnet werden darf, von den Gasvolumina in den Leitungen ab, die sich unter Umständen nicht mischen dürfen. Ist eine Turbopumpe mit einem der beiden Volumina verbunden und eingeschaltet, so darf auch der Druck nicht zu hoch werden, da dies die Pumpe zerstören könnte. Soll das Ventil dennoch geöffnet werden, so müssen die Leitungen vorher abgepumpt und gespült werden, verschiedene andere Ventile geschlossen, Pumpen an oder abgeschaltet werden etc. ...

Die folgenden Gründe legten die Verwendung von KI-Methoden nahe:

- Dynamik des Anlagenwissens: Die Anlage wird im Rahmen eines Forschungsprojektes betrieben, das heißt auch, daß das Wissen über die Anlage sich im Laufe des Projektes verändert, ja sogar, daß die Anlage selbst Veränderungen unterworfen wird. Eine Pflege des Wissensbestandes muß also von Anfang an bedacht werden.

- Unterstützung der Experimentatoren im Betrieb: Das in einer Forschungseinrichtung wechselnde wissenschaftliche Personal verlangt bei der Bedienung der Anlage eine umfassende Unterstützung. Die Stellmöglichkeiten hängen dynamisch von komplexen Vorbedingungen ab, die sich u. a. aus nicht auslesbaren Anlagen- und Prozeßparametern ergeben. Insbesondere handelt es sich dabei um Gas- und Druckzustände in Kammern und Leitungen, deren Mißinterpretation den sicheren Betrieb und die Qualität der Ergebnisse erheblich beeinträchtigen könnte. Mit einem logischen Anlagen- und Prozeßmodell können auch die vom Prozeß nicht gelieferten Parameter aus wohldefinierten Anfangszuständen durch die Auswertung der Stellaktionen fortgeschrieben werden. Auf der Grundlage einer so erzeugten vollständigen Information können dann Stellpläne abgeleitet werden, die den sicheren Anlagenbetrieb und darüberhinaus z.B. die erforderliche Reinheit im Prozeß gewährleisten.

- Qualitätsoptimierung: Wenn das Wissen über die Physik der photoleitenden Schichten in ein gutes logisches Modell der Produktion solcher Schichten gebracht wird, kann der eigentliche Experimentierbetrieb auf den in 1 genannten Voraussetzungen aufgesetzt werden. In einer späteren Projektphase wird es darum gehen, Induktions- oder Lernkomponenten einzusetzen, die aus den Meßergebnissen der laufenden Produktion Wissen zur Steuerung der Aufdampfvorgänge ableiten, mit dem Ziel der Optimierung des Wirkungsgrades für die produzierten Schichten.

Der erste Schritt realisiert nur die Steuerung der Anlage, d.h. zunächst unter Beschränkung auf die rein mechanischen Erfordernisse ohne Berücksichtigung der komplexen Prozeßbedingungen. Ziel dieser Stufe ist eine Anlagenbedienung, die alle Eingriffe erlaubt, aber die Zerstörung von Anlagenteilen sowie unerlaubte oder gefährliche Anlagenzustände vermeidet. Dabei wird sowohl die Problematik der Gase als auch des Druckes berücksichtigt.

Der Bediener hat die Möglichkeit zur Eingabe beliebiger Stellaufforderungen als Zielvorgabe. Die Planungskomponente (PLANER) der Steuerung greift dann auf das Anlagenwissen zurück, d.h. auf alle Bedingungen, die sich aus dem technischen Aufbau der Anlage bzw. aus Sicherheitsgründen bei Gas und Druck ergeben. Sie erstellt einen optimalen Plan, d.h. eine Liste von nacheinander ausführbaren Stellvorgängen, und ist damit in der Lage, die MPDA aus dem gegebenen Ausgangszustand in den gewünschten Zielzustand zu überführen.

Eine <u>Ausführungskomponente</u> (AUSFÜHRER) kann dann den Plan automatisch zur Ausführung bringen. Dabei müssen die Planungsschritte mit der aktuellen Entwicklung des Anlagenzustandes abgeglichen werden. Spontane Änderungen im Anlagenzustand, verursacht etwa durch Defekte, können möglicherweise die Ausführung des Planes verhindern, da der im Plan vorgesehene Anlagenzustand in einem kritischen Parameter nicht mit dem tatsächlichen Anlagenzustand übereinstimmt.

Zur Verfolgung des Anlagenzustandes ist eine <u>Überwachungskomponente</u> (ABLEITER) implementiert. Wie oben bemerkt können nicht alle relevanten Parameter der Anlage direkt eingestellt oder gemessen werden. Die abhängigen Parameter müssen daher bei jeder Änderung eines unabhängigen Parameters aus dem vollständigen Anlagenzustand vor der Änderung berechnet werden. Ist nach der Initialisierung der Anlage der Zustand einmal vollständig bekannt, so wird von der Überwachungskomponente, durch Verfolgung aller Stellanweisungen, jeweils der vollständige Anlagenzustand abgeleitet und der Gesamtsteuerung zur Verfügung gestellt.

Alle drei genannten Komponenten arbeiten auf der gleichen Wissensbasis. Dies sichert zum einen die Konsistenz der Steuerung und ermöglicht eine vereinfachte Wartung des Gesamtsystems. Änderungen in der Anlage (genauer im Wissen über die Anlage) werden nur an einer Stelle nachgetragen und danach an allen Stellen berücksichtigt.

Prozeßsteuerung impliziert immer eine Real-Time Anwendung. In unserem Falle werden insbesondere Real-Time Anforderungen an die Überwachungs- und Ausführungskomponente gestellt. Durch die Forderung einer gemeinsamen Wissensbasis ist davon mittelbar auch die Planungskomponente betroffen. Die Anforderungen an die Planungskomponente sind ansonsten keine echten Real-Time Anforderungen. Es ist lediglich verlangt, daß die Zeiten für die Planerstellung deutlich kürzer sind als die Zeit, die der Benutzer zur Erstellung eines Planes braucht und aus ergonomischen Gründen höchstens 10% der Zeit für die Ausführung des Plans auf der Anlage. In der Praxis bedeutet dies, daß die härtesten Anforderungen an die Performanz der Wissensrepräsentation durch die Planungsaufgabe gestellt wird, da diese Aufgabe erheblich komplexer ist als die Ausführung und die Überwachung.

Im weiteren Projektverlauf werden dann die Einschränkungen des Prozesses selbst zu berücksichtigen sein. Es geht dann nicht mehr um die Sicherheit alleine, sondern es soll eine Verschmutzung oder Verschlechterung des hergestellten Produkts vermieden werden. Für die Prozeßsteuerung und die reine Anlagensteuerung können jeweils dieselben Komponenten benutzt werden, nur das jeweils einfließende Wissen ist unterschiedlich.

3 Projektverlauf und Knowledge Engineering

1982-85 Erste Experimente mit einem Einkammer-System, manuell betrieben.

1983-86 Entwicklung und Bau der MPDA zur Herstellung und Optimierung der photoleitenden Schichten von Solarzellen.

1985/86 Entwicklung und Implementation der Prozeßrechner-Schicht, Bau und Integration eines Leitstandes.

1986/87 Integration einer graphischen Monitoring Komponente. Durch Makro-Prozessor unterstützte Experimente.

Sept.87 Start des Projekts (SOLEIL) mit dem Ziel: Entwicklung und Implementation eines Expertensystems zur Unterstüzung der Experimentatoren im Hinblick auf Sicherheit, Durchsatz- und Qualitätsoptimierung.

Beginn der Wissenserhebung. Experten sind, neben den Experimentatoren, die Entwickler der MPDA und der auf der MPDA aufgesetzten Prozeßrechner-Schicht. Das erhobene Wissen umfaßt auch das "Stellwissen" für einen sicheren Anlagenbetrieb, wie es für die späteren Experimente vorausgesetzt wird.

Die Interviewer benötigten zusammen drei Mann-Monate für die Befragung. Jeweils der gleiche Aufwand war nochmals erforderlich, um das in Gesprächsprotokollen festgehaltene Wissen zu "systematischen Prinzipien" zusammen zu fassen und anschließend in die Form zu bringen, die im Expertensystem verwendet wird.

Weitere zwei Mann-Monate waren nötig, um das in der Planungskomponente verwendete Kontrollwissen und das Wissen zur Berücksichtigung des zeitlichen Verhaltens zu extrahieren.

Okt.87 Beginn der Kooperation HMI/Nixdorf Computer AG.
Erstes Prototyping von Komponenten in PROLOG.

Jan. 88 Grundlegende Designentscheidungen werden getroffen: Aufgliederung in einzelne UNIX-Prozesse zur Bewältigung der Asynchronität, Konzept einer Wissensrepräsentation in TWAICE zur Sicherstellung der Wartbarkeit und Unterstüzung des Knowledge Engineerings und Planung eines Regelcompilers zur Erzeugung maximal effizienten Prolog Codes.

April 88 Die Planungskomponente in PROLOG, um eine Kontrollschicht erweitert, erlaubt die Planung aller Stellpläne innerhalb der vorgegebenen Zeitlimits. Ein Prototyp der Planungskomponente in TWAICE wird fertiggestellt, der, bei voller Erklärungsfähigkeit, die funktionale Äquivalenz zum Planer in PROLOG sicherstellt. Die Implementation des Regelcompilers wird abgeschlossen.

- Juni 88 Für die MPDA-Teilanlage wird ein wissensbasiertes Steuerungssystem entwickelt und getestet. Es gestattet den sicheren Betrieb unter Gas- und Druckverhältnissen, wie sie in der anschließenden Projektphase für den experimentellen Prozeß eine Voraussetzung sein werden.

4   Architektur

Das Pflichtenheft für die Anlagensteuerung enthält zwei kritische Punkte, die charakteristisch sind für den Einsatz von Expertensystemen zur Prozeßsteuerung:

- Reaktion auf asynchrone Meldungen des Prozesses im minimalen Abstand von zwei Sekunden und Verarbeitung dieser Meldungen.

- Unterbrechbarkeit der Komponenten durch den Benutzer, um Erklärungen anfordern zu können.

Im folgenden soll die Implementierung in den Grundzügen skizziert werden. Das Gesamtsystem wurde als Komplex aus mehreren kommunizierenden Prozessen (unter UNIX [1]) realisiert:

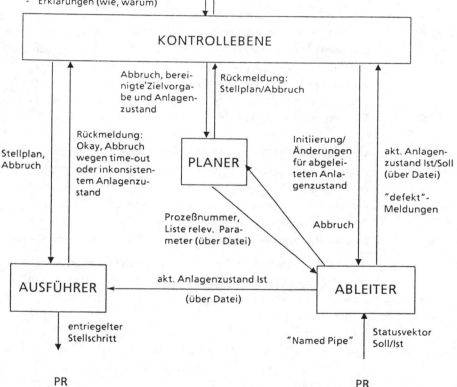

Abb. 1: Datenfluß zwischen den Prozessen

KONTROLLE   Realisiert die Bedienungsoberfläche, die Kommunikation mit
                  dem Benutzer und die Steuerung und Kontrolle der untergeord-
                  neten Prozesse ABLEITER, PLANER und AUSFÜHRER. Zum Dialog
                  mit untergeordneten Komponenten kann Input und Output einfach
                  durchgereicht werden. Es sind aber auch direkte Aktionen, wie
                  das Starten des Planers mit einer Zielvorgabe, die Übergabe
                  eines Stellplanes an den Ausführer oder die Anzeige des aktu-
                  ellen Anlagenzustandes möglich.

ABLEITER   Die Meldungen vom Prozeß über Stellvorgänge werden entgegen-
                  genommen und aufbereitet. Der vollständige Anlagenzustand
                  wird abgeleitet und über eine Datei der Gesamtsteuerung zur
                  Verfügung gestellt. Ergeben sich Änderungen im Anlagenzu-
                  stand, die die laufende Arbeit des Planers obsolet machen, so
                  kann der Planer asynchron abgebrochen werden.

PLANER   Von der Kontrollebene werden Zielvorgaben entgegengenommen
                  und dafür optimale Pläne von Steuerschritten gesucht. Der
                  Ableiter wird stets informiert, welche Anlagenparameter in
                  die gerade laufende Planung eingeflossen sind. Dadurch ist es
                  dem Ableiter möglich, bei Änderungen im Anlagenzustand zu
                  beurteilen, ob die Planung vorzeitig abgebrochen werden muß.

                  Anlagenparameter und Zielvorgaben können auch fik-
                  tiv vorgegeben werden. Damit eignet sich der Planer auch zur
                  Simulation von Prozeßvorgängen, die noch zusätzlich erklärt
                  werden können.

AUSFÜHRER   Schrittweise werden Stellanforderungen an den Prozeß überge-
                  ben. Vorher wird die Konsistenz von Planungsvoraussetzungen
                  und Ist-Zustand der Anlage überprüft.

Die Kommunikation zwischen den Prozessen erfolgt vorerst über Signale,
Dateien und "named pipes". Jeder Prozeß hat ein eigenes Fenster auf dem
Bildschirm, das auf Anforderung der Kontrollebene zu einem direkten Dialog
mit dem Anwender genutzt werden kann.

Die Expertensystemschicht unter UNIX ist vom physikalischen Prozeß
selbst noch durch einen Prozeßrechner isoliert, der die Sensoren und Aktuatoren über einen IECbus kontrolliert ([3]).

Bei den derzeitigen Maschinengeschwindigkeiten sind die Forderungen

- nach Begründung bzw. Erklärung der abgeleiteten Stellpläne oder Entscheidungen einerseits

- und hoher Inferenzgeschwindigkeit zur Erfüllung der Echtzeiterfordernisse andererseits

nicht gleichzeitig erfüllbar. Die einzelnen Prozesse können deshalb zwischen zwei Betriebsarten umgeschaltet werden:

1. TWAICE Betrieb mit der bei Expertensystemen möglichen Unterstützung

    - des Benutzers in Form begründbarer Stellpläne des Planers und erklärter Stellschritte beim Ausführer,

    - des Knowledge-Engineers bei Akquisition, Repräsentation in TWAICE Taxonomie, Änderungen, Verwaltung und Konsistenzprüfung des Wissens.

2. PROLOG Betrieb mit verbessertem Zeitverhalten für den Echtzeit-Einsatz, unter Verzicht auf Erklärungsfähigkeit.

Neben der Erklärungsfähigkeit wird als entscheidender Vorteil einer Wissensrepräsentation in TWAICE die zentrale Haltung und Wartbarkeit des Wissens in Form von TWAICE-Regeln und -Taxonomie angesehen.

Die Verbindung zwischen beiden Betriebsarten wird durch einen Regelcompiler hergestellt. Dieser Compiler übersetzt die Regeln aus ihrer TWAICE Form in einen funktional äquivalenten Prolog Code. Damit vereinigt das System die Vorteile beider Repräsentationsweisen.

5   Wissensrepräsentation

Das im Expertensystem verwendete Wissen ist nach drei Gesichtspunkten gegliedert:

1. Modellwissen: Dem System sind Zustandsübergänge bekannt, die durch erlaubte Aktionen bewirkt werden können. Übergänge finden nur zu siche-

ren Gas- und Druckverhältnissen statt. Alle Prozesse benötigen diesen Teil der Wissensbasis.

2. Wissen über Zeitverhalten: Stellvorgänge auf der Anlage führen nicht immer augenblicklich zu neuen definierten Zuständen von Parametern. Für nicht auslesbare Parameter braucht der ABLEITER und der AUSFÜHRER Wissen über die Dauer von Abpump- oder Mischungsphasen.

3. Planungswissen: Der PLANER benötigt zusätzlich zum logischen Modell Wissen über Anlagen- und Prozeßzustände, die bei der Planung komplexer Zielvorgaben als Teilziele verwendet werden können.

Das wissensbasierte Steuerungssystem besitzt durch die Kenntnis der möglichen Anlagenzustände ein logisches Modell der Anlage, in dem auch die Übergangsmöglichkeiten zwischen Anlagenzuständen hypothetisch durchgespielt werden können. Dies wird zur Erzeugung von Stellplänen eingesetzt.

Die Wissenserhebung über den Anlagenbetrieb hat zunächst zu relativ "hoch" angesiedelten Prinzipien geführt. Dies gilt besonders für den Betrieb unter sicheren Gas- und Druckzuständen, der sich trotz seiner Komplexität umgangssprachlich auf ein gutes Dutzend allgemeiner Regeln bringen läßt. Wie zum Beispiel:

Pumpen dürfen sich nicht gegenseitig "von hinten" absaugen. Austretendes Schmiermittel führt zur Verunreinigung des Prozesses und zur Zerstörung der Pumpen.

Die Echtzeiterfordernisse haben aber eine Entscheidung für eine anlagennahe "flache" Wissensrepräsentation bewirkt, die mit einer Schicht aus lokalen Beschreibungen der einzelnen Anlagenelemente auskommt. Der Preis war die weitgehende Ausformulierung des Regelsystems. Es darf nicht übersehen werden, daß ein weit verzweigtes Regelsystem schwieriger zu ändern ist. Der Vorteil liegt aber in den schnellen Ableitungsmöglichkeiten, die ein in der gewählten Weise dargestelltes Wissen gestattet.

5.1   Abstrakte Regel

Jede Regel im System beschreibt einen Stellschritt (z.B. das Öffnen von Ventil 8) mit seinen Bedingungen und Konsequenzen.

Die allgemeine Form ist:

IF   <alter Zustand>
AND   <Stellschritt>
THEN <neuer Zustand>
AND   <Kosten>, <Zeit>

Dabei kann im allgemeinen der alte bzw. neue Zustand nicht explizit spezifiziert werden. In der Regelprämisse werden also komplexe Bedingungen an den alten Zustand gestellt und in der Konklusion etwa die Berechnung von Mischungsverhältnissen von Prozeßgasen ausgeführt. Da es sich bei der Anlage um einen deterministischen Prozeß handelt, ist durch den vollständigen Zustand der Anlage vor dem Stellschritt und den Stellschritt selbst auch der Anlagenzustand nach dem Stellschritt vollständig bestimmt.

5.2 Prolog Darstellung

Im folgenden Abschnitt ist eine gewisse Kenntnis von Syntax und Semantik der Sprache PROLOG ([2],[10]) sicher von Vorteil, aber nicht unentbehrlich.

Der Anlagenzustand wird in PROLOG durch einen Zustandsvektor repräsentiert. Der Vektor zustand(...) enthält dabei die Werte aller Anlagenparameter, wobei der Zusammenhang zwischen einem Anlagenparameter und seinem Wert nur durch die Position des Wertes im Vektor hergestellt wird.

Diese Repräsentation ist zwar sehr fehleranfällig aber dafür sehr effizient. Bedingungen an einen Anlagenzustand lassen sich nämlich oft einfach dadurch überprüfen, daß man versucht, den Zustandsvektor der Anlage mit einem vorgegebenen Zustandsvektor zu unifizieren.

Eine einfache Übergangsregel bekommt dann folgende Form:

```
move(schieberpumpe, aus, an,                    /* Stellglied */
    zustand(PK,V1 ,...,ASP, zu, zu, ANR, aus, TP), /* vorher */
    zustand(PK,V1P,...,ASP, zu, zu, ANR, an , TP), /* nachher */
    1,                                          /* Kosten */
    20 ) :-                                     /* Zeit */
    schieberpumpe_result(V1,V1P).
```

Sie beschreibt, daß die Schieberpumpe von "aus" nach "an" (man beachte die vorletzte Komponente von zustand(...), die den Zustand der Schieberpumpe enthält) geschaltet werden darf, wenn das Ventil 8 und das Ventil 15 (fünftletzte und viertletzte Komponente von zustand(...)) "zu" sind und sich dann der Zustand von Volumen 1 (zweite Komponente von zustand(...)) vom Wert V1 in den Wert V1P ändert, der durch die Prozedur schieberpumpe_result aus V1 bestimmt wird. Alle anderen Zustandswerte werden vom alten Zustand unverändert in den neuen Zustand übernommen.

Diese Form der Übergangsregeln ist sehr kompakt, erlaubt die nötige Komplexität und kann sehr schnell abgearbeitet werden. Gegeben der Anlagenzustand und ein Stellglied, so kann mit dem PROLOG Aufruf

move(STELLGLIED,WOHER,WOHIN,ALTER_ZUSTAND,NEUER_ZUSTAND,KOSTEN,ZEIT)

direkt festgestellt werden, ob das Stellglied so überhaupt bewegt werden darf, mit welchen Kosten, in welcher Zeit und wie gegebenenfalls der neue Anlagenzustand aussieht. Nutzt man die Fähigkeit von PROLOG zur Rekursion und zum Backtracking, so hat man sofort eine einfache und schnelle Realisierung von Planungs-, Ausführungs- und Überwachungskomponente.

Der Nachteil dieser Wissensrepräsentation ist die mangelnde Wartbarkeit - Zustandsvektoren mit mehr als 40 Werten, deren Bedeutung nur durch die Position im Vektor festgelegt ist, sind nicht manuell handhabbar - und, als direkte Konsequenz aus der schnellen, weil seiteneffektfreien, Ausführung des PROLOG Codes, die fehlende Erklärungsfähigkeit.

Zudem vermißt man beim Arbeiten mit dem System sehr schnell eine komfortable Oberfläche mit Falldatenverwaltung, Konsistenzprüfung, Erklärungskomponente etc... Will man sich nicht für mehrere Jahre zurückziehen und eine eigene Expertensystemshell entwickeln, so greift man besser auf vorhandene Werkzeuge zurück, die diese Annehmlichkeiten und Notwendigkeiten zur Verfügung stellen.

5.3 TWAICE Darstellung

In unserem Falle fiel die Wahl auf die Expertensystem Shell TWAICE ([9], [13]). Diese Shell arbeitet mit den in diesem Bereich weit verbreiteten Objekt-Attribut-Wert Tripeln ([8]), die mittels logischer Junktoren zu IF-THEN Regeln verknüpft werden. Die Begriffe der Domäne werden zuvor in einer Taxonomie fixiert. Dies erlaubt den automatischen Test von Regeln auf syntaktische Korrektheit, und bietet so eine unerläßliche Sicherheit beim Arbeiten mit dem System. Die offene Inferenzkomponente von TWAICE ([12])

ermöglichte uns die Realisierung einer mit dem PROLOG-Planer vollständig kompatiblen Planungskomponente. Dazu wurde das Situationskonzept von TWAICE eingesetzt und der Inferenzablauf durch Metawissen entspechend gesteuert.

Der Zustandsvektor der Anlage findet sich in der Taxonomie in folgender Form (Ausschnitt):

```
OBJECT      Vorher
FATHER      root
END


ATTRIBUTE   Vorher . Schieberpumpe
VALUES    LIST aus; an
END
```

Die oben mit dem move-Prädikat formulierte Regel gewinnt die Form:

```
RULE 10230
IF   Stellglied . Name = Schieberpumpe
AND  Vorher . Ventil_8 = zu
AND  Vorher . Ventil_15 = zu
AND  Vorher . Schieberpumpe = aus
AND  Nachher . Schieberpumpe = an
THEN Nachher . Leitung_1 = PROC(schieberpumpe_result, Vorher . Leitung_1)
AND  Kosten . Wert = 1
AND  Kosten . Zeit = 20
END
```

Eine ausführliche Erläuterung der Regel, wie oben beim move Prädikat gegeben, erübrigt sich hier.

5.4 Metawissen zur Planung

Während mit obigem Wissen die Anlage vollständig beschrieben werden kann und die Ableitungs- und Ausführungskomponente damit bereits implementierbar sind, zeigt es sich, daß für die Planungskomponente noch zusätzliches Wissen zur Steuerung der Planung verlangt wird.

Versucht man allein mit dem Wissen über die erlaubten Zustandsübergänge in der Anlage Pläne zu erzeugen, die mehr als ca. 5 bis 10 Stellschritte umfassen, so werden die Laufzeiten zur Planerzeugung bereits uner-

träglich lang - je nach Komplexität der Aufgabe bis über eine Stunde - .
Abhilfe wurde erreicht durch eine geschickte Steuerung der Planung, d. h.
durch die Auswahl geeigneter Zwischenziele bei längeren Planungsaufgaben
([6],[5],[11]). Die Darstellung dieses Wissens über geeignete Zwischenziele
erfolgt zur Zeit in einer geeigneten PROLOG-Form. Eine Darstellung in TWAICE
(zur Zeit in Arbeit) ist aus ähnlichen Gründen wie beim Anlagenwissen unabdingbar. In der PROLOG Variante auf einer TARGON35 liegen nun die Planungszeiten i.a. im Bereich weniger Sekunden und bei den ungünstigsten Fällen
noch deutlich unter einer halben Minute.

6   Bewertung/Probleme

Es zeigte sich, daß beim Stand der Technik für anspruchsvolle
Steueraufgaben ein Compilationsverfahren unvermeidlich ist. Die Wissensrepräsentation in einer ausdrucksstarken und flexiblen Regelsprache ist nur
dann zuverlässig, wenn sie ein hohes Maß an Redundanz enthält, die für automatische Tests herangezogen werden kann. Umgekehrt führt die Redundanz der
Darstellung zu Ineffizienz bei der Wissensverarbeitung.

Eng damit zusammen hängt die Trennung in ein erklärungsfähiges
Knowledge-Engineering System und ein Laufzeitsystem. Die Prolog Realisierung ist hauptsächlich deshalb so schnell, weil sich der ganze Inferenzprozeß völlig seiteneffektfrei nur auf den Stacks abspielt. Daher ist aber auch
keine Erklärungsfähgkeit mehr realisierbar. Der Inferenzprozeß in TWAICE
verwendet hingegen den Hauptteil der Rechenzeit darauf, Informationen zu
sammeln und dauerhaft abzulegen, die für spätere Erklärungen relevant sein
können.

Die Kombination von Expertensystemshell und PROLOG-System, verbunden über einen Regelcompiler, kann als nachahmenswerte Lösung für ähnlich
gelagerte Fälle empfohlen werden, wenn es gilt, spezielle Anforderungen zu
realisieren und gleichzeitig auf den Komfort einer Shell nicht verzichtet
werden kann. Wichtig ist dabei, daß die Shell über ausreichend Flexibilität
verfügt, um an die projektspezifischen Anforderungen adaptiert zu werden.

7 Literatur

[1] Bourne S. R.: Das UNIX System, Addison-Wesley Verlag, 1985

[2] Clocksin F. W.; Mellish S. C.: Programming in Prolog, 2. Edition, Springer Verlag, Berlin 1984.

[3] Conrad, R.; Emmelmann, K.; Küpers, U.: Die Steuerung einer Mehrkammer-Plasmadepositionsanlage, erscheint in "Automatisierungstechnische Praxis", Herbst 88.

[4] Hertzberg, Joachim: Beiträge zum Workshop 'Planen', in Arbeitspapiere der GMD 247, GMD, St. Augustin 1987.

[5] Hertzberg, Joachim: Zur Klärung einiger Begriffe, in [4].

[6] Korf, Richard E.: Planing as Search: A Quantitative Approach, in Artificial Intelligence 33, 1987.

[7] Küppers, U.: Neuartige Mehrkammer-Plasmadepositionsanlage für amorphe Silizium-Solarzellenmaterialien - Ein innovativer Schritt in Richtung Produkt- und Prozeßoptimierung, Mai 87, in "Sonnenenergie".

[8] Melle van, W.; Shortliffe, E.; Buchanan, B.: EMYCIN: A domain-independent system that aids in constructing knowledge-base consultation programms, Machine Intelligence, Infotech State of the Art Report 9, no. 3, 1981.

[9] Mescheder, B.: Funktionen und Arbeitsweise der Expertensystem-Shell TWAICE, in: [12].

[10] Mescheder, B.: PROLOG - Implementierungssprache der künstlichen Intelligenz in: [12].

[11] Nilson, N. J.: Principles of Artificial Intelligence, Tioga Publishing Co., Palo Alto CA, 1980.

[12] Savory S.: Künstliche Intelligenz und Expertensysteme, Oldenbourg Verlag 1985

[12] Schmitt, F. H.: Knowledge Engineering mit einer Expertensystem-Shell, im Tagungsband der KIFS-87, Springer Verlag, 1988.

[13] TWAICE-Handbuch 3.0, ZSI 10345.00.5.93, Nixdorf Computer AG, Paderborn 1988.

[14] Werner, A.; Kunst, M.; Könenkamp, R.: Influence of doping on transport and recombination of excess charge carriers in a-Si:H, Physical Review B, Vol.33, No. 12, 6/86.

[15] Werner, A.; Kunst, M.: Transient photoconductivity in amorphous silicon, Physical Review B, Vol.36, No. 14, 11/87.

8   Anmerkungen

TARGON35 und TWAICE sind Warenzeichen der Nixdorf Computer AG.
UNIX ist ein Warenzeichen der Bell Laboratories.

Autoren

   Dr. Martin Ruckert
   Nixdorf Computer AG
   Projektteam Künstliche Intelligenz
   und Expertensysteme
   Pontanusstraße 55
   4790 Paderborn

   Bernhard Mescheder
   Nixdorf Computer AG
   Projektteam Künstliche Intelligenz
   und Expertensysteme
   Pontanusstraße 55
   4790 Paderborn

   Fritz Mädler
   Hahn-Meitner-Institut Berlin GmbH
   Bereich Datenverarbeitung und Elektronik
   Glienicker Straße 100
   1000 Berlin 39

WISSENSBASIERTE PROZESSLEITSYSTEME

L. Robert Varney
Interface Computer GmbH
München

Abstract: Knowledge-based methods and expert systems applied to process control have received much attention recently in the literature. In this paper, we review the characteristics of real-time programming, closed-loop control, and knowledge-based methods in order to define the requirements of a process control system development environment supporting these activities. We conclude that existing tools do not adequately support real-time programming or the implementation of control loops, and that the separated architecture advocated in many existing applications of expert systems is unnecessarily restricting. We propose a set of procedural extensions to the Prolog language and describe the necessary run-time support. The resulting programming environment directly supports the expression and efficient implementation of asynchronous and event-driven parallelism, execution time-constraints, and control-loops. Combining these features with the general purpose symbolic computing power of Prolog provides the user with the flexibility to create knowledge-based process control systems with arbitrary architectures based on the task at hand.

Zusammenfassung: Die Anwendung wissensbasierter Methoden und Expertensysteme für Prozeßsteuerung ist in letzter Zeit oft besprochen worden. In diesem Beitrag untersuchen wir die Eigenschaften der Echtzeitprogrammierung, Regelung, und wissensbasierter Methoden, um die Anforderungen einer Umgebung für die Entwicklung von Prozeßleitsystemen zu definieren, die diese Methoden unterstützt. Wir kommen zu dem Schluß, daß die existierenden Werkzeuge für die Echtzeitprogrammierung und für die Implementierung der Regelung nicht ausreichen, und daß die oft verteidigte, getrennte Architektur für Expertensysteme nicht nötig und zu unflexibel ist. Wir schlagen Erweiterungen zur Sprache Prolog vor und beschreiben die notwendige Laufzeit-Unterstützung. Die sich ergebende Programmierumgebung unterstützt unmittelbar die Formulierung und effiziente Implementierung der asynchronen und Ereignis-geführten Parallelität, der Zeit-Constraints auf Ausführung und der Regelkreise. Die Zusammensetzung dieser Features mit der allgemeinen symbolischen Ausdrucksfähigkeit von Prolog ermöglicht dem Benutzer, wissensbasierte Prozeßleitsysteme beliebiger Architektur zu entwerfen.

1. EINFÜHRUNG

Ein Prozeßleitsystem besteht im allgemeinen aus Regelungs- und Steuerungsuntersystemen. Es kann eine Hierarchie solcher Teilsysteme sein, die in Echtzeit zusammenarbeiten und auf Ereignisse in deterministischer Zeit reagieren müssen. Unter Regelung verstehen wir die Aufgabe, mehrere Prozeß-Variablen bei bestimmten Werten zu halten, trotz der Anwesenheit der Störungen und Veränderungen der Prozeß-Dynamik [Åström und Wittenmark 1984]. Solch eine allgemeine Konfiguration erfolgreich aufzubauen, erfordert u.a. Kenntnis des technischen zu leitenden Systems, der Kontrolltechnik bezüglich dieses Systems, und Wissen darüber, wie ein praktisches Prozeßleitsystem dafür mit analogen Anlagen und/oder einem digitalen Rechnersystem implementiert werden kann.

Wir beschreiben wie Prozeßleitsysteme mit Hilfe von Computern implementiert werden können. Zur Anwendung der Prozeßleitsysteme stehen heute im wesentlichen zwei Arten Software Technologie zur Verfügung:

[1] Concurrent Programmiersprachen
[2] wissensbasierte Technologie (Expertensysteme)

Concurrent Programmiersprachen bieten typischerweise nur die Möglichkeit, Parallelität, Synchronisierung und Kommunikation zwischen parallel laufenden Programmen zu beschreiben. Mit wenigen Ausnahmen erlauben diese Sprachen nicht, Zeit-Constraints unmittelbar zu spezifizieren. Ferner sind uns keine Sprachen bekannt, welche die Beschreibung von Reglern kurz und bündig unterstützen.

In der Literatur gibt es mehrere Beispiele und Ansätze, in denen Expertensysteme für die Prozeßsteuerung eingesetzt worden sind. In den meisten Fällen wurden das Expertensystem und der Kontroller als getrennte Teile konzipiert und dienten dem Operator nur als unterstützende Werkzeuge [Carls 1987], [Früchtenicht 1988], [Moore 1986], [Moore u.a. 1987], und [Wright u.a. 1986].

So hat die heutige Software Technik die folgenden Schwächen bezüglich der Entwicklung von Prozeßleitsystemen:

[1] unzulängliche Sprachunterstützung zur Beschreibung von Zeit-Abhängigkeiten
[2] unzulängliche Sprachunterstützung zur Beschreibung von Hardware Schnittstellen
[3] Trennung zwischen "wissensbasierten" Komponenten und anderen Komponenten ist vordefiniert und unflexibel
[4] kein direktes Sprachmittel zur Implementierung von Reglern

Zur Lösung dieser vier Probleme schlagen wir eine Programmierumgebung vor, die auf Prolog mit den folgenden einfachen Erweiterungen basiert:

[1] deklarative Beschreibung und automatische Behandlung von Hardware Schnittstellen
[2] mögliche asynchrone Ausführung von Prädikaten
[3] Zeit-Constraints auf Prädikat-Ausführung
[4] neues Konstrukt zur Beschreibung von Reglern

Im Folgenden gehen wir näher auf die Stärken und die Unzulänglichkeiten heutiger Tools für die Entwicklung von Prozeßleitsystemen ein. Wir schlagen eine einheitliche wissensbasierte Entwicklungsumgebung vor, die die Unzulänglichkeiten

dieser Tools ausschaltet ohne daß sie ihre Stärken einbüßen.
Kapitel 2 beschreibt die besonderen Anforderungen der Echtzeitprogrammierung. Kapitel 3 beschreibt die wesentlichen Schritte,
um Regler zu implementieren. Kapitel 4 untersucht, wie
Expertensysteme für Prozeßleitsysteme eingesetzt worden sind,
und Kapitel 5 beschreibt die Prolog-Erweiterungen, welche die
Entwicklung von Prozeßleitsystemen unterstützen.

2. ECHTZEIT PROGRAMMIEREN

Bei der Datenverarbeitung programmiert man normalerweise ohne Rücksicht auf Zeit-Abhängigkeiten. Bei der
Programmierung von Prozeßleitsystemen unter Echtzeit-Bedingungen muß man Bedingungen über "wann" und "wie lange" ausdrücken können. "Echtzeit-Ausführung" bedeutet nicht
"schnelle Ausführung," sondern, daß die Ausführung bestimmte
an einer Echtzeit-Uhr gemessene Zeitpunkte hat, an denen die
Ausführung beendet sein muß (engl. deadlines) [Wirth 1977],
[Donner und Jameson 1988]. Ein Echtzeit-Programm muß nicht nur
die richtige Antwort, sondern diese auch zur richtigen Zeit
liefern. Darüber hinaus muß eine Umgebung zur Echtzeit-
Programmierung folgende Möglichkeiten bieten:

[1] die Möglichkeit, Nebenläufigkeit, Kommunikation
und Synchronisierung ausdrücken zu können
[2] die Möglichkeit, Event-Reaktionen mit Echtzeit-
Bedingungen voraussetzen zu können.
[3] die Möglichkeit, den maximal erlaubten Zeit-
gebrauch zu spezifizieren, z.B. bei Sprachkonstrukten, die für eine unbekannte Dauer laufen
können.
[4] die Behandlung außergewöhnlicher Bedingungen,
z.B. wenn eine Voraussetzung zu einer erforderlichen Echtzeit-Reaktion nicht erfüllt wird, oder
wenn eine eingeschränkte Zeitdauer übertroffen
wird.

[5] ein Scheduling-Verfahren, das auf die zu
erfüllenden Zeit-Bedingungen paßt.

Die meisten Concurrent Programmiersprachen bieten nur
[1] [Gehani und McGettrick 1988]. Die Beschreibung von
Parallelität ist notwendig aber nicht genügend für Echtzeitprogrammierung, und es sind schon Echtzeit-Erweiterungen zu
existierenden Concurrent Programmiersprachen vorgeschlagen
worden [Kligerman und Stoyenko 1986], [Halang 1987]. Mit den
zusätzlichen Features [2]-[5] werden die wichtigsten Zeit-
Eigenschaften dem Compiler und Laufzeitsystem bekannt gegeben.
Sie erlauben auch, daß zeitabhängiges Scheitern behandelt
werden kann, so daß es nicht zu einem Zusammenbruch des ganzen
Systems führt.

3. ENTWICKLUNG DER GESCHLOSSENEN REGELKREISE

Für die Implementierung eines geschlossenen Regel-
kreises auf einem Computer, müssen folgende Anforderungen
betrachtet werden [Åström und Wittenmark 1984]:

[1] diskrete Implementierungen von kontinuierlichen
Modellen (mit der entsprechenden Sampling-Frequenz)
[2] Schnittstellen zu den Sensoren und den zu messenden
Signalen
[3] Schnittstellen zu den Aktoren
[4] numerische Präzision
[5] Berechnungsverzögerung
[6] Nichtlinearität von Sensoren und Aktoren

Um das alles aufeinander abzustimmen ist eine genaue
Kenntnis der Implementierung der Programmiersprache, des
Rechners und der Sensoren und Aktoren notwendig, und alle diese
Faktoren wirken aufeinander. Eine konventionelle Implementier-
ung eines Reglers ist normalerweise eine Schleife, die so aus-

sieht:

```
loop für immer
        warte auf Echtzeit-Uhr
        lese Eingabe-Variablen
        berechne neuen Regler-Zustand
        berechne Kontroll-Variablen
        schreibe Kontroll-Variablen
end loop
```

Wenn mehrere solche Schleifen implementiert werden müssen, dann muß der Programmierer entscheiden, ob die Schleifen zusammen oder getrennt zu programmieren sind. Die Schleifen zusammen zu programmieren ist mehr effizient aber komplizierter zu implementieren und zu verändern. Deswegen braucht der Benutzer eine deklarative Weise, um Regelschleifen zu definieren, und das System (d.h. Compiler und Laufzeitsystem) muß eine effiziente Implementierung erledigen.

4. WISSENSBASIERTE METHODEN FÜR PROZEßLEITUNG

Die Vorteile der Expertensystemstechnologie sind schon gefeiert worden, aber gleichzeitig sind die Schwächen Dialogorientierter Expertensysteme als Teile der Echtzeit-Prozeßleitsysteme auch gezeigt worden. Wissensbasierte Methoden und deklaratives oder symbolisches Programmieren, seien sie in Form der kommerziell verfügbaren Expertensystem-Shells oder als Programmiersprachen wie Lisp und Prolog, haben die folgende Vorteile aus der Sicht der Software-Engineering [Doyle 1985]:

[1] interpretierte Spezifikation dient als geeignete Basis für inkrementale Analyse und Prototyping

[2] maximale Flexibilität in denjenigen Bereichen, wo die Anforderungen nicht präzis formulierbar sind und sich schnell ändern

Mehrere Ansätze für Echtzeit-Expertensysteme und deren Anwendung für Prozeßleitsysteme sind kürzlich in der Literatur vorgestellt worden [Årzen 1986], [Brauer u.a. 1987], [Carls 1987], [Früchtenicht 1988], [Moore 1986], [Moore u.a. 1987], [Nuutila u.a. 1987], [Wright u.a. 1986]. Diese Ansätze zeigen die folgenden Schwierigkeiten bei der Anwendung der konventionellen Dialog-orientierten Expertensysteme:

[1] die Notwendigkeit, eine Kopplung zum technischen zu steuernden Prozeß zu haben
[2] Ausführung in Echtzeit (d.h. zeitabhängige Ausführung und die Synchronisierung mit Echtzeit-Ereignissen)
[3] Verarbeitung der zeitabhängigen Informationen

In den meisten Fällen wurde als Lösung eine Trennung zwischen dem Expertensystem und dem konventionellen Kontrollsystem vorgeschlagen. (Ferner waren Aufgaben dieser Systeme nicht unmittelbare Steuerung sondern Überwachung und Beratung eines Operators.) Wir glauben, daß diese Trennung die allgemeine Anwendbarkeit solcher Systeme stark begrenzt. Wissensbasierte Methoden sollen auf beliebiger Ebene angewendet werden können, z.B. auch in embedded Systemen und kleinen Fertigungsstationen.

Diese Begrenzungen entstanden wohl aus dem mangelhaften Laufzeit-Verhalten eines regelbasierten Verfahrens, oder aus der Schwierigkeit, ein solches Verfahren mit einer Echtzeit-Uhr zu synchronisieren. Wir wollen zeigen, daß man diese Begrenzungen mit einer entsprechend erweiterten deklarativen Sprache wie Prolog ausschalten und überbrücken kann.

5. PROLOG FÜR WISSENSBASIERTES ECHZEITPROGRAMMIEREN

Prolog ist wegen seiner Unvollständigkeit als Logik-

Programmiersprache und wegen seines Mangels an Kontroll- und
Modularisierungs-Möglichkeiten kritisiert worden. Dennoch ist
Prolog als ein mächtiges Werkzeug für die Entwicklung von
Expertensystemen anerkannt worden [Bobrow 1985], [Subrahmanyam
1985]. Prolog eignet sich zur wissensbasierten Programmierung,
weil:

[1] verallgemeinertes Pattern-Matching (Unifikation),
eine regelbasierte Ausdrucksweise und ein ein-
gebauter Schlußfolgerungsmechanismus schon in
Prolog bereit stehen.

[2] Wo die eingebauten Features nicht ausreichen, sind
Erweiterungen leicht implementierbar, da Prolog
eine Allzwecksprache ist.

In diesem Kapitel besprechen wir die folgenden Erweiterungen von Prolog für die Prozeßsteuerung:

[1] deklarative Beschreibung von Hardware-Objekten und
Ereignis-Manipulation

[2] asynchrone Prädikat-Ausführung

[3] Zeit-Constraints auf Prädikat-Ausführung

[4] Ein Konstrukt zur kurzen Beschreibung von Reglern

Diese Erweiterungen sollen in der Form syntaktischer
Bequemlichkeiten mit der dazugehörigen Laufzeit-Unterstützung
zur Verfügung stehen. Sie stellen hauptsächlich Erweiterungen
zu der prozeduralen Fähigkeit Prologs dar, die mit einem
existierenden Prolog-Interpreter implementiert werden können.
(Das heißt, wir schlagen nicht vor, eine neue Darstellung
parallelen logischen Programmierens zu schaffen.)

5.1. Hardware-Objekte und Ereignisse

In jeder Steuerungsaufgabe muß man mit der äußeren
Welt kommunizieren. Man braucht aber eine von der Hardware

unabhängige Weise, um die Schnittstellen unmittelbar in Prolog
beschreiben zu können. Unter Hardware-Objekten verstehen wir
Ein- und Ausgaben und Interrupts. Für Ein- und Ausgaben
beschreibt man die Addresse, eine Wert-Konversion, und vielleicht eine Zeit-Eigenschaft. Diese Beschreibungen werden an
die Stelle eines Prolog Faktums abgelegt.

    input temperatur[1000] period 20s {0..255¦100..150}.
    output heizer[1001] period 5s {[1,0]¦[on,off]}.

    Mit einer solchen deklarativen Beschreibung kann das
Laufzeitsystem für die Implementierung der Schnittstelle
sorgen. Jedes Hardware Objekt hat implizit oder explizit eine
Sampling-Frequenz und ein Mapping zwischen dem Hardware-Zustand
und dem internen Wert. Das Laufzeitsystem besorgt auch einen
Zeitstempel für die Werte dieser Objekte. So braucht der
Benutzer keine Sampling-Schleife und Wert-Umwandlung zu
schreiben. (Wir haben hier etwas wichtiges vernachlässigt; die
Eingabe "temperatur" geschieht wahrscheinlich durch einen ADC.
Diese und andere kompliziertere Schnittstellen müssen auch
deklarativ beschrieben werden.)

    Einen Interrupt beschreibt man durch eine vom Rechner
abhängige Nummer und das Ereignis, das nach Empfang des
Interrupts "verursacht" werden soll.

    interrupt lichtschrank[128] :: schrank_gebrochen.

    Ereignisse können aber auch unabhängig von einem
Interrupt definiert werden.

    event prozess_fertig.

Ereignisse dürfen auch Ausdrücke sein, die aus Ein- und Ausgaben und anderen Ereignissen bestehen.

```
event problem is
    ((temperatur > 145) and schrank_gebrochen).
```

Ein Ereignis kann verursacht und geklärt werden, und ein Programm kann auf ein Ereignis warten. Man kann auch einen Handler, d.h. ein Prädikat definieren, das nach Auftreten des Ereignisses automatisch aufgerufen wird.

```
handle problem with sicherheitshandler.
sicherheitshandler :- ...
```

5.2 Asynchrone Prädikat-Ausführung

Ein zu steuerndes System besteht im allgemeinen aus mehreren relativ unabhängigen Geräten. Diese Geräte arbeiten gleichzeitig und müssen zu bestimmten Zeiten durch das Prozeßleitsystem koordiniert werden. Deswegen muß der Programmierer Parallelität beschreiben können. Statt der synchronen Weise wählten wir die asynchrone Weise, und zwar aus zwei Gründen:

[1] Sie bietet maximale Flexibilität, die bei Prozeßsteuerung erforderlich ist (und die sich zur Erzeugung von anderen Tools am besten eignet).
[2] Sie kann effizienter als die synchrone Weise scheduliert werden.

Die asynchrone Ausführung eines Prädikats wird durch ein asynchrones Präfix angedeutet. Präfixe werden von einfachen Prädikaten durch Doppelpunkte getrennt. Zwecks der Beispiele übernehmen wir hier die Konvention, daß

```
... X, P : S, Y, ...
```

Teil einer Konjunktion der Prädikate ist, der zur rechten
Seite einer Prolog Klausel liegen konnte. Das Prädikat P:S
nennen wir ein kompliziertes Prädikat, das aus einem Präfix
P und einem einfachen Prädikat S besteht. Es gibt vier Arten
asynchroner Präfixe: start, when, in, und every. Das "start"
Präfix verursacht, daß S sofort anfängt, auszuführen:

    ... X, **start** : S, Y, ...

Das Prädikat Y wird sofort nach dem Anfang von S ausgeführt.
Mit einem "when" Präfix gibt man eine Ereignis-Variable an und
damit verzögert man den Anfang von S bis das Ereignis passiert
ist.

    ... X, **when Ereignis** : S, Y, ...

Das Prädikat Y wird sofort ausgeführt. Das "in" Präfix ähnelt
dem "when" Präfix, aber verzögert S nicht nach einem Ereignis
sondern nach einer Zeitdauer.

    ... X, **in Dauer** : S, Y, ...

Das Prädikat Y wird sofort ausgeführt. Mit einem "every" Präfix
gibt man auch eine Zeitdauer an, die besagt, daß S immer wieder
verzögert und ausgeführt werden soll.

    ... X, **every Dauer** : S, Y, ...

    Der Anruf eines Prädikats "P:S" in der Reihenfolge
"... X, P:S, Y, ..." kann also aus zwei Gründen als asynchron
angesehen werden:

    [1] Das Ende von S und der Anfang von Y sind
        unabhängig
    [2] Der Anfang von S ist nicht unbedingt dasselbe
        wie der Anfang von P:S

Wenn ein Prädikat asynchron aufgerufen wird, dann wird eine Task erzeugt, die der Ausführung des Prädikats entspricht. Normalerweise will man irgendwann später mit dieser Task synchronisieren, und dazu braucht man eine Task-Variable. Jeder asynchrone Aufruf kann eine Task-Variable liefern.

... X, TaskVar <- start : S, Y ...

Eine Task kann eine andere Task durch die entsprechende Task-Variable steuern. Eine Möglichkeit ist mit "wait" auf eine oder mehrere Tasks zu warten und damit zu synchronisieren.

... wait T1, ... wait [T2,T3], ...

5.3 Zeit-Einschränkungen

Echtzeitprogramme muß der Programmierer mit Ereignissen in der äußeren Welt synchronisieren und er muß auf maximale Reaktionszeiten achten. Der Programmierer muß diese Abhängigkeiten unmittelbar in der Programmiersprache ausdrücken können, weil:

[1] das Laufzeitsystem dieser Information bedarf, um die Absicht des Programmierers genau durchzuführen

[2] das Programm benachrichtigt werden muß, wenn gegebene Zeit-Anforderungen nicht erfüllt wurden, damit das Programm darauf reagieren kann

Es gibt zwei Methoden, um die Ausführung eines Prädikats nach Zeit einzuschränken: "maxtime" und "deadline." Sie treten auch in Form der Präfixe auf, aber sie bedeuten nicht, daß das Prädikat asynchron auszuführen ist (das hängt von anderen Präfixen und dem Prädikat selber ab). Mit einem "maxtime" Präfix gibt man eine Zeitdauer-Variable an, und besagt, daß Prädikat S vor dem Ende dieser Dauer fertig sein muß.

... X, maxtime Dauer : S, Y, ...

Sonst wird eine Ausnahme (d.h. ein außergewöhnliches Ereignis) erzeugt. Mit einem "deadline" Präfix wird eine Variable angegeben, die einem bestimmten Zeitpunkt entspricht. In dem Fall muß Prädikat S vor diesem Zeitpunkt fertig sein; sonst passiert ein außergewöhnliches Ereignis.

In beiden Fällen kann der Programmierer diese Ereignisse benutzen, um z.B. eine Sicherheitshandlung zu implementieren. Das Ereignis, das nach Übertretung des Constraints zu erzeugen ist, darf explizit angegeben werden.

... X, maxtime Dauer : S :: Ereignis, Y, ...

5.4. Regler Beschreibung

Zur Beschreibung von Reglern steht das "model" Konstrukt zur Verfügung. Ein Modell ist ein Prädikat, das aus einer Sammlung von zeitabhängigen Gleichungen besteht. Die Variablen in diesen Gleichungen dürfen Ein- und Ausgabe Variablen oder andere Variablen sein, die in der jeweiligen Klausel existieren. Jede Variable darf mit einem Zeitindex beschrieben werden.

```
... X,
model k period T {
        State{k+1} := A*State{k} + B*Input{k}.
        Output{k}  := C*State{k}.
```

}
Y, ...

Ein Modell-Prädikat wird synchron und wiederholt ausgeführt und erlaubt die direkte Spezifikation von Gleichungen in diskreter Zeit. In diesem Beispiel ist "k" keine Variable, es dient nur dazu, die Werte der Variablen zu verschiedenen Zeiten aufeinander zu beziehen. Die Variable "T" stellt die Zeitdauer zwischen "k" und "k+1" dar. Durch ein Modell können die meisten einfachen Regelkreisglieder klar spezifiziert werden. Im folgenden Beispiel ruft ein Prädikat ein Modell asynchron auf, um Proportional-Integral (PI) Regelung durchzuführen.

```
pi_regler(In,Out,Setpt,PGain,IGain,Regler) :-
    Regler <- start: model k period T {
        Err{k} := In{k} - Setpt.
        Sum{k+1} := Sum{k} + Error{k}*T.
        Out{k} := PGain*(Err{k} + IGain*Sum{k}).
    }.
```

Die aufrufende Task kann später durch die gelieferte Task-Variable das Modell halten und wieder starten.

```
...
pi_regler(temperatur,heizer,120,PG,IG,TempRegler),
...
suspend TempRegler,
...
resume TempRegler,
...
```

Damit ist die Möglichkeit gegeben, "Adaptive" oder "Expert Control" zu implementieren [Åstrom 1984]. Eine Task kann zwischen mehreren Modellen mit verschiedenen Parametern oder verschiedenen Regelungs-Verfahren umschalten, und damit ein kompliziertes Verfahren teilweise durchführen.

Im Prinzip könnten Regler schon mit den anderen Konstrukten implementiert werden. Da Regler aber normalerweise Polling erfordern, und da mehrere Regler mit unterschiedlichen Sampling-Frequenzen in demselben System existieren können, ist es vorteilhaft, eine zentrale effiziente Implementierung zu haben. Solch eine Implementierung per Hand zu entwerfen, ist fehleranfällig und unflexibel. Deshalb ist es wichtig, die Regelungsaufgaben deklarativ beschreiben zu können. Damit erhält man die Effizienz einer zentralen Implementierung mit der Flexibilität der getrennt spezifizierbaren Regler-Modelle. Ein zusätzlicher aber auch wichtiger Vorteil der Modelle ist die verbesserte Lesbarkeit.

5.5. Task, Ereignis, und Zeit-abhängige Information

Zeit-Constraints und Parallelität alleine sind nicht genug für flexible, wissensbasierte Prozeßsteuerung. Man muß auch nach den Zuständen der Tasks und Ereignisse und nach der Zeitabhängigkeit der Variablen fragen können.

Wenn die Ausführung eines Prädikats durch eine der oben beschriebenen Zeit-Constraints begrenzt ist, kann dieses Prädikat die Art der Einschränkung herausfinden. Um zu bestimmen, ob ein Constraint existiert, fragt die Task:

..., timeconstrained, ...

Dieses Prädikat ist erfolgreich, wenn es für die rufende Task ein Constraint gibt. Eine Task kann auch nach anderen Tasks fragen:

..., timeconstrained AndereTask, ...

Eine Task kann auch die noch verfügbare Zeit bestimmen:

```
         ...,
         timeconstrained, timeleft Uebrig,
         fuehre_beste_aus( Uebrig ),
         ...,
```

Dies erlaubt, "Progressive Reasoning" durchzuführen [Wright u.a. 1986], d.h. eine Task kann ihr Verfahren oder ihre Inferenz-Strategie so anpassen, daß sie die verfügbare Zeit optimal ausnutzt.

5.6. Implementierung

Eine erfolgreiche Implementierung der oben beschriebenen Features erfordert eine Sprachunterstützung und ein Laufzeitsystem. Die Sprachunterstützung ist einfach. Beim Compilieren oder Interpretieren lassen sich die zusätzlichen Konstrukte entweder durch Übersetzung in Prolog Prädikate oder durch Prolog Operatoren verwirklichen. Die erzeugten Prädikate der Implementierung rufen Laufzeitsystem-Funktionen auf. Die wesentlichen Eigenschaften des Laufzeitsystems sind:

[1] der Prolog-Interpreter muß unterbrechbar sein, und er muß zwischen der Behandlung von Prädikaten umschalten können.

[2] Außer dem Prolog-Interpreter beinhaltet das Laufzeitsystem folgende vier Teile:
- ein Echtzeitbetriebsystem/Executive
- einen Deadline-basierten Scheduler
- einen Event Handler
- einen Polling Manager

Das Echzeitbetriebsystem soll die grundsätzlichen Funktionen anbieten, z.B. Interrupt-Behandlung, Kontrolle über die Task Ausführung, der gegenseitige Ausschluß für gemeinsame Objekte und Zugriff auf eine Echtzeit-Uhr. Die anderen drei

Moduln können durch diese Funktionen implementiert werden.

Der Deadline-basierte Scheduler ersetzt den normalen "preemptive priority-based" Scheduler des Echtzeitbetriebssystems. Das Konzept "Priorität" muß durch das Konzept "Dringlichkeit" (engl. urgency) ersetzt werden. Task A ist dringender als Task B wenn die Deadline von Task A vor der von Task B liegt. Der Scheduler soll die Tasks so verwalten, daß immer die dringendste "ready" Task läuft.

Der Event-Handler soll die Umwandlung von Hardware-Interrupts in Software-Events verwalten. Er verteilt die Events auf die wartenden Tasks.

Der Polling-Manager hat die Verantwortung, eine zentrale Implementierung des "model" Konstrukts durchzuführen, und diejenigen Events zu verteilen, die nicht nur von Hardware-Interrupts abhängen. Er benutzt die Zeit-Eigenschaften der Ein- und Ausgaben und der Modelle, um eine optimale Anzahl synchroner (Uhr-geführter) Polling-Schleifen auszuführen. Er muß auch die Ein- und Ausgabe Werte effizient zwischen der Hardware und der Prolog-Umgebung übertragen.

6. SCHLUSSBEMERKUNG

Besprochen wurden Echtzeitprogrammieren, Implementierung der Regelung und wissensbasierte Methoden für Prozeßleitsysteme. Wir haben gesagt, daß die Software-Tools heutiger Ausprägung für diese Aufgabe nicht ausreichen, denn:

[1] Sie bieten keine Möglichkeit, unmittelbar Echtzeit-Constraints zu programmieren.
[2] Regler Implementierung wird nicht unterstützt.
[3] Wissensbasierte Werkzeuge sind von anderen Tools getrennt.

Um hier Abhilfe zu schaffen, haben wir Erweiterungen zu Prolog vorgeschlagen. Diese Erweiterungen bestehen aus Sprachkonstrukten und einem Laufzeitsystem, welches diese Konstrukte implementiert. Sie bieten hauptsächlich die Möglichkeit, in einer klaren und deklarativen Weise, die wesentlichen Eigenschaften eines Prozeßleitsystems in einer einzigen Sprache zu beschreiben. Zusammen mit der symbolischen Mächtigkeit Prologs, bieten diese Erweiterungen die Flexibilität, wissensbasierte in Echtzeit auszuführende Systeme beliebiger Architektur zu entwerfen. Damit können solche Verfahren wie "Expert Control" und "Progressive Reasoning" implementiert werden. Die praktische Nutzbarkeit der vorgeschlagenen Erweiterungen muß sich aber bei der Entwicklung realer Systeme erweisen.

7. LITERATURVERZEICHNIS

[1] Årzen, K.E.: Expert Systems for Process Control. (1986) Proceedings of 1st Conference on the Application of Artificial Intelligence in Engineering Problems, Southampton. pp. 1127-1138.

[2] Åstrom, K.J.; Anton, J.J.: Expert Control. (1984) Proceedings IFAC '84.

[3] Åstrom, K.J.; Wittenmark, G.: Computer Controlled Systems: Theory and Design. (1984) Prentice Hall. Englewood Cliffs.

[4] Bobrow, D.G.: If Prolog is the Answer, What is the Question? or What it Takes to Support AI Programming Paradigms. (November 1985) IEEE Transactions on Software Engineering. Vol. SE-11, No. 11. pp. 1401-1407.

[5] Brauer, J.; Dorn, J.; Otto, B.: Logisches Spezifizieren und Programmieren in der Prozeßdatenverarbeitung. (1987) Automatisierungstechnische Praxis. Vol. 29. No. 3. pp. 132-139.

[6] Carls, H.: Eine Intelligente Schnittstelle zur Ankopplung Technischer Prozesse an ein Experten-System. (1987) Proceedings Expertensysteme '87. German ACM. Nürnberg. pp. 394-405.

[7] Donner, M.D.; Jameson, D.H.: Language and Operating System Features for Real-Time Programming. (Winter 1988) Computing Systems. Vol. 1, No. 1, pp. 33-62.

[8]   Doyle, J.: Expert Systems and the Myth of Symbolic Reasoning.
      (November 1985) IEEE Transactions on Software Engineering.
      Vol. SE-11, No. 11, pp. 1386-1390.
[9]   Früchtenicht, H.W.: Ein Expertensystemansatz für die Prozeß-
      führungsebene. (1988) Proceedings Prozeßrechensysteme '88.
      German ACM. pp. 425-436.
[10] Gehani, N.; McGettrick, A.D.: Concurrent Programming. (1988)
      Addison Wesley.
[11] Halang, W.A.: Adaptation of Ada to the Requirements of Industrial
      Control Problems. (1987) Proceedings IFAC '87.
[12] Kligerman, E.; Stoyenko, A.D.: Real-Time Euclid: A Language for
      Reliable Real-Time Systems. (September 1986) IEEE Transactions
      on Software Engineering. Vol. SE-12. No. 9. pp. 941-949.
[13] Moore, R.L. Expert Systems in Process Control: Applications
      Experience. (1986) Proceedinds of the 1st International Conference
      on the Application of Artificial Intelligence in Engineering
      Problems. Southampton. pp. 21-30.
[14] Moore, R.L.; Hawkinson, L.B.; Levin, M.; Hofmann, A.G.; Matthews,
      B.L., Davis, M.H.: Expert Systems Methodolody for Real-Time
      Process Control. (1987) Proceedings IFAC '87.
[15] Nuutila, E.; Kuusela, J.; Tamminen, M.; Veilahti, J.; Arkko, J.;
      Bouteldja, N.: XC - A Language for Embedded Rule Based Systems.
      (September 1987) SIGPLAN Notices. Vol. 22. No. 9. pp. 23-31.
[16] Subrahmanyam, P.A.: The Software Engineering of Expert Systems: Is
      Prolog Appropriate? (November 1985) IEEE Transactions on Software
      Engineering. Vol SE-11. No. 11. pp. 1391-1400.
[17] Wirth, N.: Toward a Discipline of Real-Time Programming. (August
      1977) Communications of the ACM. Vol. 20. No. 20. pp. 577-583.
[18] Wright, M.L.; Green, M.W.; Fiegel, G.; Cross, P.F.: An Expert
      System for Real-Time Control. (March 1986) IEEE Software. pp.16-24.

"Dichter und Denker"

ein Architekturmodell für die Dialogführung objektorientierter Expertensysteme

Dr. P. Schnupp, InterFace GmbH, München

Ein allgemeines Problem bei der Entwicklung interaktiver Expertensysteme ist die oft beträchtliche Diskrepanz zwischen der sinnvollen Ablaufsteuerung der Inferenzmaschine und des Benutzerdialogs. Die Folge der Regelaktivierungen erscheint dem Benutzer dann leicht "chaotisch", was für die Falldatenerfassung und die Erklärungskomponente zu Verständnis- und Akzeptanzproblemen führt.

Andererseits bringt aber auch eine Steuerung der Inferenzmaschine durch eine "prozedurale", am menschlichen Problemlösungs-Vorgehen orientierte Ablauffolge so ernste Einschränkungen mit sich, daß sie allenfalls für einfache, regelbasierte Wissensbasen vertretbar ist.

Zur Überwindung dieses Gegensatzes wurde eine Expertensystem-Architektur entwickelt, die aus zwei lose gekoppelten Subsystemen besteht. Das eine ist ein *Dialog-Frontend* ("Dichter"), welches sich dem Benutzer als interaktive Schnittstelle zur Erzeugung und Erklärung von Berichten oder anderen fachspezifischen Texten darstellt. Das andere ist ein objektorientiertes *Expertensystem* ("Denker"). Es liefert dem Frontend auf Anforderung Attributwerte zu den ihm bekannten Objekten sowie Erklärungen zu ihrer Ableitung oder ihrem Herkommen.

Die Schnittstelle zwischen den Subsystemen ist auf zwei Zugriffsprädikate beschränkt. So kann auch von unterschiedlichen Dialog-Frontends mit sehr verschiedenartigem Systemverhalten, wie etwa Diagnose-, Konfigurations-, Schulungs- oder Dokumentationssystemen, auf die *gleiche* Wissensbasis zugegriffen werden. Damit ist die konsistente Wissensfortschreibung für alle diese Systeme kein Problem mehr.

1. Deklaratives und prozedurales "Wissen"

Wissensbasierte Programmierung ist dadurch charakterisiert, daß die in der traditionellen Softwaretechnologie strenge Unterscheidung zwischen "Daten" und "Programmen" (also den auf die Daten arbeitenden Prozeduren oder Algorithmen) aufgehoben ist. Dies hat nicht nur Vorteile. Der Trennung von Daten und Prozeduren entsprach nämlich eine Aufteilung des in einem Softwaresystem repräsentierten Wissens in einen verhältnismäßig allgemeinen, statischen, sowie einen dynamischen und wesentlich stärker an der konkreten Anwendung und dem Dialog mit dem Benutzer orientierten Teil.

Freilich war diese Aufteilung unnatürlich, weil "Wissen" - auch abgrenzbare Teilbereiche von ihm - in der Praxis nie ausschließlich "deklarativ" oder "prozedural" ist. Deshalb sollten wir ihre Überwindung begrüßen, aber auch überlegen, wie wir in unseren neuen, wissensbasierten Systemen eine entsprechende, aber problemgemäßere Aufteilung zwischen deklarativ und prozedural beschreibbaren Wissensteilen finden können.

Ein Ansatzpunkt hierfür sind die unterschiedlichen Sichten auf die Organisation einer Wissensbasis, welche

* ein konstruktiv oder fertigungsorientiert denkender Techniker und

* ein dialogorientierter Anwender

zum Beispiel auf ein Diagnose-, Ausbildungs- oder Konfigurationssystem haben.

Der eine möchte Objekte sowie Relationen zwischen ihnen vorwiegend *deklarativ* beschreiben. Prozeduren verwendet er allenfalls bei Bedarf als *Anhängsel*, etwa zur Ermittlung und Prüfung von Werten. Dagegen denkt der Anwender eher prozedural: ihn interessiert, was er "mit den Objekten machen kann", um einen Fehler zu diagnostizieren, eine Lehreinheit zu vermitteln oder ein Produkt zu konfigurieren.

Diese Diskrepanz ist vor allem bei objektorientierten Systemen groß, weil dort die Aktivierung der verschiedenen prozeduralen Anhängsel abhängig von problemspezifischen Bedingungen (*constraints*), inneren Abhängigkeiten der Wissensstruktur (*if_needed*) und Vorwärtsverkettungen (*if_changed*) erfolgt. Damit bleibt sie für den Benutzer oft undurchsichtig.

2. Frames, Slots und Nachrichten

Trotzdem werden für die Konstruktion des "eigentlichen" Expertensystems, der Wissensbasis und der auf ihr arbeitenden Inferenzmaschine, zunehmend objektorientierte Modelle verwendet. Der Grund hierfür liegt in den von ihnen gebotenen, ausgezeichneten Strukturierungs- und Lokalisierungseigenschaften von Wissen, welche durch die Einführung von *Klassen*, *Hierarchien* und *Vererbungsmechanismen* erreicht werden, und die wir hier wohl als bekannt voraussetzen können.

Die vermutlich populärste Ausprägung dieser Wissens-Repräsentationsform beschreibt die Objekte über *Frames* und *Slots* [MINS75, HUKE86, BRAC88]. Wir wollen auf die Darstellungsmöglichkeiten für Frames in Prolog nicht im Detail eingehen. Der interessierte Leser findet eine ausführliche Beschreibung eines entsprechenden Pakets in der Literatur [SCHN87]. Die dort beschriebene Implementation ist allerdings für größere Anwendungen nicht sehr effizient, da sie jedes *Facet* für jeden *Slot* als N-Tupel *frame/N* darstellt; hierauf wird dann mit Primitivprädikaten zugegriffen. Besser ist es, ähnlich dem *Smalltalk*-Paradigma, eine *Nachrichten-Schnittstelle* zu implementieren.

Die Übergabe einer Nachricht an ein Objekt kann dabei zum Beispiel durch den Term

   Resultat <- Objekt : Nachricht

verlangt werden. *Objekt* ist der Name des *Frame*, welcher es in der Wissensbasis repräsentiert. Die *Nachricht* besteht aus dem Namen eines Attributs, dargestellt durch einen *Slot* des *Frames*, als Funktor, sowie gegebenenfalls Parametern. Das *Resultat* ist ein Ergebnis, das zum Beispiel den aktuellen Wert des Attributs oder den Zustand des adressierten Objekts angeben kann.

Die "objektorientierte Maschinerie", welche in einer primitiveren Implementierungsform über die verschiedenen *Facets* noch weitgehend "sichtbar" ist, kann bei einer anspruchsvolleren Realisierung mit Hilfe eines Übersetzers völlig transparent gehalten werden. Dieser compiliert die statischen *Frames* und *Regeln* der Objektbeschreibungen in eine interne, prozedurale Darstellungsform. Das Laufzeitsystem überträgt seinerseits die Nachrichten aus der oben gezeigten Form in effiziente Aufrufe dieser Prozeduren.

Die Gesamtheit der Prozeduren, welche aus den *if_needed-*, *if_added-* und *if_changed-*"Facetten" der Objekte entstehen, beschreibt die Bedingungen (*constraints*) für die Objekte und bildet damit die wesentlichste Komponente der Inferenzmaschine.

Der hohe Abstraktionsgrad eines derartigen, objektorientierten Konzepts bringt eine beträchtliche Allgemeingültigkeit und Effizienz, aber leider auch eine völlige Ablösung von der Denkweise des Benutzers. Hat er in einer einfachen, interpretativen Frame-Realisierung vielleicht noch eine Vorstellung,

was in der Wissensbasis und in der Inferenzmaschine abläuft, ist
dies bei der fortschrittlicheren Implementierung kaum noch der
Fall.

3. System- und Benutzerschnittstellen

Für die Akzeptanz eines Expertensystems ist es jedoch wichtig,
daß der Benutzer jederzeit weiß, was "das System für ihn tut".
Diese Vorstellung sollte zudem möglichst konkret sein. Keinen
Chef befriedigt es, wenn sein Untergebener bloß den Eindruck
eifriger Tätigkeit erweckt - er wünscht ein konkretes Ergebnis,
wie zum Beispiel einen Bericht oder eine fertige Konstruktions-
unterlage, die er prüfen, auswerten und anderen zur Weiterarbeit
übergeben kann.

Genauso muß sich der Entwickler eines Expertensystems nicht nur
Gedanken darüber machen, was sich sein System "so denkt", sondern vor allem auch, wie und in welcher Form es die (hoffentlich)
erzielten Ergebnisse *seinem* Chef, dem Benutzer, abliefert. Bei
einfachen Auskunftssystemen mag hier ein kurzer Satz oder eine
schematische Graphik genügen. Bei anspruchsvolleren Systemen,
wie sie im Bereich der Konstruktion oder Produktion zunehmend
gefordert werden, reicht dies sicher nicht aus.

Wenn wir auf einer einheitlichen Wissensbasis eine Familie
derartiger Systeme entwickeln wollen, sollten wir uns zudem
bemühen, ein möglichst *allgemeingültiges* Modell für die "Ablie-
ferungsform" ihrer jeweiligen Ergebnisse zu finden, das der bei
menschlichen Mitarbeitern üblichen möglichst ähnlich ist.

Was liefert ein menschlicher Experte normalerweise ab, nachdem
er seine Arbeit getan hat? Meist ist sein "Produkt" ein *Bericht*.
Somit liegt es nahe, daß sich auch ein Expertensystem seinem
Benutzer als Lieferant von verschiedenen Berichten darstellt. Je
nach der Spezialisierung des betreffenden Systems kann die (zum
Beispiel über Menüs) angebotene Auswahl an Berichten sehr unterschiedlich sein: etwa

für ein **Konfigurationssystem**

- eine Konfigurationsbeschreibung,
- ein Angebot,
- ein Konstruktions- oder Fertigungsauftrag,
- eine Stückliste,

oder

für ein **Diagnosesystem**

- ein Fehlerbericht,

- eine Reparaturanleitung,
- eine Fehlerstatistik.

Gegebenenfalls wird man auch Kurz- und Langfassungen der Berichte vorsehen, wobei zum Beispiel der Benutzer des Diagnosesystems für die Fehlerreparatur am Ort eine auf ein oder wenige Bildschirmseiten zusammengefaßte Fehlerbeschreibung und Reparaturanleitung erhält, seiner Zentrale jedoch (elektronisch) einen ausführlicheren Report mit einer Übersicht über die möglichen Ursachen, Folgefehler und durchgeführten oder zurückgestellten Reparaturen zustellen kann.

Bei diesem Modell ist es also die Aufgabe der Benutzerschnittstelle, dem Anwender auf Anforderung einen Bericht über die Untersuchungen und Ergebnisse der "eigentlichen" Inferenzmaschine zu schreiben. Eine Möglichkeit ist die Darstellung der angebotenen Berichte in einem Menü, wie es Abb. 1 beispielhaft für ein Fehler-Diagnosesystem zeigt.

```
+------------------------------------------------------------+
|                                                            |
|                  ***** Berichts-Auswahl *****              |
|                                                            |
|                                                            |
| 1 - Schnell-Diagnose                                       |
|                                                            |
| 2 - ausfuehrlicher Fehlerbericht                           |
|                                                            |
| 3 - Fehlerdiagnose                                         |
| 4 - Anleitung zur Fehlerbehebung                           |
| 5 - Fehlerstatistik                                        |
|                                                            |
| ? - Erklaerungen                                           |
|                                                            |
|                                                            |
| Bitte waehlen Sie : _                                      |
|                                                            |
+------------------------------------------------------------+
```

Abb. 1

Auswahl-Menü für Berichte

Es ist gegenüber der Praxis etwas vereinfacht: in realistischen Expertensystemen ist das Angebot an verschiedenartigen Berichten im allgemeinen so groß, daß es sinnvollerweise auf mehrere, hierarchisch gestaffelte Menüs aufgeteilt wird. Trotzdem zeigt Abb. 1 das Wesentliche.

Im allgemeinen bieten wir als erste Auswahl, die von unserem Menügenerator auch dann gewählt wird, wenn der Benutzer lediglich die ⟨return⟩-Taste drückt, eine erste, kursorische

Untersuchung an, die in unserem Beispiel als *Schnell-Diagnose* bezeichnet wird.

Die als Alternativen 3, 4 und 5 angebotenen Detailberichte sind Unterkapitel des ausführlichen Fehlerberichts (2). Wir werden im folgenden sehen, wie dies sich in den formalen Beschreibungen der Berichte widerspiegelt.

Das mit "?" anzuwählende Erklärungsangebot erscheint nur dann, wenn bereits mindestens ein Bericht aus dem Menü abgefordert wurde und damit zu erklärende Textelemente existieren. Wie sich die so aktivierte Erklärungskomponente dem Benutzer im Dialog darstellt, werden wir ebenfalls im folgenden noch besprechen.

4. Semantische Grammatik eines Berichts

Das im Expertensystem repräsentierte Wissen ist durch die Aufteilung in den interaktiven Berichtsgenerator und die objektorientierte Wissensbasis zweigeteilt: der vom Benutzer mit dem in Abb. 1 gezeigten Berichts-Menü aktivierte

Dichter,

>   welcher die Formulierungskenntnisse für die in einem Anwendungsbereich benötigten Berichte hat,

verlangt vom

Denker

>   die diesem bekannten oder nach seinen "Fachkenntnissen" abgeleiteten Daten, um sie im Bericht zu verarbeiten.

Die nächste Frage ist nun, wie man das Wissen um den formalen Aufbau der Berichte und die vom *Dichter* an den *Denker* jeweils zu stellenden Fragen nach der benötigten, fachlichen Information am einfachsten, übersichtlichsten und änderungsfreundlichsten formalisiert.

Ein mächtiges Mittel zur formalen Beschreibung von Texten jeder Art ist eine *Syntax* mit *semantischen Einschüben*, welche die "Bedeutung" des Textes in einer geeigneten Programmiersprache festlegen. Unix-Programmierer kennen den *yacc*, ein in die Programmiersprache *C* eingebettetes Werkzeug zur Definition und Generierung von Spracherkennern und Übersetzern. Prolog enthält eine sehr ähnlich aufgebaute Subsprache, die *Definiten Klausel-Grammatiken* (*DCG*). Sie werden vor allem von Computer-Linguisten gern zur Beschreibung von Erkennern für natürliche Sprachen wie Deutsch oder Englisch eingesetzt, da sie erstmalig eine konsistente und auch theoretisch saubere Behandlung von Kontextabhängigkeiten ermöglichen (vgl. hierzu z.B. [PERE80]).

Weniger bekannt ist es, daß man diese definiten Klausel-Grammatiken auch "rückwärts" betreiben kann [SCHN88]: aus einem Null-String oder einer leeren Liste produzieren sie dann automatisch einen syntaktisch korrekten Text, dessen Bedeutung durch die Proceduraufrufe in den semantischen Einschüben festgelegt wird. Eine derartige, auch oder sogar ausschließlich zur *natürlichsprachlichen Textgenerierung* verwendete Syntaxbeschreibung wird oft als *semantische Grammatik* bezeichnet (vgl. z.B. [OBER87]) und erstmals von *Hendrix et al.* zur Entwicklung natürlichsprachlicher Auskunftssysteme eingesetzt [HEND78].

Bei einer Implementierung in Prolog liegt es deshalb nahe, die zu erstellenden Berichte durch ihre DCG-Syntax zu beschreiben. Man erhält so eine sehr wartungs- und erweiterungsfreundliche Darstellungsweise, weil nahezu jede beliebige Änderung durch rein lokale Manipulation ausschließlich der durch sie betroffenen Produktionen bewirkt werden kann.

Abb. 2 skizziert einige Ausschnitte einer Berichts-Grammatik für ein Fehler-Diagnosesystem. Tatsächlich ist sie zwar wesentlich umfangreicher, aber nicht unübersichtlicher, da die streng hierarchische Struktur nie verloren geht, gleichgültig wie zahlreich und komplex die angebotenen Berichte werden.

Die tatsächlichen Ausgabetexte werden durch die in eckige Klammern eingeschlossenen Terme erzeugt, *textfile/N* sind Expansionsprädikate von extern gespeicherten Ersetzungstexten, in welche die aktuellen Argumente eingesetzt werden. Die in den durch geschweifte Klammern abgegrenzten, *semantischen Einschüben* aufgerufenen Prädikate *ask_XPS/1* erfragen ihre Werte vom "Denker", dem objektorientierten Expertensystem. Die in ihnen gestellte Frage ist unmittelbar die Nachricht an dasjenige Objekt, welches das benötigte Wissen bereitstellt:

Ergebnis <- Objekt : Slot.

Kann die Wissensbasis das *Ergebnis* nicht ermitteln, so meldet sie konventionsgemäß *unknown*. *ask_XPS/1* reagiert dann damit, daß es ein *fail* zurückliefert. Als Alternative wird dann entweder ein entsprechender Fehlertext produziert, oder die Produktion endet erfolglos.

```
fehlerbericht(Komponente) -->
   [header('Fehlerbericht')],
   fehlerdiagnose(Komponente,Fehler,Folgefehler),
   fehlerbehebung(Komponente,[Fehler|Folgefehler]),
   fehlerstatistik(Komponente,Fehler,Folgefehler).

fehlerdiagnose(Komponente,Fehler,Folgefehler) -->
   [header(Fehlerdiagnose)],
   fehlersuche(Komponente,Fehler),
   folgefehler(Komponente,Fehler,Folgefehler).

fehlersuche(Komponente,Fehler) -->
      { ask_XPS(Komponente <- install : defekt) },
   fehler_in_komponente(Komponente,Fehler).
fehlersuche(Komponente,Fehler) -->
   [textfile('fehlerfrei.txt')].

fehler_in_komponente(Komponente,Fehler) -->
      { ask_XPS(Fehler <- Komponente : fehler) },
   [textfile('fehler.txt',Komponente,Fehler)],
   fehlerursache(Komponente,Fehler,Ursache).
fehler_in_komponente(Komponente,_) -->
   [textfile('unbekfehl.txt',Komponente)].

fehlerursache(Komponente,Fehler,Ursache) -->
      { ask_XPS(Ursache <- Komponente : fehlerursache) }
   [textfile('ursache.txt',Fehler,Ursache)].
fehlerursache(Komponente,Fehler,_) -->
   [textfile('unbek_urs.txt',Fehler)].

% . . . . .

fehlerbehebung(Kommponente,[Fehler|Folgefehler]) -->
   eine_fehlerbehebung(Komponente,Fehler),
   fehlerbehebung(Kommponente,Folgefehler).
fehlerbehebung(Kommponente,[]) -->
   [].

% . . . . .
```

Abb. 2

Skizze einer Berichts-Grammatik
für ein Fehler-Diagnosesystem

5. Erklärungskomponente

Auch für die Erklärungskomponente ist das "Berichtsparadigma" eine gute Grundlage. Ebenso wie der Auftraggeber einer Untersuchung sich von seinem Experten unklare oder strittige Punkte am besten an Hand des Berichts erklären läßt, indem er auf die betreffenden Stellen hinzeigt, verlangt der Benutzer vom Expertensystem die Erklärung einer bestimmten Aussage, etwa einer Zahl oder einem Wort, am einfachsten im Kontext des erstellten Berichts.

Diesen Mechanismus bildet die syntaxgesteuerte Erklärungskomponente in einem Zusammenspiel von *Dichter* und *Denker* nach. Nach Anwahl des im Berichtsauswahl-Menü von Abb. 1 bereits gezeigten Fragezeichens "?" zur Aktivierung der Erklärungen bereitet der *Dichter* aus der syntaktischen Beschreibung der Berichte über mehrere Stufen Auswahlmenüs auf. Diese zeigen zuerst die Überschriften der Kapitel und die Anfänge der Paragraphen, in welche Informationen des *Denkers* eingingen. Nach einigen Auswahlschritten, deren Anzahl der Tiefe der Produktions-Hierarchie der Syntax entspricht, gelangt der Benutzer zu dem in Abb. 3 gezeigten Menü.

```
+----------------------------------------------------------------+
|                                                                |
|                  ***** Erklaerungs-Auswahl *****               |
|                                                                |
|                                                                |
|                                                                |
| < - zurueck zum vorigen Menue                                  |
|                                                                |
| a - Bei einer =>im Normalbereich liegenden<= Drehzahl ..       |
| b - .. ist die Betriebstemperatur =>zu hoch<= fuer ..          |
| c - .. treten Unwuchten =>im Leerlauf<= nicht auf ..           |
| d - .. treten Unwuchten im Leerlauf =>nicht auf<= ..           |
| e - .. treten Unwuchten =>bei Hoechstdrehzahl<= auf ..         |
| f - .. treten Unwuchten bei Hoechstdrehzahl =>auf<= ..         |
|                                                                |
|                                                                |
|                                                                |
| Bitte waehlen Sie : _                                          |
|                                                                |
|                                                                |
|                                                                |
+----------------------------------------------------------------+
```

Abb. 3

Auswahl-Menü für Erklärungen

Es zeigt unmittelbar die Zeilen aus dem ausgewählten Bericht, wobei die vom *Denker* als *Ergebnis* einer Frage übermittelten Werte durch Pfeilsymbole markiert sind. Wie das Beispiel demonstriert, können in einer Zeile auch mehrere solche Daten auftreten; in diesem Fall wird die betreffende Zeile im Menü mehrmals, mit jeweils einem anderen markierten Wert angeboten. Wählt der Benutzer nun in diesem Menü das Datum, das er tatsächlich erklärt wünscht, so verlangt der *Dichter* vom Denker mit Hilfe eines, der vorangegangenen Frage (*ask/1*) entprechenden Erklärungs-Prädikats

    explain(Ergebnis<-Objekt:Slot,ErklaerungsListe).

eine *Erklaerungsliste*.

Der *Denker* gibt in dieser Liste ein oder mehrere Prolog-Terme zurück, welche der *Dichter* über die vom System bereitgestellten Ausgabeprimitiven der Reihe nach dem Benutzer als Erklärungstexte anbieten kann; sind in der Liste mehrere Erklärungen enthalten, so fragt er nach Ausgabe jeder Erklärung, ob der Benutzer eine weitere, eingehendere oder detailliertere wünscht.

In vielen Fällen möchte jedoch der *Denker* den weiteren Erklärungsdialog mit dem Benutzer selbst übernehmen, um ihn, ebenfalls interaktiv, entsprechend seinen Wünschen durch die relevanten Objektstrukturen zu führen und die jeweiligen Regeln oder sonstigen Quellen der von ihm ermittelten Werte zu zeigen. Die Ausgabeprimitiven sind deshalb so programmiert, daß sie ihnen übergebene Strukturen nicht auszugeben versuchen sondern einfach als Prozeduraufrufe aktivieren.

Damit kann der *Denker* in die *ErklaerungsListe* einfach einen entsprechenden Aufruf eintragen, mit welchem er bei Anforderung der entsprechenden Erklärung durch den Benutzer die Kontrolle übergeben haben möchte. Er beginnt dann mit dem Benutzer "hinter dem Rücken" des *Dichters*, der davon "nichts bemerkt", einen ebenfalls menüorientierten Erklärungsdialog. Abb. 4 zeigt ein Beispiel hierfür.

Warum der *Denker* dem *Dichter* als Ergebnis eine zu hohe *Betriebstemperatur* meldete, wird durch Ausgabe der betreffenden Regel erklärt. Das darunter gezeigte Menü gibt die exakten Werte für die *Betriebstemperatur* und die *Aussentemperatur*. Wählt der Benutzer eine dieser Menü-Optionen, so erhält er in ähnlicher Form eine Erklärung für die Herkunft dieser Angaben.

```
+----------------------------------------------------------------+
|                                                                |
|              ***** Erklaerungs-Komponente *****                |
|                                                                |
|                                                                |
|     Betriebstemperatur ist 'zu hoch'                           |
|                                                                |
| weil                                                           |
|                                                                |
|     Betriebstemperatur - Aussentemperatur > 15                 |
|                                                                |
| Bitte waehlen Sie aus : _                                      |
|                                                                |
|     1 - zurueck zum vorigen Menue                              |
|                                                                |
|     2 - Betriebstemperatur = 82.5                              |
|     3 - Aussentemperatur = 24                                  |
|                                                                |
|                                                                |
+----------------------------------------------------------------+
```

Abb. 4

Dialog-Erklärung durch den "Denker"

Die Rückkehr zu einer höheren Erklärungsebene wird - ebenso wie schon in Abb. 3 - als erste Option des Menüs angeboten, die ja, wie bereits gesagt, vom Menüsystem bei unmittelbarer Eingabe von <return> gewählt wird. Dies erlaubt dem Benutzer eine schnelle Rückkehr aus der so realisierten, oft vielstufigen Hierarchie von Erklärungen, sobald er alle ihn interessierenden Informationen erhalten hat.

6. "Breitband"-Systeme

Wir sind es heute gewohnt, die in einem Datenbanksystem gespeicherten Informationen nicht nur für eine einzige Anwendung sondern für viele verschiedene zu nutzen, indem wir unterschiedliche Programmsysteme für sie schreiben. Objektorientierte Wissensbasen werden derzeit dagegen meist nur für eine bestimmte Aufgabe entwickelt, für ein Diagnose-, ein Konfigurations- oder ein Dokumentationssystem.

Natürlich ist dies ebenso unwirtschaftlich wie es früher die Entwicklung einer eigenen Datenbasis für jedes Anwendungsprogramm war. Und was noch schlimmer ist: schon zwischen vielen verschiedenen *konventionellen Datenbasen* konnte eine ausreichende Konsistenz nicht gewährleistet werden. Dies zwang im Laufe der Zeit jedes größere Unternehmen zu ihrer Integration in ein oder wenige Datenbanken. *Wissensbasen* enthalten nun zusätzlich auch noch prozedurale Informationen, was eine weitere Dimension ihrer Komplexität und damit der damit verbundenen Konsistenz- und Integritätsprobleme schafft.

Also sollten wir unsere neuen Möglichkeiten nicht zum Anlaß nehmen, lediglich unsere alten Fehler in größerem Maßstab zu wiederholen. Wenn wir nicht bereits bei unseren ersten Prototyp-Expertensystemen die Objektbasen so organisieren, daß wir mit verschiedenen Anwendungs-Frontends das gleiche Wissen erfassen, nutzen und fortschreiben können, wird die - ja gerade bei Provisorien besonders tückische - "normative Kraft des Faktischen" erneut zuschlagen: in fünf bis zehn Jahren erwarten uns dann Aufwendungen für die Integration unserer Wissensbasen, gegen welche diejenigen, die größere Anwender heute für den Aufbau von Datenbanken und Daten-Dictionaries erbringen, ziemlich vernachlässigbar sein dürften.

Dies gilt vor allem für die Gebiete der Konstruktion, Fertigung und Lagerhaltung, bei denen aus verschiedenen, historischen Gründen die mangelnde Integration nicht nur der Daten sondern auch der Hardware- und Softwaresysteme noch weit fühlbarer ist als im kommerziellen oder organisatorischen Bereich.

Die "Dichter und Denker" Architektur erlaubt es hier, die alten Fehler zu vermeiden. Wir können schon heute mit dem Aufbau einer integrierten Wissensbasis über alle Objekte einer Organisation oder eines Unternehmens beginnen, ohne uns damit auf einen oder wenige Anwendungen einschränken zu müssen. Und weil diese Wissensbasis objektorientiert ist, bestehen auch keine großen Probleme, die bereits vorhandenen Datenbanken in sie einzubinden.

Und das beste an diesem neuen Konzept ist, daß es über das Softwarepaket zur Objektverwaltung, gegebenenfalls den Anschluß einer Datenbank sowie die Bearbeitungsmöglichkeiten für Definite Klausel-Grammatiken hinaus keinerlei zusätzliche Werkzeuge oder Softwareunterstützung benötigt. Alles, was wir zu seiner Realisierung brauchen, ist in einem guten, kommerziellen Prolog-System entweder schon eingebaut oder am Softwaremarkt als Zusatzpaket verfügbar. Damit besteht keinerlei Grund mehr, Wissensbasen und Expertensysteme als Insellösungen für Einzelanwendungen zu entwickeln - noch nicht einmal mehr "vorläufig" oder als "Prototypen".

Literatur

BRAC88 U. Brach, E. Pielmeier, "Ein Werkzeug zur Entwicklung von Expertensystemen in Prolog", unix/mail 6, No. 1 (1988), S. 55

HEND78 G.G. Hendrix, E.D. Sacerdoti, D. Sagalowicz, J. Slocum, "Developing a Natural Language Interface to Complex Data", acm Transactions on Database Systems 3 (1987), S. 105

HUKE86 Ch.T. Nguyen Huu, U. Kekeritz, "Eine Frame-Implementation in Prolog", Rundbrief des FA 1.2 'Künstliche Intelligenz & Mustererkennung' in der GI, No. 41 (April 1986), S. 19

MINS75 M.A. Minsky, "A Framework for Representing Knowledge", in: "The Psychology of Computer Vision" (P.H. Winston ed.).

OBER87 K.K. Obermeier, "Natural-Language Processing", Byte 12, No. 14 (Dec. 1987), S. 225

PERE80 F.C.N. Pereira, D.H.D. Warren, "Definite Clause Grammars for Language Analysis", Artificial Intelligence 13 (1980), S. 231

SCHN87 P. Schnupp, T. Nguyen Huu, "Expertensystem-Praktikum", Springer-Verlag, Berlin Göttingen Heidelberg (1987)

SCHN88 P. Schnupp, K. Höß, "Terminalbuch Prolog", Oldenbourg-Verlag, München (1988)

Expertensysteme zur Fehlerdiagnose an fahrerlosen Transportsystemen

Ulrich Blank   Wolfgang Womann   Wilfried Schliep   B M W AG, München

1. Ein Expertensystem zur Diagnose von Fahrerlosen Transport Systemen

Die BMW AG hat einen Expertensystem-Prototypen zur Diagnose von Fahrerlosen Transport Systemen (FTS) entwickelt. Das Ziel war, die Anforderungen an Expertensysteme im Instandhaltungsbereich zu untersuchen. Nach einer Durchführbarkeitsstudie und der Erstellung eines Demonstrationsprotottypen wurde ein erster funktionsfähiger Prototyp auf einem PC erstellt. Dieser Prototyp befindet sich seit Februar 1987 im Testeinsatz in der Einsatzumgebung.
Im folgenden wird die Anwendung, die Vorgehensweise im Projekt, der Aufwand und unsere Erfahrungen dargestellt. Die Ausführung schließt mit einem Ausblick auf den Stellenwert wissensbasierter Systeme im industriellen Bereich.

Die FTS sind in der separaten Türenmontage (STM) eingesetzt. Jedes FTS hat eine Ladefläche, auf der sich zwei Türen befinden. Die FTS fahren auf Induktionsschleifen von Arbeitsstation zu Arbeitsstation. Während des Aufenthalts an einer Arbeitsstation werden Teile, wie Schlösser, Türgreiffe, elektrische Leitungen, etc. an die Türen montiert.

Im Verlauf dieses Prozesses kommt es beispielsweise dazu, daß manche FTS die Induktionsschleife nicht mehr oder aber eine nicht vorhandene erkennen. Bei solchen Fehlerfällen wird die Instandhaltung gerufen, die zunächst vor Ort eine Fehlerdiagnose beziehungsweise eine Reparatur versucht. Wenn dies erfolglos oder aber zu aufwendig ist, werden die Türen des fehlerhaften FTS auf einen anderen umgeladen, und der defekte FTS wird in die Werkstatt gefahren und dort repariert.

Warum ein Expertensystem zur Diagnose von FTS?
Die Zielsetzung des Projekts war, die Anforderungen an ein Expertensystem im Instandhaltungsbereich, durch den Bau eines Testsystems für eine überschaubare Anwendung, aufzunehmen.

Nach einer Analyse erwies sich der Instandhaltungsbereich in der STM hinsichtlich eines Pilotprojekts als ideal.
Die Gründe waren:

- Es gibt eine Entkopplung Produktionsbereich und Instandhaltungsbereich. Das heißt es gibt keine Beeinträchtigung der Produktion durch eine Fehlersuche an den FTS.

- Die Anzahl der vorhandenen FTS ist so groß, daß immer Ersatz-FTS existieren.

- Die Fehlerdiagnosen sind beherrschbar und es gibt erprobte Strategien zur Fehlerdiagnose der einzelnen Fehlerfälle.

- Die Instandhalter haben EDV-Erfahrung, da sie täglichen Umgang mit Terminals haben, beispielsweise beim Eingriff in das FTS-Steuerungssystem. Dadurch war keine "EDV-Schwellenangst" zu erwarten.

- Die Instandhaltung war motiviert zu einem Pilotprojekt und hatte realistische Erwartungen an die Funktionalität eines Expertensystems.

Auch der erwartete Nutzen durch ein Expertensystem wurde von der Instandhaltung realistisch eingeschätzt.

Ein Nutzen aus Sicht der Instandhaltung liegt vor, wenn es gelingt, ein Diagnosesystem zu entwickeln, welches zur Schulung neuer Mitarbeiter herangezogen werden kann und somit die Einarbeitungsphase verkürzt.

Andere allgemeine Nutzenaspekte sind:

- Ein Expertensystem kann für die Instandhalter eine individuelle Arbeitserleichterung bedeuten, da mehrere Anlagen zu betreuen sind, und die Anlagen immer komplexer werden.

- Erfahrungen über einzelne Diagnosefälle stehen allen Instandhaltern zur Verfügung.

- Einheitliche, möglichst effektive Vorgehensweise bei der Diagnose und Reparatur von Fehlerfällen.

- Sammeln von Erfahrungen, um Anforderungen an On-Board-Diagnosesysteme der Zukunft formulieren zu können.

2. Vorgehensweise im Projekt

Die Vorgehensweise in diesem Projekt gliederte sich in folgende Schritte:

- Analyse der Anwendung in einer detaillierten Durchführbarkeitsstudie. Nachdem ersichtlich war, daß der Einsatz der Expertensystemtechnik in dieser Anwendung sinnvoll und nutzbringend ist, wurde ein Demonstrationsprototyp entwickelt. Die Instandhaltung konnte sich mit diesem Demonstrationsprototypen ein Bild machen, wie ein Expertensystem in ihrer Einsatzumgebung aussehen würde. Auf dieser Grundlage wurde das Initialisieren eines Pilotprojektes beschlossen.

- Das bedeutet zunächst die Reimplementierung des Demonstrationsprototypen auf einem PC.
- Einsatz eines Testsystems in der Einsatzumgebung und Validierung der bestehenden Wissensbasis beziehungsweise Anpassung der Wissensbasis an neue Erfahrungen.

2.1 Durchführbarkeitsstudie

2.1.1 Zusammenstellung des Projektteams

Nachdem als geeignetes Anwendungsgebiet die Diagnose von FTS in der Instandhaltung gefunden war, mußte ein Projektteam zusammengestellt werden, welches die Durchführbarkeitsstudie machte.

Das Projektteam bestand aus:

- Einem Experten, der "der" Experte war. Er brachte im wesentlichen das Wissen über die FTS sowie die Diagnosestrategie ein und testete die Funktionalität des Demonstrationsprototypen aus.

- Die Anwender, Instandhalter der FTS-Werkstatt. Sie machten Vorschläge zur Integration des Expertensystems in die Einsatzumgebung und formulierten die Anforderungen an die Benutzeroberfläche.

- Ein Knowledge Engineer. Er versuchte das vom Experten erworbene Wissen so zu strukturieren, daß es in eine computergerechte Darstellung gebracht werden konnte. Weiterhin ist er der Ansprechpartner für alle Systemfragen.

2.1.2 Aufnahme des IST-Zustandes

Zunächst wurden Unterlagen zu den FTS studiert. Diese umfaßten sowohl den Aufbau und die Funktionsweise der FTS als auch das des FTS-Steuerungssystems.

Um einen Überblick über die vorkommenden Fehlerfälle zu bekommen, wurden die Schichtbücher ausgewertet. Damit gelang eine Aufzählung der vorkommenden Fehlertypen und ihrer Häufigkeit.

Danach wurden typische Fehlerfälle analysiert. Insbesondere wurde hierbei die Diagnosestrategie für diese Fälle erfaßt.

2.1.3 Festlegung aufeinanderaufbauender Prototypstufen

Zunächst war ein erster sinnvoller Umfang für einen Demonstrationsprototypen festzulegen. Dieser sollte so gewählt sein, daß er jederzeit in Tiefe (detailliertere Diagnosen) und Breite (Diagnosen für andere Fehlertypen) ausgebaut werden kann. Wir wählten für den Demonstrationsprototypen den Fehlertyp "Verlust der Leitfrequenz" aus. Gründe hierfür waren, daß dies ein relativ schwieriger Fehler ist, und die Ursache in den Elektroniksteckkarten zu suchen ist. Fehler, die auf fehlerhaften Elektronikarten beruhen, kommen wesentlich häufiger vor als Fehler, die mechanischer Natur sind.

2.2. Entwicklung eines Demonstrationsprototypen für den Fehlerfall Leitfrequenzverlust

2.2.1 Wissenserwerb

Die konkreten Fehlerfälle mit Fehlerbild "Leitfrequenzverlust" wurden detailliert analysiert. Dieses erforderte eine enge Zusammenarbeit zwischen dem Experten und dem Knowledge Engineer. Das erworbene Wissen mußte strukturiert und dokumentiert werden. Dies geschah in Papierform, mittels natürlichsprachlicher Beschreibungen und zum

Teil auch unter Verwendung graphischer Darstellungen.
Diese Struktur wurde aufgeteilt in einen deklarativen und einen prozeduralen Teil.

Im deklarativen Teil wurden beschrieben:

- Die Komponenten der FTS, die für den Fehlerfall relevant sind.

- Die Abhängigkeiten zwischen Symptomen und Diagnosen bei diesem Fehlerfall.

Im prozeduralen Teil wurde beschrieben:

- Die Diagnosestrategie, die der Experte im Fehlerfall "Leitfrequenzverlust" anwendet. Beispielsweise die Reihenfolge, in der die einzelnen Symptome analysiert und die Kriterien, nach denen die Symptome bewertet werden.

2.2.2 Entwurf der Wissensbasis

Aufgrund des Wissenserwerbs wurde dann ein Grobkonzept für die Funktionalität des Diagnosesystems konzipiert. Im wesentlichen bedeutet dies, einen Systementwurf und speziell einen Entwurf für die Struktur der Wissensbasis zu spezifizieren.

Wesentlich ist im Entwurf die Unterscheidung in einen deklarativen und einen prozeduralen Teil.

Der deklarative Teil wurde wie folgt strukturiert:

- Klassen von Objekten und deren Eigenschaften:

  - Symptome

  - Grobdiagnosen (der eigentliche Fehlerfall)

  - Feindiagnosen (die Fehlerursachen, die das Expertensystem stellt)

  - Enddiagnosen (die "echten" Fehlerursachen)

- Regelgruppen, um Abhängigkeiten bei Fehlerfällen zu beschreiben, beziehungsweise um gewisse Teilaufgaben bei der Diagnose wiederum in einzelne Module strukturieren zu können.

Der prozedurale Teil wurde wie folgt strukturiert:

- Der Diagnoseablauf konnte grob in zwei Teile aufgeteilt werden:

  - Diagnose vor Ort

- Diagnose in der Werkstatt

- Der Diagnoseablauf wurde in Sequenzen von Teildiagnosen beschrieben.

- Diese Teildiagnosen wurden detailliert beschreiben durch Festlegung der Verarbeitung gewisser Regelmengen beziehungsweise Sequenzen von Regelmengen.

Eine andere Entwurfsaufgabe bestand im Entwurf der Benutzeroberfläche und in der adäquaten Einbettung des Expertensystems in die Einsatzumgebung (zum Beispiel Integration von Schichtbuchführung und Diagnosen).

2.2.3 Wissensrepräsentation

Alle Teile der entworfenen Wissensbasis waren umzusetzen in eine "adäquate" Wissensrepräsentation. Das heißt es war für jeden Teil der Wissensbasis eine Entscheidung zu treffen, welches die effizienteste Wissensrepräsentation ist (Frames, Regeln, Logik, Semantische Netze, Worlds,....). Die Festlegung der geeigneten Methoden der Wissensrepräsentation erfolgte toolunabhängig.

Auch bei der Festlegung der Methoden der Wissensrepräsentation ist es unentbehrlich, zwischen der Repräsentation von deklarativem und prozeduralem Wissen zu unterscheiden.

Die Festlegung des deklarativen Wissens umfaßt:

- Festlegung der semantischen Primitive für eine framebasierte und regelbasierte Darstellung. Konkret bedeutet das, daß eine Framedarstellung zu finden ist, die festlegt, was Objekte (Frames und Instanzen), was Slots (charakteristische Eigenschaften der Objekte) und was Slotwerte (Eigenschaftswerte) sind. Diese Strukturierung wird direkt in den Regeln (in atomaren Prämissen und Konklusionen) verwendet.

- Umsetzung von Abhängigkeiten bei Fehlerfällen in Regeln. Die Regeln verwenden die oben festgelegten semantischen Primitive und werden Regelmengen zugeordnet, die wiederum gewisse Teilaufgaben widerspiegeln.

Die Festlegung des prozeduralen Wissens umfaßt:

- Die Festlegung der Art und Weise, wie einzelne Regelmengen verarbeitet werden, um die entsprechende Teilaufgabe zu lösen. Typischerweise wird die Verarbeitungsstrategie (Forward oder Backward Chaining) und die entsprechende Steuerungsinformation für den Regelinterpreter wie Goals, Konfliktlösungsstrategie, Abbruchkriterien,..usw. .festgelegt.

- Die Sequenz der Verarbeitung der Teilaufgaben wird analog beschrieben, was dann einer prozeduralen Beschreibung der gesamtheitlichen Lösungsstrategie entspricht.

2.2.4 Realisierung des Demonstrationsprototyps

Diese toolunabhängige, aber anwendungsorientierte - oben festgelegte - Wissenspräsentation war jetzt in eine Tool-spezifische Darstellung zu transformieren.
Bedingt dadurch, daß die toounabhängige Wissenspräsentationsformen nicht bis ins letzte ausgereizt wurden (zum Beispiel nur eine Relation zwischen den Frames), konnte die Abbildung der toolunabhängigen Repräsentation in die Datstellung des konkreten Tools ziemlich direkt erfolgen.

Dies galt ebenso für die Repräsentation der Regeln, Regelmengen und auch für den prozeduralen Teil.

Aufgrund der detaillierten toolunabhängigen Wissenspräsentation und unserer Kenntnis vom Tool, war die Realisierung eigentlich nur noch reine Schreibarbeit.
Am aufwendigsten war eine graphische Oberfläche zu bauen, die in den einzelnen Fehlerfällen zum Beispiel eine Verdrahtung der Elektroniksteckkarten und den Ort der gerade untersucht wird aufzeigt.

Für den fehlerfall Leitfrequenzverlust wurde dieser Prototyp ausgetestet und die Lücken in der Wissensbasis vervollständigt.

2.2.5 Bewertung und Entscheidung über das Pilotprojekt

Dieser Prototyp wurde als Grundlage herangezogen, um eine Entscheidung zu fällen, ob sich der Einsatz der Expertensystemtechnik für diese Anwendung lohnt.
Der Instandhaltung wurde dieser Prototyp präsentiert und sie konnte sich das Verhalten des Systems für den Fehlerfall ansehen. Somit konnten sich die potentiellen Anwender einen Eindruck verschaffen, wie der Einsatz der Expertensystemtechnik in ihrem Arbeitsgebiet aussehen könnte.
Danach gab es eine Besprechung zwischen Instandhaltung (Experte, Anwender, Management) und dem Knowledge Engineer, in der der Prototyp positiv bewertet wurde.
Gleichzeitig wurden neue Anforderungen an ein Produktivsystem aufgenommen, die die Einbettung in die Einsatzumgebung (beispielsweise Integration der Schichtbuchführung in das Expertensystem) und die Erweiterung der Benutzeroberfläche (zum Beispiel Online/Dokumentation) betrafen.

Aufgrund der Ergebnisse der Durchführbarkeitsstudie und des Demonstrationsprototypen entschied die Instandhaltung, daß ein Pilotprojekt initialisiert werden sollte, mit dem Ziel, einen Prototypen zu entwickeln, der in der FTS-Werkstatt eingesetzt werden kann.

2.3 Implementierung des Testsystems

Da in der FTS-Werkstatt kein Rechner vorhanden war, der den Einsatz von KI-

Sprachen beziehungsweise KI-Tools zuließ, war eine neue Hardware anzuschaffen. Wegen des Verwendungszwecks (Laufzeitsystem) und aus Kostengründen kam nur ein PC als Hardware in Frage. Als nächste Entscheidung stand die Wahl der Basis-Software für das Expertensystem an. Prinzipiell gab es zwei Möglichkeiten . Erstens das System in einer KI-Programmiersprache oder zweitens mit einer PC-Shell zu implementieren.
Die Implementierung in einer KI-Programmiersprache bedeutet, daß nicht nur Wissensbasis, sondern auch Inferenzmaschine, Dialogkomponente, Erklärungskomponente und geeignete Wissensrepräsentationsmechanismen (Framesprache, Regelsprache, ...) implementiert werden müssen. Dieses bedeutet einen beträchtlich höheren Aufwand als "nur" eine Wissensbasis zu erstellen. Anders formuliert, heißt dies, daß man das Rad zum n-ten Male erfindet und erneut eine weitere Shell entwickelt. Die Entscheidung, eine Anwendunge, statt in einer kommerziellen Shell in einer KI-Programmiersprache zu entwickeln, kann nur dann anfallen, wenn kein kommerziell vorhandenes Tool auf die Anwendung "paßt". Da dies in unserer Anwendung aber sicherlich nicht so war, kam also nur die Verwendung eines PC-Shells in Frage.

Die Weiterentwicklung erfolgte in der schon beschriebenen Schleife:

- Analyse,

- Wissenserwerb,

- Entwurf,

- Wissenspräsentation,

- Realisierung,

- Austesten.

2.4 Funktionalität des Testsystems

Die Funktionalität des Prototypen umfaßt folgende Hauptfunktionen:

- Diagnose und Ursachenermittlung für die derzeit in der FTS-Werkstatt bekannten Fehlerfälle und automatischer Eintrag des Ergebnisses in ein Schichtbuch.

- Führung von Schichtbüchern. Das heißt die Instandhalter können auch Schichtbucheinträge für diejenigen Fehlerfälle, die vor Ort behoben wurden, mit dem System vornehmen.

- Erstellung von Schichtbuchauszügen. Hiermit können ähnlich wie in Datenbankensystemen Einträge nach bestimmten Kriterien aus dem Schichtbuch selektiert und auf einem Drucker ausgegeben werden.

Kriterien können sein:

- Zeitkriterien: Festlegung eines Zeitintervalls

- FTS-Kriterien: Angabe einer bestimmten FTS-Nummer

- Fehler-Kriterien: Angabe eines bestimmten Fehlerfalles

- Bedienungsanleitung für die Benutzung aller Hauptfunktionen, Erklärung der (Funktions-) Tasten und eine Einführung in die Bedienung des Systems.

- Schulungsversion. Diese Komponente enthält die volle Funktionalität des Diagnosesystems, mit dem Unterschied, daß kein Eintrag des Diagnoseergebnisses in das Schichtbuch erfolgt. Somit kann diese Schulungsversion zur Einarbeitung neuer Mitarbeiter verwendet werden.

- Unterbrechung einer Diagnose und Abspeichern des erreichten Zustandes (bisherige Zwischendiagnosen und durchgeführte Tests) in eine Falldatendatei beziehungsweise in das Schichtbuch. Diese Funktion ist wichtig, wenn man daran denkt, daß eine Fehlerbehebung mehrere Stunden dauern kann. Wenn während einer solchen Reparatur die Störungen in anderen Bereichen der STM vorkommen, dann müssen die Instandhalter ihre Reparatur unterbrechen. Dadurch kann es vorkommen, daß der zu reparierende FTS erst einige Stunden oder Tage später weiterrepariert wird.

- Fortsetzung einer unterbrochenen Diagnose. Dies ist die Komplementärfunktion zur Funktion "Unterbrechung einer Diagnose". Der Benutzer kann die Falldatendatei laden, in der er den aktuellen Fall abgespeichert hat. Das System führt ihn genau an die Stelle im Diagnoseprozeß, an der er die Diagnose unterbrochen hat.

2.5 Ablauf einer Diagnose

Ein Diagnoseablauf sieht wie folgt aus.

1. Zunächst wählt der Benutzer in einem Menü diejenige Hauptfunktion aus, die er benutzen will. Zur Auswahl stehen:

- Erklärung des Systems

- Diagnose (mit Schichtbucheintrag)

- Diagnose-Fortsetzung

- Testlauf (Schulungsversion

- Schichtbucheintrag

- Schichtbuchauszug

Danach wird der Benutzer nach Datum, Uhrzeit, FTS-Nummer, Stopnummer (Ort, wo der Fehler auftrat) gefragt.

2. Der Benutzer wird nach der Einordnung des Fehlers in eine Fehlerklasse gefragt. Die geübten Instandhalter können dies in den meisten Fällen. Der ungeübtere Benutzer, der dazu nicht in der Lage ist, gibt "unbekannt" ein. Daraufhin ruft das System eine Regelmenge auf, die versucht den Fehler in eine Fehlerklasse einzuordnen (Grobdiagnose). Dazu wird der Benutzer eventuell nach Symptomen gefragt, die eine solche Zuordnung zulassen.

3. Nachdem die Fehlerklasse feststeht, werden entsprechende Regelpakete aufgerufen, die versuchen die Ursachen des Fehlers herzuleiten und den Instandhalter durch eine Folge von Tests führen.

4. Falls die Fehlerursache(n) gefunden wurden, und der FTS auf dem Testparcour fehlerfrei funktioniert, erfolgt ein Eintrag in das Schichtbuch.

5. Konnte das Expertensystem die echte Fehlerursache nicht bestimmen, bekommt der Instandhalter ein Menü aller bekannten Fehlerursachen, aus denen er die tatsächlichen Ursachen angeben kann. Weiterhin kann der Instandhalter diesen Fehlerfall mit der erfolgten Vorgehensweise des Expertensystems in eine Falldatendatei abspeichern. Damit wird dem Knowledge Engineer ermöglicht, die Wissensbasis sukzessive mit der realen Welt abzugleichen und an diese anzupassen. Analoges gilt natürlich auch für das Erfassen neuer Fehlerfälle.
Nur dadurch kann gewährleistet werden, daß das Expertensystem die praxisrelevanten Fehlerfäglle erkennt und behandeln kann. Es muß in Diagnosesystemen immer auch mit neuen, noch nicht bekannten Fehlern, beziehungsweise neuen Fehlerursachen gerechnet werden.

2.6 Umfang der Wissensbasis

Der Umfang der Wissensbasis für das Testsystem umfaßt:

- 10 "Frames", die hierarchisch angeordnet sind und den Ablauf von Konsultationen steuern als auch die Regeln und Parameter einzelner "Frames" zuordnen. Diese "Frames" können auch als "Module" der Wissensbasis betrachtet werden. Jedem "Frame" sind Regeln und Parameter zugeordnet.

- 250 Produktionsregeln.

- 250 Parameter, die gewisse Eigenschaften beschreiben und als Grundelemente in den Regelteilen

- 10 LISP-Funktionen.

2.7 Testeinsatz

Nach der Abdeckung der meisten Fehler wurde das System in der FTS-Werkstatt installiert. Parallel dazu wurde das System auf alle bekannten Fehlerfälle ausgebaut.
Der Testbetrieb ergab eine Reihe von Anforderungen an die Benutzeroberfläche beziehungsweise die Integration des Systems in die Einsatzumgebung. Diese Anforderungen wurden parallel zur Erweiterung der Funktionalität realisiert.

3. Aufwand

Dieses Pilotprojekt erfüllte eine Reihe von Bedingungen, die für ein Expertensystem fast ideal sind. Unter amderem gab es eine sehr hohe Motivation bei allen Projektbeteiligten und der Experte stand fast immer zur Verfügung, wenn er benötigt wurde.
Diese idealen Bedingungen sind auch die Gründe, warum sich nachfolgend aufgeführter Aufwand keineswegs auf andere Projekte übertragen läßt. Der Aufwand unter veränderten Bedingungen ist beträchtlich höher einzuschätzen.

Im folgenden wird der personelle Aufwand für die einzelnen Phasen des Projektes beschrieben:

1) Durchführbarkeitsstudie (Juli/August 1986)
   DV-seitig   9 MW

   Anwender- und Experten-seitig   2 MW

2) Erstellung eines Demosystems (August 1986)

   DV-seitig: 3 MW

3) Erstellung Testsystem auf einem PC
   (September 1986/Februar 1987)

   DV-seitig: 6 MW

   Anwender- und Experten-seitig   4 MW

4) Weiterentwicklung im Testeinsatz
   (ab Februar 1987)

   DV-seitig   ca. 4 MT/Monat

   Anwender- und Experten-seitig   ca. 1 MT/Monat

4. Erfahrungen aus dem Projekt

Anwenderseitig können folgende Erfahrungen berichtet werden:

- Die Instandhaltung kann durch den Einsatz der Expertensystemtechnik sinnvoll bei Diagnoseaufgaben unterstützt werden.

- Zur Zeit kann das Expertensystem alle bekannten Fehler erkennen und behandeln.

- Ein wirklicher Experte benötigt kein Expertensystem, da er äußerst flexibel sein Erfahrungswissen anwendet. Dadurch kommt er ohne Expertensystem schneller zur Lösung.

- Bei unerfahreneren Instandhaltern beziehungsweise neuen Mitarbeitern ist eine große Aufgeschlossenheit bezüglich einer Verwendung des Systems festzustellen.

- Für den Anwender ist die zugrundeliegende DV-Technik eines ihn unterstützenden DV-Systems uninteressant. Für ihn ist nur wichtig, daß er adäquat unterstützt wird.
Dies gilt auch für die Expertensystemtechnik.

DV-seitig gab es folgende Erfahrungen:

- Die adäquate Teamzusammenstellung (Experte, Anwender, Knowledge Engineer) wirkt sich direkt auf das Projektergebnis aus.

- Die Vorgehensweise in diesem Expertensystemprojekt hat sich voll bewährt.

- Im Rahmen der Durchführbarkeitsstudie muß besonderes Augenmerk auch auf die Stabilität der Einsatzumgebung geworfen werden. In unserem Fall war eine gewisse Dynamik bezüglich vorkommender Fehler beziehungsweise deren Häufigkeit im Laufe des Projekts festzustellen.
Um unter diesen Umständen ein Expertensystem noch sinnvoll einsetzen zu können, muß die Wissensbasis ständig an die sich verändernden Gegebenheiten angepaßt werden.

- Ganz wesentlich war die Integration des Expertensystems in die Einsatzumgebung und insbesondere:
    - die Gestaltung der Benutzeroberfläche
    - die Einbindung der Schichtbuchführung

- Es gibt heute noch eine Kluft zwischen der Leistungsfähigkeit der hybriden Expertensystemshells und denjenigen Shells, die auf PC's verfügbar sind.

5. Stellenwert wissensbasierter Systeme

Unsere Erfahrungen aus diesem Projekt zeigen, daß die Expertensystemtechnik im Instandhaltungsbereich erfolgreich eingesetzt werden kann.
Zusammen mit den Erfahrungen aus anderen Projekten in der BMW AG kann festgestellt werden, daß Wissensbasierte Systeme eine neue DV-Technik sind, die sich für gewisse Anwendungstypen gut eignen. Damit wird das Spektrum für DV-Anwendungen erweitert.

Das bedeutet aber bei weitem nicht, was öfters proklamiert wird, daß sich Expertensystemtechnik genau dann sinnvoll einsetzen läßt, wenn es sich um eine Anwendung handelt, die mit bestehender DV-Technik nicht oder nur unzureichend gelöst werden kann.

Weiterhin ist die Expertensystemtechnik auch keine Zauberei, die in 8 Wochen Entwicklung eine funktionsfähige Lösung für eine komplexe Anwendung möglich macht, für die mit konventioneller DV-Technik Jahre benötigt werden.

Vielmehr ist richtig, daß wenn die Anwendung richtig aufbereitet worden ist (Analyse, Wissenserwerb, Entwurf und Wissensrepräsentation), KI-Leute zur Verfügung stehen, und ein auf die Anwendung passendes hybrides Shell vorhanden ist, dann in relativ kurzer Zeit (3-6 Monate) ein Demonstrationsprototyp mit vernünftigem Aufwand entwickelt werden kann.

Der Aufwand für die Vorarbeiten (Durchführbarkeitsstudie) erfordert aber mindestens noch einmal 3 Monate.

Das bedeutet auch, daß beim Einsatz der Expertensystemtechnik die Prinzipien des Software-Engineers voll zur Geltung kommen müssen.

Rezepturerstellung und Optimierung mit Hilfe
von Expertensystemen

Peter Tacke
Peter Tacke & Partner Management Consultants, Seeheim-Jugenheim

1. Einleitung

Das im folgenden beschriebene Expertensystem wurde von einem führenden europäischen Farbenhersteller mit Unterstützung der IBM unter meiner Projektleitung entwickelt.

Grundlage für die Herstellung des Expertensystems 'Farbrezepturen' war die Expertensystemschale **IBM Expert System Environment**. Als Hardware wurde eine IBM 9370/40 als dedizierter Rechner eingesetzt.

Das System berät die Sachbearbeiter im Labor bei der Erstellung einer Farbrezeptur, wobei die zu verwendenden Komponenten der Mischung kostenoptimal zusammengestellt werden.

Diesen Entwicklungsansatz eines Expertensystems möchten wir jedoch nicht nur auf Farbrezepturen abgestellt sehen, sondern sind der Meinung, daß alle Herstellungsverfahren, die nach einem Rezept bzw. einer Rezeptur abgewickelt werden, mit einem ähnlichen Lösungsansatz zu bewältigen sind. Deshalb soll dieser Beitrag anregend auf alle Chargenfertiger wirken, sich mit ähnlichen Problemlösungen im eigenen Hause zu beschäftigen.

Nach Erhebungen mehrerer namhafter Forschungsinstitute wird die Wissensverarbeitung eine der Schlüsseltechnologien der 90er Jahre werden.

Das Ergebnis einer Umfrage der amerikanischen Unternehmensberatungen 'Arthur D. Little' und 'Frost & Sullivan' besagt, daß der Anteil der Wissensverarbeitung an der

Informationsverarbeitung bis 1995 auf 20 % ansteigen wird (siehe **Abbildung 1**). Berücksichtigt man die Vorlaufzeiten, die ein voll funktionierendes Expertensystem in einer industriellen Umgebung mit Anbindung an bestehende Datenbestände bzw. Datenbanken braucht, scheint es uns, um Wettbewerbsvorteile zu halten bzw. zu gewinnen, notwendig, sich schon heute mit dieser neuen Disziplin der Datenverarbeitung auseinanderzusetzen.

2. Ausgangssituation im Unternehmen

Von meinen Mitarbeitern und mir wurden im gleichen Unternehmen bereits Teilgebiete eines integrierten Informations- und Kommunikationssystems, wie Lager und Transportsysteme, Arbeitszeiterfassung mit angeschlossenem Entlohnungssystem, Betriebsdatenerfassungs- und Produktionsplanungs- und Steuerungssystem, über ein neuinstalliertes hauseigenes Datennetz (LAN) realisiert. Grundlage war ein vorher für dieses Unternehmen ausgearbeitetes integriertes Gesamtkonzept für die Informations- und Kommunikationsverarbeitung.

Wird Datenverarbeitung so geplant und gezielt verändert, liegt es auf der Hand, daß das zukünftige Expertensystem Bestandteil dieses integrierten Gesamtkonzeptes sein muß. Durch den Einsatz von Token-Ring waren die Voraussetzungen vorhanden, die bestehenden Rohstoffdaten auf der Datenbank des HOST für das Expertensystem zu nutzen. Dies zur EDV-technischen Umgebung in diesem Unternehmen.

Die vorherige Situation in der Forschung und Entwicklung war wie folgt:

- Hoher Aufwand bei der Rezepturerstellung bedingt durch gestreutes Wissen, unsystematisch aufbereitete Dokumentation, teilweise nicht dokumentiertes Wissen etc.

- Problem der Variationsmöglichkeiten, um alternative Rezepturen bzw. andere Kombinationen von Rohstoffvarianten durchtesten zu können, bedingt durch Zeitmangel der wirklichen Experten und nicht vorgegebener Lösungswege.

- Berücksichtigung immer neuer Umfeldbedingungen, z. B. durch sich unterschiedlich verändernde Umweltauflagen im In- und Ausland, 'Muß'-Ankäufe neuer Rohstoffe aus verschiedenen Gründen, Wettbewerbsveränderung in den Zielmärkten etc.

- Große Vorlaufzeiten bei der Entwicklung eines neuen Produktes/Rezeptur durch die Blockierung der Entwickler bedingt durch die ebenfalls notwendigen Veränderungen an den bestehenden Produkten/Rezepturen.

- Die vorhandenen wirklichen Experten/Fachentwickler werden durch die Routinearbeiten so stark belastet, daß dadurch wichtige Dokumentation von Wissen, Neuentwicklung von Produkten und Innovation nicht den im Unternehmen gewünschten Stellenwert erhalten.

- Das Unternehmens-Know-how bleibt an den Experten gebunden.

Diese Situation ist keine Seltenheit in Forschungs- und Entwicklungs-Abteilungen auch in anderen Unternehmen, zeigt jedoch die wesentlichen Schwachstellen und damit die Einsatzmöglichkeiten von wissensbasierten Systemen auf. Ebenso ist es nichts ungewöhnliches, wenn sich einige Fachentwickler verselbständigen und sich EDV-technische Insellösungen aufbauen, um sich dadurch vermeintliche Arbeitserleichterung zu Lasten des Gesamtunternehmens zu schaffen.

Die Aufgabe der Unternehmensleitung ist es deshalb, dafür Sorge zu tragen, daß Informationsverarbeitung und Wissensverarbeitung zu einem einheitlichen Ganzen zusammengeführt werden (siehe **Abbildung 2**).

3. Ziele des Expertensystems

Die Hauptzielsetzungen bei der Entwicklung des Expertensystems 'Farbrezeptur' waren:

- Aufbau einer einheitlichen Wissensbasis im gesamten Unternehmen, insbesondere im Bereich Forschung und Entwicklung.

- Das heute vorhandene spezielle Expertenwissen allgemein aufzubereiten und es auch 'Nicht Experten' möglich machen, mit diesem Wissen zu arbeiten.

- Wissenszentrierung, d. h. verstreutes Wissen zusammenzutragen und aus **Meinungen** des einen oder anderen Experten nachvollziehbares wirkliches Wissen zu machen, das allen anderen zugänglich ist.

- Entlastung des Experten von der Routinearbeit, um ihn für die eigentliche Aufgabe 'Forschung und Entwicklung' freizubekommen.

- Unterstützung des Experten bei der Entwicklung von neuen Produkten/Rezepturen durch das System.

- Sicherung des Unternehmens-Know-hows durch die EDV-gestützte Dokumentation und die jederzeit mögliche Nachprüfbarkeit der vollzogenen Entwicklungsschritte.

- Einbindung in das vorhandene und in der Realisierung befindliche Informations- und Kommunikationssystem zur Nutzung der aktuellen Datenbestände für Rohstoffe, Rezepturen, Rohstoffdatenblätter und Sicherheitsdatenblätter.

- Verbesserung des Kosten/Nutzen-Verhältnisses in der Forschung und Entwicklung des Unternehmens.

Diese Zielsetzungen sind bewußt weitgefaßt worden. Dies schien uns notwendig, um von Anfang an deutlich zu machen, daß mit der bei Expertensystemen notwendigen schrittweisen Entwicklung gleich der Grundstein für ein umfassendes System gelegt wird. Es sollte keine weitere Insel für den zufällig ausgewählten ersten Fachbereich geschaffen werden (Entwicklungsumfeld siehe **Abbildung 3**).

4. Vorgehensweise bei der Realisierung

In der Planungsphase eines wissensbasierten Systems entscheidet sich nach meiner Meinung bereits der zukünftige Erfolg oder Mißerfolg dieses Systems.

Wesentlich ist, ob man für ein breit angelegtes System bereits Akzeptanz im Hause gefunden hat oder die Akzeptanzbarriere noch abbauen muß. Dies gilt ausschließlich für den Bereich der Unternehmensleitung und der unmittelbar betroffenen Führungskräfte. Die Akzeptanzbarrieren bei den mittleren Führungskräften, in unserem Fall der Fachbereichsleiter bzw. Experten des Fachbereichs und bei den Mitarbeitern dieser mittleren Führungskräfte, kann die Akzeptanzschwelle ohnehin nur durch ein überzeugendes System abgebaut werden. Auch wenn die Akzeptanzbarriere bei der Unternehmensleitung abgebaut ist und man sich voll hinter die Idee eines Expertensystems stellt, sollte man den klassischen Weg über die Entwicklung eines Prototypen gehen.

Dieser Weg beginnt damit, daß man ein möglichst geeignetes Anwendungsgebiet heraussucht, das nicht zu komplex ist und bei dem der Nutzen des Einsatzes des wissensbasierten Systems schnell nachweisbar ist. Wichtig ist ebenfalls, daß für dieses Arbeitsgebiet die systemrelevanten Daten in einigermaßen brauchbarer Form vorhanden sind und auch schnell aufbereitet werden können. Darüber hinaus muß natürlich ein entsprechender Experte vorhanden sein. Außerdem sollte man für das Projekt einen Sponsor oder Moderator finden, der in der Unternehmensleitung die Interessen für den Einsatz des Systems durchsetzen kann. Unbedingt benötigt wird auch ein sogenannter Wissensingenieur, den man schulen muß und der das Domänwissen des Experten in die Schale bringt.

Aus diesen drei Funktionen Experte, Wissensingenieur, Sponsor wird ein Projektteam gebildet, das während der Erstellungszeit eng miteinander arbeitet. Für einen geeigneten Prototypen sollte die Entwicklungszeit nicht größer als 4 bis 6 Monate sein (siehe **Abbildungen 4 und 5**).

Unter dem Begriff Wissensingenieur wird mit fortschreitendem Einsatz von wissensbasierten Systemen sich ein neues Berufsbild entwickeln, das man bis heute nicht kannte. Der Wissensingenieur hat die schwierige Aufgabe, Wissensvermittler zwischen Experte und System zu sein. Er muß das teilweise unstrukturierte Wissen der Experten aus den verschiedensten Disziplinen so strukturieren, daß das System aus entsprechenden **Regeln** und **Fakten** ein funktionierendes Ganzes macht.

In dem konkreten Fall des von uns eingeführten wissensbasierten Systems sind wir nach diesen Grundregeln vorgegangen. Als erstes Fachgebiet wurde der Bereich der Latexfarben ausgewählt. Die Gründe hierfür waren:

1. Bereits gut aufbereitete Daten, weil durch eine vorher getätigte Neuentwicklung das gesamte Fachgebiet überarbeitet worden war.

2. Der Fachentwickler für diesen Bereich großes Interesse an der Mitwirkung beim Aufbau eines solchen Systems hatte.

3. Die Latexfarben werden sowohl innen als auch außen angewendet, so daß sich ein umfaßendes Fachgebiet ergeben hat, aus dessen Erkenntnissen bei der Entwicklung für die anderen Fachbereiche, z. B. Innendispersionsfarben, Außendispersionsfarben, Silikatfarben etc., wertvolle Rückschlüsse zu erwarten waren.

Als Wissensingenieur wirkte in der Prototyp-Entwicklungsphase das IBM-KI-Center Mainz mit vorbildlichem Einsatz mit. Die Rolle des Moderators/Sponsors wurde von mir übernommen und über die ganze Phase von der Planung bis zur Übergabe an den Fachbereich als solchen begleitet.

Handelt es sich, wie in unserem Falle, um ein wissensbasiertes System, das in der Forschung und Entwicklung eingesetzt wird, ist das Füllen der Schale mit Expertenwissen ein permanenter Prozeß. Es liegt auf der Hand, daß das Expertenwissen, was heute up-to-date, morgen durch technologische Veränderungen veraltet ist. Hierin liegt aber auch gerade die Faszination für den Aufbau eines Expertsystems, weil durch geringfügige Veränderungen das neue Wissen in das noch aktuelle Wissen eingefügt werden kann und entsprechend den Regeln und Fakten miteinander verknüpft wird. Ein wissensbasiertes System in der Forschung und Entwicklung ist ein lebendes System und ist für die tägliche Anwendung letztendlich nur so gut, wie seine Wartung.

Ein solcher permanenter Aufbauprozeß ist in der herkömmlichen Datenverarbeitung undenkbar.

5. Wesentlicher Inhalt des Expertensystems

Vom strategischen Ansatz können Aufgaben in einem Expertensystem von verschiedenen Seiten angegangen werden. Es ist zum Beispiel möglich, nach folgenden Fragestellungen das System aufzubauen:

- Welche Eigenschaften hat das Produkt, das aus quantifizierten Zugaben erstellt wird?

- Welche Zugaben in welchen Mengen sind zur Bereitung eines Produktes mit vorgegebenen Eigenschaften erforderlich?

- Wie verändern sich bekannte Eigenschaften durch Variation der Zugabenrelationen?

- Wie ändern sich die Eigenschaften durch Substitution von Rohstoffen?

Das von uns konzipierte Expertensystem 'Farbrezepturen' wurde nach Diskussion und Vereinbarung mit dem Experten wie folgt festgelegt:

1. Das Expertensystem für den Fachbereich Latexfarben sollte beinhalten, daß die Farbrezepturen für innen und außen

    - als **Artefakt** erstellt werden können,
    - **rekonfigurierbar** sind sowie
    - **eine Rezeptur eingegeben**, die vom Experten verändert werden kann, wenn er weiß, daß die bekannten systeminternen Informationen auf einer unsicheren Wissensbasis beruhen.

2. Es wurden folgende Zielgrößen vom Experten vorgegeben. Berücksichtigt werden mußten:

- **Glanzstufe**: matt, seidenmatt, seidenglänzend, glänzend

- **Geruch**: riechend, geruchsarm, geruchlos

- **Einsatzgebiet**: innen, außen, innen und außen

Für diese vorgegebenen Zielgrößen wurden weitere Vereinbarungen festgelegt, so für die Zielgröße

- **Glanzstufe**, diese wird nach den Regeln der <u>Pigmentvolumenkonzentration</u> (PVK) ermittelt.

Die Zielgröße

- **Geruch** wird durch die Rohstoffe entsprechend ihrer physikalischen Werte ausgewählt. Hierzu werden alle aktuellen Rohstoffe für den Bereich der Latexfarben zur Verfügung gestellt.

Die Zielgröße

- **Einsatzgebiet** wird nach den entsprechenden Kriterien der anwendungstechnischen Abteilung ausgewählt, die ihrerseits alle für diesen Fachbereich relevanten Informationen, wie Oberflächenrissigkeit, Kuppen- und Kantenabdeckung, Information über die Rheologie, den Fachentwicklern zur Verfügung stellt.

Eine weitere Zielgröße der Konfiguration als Artefakt war ein möglichst **niedriger Rezepturpreis**, der bis dahin nur durch mühsames experimentieren und rekonfigurieren der Rezepturen und dann auch nur bedingt möglich war.

Eine weitere Festlegung, die mit dem Experten getroffen wurde, war, die rezepturrelevante Festlegung der Einflußgrößen für die Optimierung. Als Zielgrössen wurden der **Feststoffgehalt** (FSG) und die **Pigmentvolumenkonzentration** (PVK) in Abhängigkeit unter anderem von der Glanzstufe festgelegt. Zur Erreichung dieser Optimierungszielgrößen werden als Korrekturparameter die **Pigmente**, **Bindemittel** und **Füllstoffe** herangezogen. Das Ganze wird in **Gewichtsvolumenprozenten** ausgedrückt und entsprechend bei den Optimierungsläufen dargestellt.

Wie schon eingangs erwähnt, ist dieses Expertensystem mit Hilfe der IBM Expert System Environment-Schale entwickelt worden. Der Inhalt dieser Schale (siehe **Abbildung 6**) besteht aus den wesentlichen zwei Elementen: Wissensbasis des Domänwissens, welches ausgedrückt wird in Fakten und Regeln, und der Inferenzmaschine, dem sogenannten Schlußfolgerer, der durch den Interpreter und durch das Steuerprogramm des Herstellers vorhanden ist. Die Inhalte der Inferenzmaschine sind originärer Bestandteil des ESE. Die Bedeutung der Fakten und Regeln ist wie folgt zu sehen:

<u>Fakten</u> sind die Variablen der Wissensbank;

- sie haben Namen
- ihr Wertebereich muß bestimmt sein
- sie nehmen Werte an

BEISPIEL: Glanzstufe erfragen

Beim Erscheinen auf dem Bildschirm **muß**
ein Wert angekreuzt werden

- matt
- seidenmatt
- seidenglänzend
- glänzend

Die vom Benutzer getroffene Entscheidung
hat Einfluß auf

- die Körnung des Pigments
- die Körnung der Feststoffe
- den Bereich der PVK

<u>Regeln</u> stellen Zusammenhänge zwischen den Fakten/
Parametern her.

<u>Syntax:</u>

IF Bedingung erfüllt, **THEN** Ausführung einer Aktion.

Im Ausführungsteil kann

- ein Parameter mit einem Wert belegt,
- dem Anwender eine Information gegeben und/oder
- der Kontrollfluß gesteuert werden.

BEISPIEL: Während der Optimierung sollen Füllstoffe,
Bindemittel und Pigmente hinsichtlich
ihrer Gewichtsprozentanteile in der Farbe
so kombiniert werden, daß die gewünschte
Glanzstufe (z. B. "matt") erreicht wird.

Dazu dienen Kenndaten wie

- Pigmentvolumenkonzentration (PVK-Wert)
- Feststoffgehalt (FSG)

Um die vom Experten vorgegebenen Werte von PVK bzw. FSG zu erreichen, dient neben anderen Regeln die folgende:

IF PVK > PVK_min and FSG > FSG_min
THEN Bindemittel = Bindemittel - 1

Sie besagt: Liegen die Ist-Werte von PVK und FSG außerhalb der vom Experten vorgegebenen Grenzen, wird das Bindemittel bei diesem Optimierungsstand um 1 % verringert.

Der Interpreter und das Steuerprogramm im ESE bringen bei diesen Fakten/Parametern die Regeln zum "feuern" und stoßen somit die nächste Optimierungsstufe an.

FCBs: Focus Control Blocks sind Hilfsmittel, um eine Hierarchie für Regeln und Fakten/Parameter einzurichten, und definieren die Reihenfolge der Abarbeitung von Regeln und Fakten. In dem Expertensystem 'Farbrezepturen: Bereich Latexfarben' wurden drei FCBs eingerichtet:

- **Optimierung** von Pigment, Bindemittel, Füllstoff zur Berechnung von PVK-Wert und FSG

- **Kenndaten** für die Berechnung von Dichte, Preis und Wasseranteil

- **Ausgabe** der Farbrezeptur, den beschriebenen Eigenschaften der ausgewählten Rohstoffe sowie sonstigen erklärenden Text und Graphik

6. Praktischer Nutzen des Expertensystems und künftige Aufgabenschwerpunkte

Es ist heute unbestritten, daß Expertensysteme viele qualitative Vorteile bringen (siehe **Abbildung 7**).

Die quantitativen Vorteile sind in der Planungsphase schwer abschätzbar und können sinnvoll nur durch den Einsatz von Prototypen dargestellt werden. Wie sonst sollte man die qualitativen Ergebnisse eines Artefakts beurteilen und deren Annäherung an die Praxis des täglichen Ablaufs feststellen?

In unserem konkreten Fall haben wir die Überzeugungsarbeit auch nur mit den qualitativen Vorteilen durchstehen müssen. Das reale System zeigte dann, daß die quantitativen Vorteile höher waren als vorher erwartet.
Die Neukonfiguration und Rekonfiguration einer Rezeptur bewegt sich im Minutenbereich (2 - 5 Minuten) mit qualitativ guten Ergebnissen. Für die gleiche Arbeit im Labor bewegt sich die Entwicklungszeit im Tages- und Wochenbereich, ohne aber die Preisoptimierung erreichen zu können. Die preislichen Unterschiede zwischen Praxis-Rezepturen und optimierten Rezepturen bringen einen Vorteil zwischen 10 und 28 % zugunsten der optimierten Rezepturen.

Wir glauben, daß diese Ergebnisse überzeugend sind.

Für die nahe Zukunft plant das Unternehmen die Datenbasis zu verbessern, um dann andere Fachgebiete ebenfalls mit diesem System abwickeln zu können. Auch dies ist ein, wenn auch nicht besonders positives Ergebnis der Planungsarbeit und Realisierung. Es wurde festgestellt, daß Rohstoffdatenblätter und Sicherheitsdatenblätter sowohl inhaltlich als auch datentechnisch nicht den angenommenen Stand hatten. Diese Grundlagenarbeit für die anderen Fachbereiche ist nun das harte Brot der nächsten Monate, um auch für diese Fachbereiche gute Ergebnisse zu erzielen.

Die konsequente Arbeit an einer erweiterten und integrierten Datenbasis wird dann die zukünftige Daten- und Wissensverarbeitung erleichtern und die Wettbewerbsvorteile bringen, die man erwartet. Einen solchen Informations- und Abwicklungsvorsprung einzuholen, wird für jeden Mitbewerber schwierig sein.

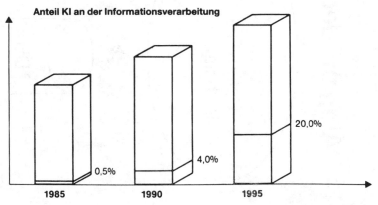

Peter Tacke & Partner   Abbildung 2
WBS-88-0200

Aufgabe der Systemintegration

- Wissens-Verarbeitung
- Daten-Verarbeitung

DB

Management Consultants

Peter Tacke & Partner /// Abbildung 3

WBS-88-1600

Wissensbasierte Systeme
– Entwicklungsumfeld –

- **Fachbereich**
- **Test** Praxis-Beispiele
- **Experte**
- Wissenstransfer
- beobachtete Quelle
- **Wissensingenieur** — interpretiert — **Prototyp**
- **Verfahrens-Anweisungen**
- • Machbarkeit Nutzen
- • Wettbewerbsvorteile

— *Management Consultants* —

Peter Tacke & Partner Abbildung 4
WBS-88-2000

Der 1. Schritt

- ▶ **Geeignetes Anwendungsgebiet**
  - überschaubar vor komplex
  - Expertise vorhanden
  - Experte verfügbar
  - Anzahl Benutzer
  - Nutzen nachweisbar

- ▶ **Nutzung vorhandener Ressourcen**

- ▶ **Schale vor Sprache**

- ▶ **Benutzer einschalten**

- ▶ **Sponsor finden**

- ▶ **Projektteam bilden**
  (Experte, Wissens-Ing. und Sponsor)

- ▶ **Projektdauer 4–6 Monate**

➡ **Prototyp** entwickeln   ➡ **Entscheidung**

Management Consultants

Abbildung 5

WBS-88-1300

Wissensbasiertes System

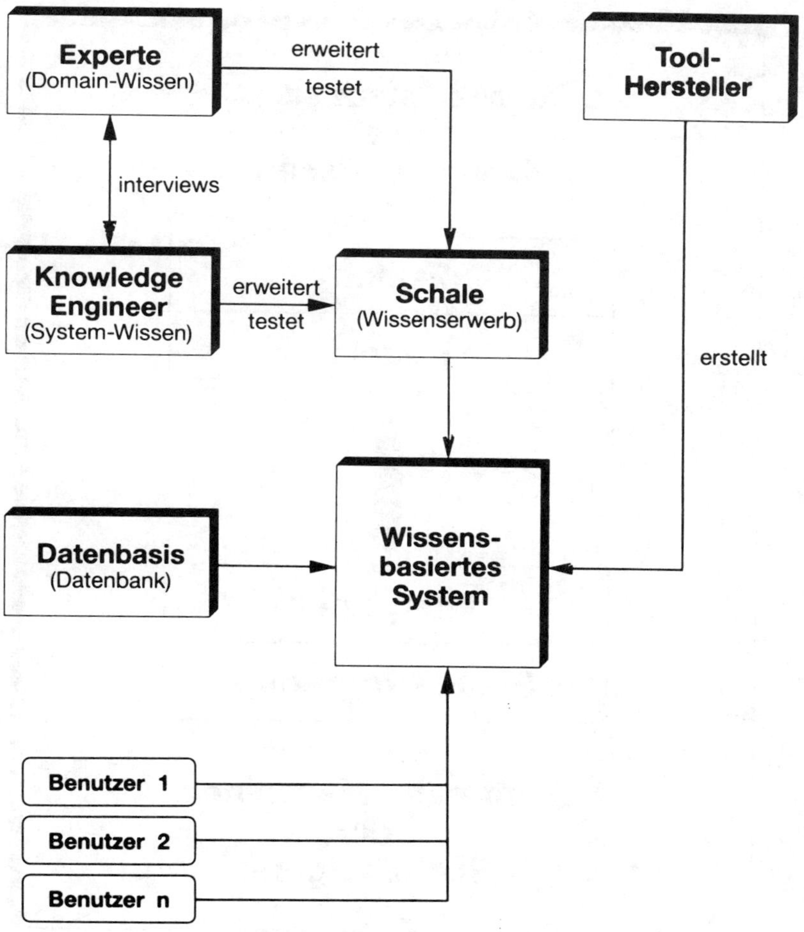

- **Experte** (Domain-Wissen) — erweitert / testet → **Schale** (Wissenserwerb)
- **Experte** ↔ **Knowledge Engineer** (System-Wissen): interviews
- **Knowledge Engineer** (System-Wissen) — erweitert / testet → **Schale** (Wissenserwerb)
- **Tool-Hersteller** — erstellt → **Wissensbasiertes System**
- **Schale** (Wissenserwerb) → **Wissensbasiertes System**
- **Datenbasis** (Datenbank) → **Wissensbasiertes System**
- **Benutzer 1**, **Benutzer 2**, **Benutzer n** → **Wissensbasiertes System**

Peter Tacke & Partner — Management Consultants

Peter Tacke & Partner

Abbildung 6
WBS-88-1400

Wissensbasierte Systeme
– Die Schale –

**Wissensbasis
das
Domain-Wissen**

| Fakten |
| Regeln |

| Interpreter |
| Steuerprogramm |

**Inferenz-Maschine
der
Schlußfolgerer**

Management Consultants

Vorteile von Expertensystemen

- Zeit-Ersparnis
- Ort – Dezentrales Verarbeiten
- Qualität – gleichbleibend
- Archivierung – Wissen wird festgehalten
- Produktivität – wird gesteigert
- Entwicklung – wird im System nachvollzogen
- Transparenz – Wissen wird zugänglich
- Wissenszentrierung – Wissen wird ‚gleichgeschaltet'

Expertensystem für die Ersatzteilplanung
im Hause MBB

Dipl.Ing. Jürgen Worlitzer (IBM)

Mai 1988

Das Umfeld

Mitarbeiter des Product-Support bei MBB arbeiten seit Anfang 1987 intensiv am Ausbau der Methoden für die Ersatzteilplanung für den Airbus. Ziel der Anstrengungen ist es, das im Lager bei MBB und bei der Airbus-Service-Division gebundene Kapital zu senken. Außerdem wird angestrebt, die Anzahl der Ersatzteile, die der Airliner vorsorglich lagern soll, weiter einzuschränken. Dies führt zur Senkung der Lagerhaltungskosten beim Airliner und damit zu Wettbewerbsvorteilen für den Airbus.

Zu unterstützende Entscheidungen

Für diese Ziele wurde das Expertensystem ETDEF aufgebaut und eingeführt. Mit seiner Hilfe werden die Ersatzteilplaner bei ihren komplexen Entscheidungen unterstützt. Wenn es um Fragen geht, wie z.B.:

- "Soll die Airbus-Partnumber Ersatzteil sein?
- Soll das Ersatzteil gelagert oder bei Bedarf gefertigt werden?
- Sollte es dem Airliner zur vorsorglichen Lagerung angeboten werden?",

dann analysiert das EDV-gestützte Expertensystem die

- Eigenschaften,
- Einsatzbedingungen und
- Beschädigungsmöglichkeiten

der Partnumber im Dialog mit dem ratsuchenden Ersatzteilplaner.

Arbeiten mit dem Experten-System

Als Ergebnis dieser Analyse schlägt das System dem Ersatzteilplaner für die untersuchte Partnumber eine zweckmäßige Logistik-Klasse vor. Es nennt zugleich im Detail die Gründe, die zu diesem Vorschlag geführt haben und mit welchem Gewicht sie in die Entscheidung eingeflossen sind.

Der Ersatzteilplaner

- überprüft am Bildschirm die Begründung und akzeptiert anschließend das vorgeschlagene Logistik-Kennzeichen oder

- ändert es nach eigenem Ermessen, wobei er die Abweichung vom Vorschlag in Stichworten begründet.

Das Expertensystem

- dokumentiert nun die endgültige Entscheidung und

- gibt dem Ersatzteilplaner Hinweise, was er oder andere Product-Support-Abteilungen für diese spezielle Partnumber noch zu tun haben, wie z.B.:

    Aufnehmen in den bebilderten Teile-Katalog und

    Aufnehmen in das Auftragsabwicklungs-System für Ersatzteil.

Inhalt der Wissens-Basis

Damit das Expertensystem ETDEF die Ersatzteilplaner unterstützen kann, wurde deren Wissen in einer Wissensbank gespeichert. Diese Wissensbank enthält

- die zu berücksichtigenden Fakten,

- die Regeln, die zu verwenden sind,

- und die Strategien, die sicherstellen, daß die Analyse zielstrebig und effizient abläuft.

Die meisten der Regeln stützen sich auf vages Wissen, das mit herkommlichen Mitteln (PL/I, COBOL) nicht oder nur mit sehr großem Design- und Kodieraufwand im Rechner abgebildet und effizient benutzt werden kann.

Die Notwendigkeit, vages Wissen (Daumenregeln) in die computer-gestützte Entscheidung mit einzubeziehen, ist auch der Grund für den Einsatz der Experten-System-Technologie bei dieser Problemstellung.

Nutzen

Neben dem erwarteten betriebswirtschaftlichen Nutzen und dem Beitrag zu Wettbewerbsvorteilen auf dem heißumkämpften Markt der Verkehrsflugzeuge ist das Expertensystem ETDEF hilfreich, bei der Einarbeitung neuer Mitarbeiter oder bei Aufgabenwechsel innerhalb der Gruppe Ersatzteilplanung.

Die Ersatzteilplaner können mit seiner Unterstützung schneller und sicherer neuartige Teile beurteilen. Dies trägt dazu bei, daß diese komplexen Entscheidungen trotz Hektik und Termindruck fundiert und nach einer einheitlichen, abgestimmten Vorgehensweise getroffen und automatisch dokumentiert werden.

Der Aufbau und die Einführung dieses Systems hat nicht nur zu einem neuen computer-gestützten Werkzeug geführt, sondern auch zu einer Bestandsaufnahme und Überprüfung des Wissens der Gruppe Ersatzteilplanung und zur Verbreitung der Erfahrung im Team.

Projektdurchführung

Die Mitarbeiter in der Ersatzteilplanung haben diese Herausforderung - zusätzlich zu ihren meist eiligen Logistik-Aufgaben - gemeistert. Sie haben gemeinsam mit der Abteilung Org.-DV. und IBM das Expertensystem ETDEF entworfen, realisiert und erprobt. Daß dies in der kurzen Zeit von nur zwei Monaten möglich war, liegt nicht nur an ihrer engagierten Mitwirkung, sondern auch an der mächtigen und leicht zu benutzenden Experten-System-Schale ESE ("Expert-System-Environment"), die MBB installiert hat. Diese IBM-Software für das Aufbauen und Benutzen von Wissensbanken hat es erlaubt, ohne Programmieraufwand vor den Augen der Benutzer und mit ihnen gemeinsam Fakten, Regeln und Strategien zu ordnen, zu speichern und ihre Anwendung zu erproben.

Dies ist ein Beitrag zur Produktivität bei Software-Entwicklungs- und Wartungsarbeiten, aber auch eine Chance, bei EDV-Projekten noch stärker "die Betroffenen zu Beteiligten zu machen" und so von Anfang an die Akzeptanz neuer EDV-Verfahren bei den Mitarbeitern sicherzustellen, für die sie entwickelt werden.

Projektablauf

1. Oktober '86: Auswahl der Anwendung

   Auswahl der ersten zu realisierenden Expertensystem-Anwendung. Dabei wurde gemeinsam mit einem Vertreter der Fachabteilung noch am gleichen Tag ein Miniprototyp realisiert. So konnte die benutzerfreundliche Speicherung von Fachabteilungswissen in einer ESE-Wissensbank gezeigt und die Machbarkeit der Anwendungs-Lösung demonstriert werden.

2. Dezember '86: Planung des Projektes

   IS-Direktor und IBM planen und verabreden ein gemeinsames Projekt zum Aufbau des Expertensystems für die Ersatzteilplanung.

3. Ende Januar '87: Projektstart

   Vom ersten Tag an werden alle Entwicklungsarbeiten im Großraumbüro der Fachabteilung gemeinsam mit den Benutzern, vor den Augen der Benutzer durchgeführt.

4. März '87: Projektende / Nutzungsbeginn

   Anwendung des Experten-Systems in der Praxis

   - durch die erfahrenen Mitarbeiter
     - bei komplexen Teilen
     - bei neuartigen Teilen
     - beim Überprüfen früherer Entscheidungen
   - durch neue Mitarbeiter
     - als Trainingshilfe zur Einarbeitung
     - als Entscheidungshilfe bei ihrer neuen Aufgabe

Komplexität der Wissensbasis

- 11 verschiedene Logistik-Klassen, in die Ersatzteile eingeteilt werden können. (wie z.B.:
  Ersatzteil, zu lagern beim Airliner
  Ersatzteil, zu lagern beim MBB
  Ersatzteil, bei Bedarf zu fertigen)

- 52 Fakten (Parameter)
  (wie z.B.: mögliche Beschädigungsarten: Korrosion, Blitzschlag, Servicefahrzeuge,...)

- 170 Regeln
  (wie z.B.: IF Beschädigung durch Servicefahrzeug möglich, THEN THERE IS 30% EVIDENCE THAT Ersatzteil-Lagerung beim Airliner nötig)

- 11 Wissensblöcke
  mit spezieller Schlußfolgerungsstrategie
  (wie z.B.: Verwende die Regeln mit der höchsten Gewißheit zuerst. Stelle dem Benutzer keine weiteren Fragen, sobald eine Gesamt-Gewißheit von 95% erreicht ist, daß die Ersatzteil-Lagerung beim Airliner nötig ist.)

- 14 Screens
  (spezielle, an die Benutzer angepaßte Bildschirmmasken)

Entwicklungs-Aufwand

An 25 Arbeitstagen wurden aufgewendet:

- Knowledge-Engineering-Arbeit:
  300 Stunden
  (je zur Hälfte ein Knowledge Engineer von MBB und von IBM)

- Einbringen von Fachwissen und Erproben des Expertensystems mit Fällen aus der Praxis:
  40 Stunden
  (Experten aus der Fachabteilung)

Wartung der Wissensbasis

Selbstverständlich wird die Wissensbank mit der Erfahrung der Ersatzteilplaner wachsen. Neue Erfahrung führt zu modifizierten oder neuen Fakten und Regeln. Aber auch neue Produkte, die MBB fertigt, werden die Wissensbasis wachsen lassen.

Kommentare

IS-Direktor:
"Ich bin erstaunt über die kurze Projekt-dauer. Meine Schätzung war 1 Jahr."

Fach-Management:
"Auch wenn wir das System nie anwenden würden, hat sich das Projekt bereits gelohnt. Trotz mehrfacher Versuche, war es uns noch nicht gelungen, das Wissen der Abteilung zu ordnen, zu dokumentieren und allen Mitarbeitern eine gleiche Vorgehensweise beizubringen."

Expertensystem-Shell zur Konstruktion von Netzwerken

D. Lehmann, V. Teuber
Siemens AG
Otto-Hahn-Ring 6
8000 München 83

Zusammenfassung: Die Expertensystem-Shell ist ein Werkzeug zur Generierung von Expertensystemen für die Konstruktion und Pflege von lokalen Rechner-Netzen. Sie ist ein wissensbasiertes System mit speziellen Wissensbasen für die einzelnen Netztypen und darauf aufbauenden allgemeinen Auswertungsmechanismen. Ziel ist, durch den Austausch der netzwerk-spezifischen Wissensbasen die Shell auf beliebige Netztypen anzuwenden: spezifische Expertensysteme zu erzeugen. Innerhalb der Systeme werden die Netzdarstellungen durch die Synthese aus einzelnen Bausteinen (den physikalischen Geräten der Netze) erzeugt.

1 Problemstellung

Da in Zukunft lokale Rechner-Netze noch vielfältiger und komplexer werden, ist die Konstruktion und Pflege solcher Systeme 'per Hand' nicht mehr zu vertreten. Eine interaktive, graphikorientierte und möglichst intelligente Unterstützung ist erforderlich, um bei Änderungen und Erweiterungen durch die Netz-Administratoren die Netze in einem 'konsistenten' Zustand zu erhalten. Im folgenden wird dargelegt, warum wir uns bei der Realisierung eines solchen Systems für ein Expertensystem entschieden haben.

Lokale Rechner-Netze bestehen aus einer Menge von unterschiedlichen Geräten, die über ein gemeinsames Kommunikationsmedium (Kabel) miteinander verbunden sind. Das Kommunikationsmedium bildet das Rückgrat, an das die einzelnen Rechner angeschlossen werden. Bei den Rechnern unterscheidet man zwischen

- Arbeitsplatzstationen: PC's und Workstations für einzelne Benutzer
- Servern: Rechnern, die allgemeine Dienste (Services) für alle Benutzer bereitstellen (Ablageeinheiten, Drucker, Kommunikationsrechner ...).

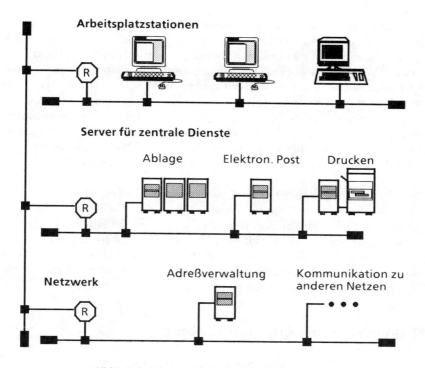

Bild 1: Beispiel eines lokalen Rechner-Netzes

Bei der Konstruktion bzw. der Konfigurierung von Netzwerken müssen nun die Abhängigkeiten zwischen den einzelnen Komponenten berücksichtigt werden. Dazu gehören einerseits Abhängigkeiten innerhalb der Geräte (z.B. zwischen Soft- und Hardware), andererseits Abhängigkeiten zwischen den Geräten und dem Kommunikationsmedium (zentrale Dienste, Übertragungsprotokolle). Neben diesen Abhängigkeiten umfaßt das Konfigurierungswissen Berechnungsvorschriften und Regeln/Richtlinien zum Aufbau von Netzen.

Es werden nun aber nicht nur die einzelnen Netzwerke durch die System-Administratoren verändert, sondern darüberhinaus unterliegen die anschließbaren Geräte dem fortlaufenden Innovationsprozeß: es kommen neue Versionen bestehender Geräte bzw. ganz neue Geräte auf den Markt. Diese Veränderungen sollen bei der Konstruktion sofort berücksichtigt werden. Hierzu ist ein flexibles System gefordert, in das sie leicht integrierbar sind.

Um diese Anforderungen zu erfüllen, wurde als Ansatz ein Expertensystem gewählt. Expertensysteme ermöglichen durch die strikte Trennung von Wissen und Inferenz sehr flexible Systeme. Durch Modifikation und Erweiterung der Wissensbasen kann sehr schnell auf veränderte Bedingungen reagiert werden.

Expertensysteme bestehen aus modifizierbaren Wissensbasen und darauf aufbauenden starren Auswertungs- bzw. Inferenzmechanismen. Der Konstruktionsprozeß operiert auf den in den Wissensbasen hinterlegten Regeln, die die Software- (SW), Hardware- (HW) und Netzwerkabhängigkeiten innerhalb eines Netztyps beschreiben. Für den Auswertungsmechanismus ist allein die Struktur der Regeln maßgebend. Dies ermöglicht, daß die Regeln modifiziert werden bzw. neue Regeln integriert werden können, ohne den Inferenzmechanismus zu ändern. Bei Änderungen der Konfigurierunsrichtlinien oder des Produktspektrums von Geräten brauchen so nur die Wissensbasen aktualisiert werden, während die Inferenzmechanismen davon unberührt bleiben.

Nun ist aber der Weg zu einer Expertensystem-Shell nicht mehr weit. Tauscht man alle Wissensbasen eines speziellen Netztyps (z.B. Ethernet) gegen Wissensbasen eines anderen Netztyps (z.B. Ring) aus, so ist das Expertensystem auch auf diesen anwendbar: man erhält eine Shell, die für andere Netztypen 'nur' noch mit Wissen gefüllt werden braucht. Die Shell gibt die Inferenzmechanismen und die Struktur der Wissensbasen vor: durch Füllen der Wissensbasen erhält man netztyp-spezifische Expertensysteme.

2 Grundzüge der Expertensystem-Shell

Die Expertensystem-Shell ist so ausgelegt, daß sie die Konstruktion und die Konfigurierung beliebiger lokaler Rechner-Netze unterstützt. Sie stellt einen allgemeinen Konfigurierer für die Aufgabengebiete Planung, Konfigurierung und Konstruktion dar. Aus diesem allgemeinen Konfigurierer werden durch Integration des spezifischen Wissens die Expertensysteme (XPS) für die einzelnen Netz-Typen generiert.

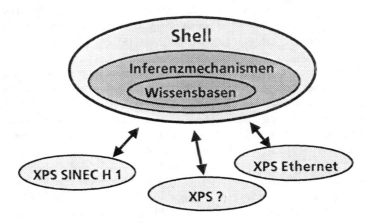

Bild 2: Generierung der Expertensysteme für spezielle Netztypen

Ziel der einzelnen netzwerk-spezifischen Expertensyteme ist die Konstruktion von optimalen Systemkonfigurationen. Unter optimal verstehen wir eine den Wünschen der Benutzer entsprechende ablauffähige, funktional ausreichende und kostengünstige Konfiguration. Eine Systemkonfiguration wird durch die Synthese aus vorhandenen Komponenten aufgebaut (Baustein-Prinzip). Neben diesem Bottom-Up Vorgehen wird auch der Top-Down Entwurf durch die Möglichkeit der schrittweisen Verfeinerung komplexer Einheiten unterstützt.

Die Expertensystem-Shell verfügt über ein objekt-orientiertes graphisches Benutzer-Interface. Die Benutzungsoberfläche teilt sich in drei Bereiche auf:

- Toolbox : enthält von jedem Objekttyp, der innerhalb des Netzwerkes vorkommen kann, ein Musterobjekt
- Arbeitsblatt : dient der Darstellung eines konkreten Netzwerkes (einer Konfiguration) bzw. eines Ausschnittes
- E/A-Bereich : Meldungen an den Benutzer werden angezeigt, Benutzereingaben werden entgegengenommen.

Der Benutzer erstellt ein konkretes Netz, indem er Geräte oder Komponenten in der Toolbox auswählt und in das Arbeitsblatt kopiert. Dann wird das Gerät konfiguriert und mit dem bisherigen Netz verbunden. Dabei wird automatisch geprüft, ob alle Bedingungen für den Anschluß ans Netz erfüllt sind.

Zur Strukturierung werden für die Netze Hierarchiestufen eingeführt (Netz, Subnetz, Segment etc.). Diese Hierarchiestufen entsprechen verschiedenen Abstraktionsebenen. In jeder Stufe werden spezifische Details betrachtet. Damit können auch komplexe Netze übersichtlich dargestellt werden.

3 Architektur der Expertensystem-Shell

Die Architektur der Expertensystem-Shell ist durch zwei wesentliche Merkmale gekennzeichnet:

1) **Trennung von veränderlichen und (weitgehend) festen Bestandteilen**
   Konkret heißt dies Trennung von sich oft veränderndem Konfigurierungswissen und festen Auswertungsmechanismen. Diese Unterteilung ist eine für Expertensysteme typische Eigenschaft und verleiht dem System eine hohe Flexibilität.

2) **Unterstützung von zwei Benutzerklassen**
   Bei der Benutzung der Shell werden zwei grundsätzlich verschiedene Arbeitsmodi unterschieden:

a) **Konfigurierung**
   Eine konkrete Netzbeschreibung wird entworfen bzw. modifiziert.
b) **Wissenserwerb**
   Diese Tätigkeit umfaßt das Erstellen, Pflegen und ggf. Austauschen der Wissensbasen (WB).

Der unter (1) genannte Aspekt spiegelt sich in der Shell-Architektur darin wider, daß das veränderliche Wissen in modifizierbaren und austauschbaren Wissensbasen abgelegt ist, während die Auswertungsmechanismen in dem Inferenz-Modul zusammengefaßt sind.

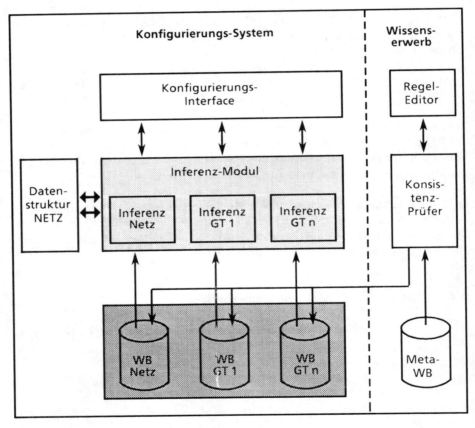

Bild 3 : Architektur der Shell

Zur Realisierung der zwei Arbeitsmodi ist die Shell in zwei Subyteme unterteilt:

a) **Konfigurierungs-System**
b) **Wissenserwerb-Komponente**.

Das Konfigurierungs-System ist für sich eine funktional vollständige Einheit, mit der bei vorhandenen Wissensbasen die Konfigurierung beliebiger Netze eines bestimmten Typs durchgeführt werden kann. Die Wissenserwerb-Komponente ist als Zusatzkomponente zu verstehen, die für die Pflege der Wissensbasen eine eigene Benutzungsoberfläche und Funktionen zur Bearbeitung und Konsistenzprüfung zur Verfügung stellt.

3.1 Konfigurierungs-System

Das Konfigurierungs-System ist der Teil der Shell, der die Benutzergruppe der Netz-Administratoren bei der Modellierung eines Netzes unterstützt. Das Wissen über den zu konfigurierenden Netztyp sowie über die in Frage kommenden Geräte ist in Form von Regeln und Fakten deklarativ in den Wissensbasen abgelegt (siehe Kapitel 4 'Wissensrepräsentation'). Das Konfigurierungs-System enthält stets eine Wissensbasis 'Netz' für den Netztyp und je eine Wissensbasis für jeden Gerätetyp (WB GT).

Für jede der Wissensbasen existiert eine Inferenz-Komponente, die die dort abgelegten Informationen auswertet. Der Aufbau einer solchen Komponente ist in Kapitel 3.2 beschrieben.

Während einer Netzmodellierung ist der Inhalt dieser Wissensbasen fest. Über das Konfigurations-System besteht auch keinerlei Möglichkeit, den Inhalt zu verändern. Sämtliche Änderungen müssen über die Wissenserwerb-Komponente (siehe Kapitel 3.3) vorgenommen werden.

Der eigentliche Vorgang der Netzmodellierung wird durch die graphische Darstellung des Netzes unterstützt. Diese Aufgabe sowie sämtliche Kommunikation mit dem Benutzer übernimmt das Konfigurierungs-Interface. Die erzeugten Daten, die das modellierte Netz beschreiben, werden in der Datenstruktur 'NETZ' abgelegt.

3.2 Geräte-Konfigurierer

Für jeden Gerätetyp, der von dem System modelliert werden soll, existiert ein Geräte-Konfigurierer. Dieser besteht aus zwei Teilkomponenten:

- **Inferenz-Komponente**
- **Wissensbasis**

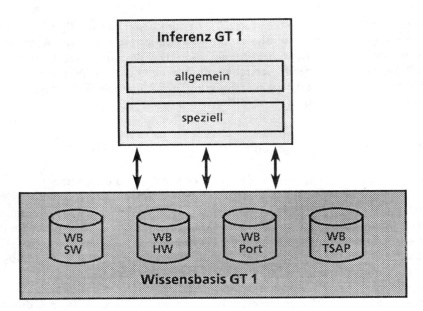

Bild 4 : Architektur eines Geräte-Konfigurierers

Die Inferenz-Komponente, mit der die Wissensbasis ausgewertet wird, enthält zwei Klassen von Funktionen. Zum einen sind dies allgemeine Mechanismen, die für alle Gerätetypen anwendbar sind. Zum anderen gibt es spezielle, nur für diesen Gerätetyp einsetzbare Funktionen.

Die allgemeingültigen Mechanismen sind von dem übergeordneten Inferenz-Modul ererbt und stehen allen Geräte-Konfigurierern zur Verfügung. Ein Beispiel hierfür ist die Bestimmung des Preises eines Gerätes. Hier kann man grundsätzlich so vorgehen, daß man zunächst alle Teilkomponenten des Gerätes ermittelt, deren Preise bestimmt und zum Gesamtpreis addiert.

Die gerätespezifische Wissensbasis, auf der die Inferenz-Komponente operiert, ist in Teil-Wissensbasen gegliedert. Beispiele hierfür sind:
- **Software-Wissensbasis (WB SW)**
- **Hardware-Wissensbasis (WB HW)**
- **Port-Wissensbasis (WB Port)**
- **Transport Service Access Point-Wissensbasis (WB TSAP).**

Jede Wissensbasis umfaßt einen abgegrenzten Wissensbereich, ein spezielles Teilgebiet. Sie kann aber durchaus auch Verweise in andere Wissensbasen enthalten. So ist es beispielsweise möglich, Abhängigkeiten zwischen Hardware und Software darzustellen. In Kapitel 4 wird beschrieben, in welcher Form das Wissen in den Wissensbasen abgelegt ist.

3.3 Wissenserwerb-Komponente

Die Wissenserwerb-Komponente ist eine Zusatzkomponente zum Konfigurierungs-System, mit der ein Netzwerk-Experte die Funktion des Knowledge-Engineers ausführen kann. Diese Tätigkeit umfaßt das Erstellen, Pflegen und Austauschen der Wissensbasen.

Das Ändern einer existierenden Wissensbasis wird erforderlich,

- wenn sich herausstellt, daß das bisher erfaßte Wissen Widersprüche enthält bzw. unvollständig ist oder
- wenn sich Eigenschaften eines in der Wissensbasis beschriebenen Objekts ändern (z.B. neue Geräteversion).

Die Wissensbasen können dabei nicht beliebig verändert werden. Sämtliche Änderungen erfolgen stattdessen kontrolliert über eine eigens dafür vorgesehene Benutzungsschnittstelle, den **Regeleditor**. Er gewährleistet, daß bei Modifikation der Wissensbasis deren Struktur unverändert bleibt. So ist sichergestellt, daß die in der Inferenz-Komponente vorhandenen Auswertungsmechanismen auch weiterhin auf die Wissensbasis angewandt werden können.

Alle Änderungsanforderungen werden außerdem von dem **Konsistenz-Prüfer** daraufhin untersucht, ob sie plausibel sind und die Wissensbasis in einen konsistenten Zustand überführen. Um dies entscheiden zu können, benötigt der Konsistenz-Prüfer Informationen darüber, wie das Wissen in der zu ändernden Wissensbasis strukturiert ist. Dieses Meta-Wissen ist wiederum in einer eigenen Komponente, der **Meta-Wissensbasis,** abgelegt. Die Meta-Wissensbasis kann weder vom Netzadministrator noch vom Knowledge-Engineer verändert werden.

4 Wissensrepräsentation

Von zentraler Bedeutung für die Shell ist die Darstellung des Konfigurierungswissens innerhalb der Wissensbasen. Gefordert ist eine natürliche und effiziente Repräsentation. Unter natürlich verstehen wir eine einfache, verständliche und leicht modifizierbare Form. Eine effiziente Repräsentation bedingt hingegen eine knappe, abkürzende Darstellung. Somit sind die Forderungen nach Natürlichkeit und Effizienz gegenläufig. Es gilt einen geeigneten Kompromiß zu finden, der folgenden Anforderungen gerecht wird:

- einfache, verständliche Form (keine Programmiersprache)
- schnelle Auswertung durch Inferenzmechanismen
- komplexe Abhängigkeiten darstellbar

- modifizierbar durch Nicht-Systementwickler
- redundanzarme, konsistente Darstellung.

Als geeignete Darstellungsform für das Konfigurierungswissen erscheinen uns Objekt-Attribut-Wert-Tripel. Einerseits ermöglichen sie eine übersichtliche Darstellung, andererseits können sie mit einfachen Auswertungsmechanismen schnell abgearbeitet werden. Für jede Art von Abhängigkeit wird ein eigenes Attribut definiert (SW-requires, HW-requires, Port-requires) und ein Inferenzmechanismus festgelegt. Neben diesen Attributen zur Darstellung von Abhängigkeiten zwischen Objekten werden einfache Attribute zur Darstellung von Fakten eingeführt (Bestell-Nr., Preis). Mit einer Menge solcher Attribute kann dann jedes Objekt vollständig beschrieben werden:

Objekt	Attribut	Wert
SW-1	Bestell-Nr.	AAA-123-XXX
	Preis	5000.- DM
	Version	3.02
	SW-requires	(SW-2 $\land$ SW-3) $\lor$ (SW-4 $\land$ SW-5 $\land$ SW-6)
	HW-requires	(HW-1 $\land$ HW-2) $\lor$ (HW-3 $\land$ HW-4 $\land$ ($\neg$ HW-5))
	Port-requires	V.24
	excludes	SW-6 $\lor$ SW-8

Um das Wissen zu strukturieren, werden jeweils ähnliche Objekte in einer Wissensbasis zusammengefaßt (z.B. alle SW-Pakete, die auf einem Gerät vom Typ x verfügbar sind). Diese Zerlegung in einzelne Wissensbasen führt zu einem modularen System mit einzelnen in sich geschlossenen Wissensbasen. Für die einzelnen Attribute wird dann spezifiziert, in welcher anderen Wissensbasis die Werte selbst als Objekte vorkommen müssen (z. B. alle Werte des Attributs 'HW-requires' müssen als Objekte in der WB-HW vorkommen).

Für die Attribute in den Wissensbasen stehen Inferenzmechanismen bereit, so daß durch ihre Abarbeitung die Vollständigkeit und Konsistenz eines Gerätes vom Typ x sichergestellt werden kann.

Wissensbasen Geräte-Typ x:

SW-Wissensbasis

System	Preis	2500.-DM
	Disk-Pages	2500
BS-DOS	Preis	2000.-DM
	Disk-Pages	1000
Editor	Preis	1250.-DM
	Disk-Pages	1000
	SW-requires	System
PC-Emulation	Preis	850.-DM
	Disk-Pages	500
	SW-requires	System $\wedge$ BS-DOS $\wedge$ PC-Fonts
	HW-requires	PC-Board $\wedge$ Disketten-LW
PC-Fonts	Preis	125.-DM
	Disk-Pages	150

HW-Wissensbasis

Disketten-LW	Preis	650.-DM
	HW-requires	Dis.-Kabel
Disketten-Kabel	Preis	75.-DM
PC-Board	Preis	500.-DM
	SW-requires	PC-Emulation $\wedge$ BS-DOS
	HW-requires	Disketten-LW $\wedge$ Adapter
	excludes	Add-Board
Adapter	Preis	150.-DM
Add-Board	Preis	750.-DM
	excludes	PC-Board

Gerät-1: **SW-Liste** (System, BS-DOS, PC-Emulation, PC-Fonts)
HW-Liste (PC-Board, Disketten-LW, Disketten-Kabel, Adapter).

Für jede Komponente in der SW- und HW-Liste wird dabei überprüft, ob die von ihr benötigten Komponenten vorhanden sind: alle Werte der Attribute 'SW-requires' und 'HW-requires' müssen in der SW- bzw. HW-Liste enthalten sein. Hingegen dürfen die mit 'excludes' spezifizierten Werte nicht in der entsprechenden Liste vorkommen. Reicht ein Attribut 'excludes' nicht aus, so kann man analog dem 'requires' ein 'SW-excludes' und ein 'HW-excludes' einführen.

Mit Hilfe der Wissenserwerb-Komponente kann der Knowledge-Engineer Modifikationen an den bestehenden Wissensbasen vornehmen und sie so auf dem aktuellen Stand halten. Von der Shell vorgegeben ist die Struktur und der Aufbau der Wissensbasen. Welches Wissen aber in das System integriert wird entscheidet der Knowledge-Engineer: er ist für die 'semantische' Korrektheit der Wissensbasen verantwortlich.

Um bei Änderungen der Wissensbasen auch Konsistenzprüfungen durchzuführen, werden für jede Wissensbasis eine Reihe von zusätzlichen Angaben spezifiziert. Dieses Wissen über den Aufbau der Wissensbasen (zulässige Attribute, Wertebereiche für Attribute) wird in der Meta-Wissensbasis hinterlegt.

Neben den hier vorgestellten Wissensbasen zur Darstellung von Abhängigkeiten gibt es weitere für Regeln und Richtlinien zum Aufbau der Netzwerke. Somit kann ein Netz allein durch Auswertung der Wissensbasen auf Zulässigkeit geprüft werden; das Wissen braucht nicht in Prozeduren 'codiert' zu werden.

Soll die Shell auf einen anderen Netztyp angewandt werden, können mit der Wissenserwerb-Komponente die entsprechenden Wissensbasen erstellt werden. Im Idealfall tauscht man diese neuen Wissensbasen gegen die alten aus und erhält ein Expertensystem für einen anderen Netztyp. In der Praxis wird man diesen Idealfall wohl nicht erreichen. Es sind auch Modifikationen an den bestehenden Inferenzmechanismen und dem Konfigurierungs-Interface notwendig. Ziel bei der Entwicklung der Shell ist, durch Bereitstellung allgemeiner Mechanismen diesen Aufwand zu minimieren.

5 Ausblick

Bislang ist die Expertensystem-Shell auf den Bereich der **Konstruktion** von Netzwerken begrenzt. Sie ist allerdings ein offenes System, an das weitere Komponenten im Bereich des Netzwerk-Managements angeschlossen werden können. Dazu zählen Systeme zur Fehler-Diagnose, Netzüberwachung, Analyse und Optimierung sowie zur Vertriebsunterstützung.

Damit existierende Netze während des laufenden Betriebs dynamisch überwacht werden können, sind für die einzelnen Netztypen aktive Anschlüsse notwendig. Mit einer solchen Komponente können Engpässe erkannt, aufgezeigt sowie darauf aufbauend Lösungen zur Beseitigung der Engpässe vorgeschlagen werden. Es ist zu prüfen, inwieweit sich für diese Systeme ebenfallls ein wissensbasierter Ansatz eignet.

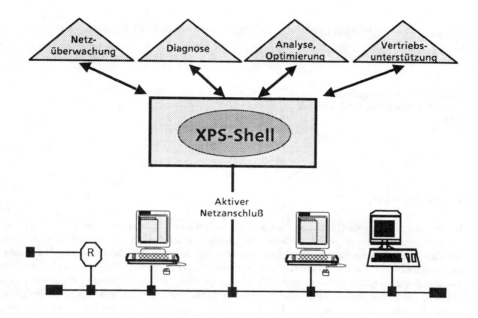

Bild 5: Erweiterungen der Shell

6 Literatur

BLAC87   Black; Uyless
          Computer Networks: Protocols, Standards and Interfaces
          Prentice-Hall, Englewood Cliffs, 1987

BUCH84   Buchmanan, B. G.; Shortliffe, E. H.
          Rule-Based Expert Systems
          Addison-Wesley, 1984

HARM86   Harmon, P.; King, D.
          Expertensysteme in der Praxis
          Oldenbourg Verlag, München Wien, 1986

HENN85   Hennings, R. D.
          Artificial Intelligence Bd. 1: Expertensysteme
          Mathware Verlag, Berlin, 1985

WATE86   Waterman, D. A.
          A Guide to Expert Systems
          Addison-Wesley, 1986

Ein interaktives Werkzeug für die Konfiguration modularer Rechnersysteme

Alfred Escherle, Stefan Sachs
Philips Kommunikations Industrie AG
Siegen

Zusammenfassung:

Ein Expertensystem als Hilfsmittel für die Konfigurierung modularer Systeme wird vorgestellt. Das Programm ist für die tagtägliche Benutzung durch Vertriebsbeauftragte gedacht. Daher wurde auf die Gestaltung einer interaktiven Benutzerschnittstelle besonderer Wert gelegt und von dem herkömmlichen Frage- und Antwortspiel abgewichen. Das Programm ist in Prolog auf einem PC-AT kompatiblen Rechner implementiert und benutzt eine hybride Wissensrepräsentation. Ein Großteil der Information über Systemelemente und ihre Verbindungen wird als Sammlung von Prolog-Fakten gehalten, zusätzliche, komlexere Abhängigkeiten werden als Regeln beschrieben. Diese hybride Darstellung führt zu kurzen Reaktionszeiten an der Benutzerschnittstelle und erlaubt dem Benutzer, eine Konfiguration im WYSIWYG Stil zusammenzustellen, während Konsistenz und Vollständigkeit im Hintergrund sichergestellt werden. Aus den Regeln werden Erklärungen erzeugt, die dem Benutzer die logischen Zusammenhänge des Systems verständlicher machen helfen. Das Programm wird in der Praxis zur Konfigurierung des Systems P7000 benutzt.

Grundkonzepte

Die Aufgabe, Komponenten eines Produktkataloges zu einer lauffähigen Konfiguration zusammenzusetzen, ist schon wiederholt angegangen worden. Konventionelle Techniken wie auch Methoden aus dem Bereich der Expertensysteme wurden versucht. Letztere Kategorie hat sich besser bewährt, und es entstand u. a. das möglicherweise meistzitierte wirklich genutzte Expertensystem R1/XCON, welches Rechner der Firma DEC konfiguriert. Die Zielsetzung des Programms, das hier besprochen wird, ist ähnlich. Im Detail ergeben sich aber manche Unterschiede.

Da das Programm in der existierenden Ablauforganisation verwendet werden soll, muß es auch auf allgemein verfügbarer Hardware laufen. Hierdurch verbietet sich die Benutzung von speziellen Systemen; stattdessen empfiehlt sich die Nutzung von PCs.

Die Benutzerschnittstelle muß nach der wichtigsten Benutzerklasse ausgerichtet sein - in diesem Fall sind dies Vertriebsrepräsentanten. Viele der heute im Markt angebotenen "Shells" zum Bau von Expertensystemen erzeugen lediglich ein Frage- und Antwortspiel im Teletype-Stil. Für Diagnosesysteme mag dies akzeptabel sein, aber für den Aufbau einer Konfiguration ergibt sich so nur ein langwieriger und mühseliger Dialog, der, wie neuere Untersuchungen [1] zeigen, sich negativ auf die Akzeptanz der Systeme auswirken kann. Für die Gestaltung der Benutzerschnittstelle muß also eine andere Methodik gewählt werden, die eine direktere Darstellung der bearbeiteten Objekte und eine direkt sichtbare Umsetzung der Aktionen des Benutzers ermöglicht, so ähnlich, wie dies auch bei modernen Grafikprogrammen oder Tabellenkalkulationsprogrammen funktioniert.

Eine andere wichtige Frage ist die Pflege der Wissensbasis. Die Wissensbasis für ein zu konfigurierendes Systemprodukt muß nicht nur regelmäßig zentral dem implementierten technischen Fortschritt d. h. den Produktfreigaben angepaßt werden. Auch in den einzelnen Teilorganisationen des Vertriebs sind Anpassungen notwendig, um Besonderheiten wie Preise, Abweichungen vom zentralen Produktkatalog, Zeitpunkt der Einführung von Neuerungen im Markt etc. zu berücksichtigen.

Bei der Suche nach einer entsprechenden Implementierungsstrategie wurden Erfahrungen mit konventionell erstellten Konfiguratoren berücksichtigt. Diese Produkte funktionierten in einer Anfangsphase recht gut, aber ihre Wartung wurde regelmäßig zu einem kaum mehr handhabbaren Problem. Die Ursache hierfür war die feste Kodierung von Datenbeziehungen. Die Wissensdarstellung wurde mit dem prozeduralen Teil der Programme vermischt, so daß jede neue Systemfreigabe ein Neukodieren großer Programmteile erforderlich machte. Die Verwendung konventioneller Programmiersprachen bringt dieses Problem fast zwangsläufig mit sich, aber es hat sich gezeigt, daß auch eine rein regelbasierte Vorgehensweise ähnlich unerwünschte Nebeneffekte haben kann. Dies wird seit einiger Zeit auch an dem System R1/XCON deutlich, das mit der Regelsprache OPS5 erstellt wurde und dessen mittlerweile tausende von Regeln kaum mehr zu überblicken sind.

Die Frage der Wissensrepräsentation ist also entscheidend für die spätere Wartbarkeit. Unsere Untersuchungen ergaben, daß für das Wissen um System- und Produktstrukturen eine gemischte Darstellungsform mit Relationen und Attributen angebracht ist, in welcher Regeln nur ein zusätzliches Mittel bieten, um Ausnahmefälle abzudecken.

Eine typische Relation beschreibt etwa, daß zwei Elemente mit einem Verbindungselement (Kabel) eines bestimmten Typs unter Benutzung bestimmter Anschlußpunkte (ports) miteinander verbunden werden. Solche und andere Relationen reichen bei einfach strukturierten Systemen aus, um den größten Teil der Wissensbasis zu kodieren. Regeln werden dann nur noch gebraucht, um

Unverträglichkeiten oder Beschränkungen zu konstatieren.

Für diese Aufgabenstellung bot sich PROLOG als geeignetes Entwicklungswerkzeug an. Wir verwendeten Turbo-PROLOG, das gegenüber dem Quasi-Standard Edingburgh-PROLOG einige funktionelle Einschränkungen hat. Es hat aber den Vorteil, sehr schnell zu sein und eine angenehme Entwicklungsumgebung zu bieten.

Mit PROLOG ist das Auswerten der oben erwähnten Relationen und die Abarbeitung der Sätze einer Regelsprache recht einfach. Die interne Darstellung der Sätze einer Regelsprache ist allerdings durch die Einschränkungen von Turbo-PROLOG etwas komplex, da jede Regel als eine Reihe von Fakten dargestellt werden muß. Dies ist aber nicht schwerwiegend, da die Umsetzung der externen Regeldarstellung in die interne Form durch einen Regeleditor erfolgt.

Der Konfigurator aus der Sicht des Benutzers

Ein wesentliches Gestaltungsprinzip des Konfigurators ist es, dem Benutzer soviel Kontrolle wie irgend möglich über den Ablauf des Prozesses zu geben. Daher ist die Sequenz der Tastatureingaben nur am Anfang einer Sitzung fest vorgeschrieben. Sobald die Präliminarien erledigt sind (Benutzername, Kundenname, Konfigurationsname etc.), hat der Benutzer die Kontrolle und kann mit den Pfeiltasten und den Funktionstasten seine Konfiguration aufbauen und modifizieren. Wenn der Benutzer die vom System angebotenen Standardwerte für Namen, Kabellängen etc. akzeptiert, braucht er den alphanumerischen Tastaturblock gar nicht zu benutzen.

Der Bildschirm ist in verschiedene Fenster gegliedert. Ist in einem Fenster etwas auszuwählen, so muß nur die Zeilenmarkierung entsprechend positioniert werden. Die Kopfzeile zeigt Datum, Zeit, Kundennamen, er-

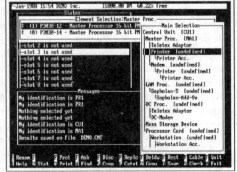
Bildschirm Layout

reichten Gesamtpreis und freien Systemspeicher. Zwei Fußzeilen geben Kurzhinweise auf die Bedeutung der Funktionstasten. Es gibt eine Help-Funktion, die die Benutzung des Programms erklärt, und ein Nachrichtenfenster, in dem der Benutzer situationsbezogene Erläuterungen erhält.

Der Konfigurationsprozeß

Der Benutzer spezifiziert die benötigten Systemelemente in zwei Schritten. Zunächst wählt er im Übersichtsfenster den Typus des Elements und dessen hierachische Einordnung in einem Verbindungskontext. Wenn schon Teile einer Konfiguration ausgewählt sind, wird im Übersichtsfenster neben der Typhierachie auch der aktuelle Verbindungskontext gezeigt, so daß der Benutzer die gegenwärtige "Position" leicht feststellen und bei Bedarf auch ändern kann.

Der zweite Schritt ist dann die Auswahl eines Elementes eines bestimmten Typus. Im Elementauswahlfenster werden alle Elemente eines Typus gezeigt, wobei Elemente besonders gekennzeichnet werden, deren Auswahl nicht empfohlen wird. Elemente, die in der gerade vorliegenden Konstellation nicht anschließbar wären, und Elemente, deren Auswahl durch eine Regel ausgeschlossen wird, werden entsprechend markiert. Der Benutzer kann sich über diese Empfehlungen hinwegsetzen und ein solches Element trotzdem auswählen. Er wird dann eine Erklärung erhalten, die ihn auf den zugrundeliegenden Sachverhalt hinweist. Er hat die Möglichkeit, seine Auswahl zurückzunehmen oder darauf zu bestehen. In jedem Fall wird der Konfigurator versuchen, ein ausgewähltes Element im aktuellen Kontext in das bereits ausgewählte System einzubinden.

Die Reihenfolge, in der die Systemelemente ausgewählt werden, ist völlig an das Belieben des Benutzers gestellt. Der Konfigurator merkt sich die noch offenen Verbindungen und baut sie auf, sobald dies möglich ist.

Eine der wesentlichen Arbeitserleichterungen, die der Konfigurator mit sich bringt, ist die Tatsache, daß Hilfselemente, die zu einem anderen Element in jedem Fall zusätzlich benötigt werden, automatisch mit ausgewählt werden, ohne daß der Bediener dafür etwas tun muß. Ein Formatter für ein Bandlaufwerk, das (mit einer eigenen Nummer) immer mitbestellt werden muß, kann also nicht mehr vergessen werden.

Der Bediener kann sich auf die Erfüllung der funktionalen Systemanforderungen konzentrieren, während im Hintergrund der Konfigurator alles zusammenfügt.

Interaktive Modifikation einer Systemkonfiguration

Das sogenannte Statusfenster bietet einen bequemen Weg, um an einer Rohkonfiguration zu feilen, d. h. Detailverbesserungen anzubringen. Die gesamte, aktuell ausgewählte Systemkonfiguration wird im Statusfenster als hierarchische Struktur dargestellt. Um eine Konfiguration zu modifizieren, kann der Benutzer folgende Funktionen verwenden:

- Er kann einzelne Elemente oder auch komplette Teilhierachien löschen.

- Er kann Elemente oder Teilhierarchien duplizieren, also z. B. aus einem Arbeitsplatz mit Zusatzgeräten einen weiteren, identisch strukturierten erzeugen.

- Er kann ein Element durch ein anderes des gleichen Typus ersetzen.

- Er kann Verbindungen zwischen Elementen auftrennen.

Statusfenster

- Er kann Verbindungen zwischen Elementen über die entsprechenden Anschlußpunkte herstellen.
- Er kann jedem Element einen Namen geben (z. B. "Drucker Buchhaltung").
- Er kann in großen Konfigurationen Elemente über ihren Namen suchen.
- Er kann den erreichten Stand der Konfiguration drucken.

Normalerweise wird das Ergebnis einer solchen Modifikation sofort auf dem Bildschirm zu sehen sein, was ein sehr schnelles Arbeiten begünstigt. In der Praxis beginnt man gern mit einer Minimalkonfiguration oder auch mit einer schon vorher definierten Standardkonfiguration und benutzt dann das Statusfenster für die restlichen Modifikationen.

Kabel

Die Behandlung von Kabeln ist gerade für die Konfiguration von Computern eine typische Themenstellung, da die Verbindung zwischen zwei Elementen oft nicht direkt durch Stecken, sondern eben mit Kabeln hergestellt wird. Diese Kabel gibt es in konfektionierter Form mit standardisierter Länge, als Meterware oder auch als komplettes Wandverkabelungssystem.

Während der Konfigurationssitzung werden Kabel gemäß vordefinierter Werte automatisch ausgewählt. Der Benutzer kann einen Modus einschalten, in dem er bei jedem Kabel nach der gewünschten Länge gefragt wird. Es ist aber einfacher, die Kabelspezifikation anschließend in dem dafür vorgesehenen Fenster zu modifizieren.

Die Beschäftigung mit den Details solcher Verbindungselemente erscheint vielleicht als nebensächlich, aber in der Tat ist dieses Thema für eine schnelle und fehlerfreie Installation sehr wichtig. Hier gemachte Fehler kommen oft erst spät ans Tageslicht, und verursachen dann zusätzliche Arbeitsstunden, Fahrten, Telefonate und oft genug eine vermeidbare Verärgerung des Kunden. Wenn der Konfigurator nur diese Probleme ausschalten kann, hat sich seine Erstellung schon amortisiert.

Konsistenzüberwachung mit Regeln

Die Regeln in der Wissensbasis des Konfigurators beschreiben Abhängigkeiten, Unverträglichkeiten und andere Einschränkungen. Hierzu gehören komplexe Prüfungen der Zugänglichkeit von Stromversorgungen ebenso wie die Aussage, daß sich zwei Komponenten gegenseitig ausschließen.

Die Regelsprache muß mächtig genug sein, gezielt auf die vom System verwalteten Datenstrukturen zugreifen zu können. Daher schließt sie die folgenden Möglichkeiten mit ein:

- benannte Variable, die es erlauben, ermittelte logische oder numerische Parameter mehrfach zu benutzen und die Struktur der erzeugten Erklärungen zu beeinflussen
- arithmetische und logische Operatoren
- Zähloperator, der auf logischen Ausdrücken operiert (...number of cases in which a printer is connected directly to a workstation...)
- Operator zur Ermittlung der Länge einer Verbindung
- Operator zur Prüfung, ob ein Element ausgewählt ist
- Operatoren zur Prüfung ob und wie ein Element mit einem anderen verbunden ist.

Die Syntax der Regelsprache ist zwar recht einfach, aber es hat sich doch bewährt, die Regeleingabe gezielt zu unterstützen. Die Regeln werden mit einem syntaxgesteuerten menübasierten Hilfsprogramm erfaßt. Das gestattet die Eingabe von Regeln, ohne daß eine Kenntnis der Grammatik der Regelsprache notwendig wäre. Der Benutzer muß nur das nächste "Wort" aus einem Menü auswählen, das die aktuellen Möglichkeiten enthält. Der Regelsatz bzw. der gerade spezifizierte Anfang wird in einem besonderen Fenster gezeigt. Wenn der Benutzer einen Fehler gemacht hat, kann er einfach in der Menüsequenz ein Stück zurückgehen und von dort anders fortsetzen.

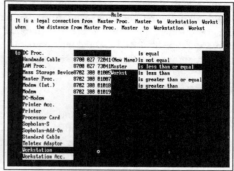

Regeleditor

Diese Prozedur führt ohne besonderen Aufwand zur Spezifikation sytaktisch völlig korrekter Regeln, und ist damit eine weitgehende Verbesserung des konventionellen Zyklus Schreiben - Kompilieren - Fehler analysieren - Korrigieren.

Der Konfigurator enthält einen Regelinterpreter mitsamt einer Erklärungskomponente. Wenn eine Regel verletzt wird, wird dem Benutzer nicht deren kompletter Wortlaut präsentiert, sondern es werden nur die Teile extrahiert, die an der Regelverletzung schuld sind. Intern wird dies über Zwischenspeicherung und Löschung von Erklärungsbausteinen gelöst. Das Beispiel im nebenstehenden Bild bezieht sich auf die Regel

Erklärungskomponente

You can select a teletex x3710-01 when (a workstation p2772-301 is selected or a workstation p2773-301 is selected or a workstation p2711-101 is selected or a workstation p2711-102 is selected) and (the matrix printer p2933 PRTX is seleceted or the matrix printer p2934-003 PRTX is selected or the matrix printer p2932 PRTX is selected) and a ttx prom p2930-022 is connected to the printer PRTX;

Durch Elimination irrelevanter Teile wird in gezeigtem Fall die Erklärung

It is illegal to select a teletex X3710-01 because a ttx prom p2938-022 is not connected to the matrix printer p2933 PR1

erzeugt, die sicher um einiges kürzer und daher dem Benutzer verständlicher ist.

Da der Benutzer die Möglichkeit hat, sich über Regeln hinwegzusetzen, muß jede Konfiguration am Ende einer Sitzung noch einmal überprüft werden. Dies geschieht durch elementeweises Entfernen und Wiedereinfügen aller ausgewählten Komponenten. Zu diesem Zeitpunkt werden auch solche Regeln abgeprüft, die symmetrische oder zirkuläre Abhängigkeiten beschreiben und deren Prüfung während der eigentlichen Sitzung nicht sinnvoll wäre.

Zusätzliche Programme

Außer den Werkzeugen zur Eingabe der Regeln und der anderen Konfigurationsdaten gibt es noch weitere ergänzende Programme, die das Konfigurationssystem abrunden. Hierzu gehören Programme zum Erstellen von Angeboten, zum Drucken von Bestellungen, zum Herstellen von Standardkonfigurationen und zum Anpassen einiger Parameter der Benutzerschnittstelle. Die Integration des Systems in die existierende Logistik wird dadurch erleichtert, daß die Repräsentation als PROLOG Fakten kompatibel ist zu relationalen Datenbanken. Daß hierfür in Zukunft ein wachsender Bedarf zu erwarten ist, zeigen auch die in [2] berichteten Erfahrungen.

Stand der Implementierung

Zwei komplette Wissensbasen sind bisher erstellt worden. Eine für die P3800 und eine für die P7000. Für die P9000 ist ein wesentlich mächtigerer Konfigurator in Vorbereitung, der allgemeine Netze bearbeiten kann. Einsatzmöglichkeiten des Konfigurators für die Konfigurierung medizinischer Großgeräte (Röntgen, Kernspinresonanz) werden zur Zeit geprüft.

Literatur

[1] Mertens, P. (1987) Expertensysteme in den betrieblichen Funktionsbereichen - Chancen, Erfolge, Mißerfolge. In W. Brauer & W. Wahlster(Ed.), Wissensbasierte Systeme, 2. Internationaler GI-Kongreß, München, Oktober 87, Informatik Fachberichte 155, Springer, Berlin.
[2] Schieferle, D. (1986) Der praktische Einsatz in der Industrie. In Schnupp, P. (Ed.) Expertensysteme State of the Art 1/86, Oldenburg, München.
[3] Waterman, D. A. (1986) A guide to expert systems, Addison Wesley, Reading, Massachusetts.
[4] Borland International, Inc. (1986), Turbo Prolog, Owners Handbook
[5] Philips International B.V. Product Division Telecommunication and Data Systems (1986), Product Catalogue P3800 Office Micro Systems.
[6] Philips Kommunikations Industrie AG (1987), Product Catalogue P7000 Maestro Hardware.

EXPERTENSYSTEM ZUR KONFIGURATION
VON ISDN-KOMMUNIKATIONSANLAGEN

Dr. K. Autenrieth, TELENORMA, Frankfurt

Zusammenfassung: KONFIX ist ein Expertensystem zur Konfiguration von ISDN-Kommunikationsanlagen. KONFIX wurde als Expertensystem entwickelt, da die Entscheidungsstrukturen zur Konfigurierung derart komplexer Anlagen mit den Methoden der konventionellen Softwareentwicklung nicht mehr mit vertretbarem Aufwand realisiert werden können.
KONFIX unterstützt alle Phasen einer kundengerechten Konfigurierung. Als Ergebnis erhält man den vollständigen Schrankaufbau, die Lieferumfänge und den Strom- und Flächenbedarf.
Die Entwicklung von KONFIX erfolgte auf einer Symbolics 3650 mit der Entwicklungsumgebung KNOWLEDGE CRAFT.

1   Überblick

Um zu einer Vorstellung zu gelangen, weshalb ein Expertensystem zur Konfigurierung benötigt wird, soll zuerst ein kurzer Überblick über den Aufbau einer ISDN-Kommunikationsanlage gegeben werden. Die Einführung des digitalen, diensteintegrierenden Netzes - kurz ISDN - für die öffentliche Kommunikation durch die Bundespost erfolgt in den nächsten Jahren. Für den privaten Anwender ist die integrierte Kommunikation als Inhouse-ISDN schon heute möglich. Das ISDN-Kommunikationssystem INTEGRAL 333 von TELENORMA überträgt Sprache, Texte, Daten und Bilder; es erlaubt den Zugang zur zentralen DV und den Übergang zu öffentlichen Netzen und Diensten. Es integriert die unternehmensinterne Kommunikation von Text-, Daten-, PC- Btx-, FAX- und Fernsprech-Terminals. Abb. 1 gibt einen Überblick über die Systemstruktur der INTEGRAL 333. Eine Vielfalt von Leistungsmerkmalen steht sowohl für die sprachliche als auch für die nichtsprachliche Kommunikation zur Verfügung. Tabelle 1 gibt eine Übersicht über die Leistungsmerkmale für die Sprach-Kommunikation. Die Leistungsmerkmale für die nichtsprachlichen Kommunikationsformen

- Teletex
- Telefax
- Bildschirmtext
- Datenkommunikation mit der DVA
- Datenverkehr zwischen Datenendgeräten
- Bewegtbildübertragung

sind in Tabelle 2 zusammengefaßt. Hinzu kommen noch Leistungsmerkmale für den Bedienplatz. Sämtliche Leistungsmerkmale lassen sich individuell auswählen, kombinieren (unter Berücksichtigung der erlaubten Dienste-/Geräte-Übergänge) und kundengerecht anpassen. Für eine kundengerechte Konfigurierung müssen weiterhin die mit dem Kunden ausgewählten Leistungsmerkmale und die anzuschließende Peripherie in entsprechende Baugruppen, Leiterplatten und Software-Bausteine umgesetzt werden. Es entsteht ein Schrank. Eine solche Systemgruppe ist die kleinste Vermittlungseinheit. Die Konfiguration großer Systeme geschieht durch das Zusammenfügen mehrerer solcher Gruppen. Bei dieser Stufe der Konfigurierung (Schrankkonfigurierung) müssen die verschiedenen technischen Zusammenhänge und Abhängigkeiten der Anlagenkomponenten untereinander berücksichtigt werden (z. B. müssen bestimmte Leiterplatten aus Redundanzgründen in jedem Schrank vorhanden sein; usw.). Diese Zusammenhänge kann man als "Aufbauregeln" betrachten. Für die Konfigurierung großer Nebenstellenanlagen kann die Anzahl der zu berücksichtigenden Regeln einige hundert betragen. Diese Anlagen sind also recht komplexe technische Systeme. Projektierungsingenieure können deshalb konsistente Anlagen nur mit Rechnerunterstützung konfigurieren. Bisherige Software-Entwicklungen zur Anlagenkonfigurierung führten jedoch zu deterministischen Ablaufstrukturen, zu deren Bewältigung sowohl Software-Kenntnisse als auch spezielles Fachwissen (Anlagenwissen) vorhanden sein mußte. Zudem wurde der Änderungsaufwand durch die Weiterentwicklung des Systems allmählich unüberschaubar. Um vollständige und konsistente Ergebnisse zu erhalten, mußten alle kombinatorisch möglichen Lösungen programmiert werden. Das Ändern der zugehörigen komplexen Entscheidungstabellen wurde immer aufwendiger, so daß schließlich beschlossen wurde, diese Problematik mit neuen Lösungsmethoden anzugehen. Das daraus entstandene Projekt war auch gleichzeitig der Einstieg in die Expertensystemtechnik.

2 Konfigurierung mit KONFIX

Auslösender Faktor für eine Konfigurierung einer Kommunikationsanlage ist das Vorliegen einer Bestellung oder einer Angebotsforderung seitens des Kunden. Bei der Konfigurierung von ISDN-Anlagen müssen neben den bisher bekannten analogen Schnittstellen noch die ISDN-typischen Schnittstellen (z. B. Up_o, S_o u. a.) berücksichtigt werden. Diese Schnittstellen haben nicht unerheblich Einfluß auf die einzusetzenden Baugruppen. Weiterhin muß davon ausgegangen werden, daß verschiedene Geräte (z. B. Fax-, Teletexgeräte) der alten Generation mit ihren langsamen Übertragungsraten mit denen der neuen Generation in verschiedenen Kombinationen eingesetzt werden müssen. In der Regel sind die älteren Geräte beim Kunden vorhanden und werden bei Neuinstallation einer Kommunikationsanlage nicht unbedingt ausgetauscht. Die Konfiguration einer Nebenstellenanlage erfolgt in zwei Teilschritten:

- Die Konfiguration der Peripherie und Definition
  der Kommunikationsanlage
- Die Konfiguration der Anlage

Beim ersten Schritt wird ein Pool von Arbeitsplatz-Typen gebildet, die aus den Leistungsanforderungen des Kunden resultieren. Unter Arbeitsplatztypen versteht man letztendlich eine Anordnung verschiedener Geräte mit unterschiedlichen Leistungsmerkmalen (Daten-, Sprach- und Textkommunikation), die später am Arbeitsplatz des Endbenutzers zu finden sind. Um die einzelnen Arbeitsplatz-Typen generieren zu können, müssen diesen die einzelnen Objekte zugeordnet werden. Dazu kann sich der Planungsingenieur des Expertensystems bedienen. Er hat die Möglichkeit, in Interaktion mit dem System - graphisch geführt - die entsprechenden Objekte aus der Wissensbasis zusammenzutragen, um als Ergebnis die möglichen Anschaltungsvarianten an die Nebenstellenanlage zu erhalten. Hierzu muß er den Arbeitsplatz zunächst global beschreiben. Neben einer Benennung gehören hierzu mögliche Geräte-/Dienstübergänge, Kommunikationsmöglichkeiten mit DV-Anlagen, gewünschter Liefertermin sowie die Anzahl der an die Kommunika-

tionsanlage anzuschließenden Arbeitsplätze dieses Typs.
Nach Auswahl des gewünschten Leistungsmerkmales aus dem Dienstespektrum (Text, Daten, Btx, Sprache) erhält der Anwender eine Anzeige über Geräte, die den ausgewählten Dienst erfüllen. Er kann nun eines der angezeigten Geräte selektieren oder sich vom System einen Vorschlag machen lassen. Durch Aufruf des entsprechenden Kommandos startet die Konfiguration der Arbeitsplätze. Innerhalb der Wissensbasis wird nun ein Regelwerk abgearbeitet, das sämtliche Lösungen der Problemstellung zusammenstellt. Das Ergebnis wird am Bildschirm graphisch dargestellt. Abb. 2 zeigt Ergebnisse einer Konfiguration. Anhand dieser Angaben kann der Anwender nach bestimmten Vorgaben (z. B. kaufmännische Gesichtspunkte) eine Variante auswählen. Danach erfolgt die Anlagendefinition. Dazu werden Angaben benötigt bez.

- des Zugangs zum öffentlichen Netz
  (z. B. Amtsleitungen, Datex-L, Datex-P)

- der Arbeitsplätze der Abfragestelle
  (volkstümlich "Vermittlung")

- der einzusetzenden Arbeitsplatz-Typen
  (wie oben beschrieben)

- sonstiger Übertragungen
  (z. B. Querübertragung).

Das Ergebnis ist die Anzahl der Anschlußorgane in der Kommunikationsanlage. Wenn dieser Schritt abgeschlossen ist, werden diverse Berechnungen durchgeführt. Hier ist besonders die Verkehrswert-Berechnung zu erwähnen, die die Anzahl der zu konfigurierenden Schränke aufgrund des Ausbaus der Anlage (Teilnehmer, Amtsleitungen usw.) festlegt. Parallel hierzu wird die Stromversorgung berechnet und eine eventuelle Stromversorgung dimensioniert. Abb. 3 zeigt den konfigurierten Übersichtsplan einer Anlage.

3 Expertensystem KONFIX

3.1 Architektur von KONFIX

Das Expertensystem KONFIX besteht aus verschiedenen Applikationskomponenten, die auf das Entwicklungswerkzeug KNOWLEDGE CRAFT aufgesetzt wurden. Abb. 4 gibt einen Überblick über die Architektur des Systems. Neben Wissensbasis, Regelinterpreter und Kommandosystem sind die einzelnen Schritte der Konfiguration und der Ausgabe der Konfigurationsergebnisse sehr deutlich zu erkennen. KONFIX wurde in Zusammenarbeit mit einem Software-Haus auf einer Symbolics 3650 entwickelt. Die Wissensbasis, also das Fachwissen des Planungsexperten, wird als ein Netz von Schemata abgebildet, hierunter sind neben den einzelnen Objekten (Leiterplatten, Peripheriegeräte, Schränke usw.) auch die Konfigurationsregeln zu sehen, die in Abhängigkeit des gewählten Arbeitsganges durch den Regelinterpreter verarbeitet werden. Wie bereits in Kapitel 2 beschrieben, kann eine Konfiguration auf zwei Wegen angestoßen werden. Hierzu dienen die beiden Applikationskomponenten Übersichtsplan (Grobplanung) und Fragebogen (Feinplanung). Im Fragebogen werden Leistungsmerkmale abgefragt, die nicht unmittelbar in die Hardwarekonfigurierung eingehen. Darunter fallen Leistungsmerkmale, die sich mittels Software realisieren lassen (z. B. Rufumleitung, Codewahl).
Beide Teile sind durch bestimmte Prozeduren miteinander verbunden, um die einmal in einem der Blöcke eingebrachte Information in der entsprechenden Form auch für den anderen Block bereitzustellen. Nach Abschluß der Eingabe und einer Prüfung des geforderten Leistungsumfangs in bezug auf Fernmeldeordnung (später TKO) und die einschlägigen Vorschriften der Elektrotechnik werden diverse Berechnungen durchgeführt. Dieser Teilschritt erfolgt für den Anwender unbemerkt im Hintergrund der Gesamtapplikation. Hat die Verkehrswertberechnung als Ergebnis die Anzahl der zu konfigurierenden Schränke zur Folge, so werden nun nach Aufruf des Konfigurationskommandos die notwendigen Leiterplatten ermittelt und in einen Leiterplatten-Pool gestellt, aus welchem sie nach und nach während der Schrankkonfiguration entnommen werden. Ein weiterer wichtiger Baustein ist das Erstellen der Anlagendokumentation. Sie ermöglicht dem Montagepersonal den

Aufbau der Nebenstellenanlage nach den vorgegebenen Richtlinien
und ist Gewährleistung dafür, daß Anlagenhardware und -software
auch zusammenpassen. Um auch entsprechend den Konfigurationsergebnissen die notwendige Hardware liefern zu können, werden
nach Abschluß der Konfigurierung die notwendigen Lieferumfänge
(Baugruppenstücklisten) erstellt.

3.2 Knowledge Craft

KONFIX wurde - wie schon erwähnt - auf einer
Symbolics 3650 mit der hybriden Werkzeugumgebung Knowledge Craft
(KC) erstellt. Für beides - Maschine und KC - entschieden wir
uns nach eingehenden Vergleichen mit anderen Systemen.
KC basiert auf der frameorientierten Wissensrepräsentationssprache CRL (Carnegie Representation Language). CRL ermöglicht
mit verschiedenen Konzepten eine Darstellung der Wissensstruk-
turen. Neben einer graphisch orientierten Entwicklungsumgebung
(mit verschiedenen Editoren, die den Aufbau von semantischen
Netzen unterstützen) enthält KC Inferenzmechanismen für Vorwärts-
und Rückwärtsverkettung, die in beliebiger Reihenfolge miteinander kombiniert werden können. Für die Entwicklung einer be-
nutzergerechten und anwendungsspezifischen Benutzeroberfläche
werden von KC Graphik- und Kommandosysteme zur Verfügung gestellt, die wiederum in CRL implementiert sind.

__Frames beschreiben ein Objekt mit seinen Eigenschaften.__
Durch die __Standard-Relationen__ "is-a" und "instance" von KC können Objekte hierarchisch geordnet werden, und es wird dadurch
eine getrennte Darstellung von konkretem (instantiiertem) und
abstraktem Wissen ermöglicht. Ein Objekt erbt Eigenschaften von
den übergeordneten Klassen. Eine multiple Vererbung ist möglich, d. h. ein Objekt kann verschiedenen Klassen zugeordnet
werden und Eigenschaften aus verschiedenen Hierarchien erben.

__Benutzerdefinierte Relationen__ beschreiben Beziehungen zwischen konkreten Objekten und dienen damit dem Aufbau eines semantischen Netzes.

Beispiel:

<Peripherie-Gerät> hat-Leistungsmerkmal <Leistungsmerkmal>
<Peripherie-Gerät> benötigt-Schnittstelle <Schnittstelle>

Die Relation "hat-Leistungsmerkmal" kann zwischen Objekten, die
zur Klasse der Peripherie-Geräte gehören, und Objekten, die zur
Klasse der Leistungsmerkmale gehören, aufgebaut werden. Über
diesen so definierten Weg im semantischen Netz kann Information
von einem Objekt zu einem anderen vererbt werden.
Abb. 5 zeigt einen Ausschnitt aus dem semantischen Netz von
KONFIX. Es hat sich gezeigt, daß KC eine sehr mächtige, aber
auch sehr komplexe Entwicklungsumgebung darstellt. Dies muß
erkauft werden durch eine umfangreiche Einarbeitungszeit.
Danach führt KC zu einer erheblichen Produktivitätssteigerung.

3.3 Konfigurationsstrategie

Allgemeines

Alle Aktionen und Objekte der Konfigurierung sind als
Frames realisiert. Die Menge der Objekte und die Menge der Relationen zwischen den Objekten bildet ein semantisches Netz.
Die Regeln sind unter dem Frame REGEL angeordnet. Auf sie wird
von den Objekten verwiesen. Die Konfiguration wird zum Teil über
Regeln, zum Teil über Funktionen (prozedural) ausgeführt; z. B.
werden beim Basisausbau die Leiterplatten unmittelbar in die
zugehörigen Steckplätze eingesetzt, eine Regelauswertung ist
dann nicht notwendig.
Die Regeln sind einfache IF-THEN-Konstrukte und werden in Prolog-Format notiert. Zur Behandlung von Matching und Backtracking
kann dann der Prolog-Interpreter verwendet werden. Die gesamte
Konfigurierung ist objektorientiert realisiert. Beispiele für
ein Leiterplatten-Objekt und die entsprechende Regel zeigt
Abb. 6.

Realisierung

Eine Konfigurierung ist unterteilt in Konfigurationsschritte; diese werden wiederum in Konfigurationspunkte gegliedert. Konfigurationspunkte beinhalten Regelmengen.
Es gibt vier Konfigurationsschritte, die immer in derselben
Reihenfolge abgearbeitet werden:

- Grobkonfiguration: Sämtliche Leiterplatten, die zwingend
  vorgeschrieben sind, werden hier gesteckt, z. B. Basisausbau. Leiterplatten, für die bestimmte Steckplätze re-

serviert sind, werden ebenfalls gesteckt, z. B. Systembus.

- Feinkonfigurierung 1: In diesem Schritt wird die Reservierung von Steckplätzen ignoriert. Verbleibende Steckplätze können somit genutzt werden. Außerdem werden schon gesteckte Leiterplatten umgesteckt (Optimierungen).

- Feinkonfigurierung 2: Verbliebene Leiterplatten werden in noch freie Steckplätze eingefügt.

- Kabelkonfigurierung: Die Kabelverbindungen werden berechnet.

Die Bearbeitung der Konfigurationsschritte wird vom "Konfschrittinterpreter" durchgeführt. Er aktiviert nacheinander die zu einem Konfigurationsschritt gehörenden Teilschritte:

- Vorbearbeitung (z. B. Initialisierung, Hilfsfunktionen)
- Aktivierung der Konfigurationspunkte
  (eigentl. Konfig.-Schritt)
- Nachbearbeitung (Hilfsfunktionen)
- Anstoßen des Folgeschrittes

Ablauf bei der Konfigurierung der Steckplätze:

Die Konfiguration der Steckplätze wird für alle Schränke ausgeführt. Es werden die Informationen des Frames dieser Schränke benötigt. Dort befindet sich eine Liste der Steckplätze des Schrankes mit der Reihenfolge, in der die Steckplätze von dem Konfigurationsschritt abgearbeitet werden sollen. Das Frame des Steckplatzes verweist auf die für die Konfiguration benötigten Regeln, die der Reihe nach vom "Konfregelinterpreter" aktiviert werden. Falls der IF-Teil erfüllt ist, kann die Regel zünden. Der THEN-Teil enthält dann eine Aktion, die diesen Steckplatz als belegt kennzeichnet und die Menge der zu steckenden Leiterplatten um die aktuelle reduziert.
Der IF-Teil einer Regel kann enthalten:

- Abfrage, ob der Steckplatz noch frei ist
- Abfrage auf den Konfigurationsschritt
- Berechnung des Wärmewertes
- Abfrage, ob die Anlage mehrgruppig oder eingruppig ist

Ablauf bei der Konfiguration der Peripheriegeräte:

Im Unterschied zur Konfigurierung der Steckplätze geht man hier von einzelnen Peripheriegeräten aus und sucht geeignete Leiterplatten.

3.4 Ergebnisse

Eines der zu erwartenden Endergebnisse der Anlagenkonfiguration besteht in der Belegung der Leiterplattenkäfige (Zeilen) mit den Leiterplatten, die erstens zur Funktion der Kommunikationsanlage notwendig sind, und zweitens die geforderten Leistungsmerkmale in bezug auf die Schnittstellen erfüllen. Leiterplattenkäfige sind Aufnahmerahmen für gedruckte Schaltungen, die wegen des modularen Anlagenaufbaus in allseitig geschlossenen Schrankgehäusen untergebracht sind. Neben der Lage der einzelnen Leiterplatten, die später im Anlagen-Programm-System softwaremäßig adressiert werden, ist als weiterer Aspekt die Anschaltung der steckbaren Verkabelung von großem Interesse. Abb. 7 zeigt das Konfigurationsergebnis eines Systemschrankes von Vorder- bzw. Rückseite. Um den Anwender bei der Erstausgabe des Endergebnisses nicht mit einer Flut von Informationen zu überschütten, kann eine Abfrage in verschiedenen Verschachtelungstiefen erfolgen. Ist die erste Anzeige am Bildschirm nur als grober Überblick zu sehen, so kann durch Auswahl einer Zeile mittels Mouse diese Reihe aus dem Schrankabbild herausgezogen und mit weiterer Information versehen, am Bildschirm dargestellt werden. Das gilt sowohl für Leiterplatten- als auch für Kabelzeilen. Von Wichtigkeit kann es auch sein, daß man z. B. wissen muß, welche Subleiterplatten oder Bauelemente auf einer Leiterplatte eingesetzt werden müssen. Um an diese Aussage zu gelangen, kann aus der vergrößert dargestellten Leiterplattenzeile jeder beliebige, mit einer Leiterplatte besetzte Steckplatz selektiert und das "Wissen" über ihn präsentiert werden. Das gleiche gilt sinngemäß für die Kabelsteckplätze, wo man als Information über den Kabeltyp auch den Endpunkt, also das Ziel des Kabels erwarten kann. Ein weiteres Ergebnis als Folge der Konfiguration sind die notwendigen Baugruppenstücklisten. Sie stellen in ihrer Gesamtheit die zu liefernden Apparaturen (Schränke,

Leiterplatten, Stromversorgungseinrichtungen usw.) und Verbindungskabel dar.

4 Zukunft

Im Verlauf der Entwicklung des Konfigurationssystems KONFIX hat sich gezeigt, daß die Methoden der Wissensverarbeitung wesentliche Vorteile gegenüber der herkömmlichen DV bieten. Hier sind besonders zu nennen:

- Hochstrukturierte Wissensrepräsentation
- Große Änderungsfreundlichkeit
- Applikationsentwicklung parallel zur Kommunikationsanlagenentwicklung
- Verkürzte Entwicklungszeiten

Da mit KONFIX bewiesen wurde, daß hier ein zukunftsweisender Weg eingeschlagen wurde, werden bei TELENORMA weitere Schritte untersucht, um innerhalb der Projektbearbeitung und Auftragsabwicklung diesem System breiten Raum zu verschaffen.
Neben einer Hardwarekonfigurierung ist angedacht, mit Hilfe dieses Systems auch die zum Betrieb der Fernmeldeanlage notwendige Software zu konfigurieren und ein Diagnosesystem anzubinden. Für die Bewältigung unterschiedlicher Aufgaben im Rahmen einer Projekt- und Auftragsbearbeitung stehen im Hause TELENORMA verschiedene Rechnersysteme zur Verfügung. Während die kaufmännische Bearbeitung vorwiegend in der IBM-Welt abgewickelt wird, ist die technische Bearbeitung (z. B. Softwareentwicklung und -generierung) innerhalb einer DEC-Umgebung zu finden.
Da beide Bereiche mit den Konfigurationsergebnissen arbeiten müssen bzw. erst die notwendigen Parameter für eine Bearbeitung liefern müssen, kann das entwickelte Expertensystem keinesfalls als Insellösung betrieben werden. Weiterhin müssen die Konfigurationsergebnisse während der Lebensdauer einer Kommunikationsanlage aufgehoben werden, um im Falle einer Erweiterung -eventuell Jahre später - auf den aktuellen Ausbau der Anlage zugreifen zu können. Zur Zeit wird untersucht, inwieweit man die Methoden der Expertensystem-Technologie in eine herkömmliche DV-Welt eingliedern kann.

Tabelle 1:   Leistungsmerkmale für Sprachkommunikation
- Interne und externe Gespräche
- Rückfrage bei Gesprächen
- Weitergabe von Gesprächen
- Aufschalten oder Anklopfen
- Selbsttätige Rufweiterleitung
- Heranholen von Anrufen (Pick-up)
- Gesprächsweitergabe besonderer Art
- Selbsttätiger Verbindungsaufbau
- Rufumleitung
- Vereinfachte Rückgabe von Externgesprächen
- Wartestellung bei Internverbindungen und Leitungen
- Berechtigungsumschaltung an der Nebenstelle
- Externverbindungen bei Ausfall der Stromversorgung
- Sprachaufzeichnung und Verteilung über Sprach-Server
- Makeln
- Sammelgespräche
- Wahlwiederholung
- Selbsttätiger Rückruf
- Sammelanschluß
- Partnerfunktion
- Interne Kurzwahl
- Anrufschutz
- Wartekreis

Tabelle 2:   Leistungsmerkmale für nichtsprachl. Kommunikat.
Teletex
- Anschluß von Teletex-Endgeräten über Integral-Adapter mit X.21
- Intern-/Externverkehr
- Sammelanschluß
- Rufumleitung
- Teletex-Anschlußorgane für hauptanschlußfähige Endgeräte
- Umleitung zu einer zentralen Empfangsstelle/Stellvertretergerät

Telefax
- Anschluß von Geräten der Gruppen 2 und 3 sowie Gruppe 4
- Intern-/Externverkehr

Bildschirmtext
- Anschluß von Btx-Geräten über ein analoges Anschlußorgan oder Integral-Adapter oder Zweitkommunikationsanlage
- Intern-/Externverkehr
- Aufbau eines Inhouse-Btx

Datenkommunikation mit der DVA
- Der Benutzer kann mit demselben DVA-Endgerät wahlfrei auf unterschiedliche DVA-Anlagen zugreifen.

Datenverkehr zwischen Datenendgeräten
- Es stehen folgende Schnittstellen zur Verfügung:
  a/b, V.24, X.21, Up_o, S_o, Uk_o

Bewegtbildübertragung
- Bewegtbildübertragung auf der Basis eines 64kbit/s-Kanals
- Farbige Bewegt- und Festbildübertragung intern
- Farbige Bewegt- und Festbildübertragung extern

Abb. 1 Systemstruktur des ISDN-Kommunikationssystems INTEGRAL 333

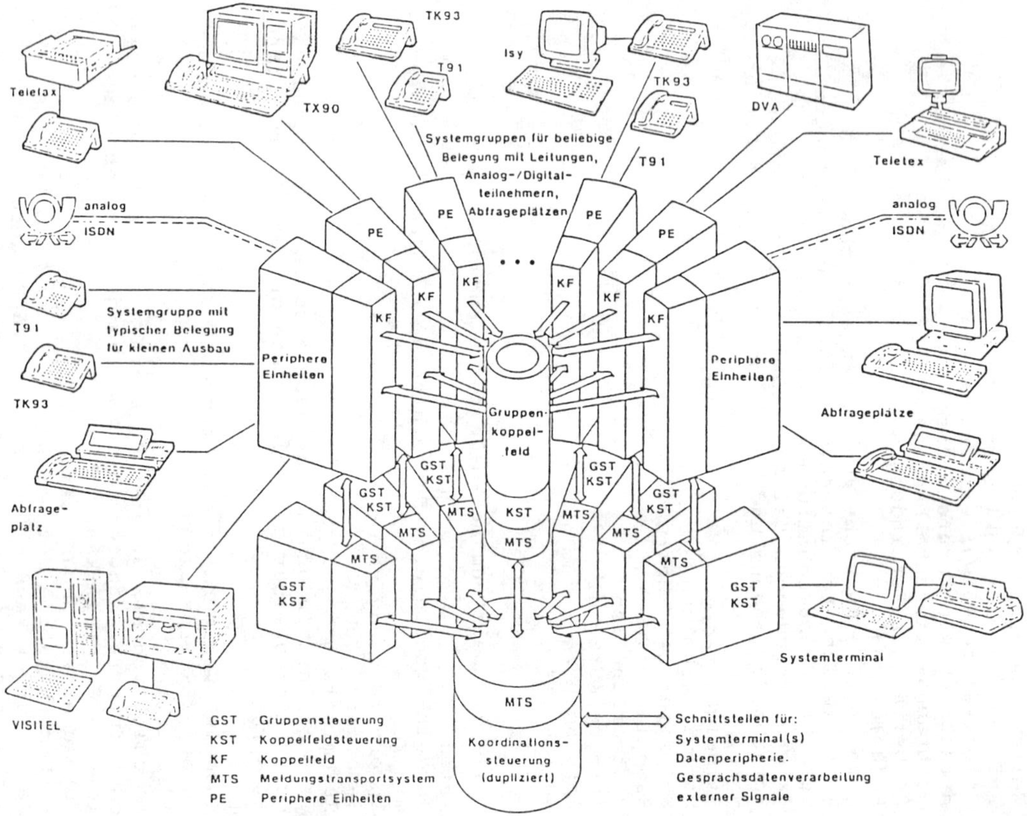

Abb. 2 Ergebnisse der Peripherie-Konfiguration

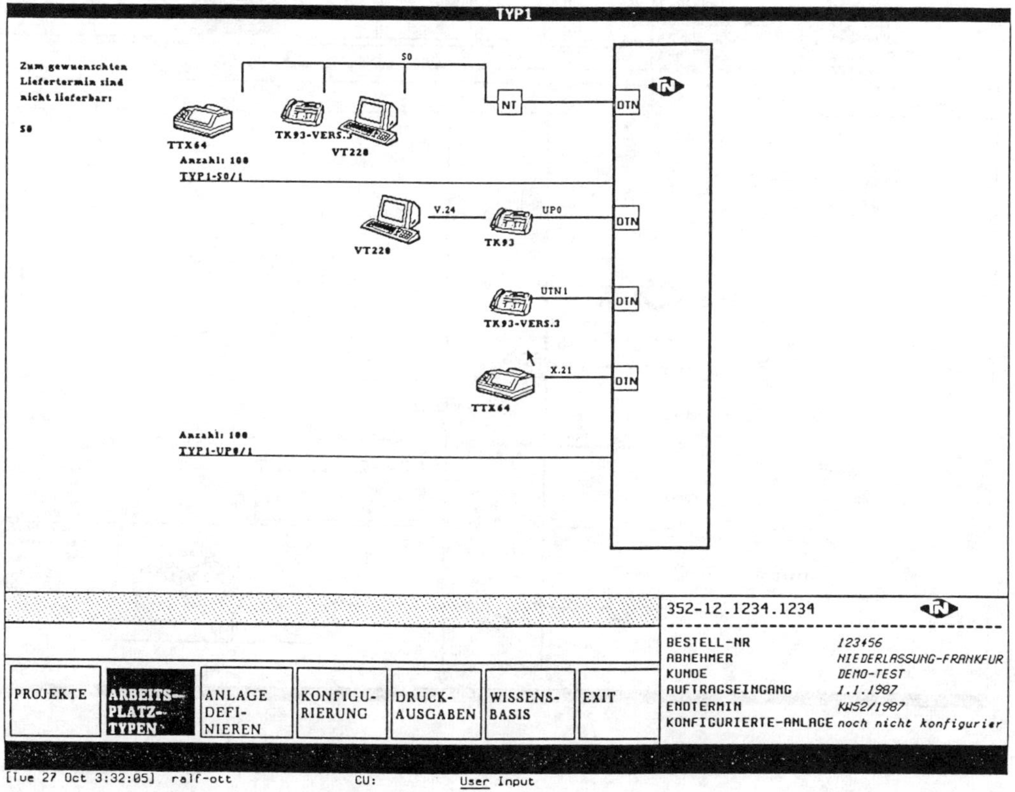

Abb. 3 Übersichtsplan über eine Anlage

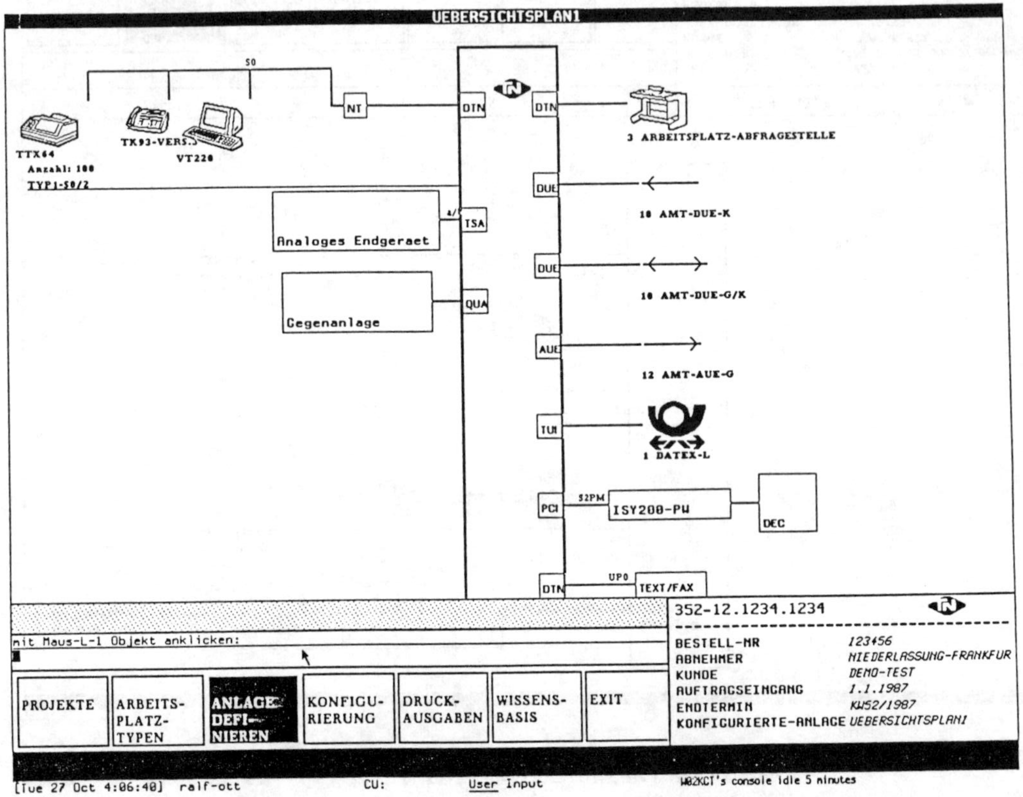

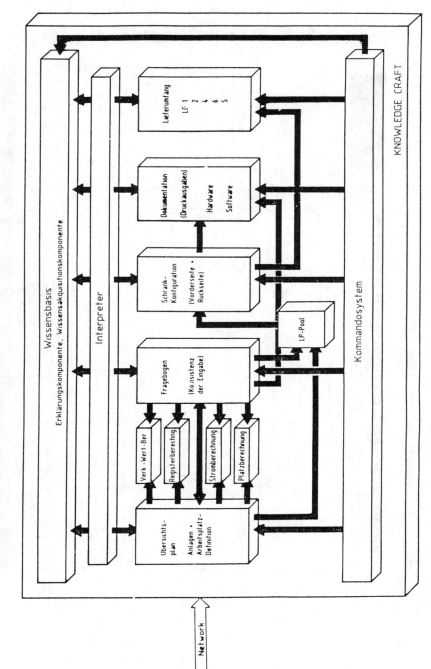

Abb. 4 Architektur von KONFIX

Abb. 5 Ausschnitt aus dem semantischen Netz

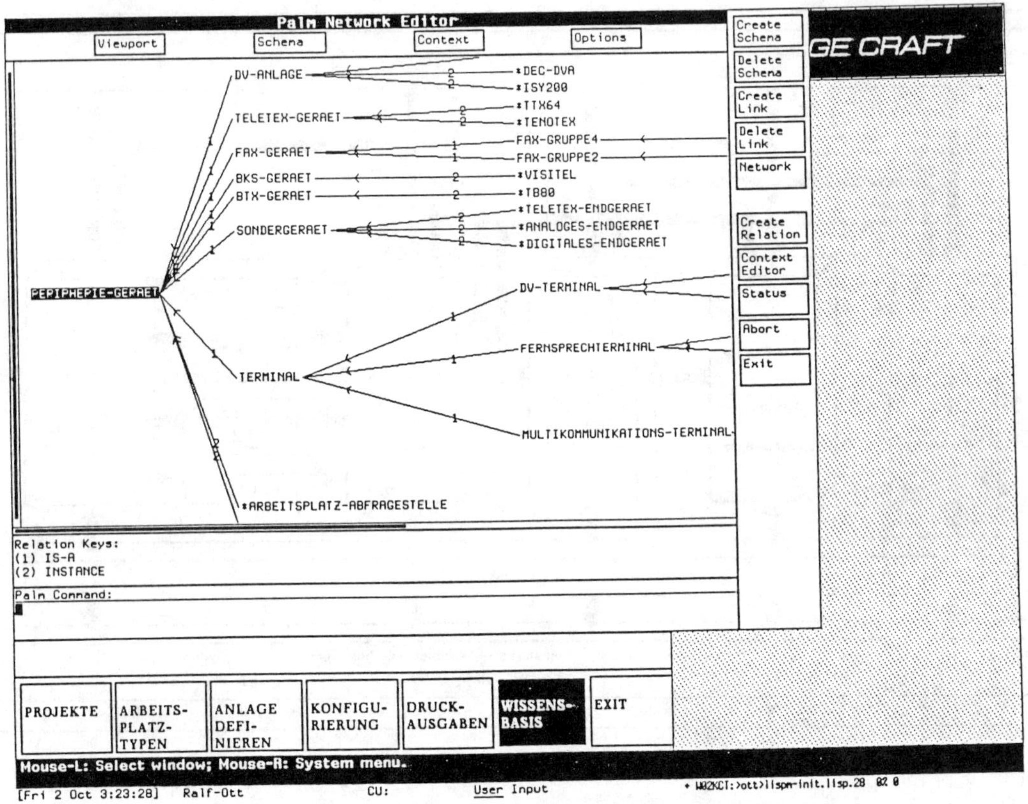

Abb. 6   Beispiel für ein Leiterplatten-Objekt und eine
         Regel

```
{{ TSA-LP
   INSTANCE: LEITERPLATTE
   HAT-ERSTEN-STECKPLATZ:
   HAT-KONFSCHRITT:
   HAT-AKTIONEN: BESETZT-INTEGRAL BENOETIGT-VON-ANALOGEM-ENDGERAET
   HAT-DISPLAY: G-TSA-LP
   BEZEICHNUNG: "LP TEILNEHMERSCHALTUNG ANALOG" "( 16-TEILIG )"
   TEXT: "TSA"
   KURZBEZEICHNUNG: "TSA"
   SACHNUMMER:
   PN-AUTO-NR:
   TEILIGKEIT:
   LSTGSAUFN-ANLAGE-NETZ-RUHE:
   LSTGSAUFN-ANLAGE-NETZ-BELEGUNG:
   LSTGSAUFN-ANLAGE-UMRICHTER-RUHE:
   LSTGSAUFN-ANLAGE-UMRICHTER-BELEGUNG:
   LSTGSAUFN-ANLAGE-LP-RUHE:
   LSTGSAUFN-ANLAGE-LP-BELEGUNG:
   STROMAUFNAHME-ANLAGE-RUHE:
   STROMAUFNAHME-ANLAGE-BELEGUNG:
   POOL: IN-TSA-POOL
   PLANUNGSHILFE:
   MENGE: MENGE-TSA-FCN
   HAT-NAECHSTES-OBJEKT-LGR1: PROM-TSA}}


{{ STECKE-TSA-LP-R2
   IS-A: HARDWARE-REGEL
   WENN: (:KB KONFIGURATIONS-MANAGER KONFIGURATIONS-ZUSTAND GROBKONFIGURATION)
         (:KB KONFIGURATIONS-MANAGER AKTUELLER-STECKPLATZ ?AKT-STECKPLATZ)
         (:KB ?AKT-STECKPLATZ BESETZT-MIT NIL)
         (:KB KONFIGURATIONS-MANAGER AKTUELLER-SCHRANK ?SCHRANK)
         (:KB ?SCHRANK HAT-TSA-LP ?LP)
         (:KB ?AKT-STECKPLATZ STECKPLATZ-IN-ZEILE ZEILE-1/2)
         (:KB ?AKT-STECKPLATZ HAT-UNTEREN-STECKPLATZ ?UNTER-STP)
         (BIND ?MITTLERER-WAERMEWERT (BERECHNE-WAERMEWERT ?UNTER-STP))
         (:KB ?LP LSTGSAUFN-ANLAGE-LP-BELEGUNG ?WATT)
         (:KB ?UNTER-STP HAT-UNTEREN-STECKPLATZ ?UNTERSTER-STP)
         (BIND ?UNTERER-WAERMEWERT (BERECHNE-WAERMEWERT ?UNTERSTER-STP))
         (:KB ?LP LSTGSAUFN-ANLAGE-LP-BELEGUNG ?WATT)
         (CALL (> 30 (+ ?MITTLERER-WAERMEWERT ?UNTERER-WAERMEWERT ?WATT)))
   DANN: (STECKE-LP-AUF-LP-STP ?LP ?AKT-STECKPLATZ)}}
```

Abb. 7 Konfiguration eines Systemschrankes

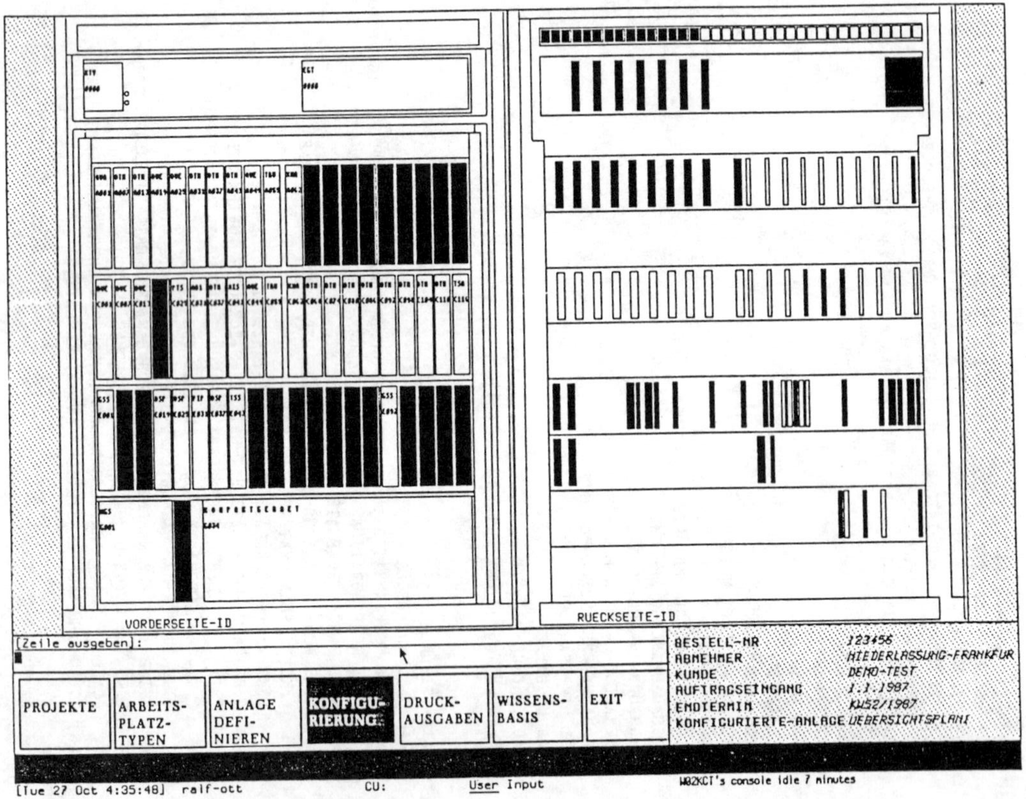

DIE SPEZIFIKATION EINES EXPERTENSYSTEMS FÜR FLEXIBLE
FERTIGUNGSLINIEN MIT GRAI

D. Bünz, A. Huber, Hamburg

Zusammenfassung: Dieser Beitrag beschreibt des Expertensystem FLEX, das zur Steuerung und Überwachung von flexiblen Fertigungslinien dient. Es wird erläutert, wie dieses Expertensystem mit Hilfe der GRAI-Methode spezifiziert wurde, so daß es als ein integraler Bestandteil des Produktionssteuerungs-Systems die Realisierung der Unternehmensziele unterstützt.

1. Einleitung

Produktionsbetriebe sind vom systemtheoretischen Standpunkt zweck- und zielorientierte Systeme, die Güter oder Dienstleistungen in andere Güter oder Dienstleistungen transformieren. Will man Expertensysteme als Decision Support Systeme oder auch als autonome Systeme in ein Produktionssteuerungssystem integrieren, so müssen diese die formulierten Unternehmensziele unterstützen. Aus dieser Forderung ergeben sich Konsequenzen für die Erstellung von Expertensystemen im Produktionsbereich [10].

1.1 Knowledge Engineering Phasenmodell.

Ganz im Gegensatz zum traditionellen Knowledge Engineering Ansatz, der davon ausgeht, daß das Wissen des Experten durch den Knowledge Engineer extrahiert und in das Expertensystem kopiert wird, schlagen wir ein an der GRAI-Methode [2,5] orientiertes Knowledge Engineering Phasenmodell vor. Nach diesem Phasenmodell wurde auch bei der Konzeption und Realisierung des Expertensystems FLEX vorgegangen. Es besteht aus den folgenden Schritten

   1. Analyse des Produktionssteuerungssystems
      (GRAI-Methode)

   2. Grobentwurf des Produktionssteuerungssystems (GRAI-

Methode), inklusive der Definition der Produktionsstrategie (Fließfertigung mit JIT-Fertigung von Unterbaugruppen)

3. Wissenserwerb über flexible Fertigungslinien (physikalischer Aufbau und unterste Steuerungsebene):
   - Interviews mit Experten in der Fabrik,
   - Simulation der FFL mit der objektorientierten Simulationumgebung SIMKIT.

4. Spezifikation des Expertensystems FLEX (GRAI-Methode, NBS-Modell):
   - Schnittstellen-Definition für vertikale und horizontale Kommunikation,
   - Definition der internen Strukturen und Abläufe.

5. Auswahl geeigneter KI-Methoden und Implementierung.

Die beschriebene Vorgehensweise stellt sicher, daß neben dem eigentlichen <u>Bereichswissen</u> (Wissen der Fertigungsfachleute) und dem durch Simulationsstudien abgeleiteten Wissen auch <u>methodisches Wissen</u> (GRAI-Methode, NBS-Modell) über die Struktur und Funktionsweise von Produktionssteuerungssystemen eingebracht wird. Letzteren Aspekt halten wir für sehr wichtig, denn nur so kann unserer Meinung nach erreicht werden, daß Expertensysteme als Bestandteil des Produktionssteuerungssystems die Erreichung der Unternehmensziele unterstützen und den Integrationsgedanken von CIM fördern.

1.2 Aufgabenstellung

Das Expertensystem FLEX dient der Steuerung und Überwachung von flexiblen Fertigungslinien und wurde für eine Endmontagelinie von elektronischen Geräten konzipiert.

Diese Endmontagelinie (Bild 1) besteht aus einem Fördersystem mit einer Basislinie und 11 Seitenlinien, an denen sich insgesamt 32 Arbeitsstationen befinden. Die Montagelinie erhält just-in-time von vorgelagerten Bearbeitungsprozessen WC1 und WC2 die Baugruppen JIT1 und JIT2. Diese Baugruppen werden zusammengefügt und getestet. Verpackt wird das fertige Endprodukt FP zum

Versandlager SS transportiert.

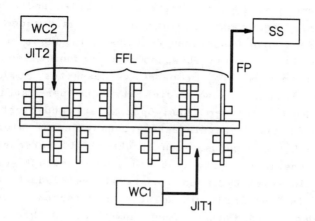

Bild 1: Layout und Materialfluß der Endmontagelinie FFL

Die Vorprozesse (WC1, WC2) und die Endmontagelinie (FLL) erhalten täglich Fertigungsaufträge mit einem Planungshorizont von einem Tag.

Die Aufgaben des Expertensystems FLEX sind:

1. Bildung einer <u>optimalen Auftragsfolge</u> für die Endmontagelinie FFL.

    1.1 <u>Koordination</u> der Auftragsfolge mit den <u>Vorprozessen</u> (WC1, WC2) und dem Versandlager (SS)

    1.2 <u>Koordination</u> der Auftragsfolge mit den <u>Funktionsbereichen</u> Wartung, Qualitätssicherung und Personaleinsatzplanung.

2. Erkennung von Engpässen

3. Vorhersage der Tagesproduktionsleistung

4. Vorhersage von Störungsauswirkungen

Im folgenden werden wir die Realisierung von Punkt 1. beenden. Über die Punkte 2.-4. wird in [4,7] berichtet.

2. Grobspezifikation

Vor dem Grobentwurf des Produktionsteuerungssystems wurde

zunächst eine GRAI-Analyse [3] durchgeführt. Ausgehend von den während der Analysephase erarbeiteten Zielen und Randbedingungen entwarf die sogenannte Panelgruppe, die aus Managern der wichtigen betrieblichen Funktionen Fertigung, Planung, Produktentwicklung, Marketing, Qualitätswesen und Personalwesen bestand, aus ihrer top-down Sicht ein neues verbessertes Produktionssteuerungssystem. Dabei wurden die Sitzungen der Panelgruppe durch den Knowledge Engineer (GRAI-Spezialist) moderiert. Mit seiner Hilfe wurde das Produktionssteuerungssystem in hierarchisch angeordnete Entscheidungszellen strukturiert, Entscheidungs- sowie Informationsflüsse festgelegt und anhand des GRAI-Grids dokumentiert. Bild 2 zeigt die unteren Level des Produktionssteuerungssystems als GRAI-Grid. Die Relationen zwischen Entscheidungszellen werden durch Entscheidungsrahmen (dicke Pfeile) und durch Requests (einfache Pfeile) beschrieben.

HORIZONT/PERIODE	FUNKTION	OPERATIONALES MANAGEMENT				RESSOURCEN MANAGEMENT		
		PRODUKTION			QUALITÄT	WARTUNG	MATERIAL	PERSONAL	BETR.-MITTEL
SHOP	6 WOCHEN								
	1 WOCHE								
	3 TAGE	GIB FERTIGUNGSAUFTRÄGE FREI			DETAILLIERTE PRÜFUNG UND ANALYSE VON STICHPROBEN	PLANUNG VON WARTUNGS- AUFTRÄGEN	RESERVIERE TEILE UND BAUGRUPPEN	ORDNE PERSONAL WORKCELLS ZU	RESERVIERE BETRIEBS- MITTEL
	1 TAG	Menge/Typ, Endtermin							
WORKCELL	1 TAG	BILDE AUFTRAGS- FOLGE FÜR WC1	BILDE AUFTRAGS- FOLGE FÜR WC2	BILDE AUFTRAGS- FOLGE FÜR FFL	MESSE UND PRÜFE QUALITÄT	DIAGNOSE, REPARATUR, SERVICE	MATERIAL- AUSGABE	PASSE PERSONAL ZUORDNUNG AN	RÜSTEN
	1 STUNDE								

Bild 2: Das Produktionssteuerungssystem als GRAI-Grid

Die Elemente dieser zweidimensionalen Matrix sind die Entscheidungszellen, die durch das Grid nach betrieblichen Funktionen (Planung, Beschaffung usw.) sowie Planungshorizont und Planungsfrequenz geordnet sind.

Entscheidungszellen erhalten durch den Entscheidungsrahmen einen Spielraum, den sie für die Erfüllung ihrer eigenen Aufgabe nutzen dürfen. Läßt sich die Aufgabe im vorgegebenen

Entscheidungsrahmen nicht erfüllen, so liegt es in der Verantwortung der hierarchisch übergeordneten Instanz, auf diese Störung zu reagieren und einen neuen Entscheidungsrahmen zur Verfügung zu stellen. Das bedeutet, daß Entscheidungszellen einen durch den Entscheidungsrahmen wohldefinierten Freiraum besitzen, den sie für eigene Optimierungen nutzen, aber nicht überschreiten dürfen.

Eine wesentliche Entwurfsaufgabe liegt nun neben der Definition der Entscheidungsrahmen darin, Planungsfrequenzen und Planungshorizonte so abzustimmen, daß Störungen, wie z.B. Auftragsänderungen, Maschinenstörungen oder Materialengpässe, möglichst durch die routinemäßig ablaufenden Prozeduren bewältigt werden können.

Das dargestellte Entscheidungssystem läßt die maximal mögliche Flexibilität gegenüber Planungsänderungen bzw. Störungen erwarten, da konkrete Festlegungen so spät wie möglich erfolgen.

Mit dem Grobentwurf wurde auch die Produktionsstrategie festgelegt. Da die Endmontagelinie FFL den Engpaß im Fertigungsablauf darstellt, werden durch sie die Baugruppen von den Vorprozessen "gepullt" und die fertigen Geräte in das Versandlager "gepusht". Die Endmontage legt also im Rahmen der für sie freigegebenen Aufträge und unter Berücksichtigung der Vorprozesse die Fertigungsauftragsfolge fest.

3. Feinspezifikation

Die Hauptaufgabe des Expertensystems FLEX ist die Festlegung der Auftragsfolge. Im GRAI-Grid (Bild 2) sind die wesentlichen Beziehungen der Entscheidungszelle "Bilde Auftragsfolge für FFL" beschrieben.

Der Planungshorizont $H = 1$ Tag entspricht dem Freigabehorizont der Entscheidungszelle "Gib Fertigungsaufträge frei". Die Planungfrequenz $P = 1$ Stunde ist so gesetzt, daß auf "normale" Störungen reagiert werden kann.

"Bilde Auftragsfolge für FFL" erhält freigegebene Fertigungsaufträge, die den Entscheidungsrahmen für Reihenfolgebildung darstellen. Die Aufträge sind durch Menge, Type, frühesten Starttermin und spätesten Endtermin gekennzeichnet. Durch Variation der Entscheidungvariablen (tatsächlicher Start-/bzw. Endtermin je Auftrag) werden die Auftragsfolgen gebildet. Dabei müssen die Auftragsfolgen einerseits mit den Vorprozessen, sowie andererseits mit den Funktionsbereichen Wartung, Qualitätswesen und Personaleinsatzplanung so abgestimmt werden, daß die benötigten Ressourcen bereitgestellt werden können. Diese Abstimmung erfolgt über die Requests r_i (Anforderungen). Die Requests sind teilweise geordnete Auftragsfolgen, die durch den Empfänger eingegrenzt werden können. Die Eingrenzung erfolgt dabei so, daß der Empfänger für ihn nicht akzeptable Auftragsfolgen zurückweist, bzw. noch bestehende Freiheitsgrade entfernt (Bild 4).

Entscheidungsrahmen df :
df = <AUFTRAG-1, AUFTRAG-2,...>
AUFTRAG-I = (q , t , es , lf)
q = Auftragsmenge,
t = Produkttyp
es = frühester Starttermin
lf = spätester Endtermin

Entscheidungsvariable dv :
Start – und Endtermin für jeden Auftrag

Entscheidungsziele do :
1. Minimiere reihenfolge-abhängige Kosten
   - Minimiere Rüstkosten
   - Minimiere Materialtransportkosten
2. Maximiere Termineinhaltung

Entscheidungsregeln dr :
1. Gruppiere Aufträge mit ähnlichen Produkten
2. Fertige kleine Aufträge zuerst
3. Nutze Engpass-Maschinen optimal

Bild 3.: GRAI-Begriffe am Beispiel der Endmontagelinie FFL.

Durch die gemeinsame Schnittmenge der akzeptierten Anforderungen wird die Menge der möglichen Auftragsfolgen definiert.

Aus dieser Menge wählt FLEX eine gute Auftragsfolge aus. Dabei ist das Auswahlkriterium (Entscheidungsziel) die Minimierung der von der Reihenfolge abhängigen Kosten und die Maximierung der Termintreue (Bild 3).

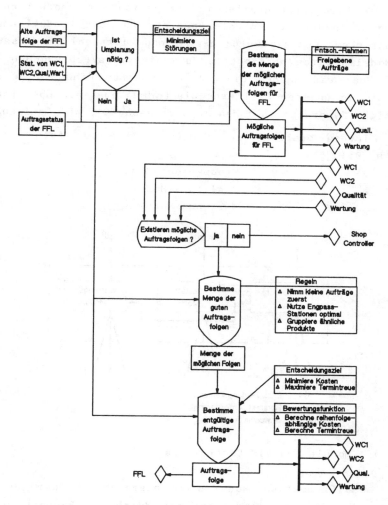

Bild 4: GRAI-Net zum Verhandlungsmechanismus

4. Architektur unseres CIM Controllers

Wir verwenden eine CIM Controller Architektur, die auf dem Referenzmodell für Produktionssteuerungssysteme des National

Bureau of Standards, USA (kurz NBS-Modell genannt) und dem GRAI-Modell aufbaut [6,11].

Sowohl die Realisierung von modernen, dezentral gesteuerten Produktionsstrategien (z.B. Push/Pull-Mechanismen), als auch die bereichübergreifende Integration von Produktionsfunktionen, erfordern dezentrale Konzepte für das Produktionssteuerungssystem. Deshalb wurde der streng hierarchische Ansatz des NBS-Modells durch horizontale Kommunikationsverbindungen erweitert. Über sie werden die schon erwähnten Requests r_i ausgetauscht. In unserem Fall kann die Endmontagelinie über Requests benötigte Baugruppen aus den Vorprozessen WC1, WC2 "pullen".

Intern bestehen ein CIM-Controller aus folgenden CIM-Moduln (Bild 5).

a   Produktions-Modul
b   Qualitäts-Modul
c   Wartungs-Modul

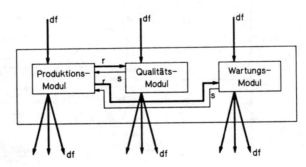

df :   Entscheidungsrahmen
r :   Request (Anforderung)
s :   Statusmeldung

Bild 5:   Module des CIM Controllers

Das Produktions-Modul steht hierarchisch über den beiden anderen Moduln. Es koordiniert sie durch die Requests r_i. Die CIM-Moduln erhalten zunächst alle ihre bereichspezifischen Entscheidungsrahmen und wählen dann unter Berücksichtigung der an sie gestellten Requests eine bereichsoptimale Steuerungsaktion aus.

Alle CIM-Moduln haben einen identischen internen Aufbau. Sie bestehen aus einem Aktionplanungs-Modul (Planungs-Expertensystem + konventionelles Planungsmodul), einem Weltmodell (Produktmodell, Prozeßmodell und Ressourcenmodell, statisch und dynamisch) und einem Modellierungsmodul (Interpretations-Expertensystem, Diagnose-Expertensystem mit Echtzeitdatenbank).

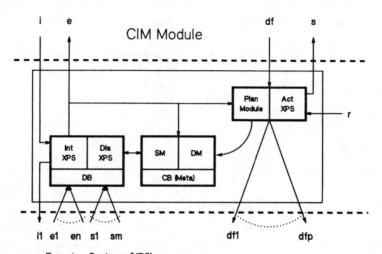

Experten Systeme (XPS):
Int   Interpretations-XPS
Dia   Diagnose-XPS
Act   Aktionsplanungs-XPS

Daten- und Wissensbasen:
DB   Echtzeit-Datenbank
SM   Statisches Weltmodel: Produkt, Ressourcen, Processe
DM   Dynamisches Weltmodel: Simulationsmodel
CB   Kontrol-Wissensbasis (Meta Knowledge)

Informations- and Entscheidungsfluss:
df   Entscheidungsrahmen von übergeordnetem Level
df1-dfp   Entscheidungsrahmen für untergeordneten Level
r   Request vom gleichen Level
s   Statusmeldung an den übergeordneten Level
s1-sm   Statusmeldung vom untergeordneten Level
e   Interpretierter Status der Ressourcen
e1-en   Status der Ressourcen
I   Globale Information vom übergeordneten Level

Bild 6:   Interne Struktur eines CIM-Moduls

Requests zwischen CIM-Controllern dürfen nur zwischen den

jeweiligen Produktionsmoduln ausgetauscht werden. Dabei übernimmt der sendende Controller die Masterfunktion und der empfangende Controller die Slavefunktion.

5. Realisierung

Zur Realisierung des Planungsteils von FLEX benutzen wir die KI Entwicklungsumgebung KEE und Common lisp [8]. Fertigungsaufträge werden als KEE Objekte (Bild 7) repräsentiert.

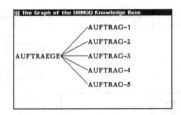

Bild 7: Fertigungsaufträge als KEE-Objekte

Temporale Abhängigkeiten werden durch die auf Allen [1] zurückgehende temporale Intervallogik beschrieben. Diese Logik verwendet 13 Zeitprimitiven oder Relationen, die alle möglichen zeitlichen Beziehungen zwischen Zeitintervallen auszudrücken vermögen. Diese Zeitprimitiven sind für zwei Zeitintervalle X und Y in Tabelle 1 graphisch dargestellt:

```
Tab. 1     Zeitprimitiven der temporalen Logik
Relation        Bildlich
                                    YYYYYYYYYYYY
before          xxxxxxxx
meets           xxxxxxxxxxxxxxxx
overlaps        xxxxxxxxxxxxxxxxxxxx
equals                              xxxxxxxxxxxx
starts                              xxxxxxx
during                              xxxxxx
finishes                            xxxxxxxxx
```

Zu diesen Zeitprimitiven existieren die dazugehörigen inversen Primitiven (before -> after, meets -> met-by, usw.), d.h. wir haben insgesamt dreizehn Zeitprimitiven.

Zeitintervalle sind durch diese Relationen miteinander verbunden. Die Primitiven sind gegenseitig disjunkt, d.h. in einer konsistenten Lösung besteht zu jedem Zeitpunkt nur eine Relation zwischen jeweils zwei Zeitintervallen.

Beispiel:
X (before, after) Y
bedeutet, daß entweder X vor Y stattfinden muß, oder daß X nach Y stattfinden muß (exklusives Oder). Überlappungen sind nicht erlaubt. Das kleine Beispiel modelliert, daß zwei konkurrierende Prozesse zu keinem Zeitpunkt eine Ressource gleichzeitig belegen dürfen.

Die Vorteile dieser Art der Beschreibung sind:

1. Temporale Beziehungen können explizit formuliert werden.

2. Die Verwendung genauer Zeitangaben ist im ersten Schritt nicht notwendig, d.h. man muß sich bei der Planung nicht frühzeitig quantitativ festlegen: eine qualitative Aussage ist ausreichend. Die verbleibenden Freiräume werden zu gegebener Zeit für die Feinplanung verwendet.

Temporale Inferenz bedeutet, daß die Relationen von allen Intervallen propagiert werden, bis alle Zeitbeziehungen eindeutig werden, d.h. nur noch jeweils eine Relation zwischen zwei beliebigen Intervallen besteht.

Bis hierher haben wir lediglich qualitative Beziehungen zwischen Zeitintervallen beschrieben. Um die letztendlich gültige Reihenfolge der Produktionsaufträge bestimmen zu können, kommt noch ein weiterer Schritt hinzu: die Quantifizierung der qualititativen Beziehungen [9,12,13,14].

Zur Berechnung dieser quantitativen Daten werden im Planungsteil sogenannte 'Windows' verwendet. Ein Window eines Auftrags ist festgelegt durch die sechs Parameter (frühester-Start, spätester-Start, frühestes-Ende, spätestes-Ende, minimale-Dauer, maximale-Dauer}. Dieses Window beschreibt alle möglichen Lagen des zugrunde liegenden Auftrags auf der Zeitachse.

Beispiel:

Aus der Information AUFTRAG-1 (before) AUFTRAG-2 kann man schließen:

1. AUFTRAG-2 kann (frühestens) nach dem frühesten-Ende von AUFTRAG-1 gestartet werden, d.h.
frühestes-Ende(AUFTRAG-1) = frühester-Start(AUFTRAG-2)

2. AUFTRAG-2 kann (sicher) nach dem spätesten-Ende von AUFTRAG-1 gestartet werden, d.h.
spätestes-Ende(AUFTRAG-1) = spätester-Start(AUFTRAG-2)

Durch den vorher beschriebenen Einschränkungsprozeß wird die endgültige Lage jedes Windows immer weiter eingeschränkt, bis es schließlich festgelegt ist und die endgültige Auftragsreihenfolge festliegt.

Ausführliches Beispiel:

Für den heutigen Tag werden fünf Fertigungsaufträge (AUFTRAG-1 bis AUFTRAG-5) freigegeben. Bild 8 zeigt die interne Struktur eines solchen Auftrags mit den Variablen {Menge, Produkttyp, Endtermin}. Zu diesem frühen Zeitpunkt gibt es noch keine Reihenfolge der Aufträge, d.h. noch können sie in beliebiger Reihenfolge gestartet werden.

Sachverhalt mit Begriffen der Intervallogik:

AUFTRAG(i) (before, after) AUFTRAG(k)   i,k 1...5, i ungleich k

Unter fünf Aufträgen gibt es 5! = 120 mögliche Auftragsfolgen. Bild 9 zeigt unsere Vorgehensweise, aus diesen 120 Auftragsfolgen eine gute Folge zu finden.

```
||| (Output) The AUFTRAG-1 Unit in ORMOD Knowledge Base
Unit: AUFTRAG-1 in knowledge base ORMOD
Created by huber on 4-19-88 18:39:25
   Superclasses: AUFTRAEGE
   Member Of: CLASSES in GENERICUNITS

Member slot: EARLIEST.START from AUFTRAEGE
   Inheritance: OVERRIDE.VALUES
   ValueClass: INTEGER
   Comment: This is the final end date supplied by COPICS
   Values: 0

Member slot: LATEST.FINISH from AUFTRAG-1
   Inheritance: OVERRIDE.VALUES
   ValueClass: INTEGER
   Comment: This is the final end date supplied by COPICS
   Values: 8162

Member slot: PLANNED.END from AUFTRAEGE
   Inheritance: OVERRIDE.VALUES
   ValueClass: INTEGER
   Comment: This is the result of a scheduling run of FLEX.
   Values: 0

Member slot: PRIORITY from AUFTRAG-1
   Inheritance: OVERRIDE.VALUES
   ValueClass: (ONE.OF HIGH LOW)
   Comment: The current priority of the order
   Values: LOW

Member slot: QUANTITY from AUFTRAG-1
   Inheritance: OVERRIDE.VALUES
   ValueClass: INTEGER
   Values: 400

Member slot: STATE from AUFTRAG-1
   Inheritance: OVERRIDE.VALUES
   ValueClass: (ONE.OF RELEASED PENDING IN.WORK LATE FINISHED)
   Values: RELEASED

Member slot: TYPE from AUFTRAG-1
   Inheritance: OVERRIDE.VALUES
   Values: TYPE-CLUSTERAB
```

Bild 8: Interne Struktur eines Fertigungsauftrages

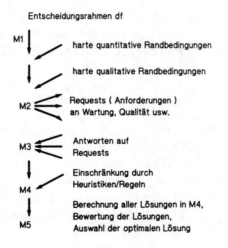

Bild 9: Vorgehensweise zur Bestimmung einer guten Auftragsfolge

Harte Randbedingungen schränken die theoretisch möglichen 120 Reihenfolgen ein. Im Beispiel sollen gelten:

1. AUFTRAG-3 nicht kann nicht zuerst gestartet werden, da eine bestimme Ressource (z.B. Maschine) nicht verfügbar ist. Dies ist ein Beispiel für eine <u>qualitative</u> Einschränkung.

2. AUFTRAG-4 kann nicht nach 14.00 Uhr gestartet werden, da Personal nur in der 1. Schicht verfügbar ist. Dies ist ein Beispiel für eine <u>quantitative</u> Aussage.

Durch die Berücksichtigung der harten Randbedingungen erhalten wir die Menge M2 von möglichen Reihenfolgen. Im Beispiel erhalten wir 4 * 4! = 96 mögliche Reihenfolgen als obere Grenze, da die quantitative Aussage zu AUFTRAG-4 ohne Kenntnis der Zeiten der übrigen Aufträge noch nicht einschränkend wirken kann.

Durch Requests zu den Vorprozessen der Endmontagelinie bzw. den Funktionsbereichen (Bilder 4 und 9) werden nun einzelne oder ganze Teilfolgen von Aufträgen zurückgewiesen. Dazu wird das die Menge M2 repräsentierende temporale Netz <u>parallel</u> den Vorprozessen/Funktionsbereichen zur Verfügung gestellt.

Im Beispiel soll der Funktionsbereich Wartung melden, daß eine wichtige Maschine für AUFTRAG-4 um 12.00 Uhr für 2h gewartet werden sollte (quantitative Einschränkung).

-> AUFTRAG-4 darf nicht produziert werden in dem Zeitintervall [12..22] Uhr.

Die Wartung findet diese Einschränkung, indem sie das Prozeßmodell (Bild 6) benutzt, um aus den Aufträgen die benutzten Ressourcen ableiten zu können. Durch die Wartung wird also ein Update des temporalen Netzes durchgeführt. In gleicher Weise arbeiten die übrigen Funktionsbereiche. Die Menge der Updates wird geschnitten und bildet die (allen gemeinsame) Menge M3. M3 beschreibt die Menge der möglichen Auftragsfolgen, die für die Vorprozesse UND die Funktionsbereiche durchführbar (feasible) sind.

Durch Anwendung von Heuristiken, die wir durch umfangreiche Simulationsstudien gewonnen haben [7], können wir M3 weiter einschränken. Eine FFL Heuristik lautet:

Fertige die Aufträge zuerst, für die wenig Kapazität oder störunsanfällige Ressourcen zur Verfügung stehen (Engpaß-Sichtweise) (Bild 3). Nach dieser letzten Einschränkung sind die bis zuletzt übriggebliebenen Reihenfolgen in der Menge M4.

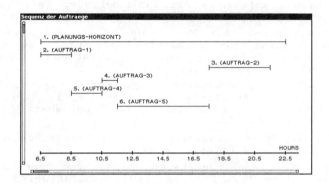

Bild 10: Lösung: eine mögliche Auftragsfolge aus M4

Bild 10 zeigt eine Lösung aus M4, die nach einem Planungslauf von FLEX gefunden wurde.

Alternativ dazu stehen sämtliche anderen Lösungen, die noch im M4 sind, parallel zur Verfügung; es ist in diesem Fall kein erneuter Planungslauf notwendig.

6. Literaturverzeichnis

[1] Allen, J.: Towards a general theory of action and time, in: Artificial Intelligence, 23 (1984), 123-154

[2] Bünz, D.: Knowledge engineering for intelligent production management systems, in: Proceedings International Conference CAD/CAM/CIM and Robotics, Bordeaux, March 1988

[3] Bünz, D.: Zur Analyse und zum Entwurf von Produktionsmanagement Systemen - Die GRAI Methode, Teil 1, in: CIM Management 4 (1987), 43-47

[4] Bünz, D.; Huber, A.; The design of knowledge-based supervision systems for production with GRAI, to appear in: Proceedings of Factory 2000 - Integrating Information and Material Flow, Cambridge, England, 1988

[5] Doumeingts, G.: Guiding techniques for manufacturing systems, in: Artificial Intelligence in Manufacturing, T. Bernold (ed), Elsevier Science Publishers (North Holland) 1987, 287-302

[6] Huber, A.; Wissensbasierte Echtzeit-Steuerung in CIM, in: CIM Management 2 (1986), 94-97

[7] Huber, A.: Knowledge-based production control for a flexible flow line in a car radio manufacturing plant, in: Proceedings 6th International Conference Flexible Manufacturing Systems, Turin, November 1987, 3-20

[8] Huber, A.; FLEX: An expert system for the production control of a flexible flow line, in: Proceedings 12th IMACS World Congreß Special Section Second Generation Expert Systems, Paris, France 1988

[9] Huber, A., Becker, S.: Production planning using a temporal planning component, in: Proceedings European Conference on Artificial component Intelligence, Munich 1988, FRG

[10] Krallmann, H.; Expertensysteme in der Produktionsplanung und -steuerung, in: CIM Management (3) 4/87, 60-69

[11] Meyer, W.; Isenberg, R.; Hübner, M.: The CIM Shell, International Journal of Computer Integrated Manufacturing, 1 (1988), 31-43

[12] Ritt, J.: Propagating temporal constraints for scheduling, in: Proceedings 5th AAAI, Philadelphia 1986, 383-388

[13] Tsang, Ed.: Time structures for AI, in: Proceedings 10th IJCAI, Milan, August 1987, 456-461

[14] Vere, St.: Temporal scope of assertions and window cutoff, in: Proceedings 9th IJCAI 1985, 1055-1059

D. Bünz, A. Huber
Philips GmbH Forschungslaboratorium Hamburg
Vogt-Kölln-Str. 30,

D-2000 Hamburg 54

Wissensbasierte Feinplanung in PPS-Systemen

J. Sauer, H.-J. Appelrath
Universität Oldenburg, Fachbereich Informatik

Zusammenfassung

In einem von vier Teilprojekten des EUREKA-Projekts PROTOS (Prolog Tools for Building Expert Systems) wird u.a. anhand einer konkreten Anwendung aus der chemischen Industrie der Einsatz von Prolog zur Lösung von Produktionsplanungsproblemen evaluiert.
Bisherige Ansätze, vor allem auf konventionellen OR-Methoden basierende Lösungen der Feinplanungsproblematik, haben einerseits Schwierigkeiten bei praxisrelevanten Mengengerüsten, da die resultierende kombinatorische Größe des Problembereichs zu exponentiell wachsender Laufzeitkomplexität der Algorithmen führt.
Andererseits führt die mangelnde Flexibilität eines in einer imperativen Programmiersprache einmal "fest" implementierten Verfahrens zu Problemen. Aktuelle, aufgabenspezifische Randbedingungen wie das Wissen eines Produktionsleiters über sinnvolle Reihenfolgen einzuplanender Produktoperationen, aber auch kurzfristig veränderte Problemparameter wie der Ausfall von Ressourcen, lassen sich in bestehende Programme kaum einarbeiten.
Der Ansatz eines wissensbasierten Feinplanungs-Systems versucht diesen Nachteilen durch Differenzierung zweier algorithmischer Ebenen zu begegnen :
- ein in Prolog geschriebener Basis-Algorithmus erstellt eine Feinplanung nach einem Standard-Verfahren;
- auf diesen Basis-Algorithmus wird ein intelligenter Steuerungs-Algorithmus zur Kontrolle des Basis-Algorithmus aufgesetzt, wodurch eine größere Effizienz erreicht werden kann und die Verwendung unterschiedlicher Heuristiken erlaubt wird.

Die Arbeit präzisiert durch eine Modellierung die betrachtete Problemklasse und beschreibt einige der in PROTOS diskutierten Konzepte und Werkzeuge zu ihrer Lösung.

1. Produktionsplanung und -steuerung in der chemischen Industrie

Der konkrete Anwendungsfall im EUREKA-Projekt PROTOS /APPEL/ befaßt sich mit einem Teilbereich der Produktionsplanung und -steuerung (PPS) (/BUSCH/, /SCHEER/), nämlich der Feinplanung (auch als Ablaufplanung oder Terminierung bezeichnet) bei einem industriellen Partner der Großchemie. Die Grobplanung wird dort mit Hilfe von MRPII-Programmen bereits auf einem Großrechner durchgeführt. Ergebnis ist dabei der Grobplan, eine Liste mit Produktionswünschen für einen Zeitraum von bis zu zwei Jahren, der i.a. Informationen über Auftragsnummer, Produkt, Menge, gewünschten Fertigstellungstermin und Priorität des Auftrags (Beispiel in Abb. 1) enthält.

Auftrag	Produkt	Menge	Fertigstellung	Priorität
1088	P1	100ME	3/88	1
2088	P2	300ME	8/88	3
3088	P3	500ME	5/88	2
4088	P1	300ME	9/88	3

Abbildung 1 : Beispiel eines Grobplans

Die Feinplanung gehört zum Aufgabenbereich eines Produktionsleiters in einem chemischen Betrieb. Im wesentlichen hat er zwei Aufgaben zu erfüllen :
1. Erstellung (in der Regel für ein Jahr) eines "guten" Plans zur Produktion aller gewünschten Produkte mit Woche als Planungsintervall (auf Basis des Grobplans).
2. Plankorrektur (fast täglich) hervorgerufen durch unvorhergesehene Ereignisse oder Situationen wie z.B. Ressourcenausfall (Apparate, Personal, Rohstoffe) oder Eilaufträge mit höherer Priorität.

Zur Lösung dieser Aufgaben stehen dem Produktionsleiter u.a. folgende drei Informationsklassen zur Verfügung :
a) Fertigungsvorschriften
   Fertigungsvorschriften liegen in graphischer (Flow Charts, wie etwa in Abb. 2 dargestellt) oder in tabellarischer Form vor und enthalten i.a. Angaben über
   - Produktname,
   - Rohstoffe,
   - Zwischenprodukte,
   - bei der Herstellung benutzte Apparate und Alternativapparate,
   - benötigte Mengen von Rohstoffen und Teilprodukten,
   - auszuführende Tätigkeiten und
   - Dauer von Tätigkeiten.

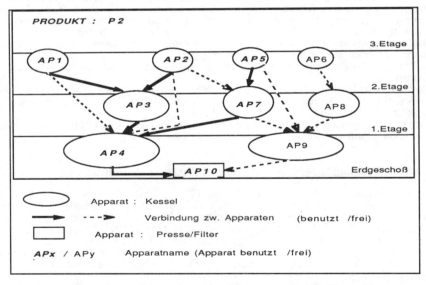

Abbildung 2 : Darstellung einer Fertigungsvorschrift (Flow Chart)

Abb. 2 zeigt, daß für ein Produkt P2 aktuell die Apparate AP1, AP2, AP3, AP4, AP5, AP7 und AP10 benötigt werden (kursiv dargestellt), die Apparate AP6, AP8 und AP9 werden nicht benutzt. Die nötigen Verbindungen zwischen den benutzten Apparaten sind als durchgezogene Pfeile, die nicht benötigten als gestrichelte Pfeile dargestellt. Zusätzlich werden in die Graphik i.a. Angaben über Zwischenprodukte, Rohstoffe, benötigte Mengen, Tätigkeiten und Dauer von Tätigkeiten eingetragen, die aber in Abb. 2 der Übersichtlichkeit wegen weggelassen wurden.

b) Produktinformationen
Sie umfassen i.a. Angaben über Zusammensetzung des Produkts, mit einer Operation oder einem Los herstellbare Menge und Produktionskosten.

c) Ressourcenübersichten
Für die verwendeten Ressourcen stehen detailierte Informationen zur Verfügung, z.B. für
- Apparate (Verfügbarkeite, Größe, Art,...),
- Rohstoffe, Teilprodukte (verfügbare Mengen,...),
- Personal (Anwesenheit, geplante Abwesenheiten,...).

Neben diesen Informationen nutzt der Produktionsleiter vor allem seine persönlichen Erfahrungen bezüglich Planerstellung, Produktionsreihenfolgen, Abhängigkeiten von Operationen, sonstige Nebenbedingungen und "Krisenmanagement" in ähnlichen Situationen.

Nebenbedingungen, die bei der Planung berücksichtigt werden müssen, sind unter anderem :
- Verfügbarkeit von Apparaten, Rohstoffen, Personal,
- Reinigungsvorschriften,
- Lagerfähigkeit von Zwischenprodukten,
- Kostengesichtspunkte.

In einem ersten, für PROTOS definierten Beispielbetrieb ist bei der Feinplanung folgendes Mengengerüst zu berücksichtigen :
- 62 Apparate (in 8 Apparategruppen (räumlich) zusammengefaßt),
- 39 verschiedene Produkte mit jeweils mehr als 10 Teiloperationen (Fertigungsstufen).

Ergebnis des ersten Teils der Planungstätigkeiten ist ein Fertigungsablaufplan, der wie in Abb. 3 dargestellt aussehen könnte:

Apparat	Produkt	Produktions-Woche						
		42	43	44	45	46	47	48
Ap-A1	P1							
	P2							
Ap-A2	P1							
	P3							
Ap-A3	P3							
	P4							

Abbildung 3 : Tabellarische Darstellung eines Fertigungsablaufplans

Dabei bedeutet ein Balken von Spalte j bis j+n in der durch Ap-Ai und Pk bestimmten Zeile, daß der Apparat Ai in den Wochen j bis j+n durch Produkt Pk belegt ist. Oft werden noch zusätzliche Angaben eingetragen, z.B. welche Mengen im Belegungszeitraum hergestellt werden sollen oder die Reinigungszeit. Um den Fertigungsablauf nach Tagen aufzeigen zu können, muß der Fertigungsablaufplan noch verfeinert werden. Wegen des großen Aufwands begnügt man sich aber meist mit dem auf Wochen bezogenen Fertigungsablaufplan.
Die Darstellung solcher Fertigungsablaufpläne erfolgt häufig auf Magnettafeln oder in tabellarischer Form auf Papier gezeichnet.

Die Korrektur dieses Plans aufgrund von Ereignissen wie defekte Apparate, fehlendes Personal oder Rohstoffe, geänderte Produktionsmengen oder Termine, Eilaufträge, führt zu einer Anpassung des Fertigungsablaufplans an die geänderten Gegebenheiten. Bei einer Plankorrektur werden alle oben genannten Informationen benötigt, entscheidend ist aber in diesem Bereich meist die Erfahrung und das Wissen des Produktionsleiters, um auf die Ereignisse "richtig" zu reagieren.

Fragestellungen, die in diesem Zusammenhang auftreten können, sind z.B.:
- Welche Ausweichmöglichkeiten bestehen beim Ausfall eines Apparates?
- Kann ein anderer Auftrag vorgezogen werden?
- Ist das benötigte Personal vorhanden?
- Ist ein Zwischenprodukt lagerfähig oder muß sofort weitergearbeitet werden?
- Wie weit kann man den Produktionsbeginn für einen Auftrag hinauszögern?
- Kann man einen Auftrag "dazwischenschieben", ohne die bestehende Planung zu verändern?

Bisher realisierte kommerzielle Systeme im Bereich Feinplanung verfolgen im wesentlichen zwei Ansätze :
- Feinplanung auf Host-Rechner mit Optimierungsalgorithmen (z.B. Branch and Bound) zur Ermittlung einer möglichen, 'optimalen' Reihenfolge,
- Feinplanung auf (evtl. vernetztem) Arbeitsplatzrechner bis zur Anzeige von Engpaßstellen (keine Angabe von Lösungsvorschlägen bei Überlappungen, Engpässen, sondern nur Informationsbereitstellung z.B. über Ressourcen zur Unterstützung des Entscheidungsträgers).

Beide Ansätze können als nicht befriedigend angesehen werden, da die gewünschte Flexibilität in der Reaktion auf bestimmte Ereignisse und Situationen nicht gegeben ist. Beim ersten Ansatz wird das sehr rechenaufwendige Planungsergebnis durch die erste unvorhergesehene Situation ungültig (i.a. werden solche Planungen einmal pro Woche durchgeführt), beim zweiten Ansatz werden zwar kritische Stellen ermittelt und die wichtigen Informationen (wie z.B. Engpaßursache, freie Apparate) angezeigt, die Bewertung der Situation und die Lösung bleibt aber dem Benutzer und dessen Erfahrung überlassen, was oft zu Schwierigkeiten führt, wenn der benötigte Entscheidungsträger nicht verfügbar ist.

Allerdings muß man diese Bewertung insofern relativieren, als die meisten Systeme nicht für Planungsprobleme der chemischen Industrie konzipiert sind.

Eine Maßnahme zur Steigerung der Flexibilität und gleichzeitig ein Ziel des in PROTOS projektierten Systems ist die Bereitstellung und Verwendung des Erfahrungswissens eines Produktionsleiters bei der Planung und Lösung typischer Situationen.

2. Modellierung des PROTOS-Produktionsplanungsproblems

Für die konkrete Modellierung des Problembereichs Feinplanung in der Produktionsplanung und -steuerung wird die aus einem weiteren PROTOS-Teilprojekt angebotene Sprache PKM (Prolog Knowledge Model) /ESTER/ verwendet. In 2.1 werden einige Objektklassen mit den zugehörigen Attributen der einzelnen Objekte, in 2.2 eine Auswahl der auf den Objekten erlaubten Operationen und in 2.3 Beispiele für differenzierte Retrieval-, Inferenz-, Konsistenz- und Kontroll-Regeln beschrieben.

2.1 Objekte mit Attributen

Klassen werden durch einen Namen, eine Menge von Attributen (ATTRIBUTES) mit deren Wertebereichen und eine Identifikation beschrieben. Atomare Datentypen werden durch Großbuchstaben dargestellt (Bsp.: CARDINAL, STRING). REQUIRED steht für einen verlangten, UNIQUE für einen eindeutigen Wert und MULTI-VALUED für einen nicht atomaren, d.h. mehrwertigen Bereich (z.B. eine Liste). Im IDENTIFICATION-Teil werden die zur eindeutigen Ermittlung von Instanzen der Klasse notwendigen Attribute beschrieben. Nachfolgend werden als Beispiele die Klassen 'grobplan', 'produkt', 'fertigungsvorschrift', 'fertigungsauftrag' und 'ueberlappung' näher beschrieben.

/* die Klasse *grobplan* enthält die Grobplan-Informationen Auftragsnummer, Produktname, gewünschten Fertigstellungstermin, gewünschte Fertigungsmenge und Priorität des Auftrags */
```
CLASS  grobplan
       ATTRIBUTES
              auftragsnummer       : CARDINAL         UNIQUE, REQUIRED
              produktname          : Produktn         REQUIRED
              fertigstellung       : JahrMonat        REQUIRED
              fertigungsmenge      : CARDINAL         REQUIRED
              auftragsprioritaet   : CARDINAL         REQUIRED
       IDENTIFICATION
              auftragsnummer.
```

/* die Klasse *produkt* enthält Informationen über die Produkte, für jedes Produkt Produktname, Produktionsmenge pro Los, Produktionsmenge pro Operation, Priorität des Produkts und Anzahl der Fertigungsstufen */
```
CLASS  produkt
       ATTRIBUTES
              produktname          : Produktn         UNIQUE, REQUIRED
              menge_pro_Los        : CARDINAL         REQUIRED
              menge_pro_Op         : CARDINAL         REQUIRED
              produktprioritaet    : CARDINAL         REQUIRED
              fertigungsstufen     : CARDINAL         REQUIRED
       IDENTIFICATION
              produktname.
```

/* die Klasse *fertigungsvorschrift* enthält die Vorschriften zur Produktion eines Produkts, für jede Produktionsstufe Produktname, zu benutzender Hauptapparat, mögliche Alternativapparate, benötigte Teilprodukte und Rohstoffe, Nummer der Stufe, Dauer der Bearbeitung, auszuführende Tätigkeiten und das benötigte Personal */
```
CLASS  fertigungsvorschrift
       ATTRIBUTES
              produktname          : Produktn         REQUIRED
              apparatname          : Apparatn         REQUIRED
              alternativapparate   : Apparatn         MULTI-VALUED
              material             : ProdMat          MULTI-VALUED
              fertigungsstufe      : CARDINAL         REQUIRED
              fertigungsdauer      : Tage             REQUIRED
              taetigkeiten         : STRING
              personal             : CARDINAL
       IDENTIFICATION
              produktname, fertigungsstufe.
```

/* die Klasse *fertigungsauftrag* enthält zu jeder Stufe in der Produktion eines Auftrags Angaben über Auftragsnummer, Nummer der Stufe, Produktname, vorgesehener Apparat, vorgesehener Startpunkt, vorgesehener Endpunkt und die Anzahl auszuführender Operationen */
```
CLASS  fertigungsauftrag
       ATTRIBUTES
              auftragsnummer       : CARDINAL         REQUIRED
              fertigungsstufe      : CARDINAL         REQUIRED
              produktname          : Produktn         REQUIRED
              apparatname          : Apparatn         REQUIRED
              startpunkt           : JahrTag          REQUIRED
              endpunkt             : JahrTag          REQUIRED
              menge                : CARDINAL         REQUIRED
       IDENTIFICATION
              auftragsnummer, fertigungsstufe.
```

/* die Objektklasse *ueberlappung* enthält Informationen über einen überlappenden Auftrag */
```
CLASS  ueberlappung
```

```
ATTRIBUTES
    auftragsnummer      : CARDINAL      REQUIRED
    fertigungsstufe     : CARDINAL      REQUIRED
    produktname         : Produktn      REQUIRED
    apparatname         : Apparatn      REQUIRED
    startpunkt          : JahrTag       REQUIRED
    endpunkt            : JahrTag       REQUIRED
IDENTIFICATION
    auftragsnummer, fertigungsstufe.
```

Weitere, hier nicht mehr ausführlich dargestellte Objektklassen sind z. B. :

fertigungsplan : enthält alle erfolgreich eingeplanten Objekte (Einzelaufträge) der Klasse 'fertigungsauftrag';

produktbeschreibung : enthält Informationen über die Zusammensetzung eines Produkts aus Teilprodukten und Rohstoffen mit der jeweiligen Gesamtmenge des Produkts;

lagerliste : enthält Informationen über den aktuellen Bestand an Rohstoffen, Halb- und Fertigprodukten, jeweils Produktname und aktuell verfügbare Menge;

betriebsmittelliste : enthält Informationen über den aktuellen Zustand der Betriebsmittel (Apparate); zu jedem Apparat Apparatname, Größe, Art, generelle Verfügbarkeit und geplante Ausfallzeiten wegen Reparatur oder ähnlichem.

Daneben existieren Klassen, die Wertebereiche definieren (eine Instanz dieser Klasse entspricht dem Wertebereichseintrag in der korrespondierenden übergeordneten Klasse), z.B.:

```
CLASS   Produktn        /* Produkte, Zwischenprodukte, Rohstoffe */
        ATTRIBUTES
            Produktname         : (p1,...,pn, zp1,...,zpk, r1,...,rl).
```

2.2 Operationen

Hier werden einige INSERT-, DELETE- und MODIFY-Operationen beschrieben. Großbuchstaben bezeichnen Variable, die jeweils vor einem Aufruf der entsprechenden Operation instantiiert werden müssen.

```
/* Lösche alle Einträge im Fertigungsplan zu Auftragsnummer N */
    DELETE  fertigungsplan
                auftragsnummer  : N.

/* Lösche genau einen Eintrag im Fertigungsplan */
    DELETE  fertigungsplan
                auftragsnummer  : N.
                fertigungsstufe : F.

/* Ändere einen Eintrag im Grobplan */
    MODIFY  grobplan
                auftragsnummer  : ANr
                produktname     : Px
                fertigstellung  : Fertigneu
                fertigungsmenge : M
                prioritaet      : P.

/* Füge einen neuen Fertigungsauftrag ein */
    INSERT  fertigungsauftrag
                auftragsnummer  : Anr
                fertigungsstufe : M
                produktname     : Px
```

apparatname : An
startpunkt : StartTag
endpunkt : EndTag.

2.3 Regeln

Neben den verfügbaren Operationen auf Objekten haben im betrachteten Diskursbereich Regeln eine zentrale Bedeutung zur Darstellung des Planungswissens eines Produktionsleiters. Auch das heuristische Wissen kann in den Regeln untergebracht werden. Dazu dienen hauptsächlich die Inferenz- und die Kontroll-Regeln (z.B. enthalten Inferenz-Regeln Wissen über Erzeugung geänderter Aufträge im Falle von Überlappungen und die Kontroll-Regeln Wissen über die 'richtige' Anwendung dieser Inferenz-Regeln). Allgemein lassen sich vier verschiedene Formen von Regeln unterscheiden. Dabei ist die Klassifikation selbst und die Zuordnung von Regeln zu einer Klasse diskussionswürdig.

- Retrieval-Regeln
  dienen zur Bereitstellung von bereits vorhandenem Wissen auf Fragen bestimmter Abfragetypen.
- Inferenz-Regeln
  dienen zur Ableitung von neuen Fakten aus dem bereits vorhandenen Wissen und stellen oft strukturelle Beziehungen wie z.B. die Transitivität von Objektbeziehungen dar.
- Konsistenz-Regeln
  dienen zur Sicherung einer weitgehend logisch widerspruchsfreien Datenbasis.
- Kontroll-Regeln
  bei den Kontroll-Regeln handelt es sich im wesentlichen um Regeln über den Gebrauch von Regeln (sogenannte Meta-Regeln) und um Regeln zur Steuerung des Kontrollflusses, sodaß z.B. Sequenzen von Regeln ausgeführt werden können.

a) Retrieval-Regeln

Retrieval-Regeln stellen Anfragen an die Wissensbasis dar, mit denen Faktenwissen bereitgestellt werden soll. Sie werden als Retrieval-Operationen in PKM beschrieben. Im ersten Teil (DEFINE RETRIEVAL) wird die Operation selbst definiert durch Angabe der Klasse, aus der die Instanz bestimmt werden soll (INSTANCE), der Attribute, zu denen Information bereitgestellt werden soll und der Bedingung, die die zu suchende(n) Instanz(en) erfüllen müssen. Mit RETRIEVE NEXT wird der Suchvorgang gestartet und liefert genau eine Instanz (falls eine zutreffende existiert). Werden mehrere Instanzen gesucht, so muß RETRIEVE NEXT entsprechend oft ausgeführt werden. FINISH RETRIEVAL schließt die Retrieval-Operation ab. Beispiele für diese Regeln sind (Großbuchstaben bezeichnen Variablen, die jeweils vor einem Aufruf der entsprechenden Operation instantiiert werden müssen) :

```
/* Gib alle Informationen des Grobplans zu Auftragsnummer  N */
    DEFINE RETRIEVAL
        INSTANCE  grobplan
        ATTRIBUTES  ALL
        WHERE  auftragsnummer = N.
    RETRIEVE NEXT .
    FINISH RETRIEVAL.
/* Gib alleFertigungsvorschriften zu einem Produkt P */
    DEFINE RETRIEVAL
        INSTANCE  fertigungsvorschrift
            ATTRIBUTES  produktname, fertigungsstufe, apparatname,
                        fertigungsdauer
            WHERE  produktname = P.
    RETRIEVE NEXT.
    ...
```

```
        RETRIEVE NEXT.
        FINISH RETRIEVAL.

/* Gib alle Informationen zu einer Fertigungsstufe N eines Produkts P */
        DEFINE RETRIEVAL
                INSTANCE  fertigungsvorschrift
                ATTRIBUTES  ALL
                WHERE  produktname = P AND fertigungsstufe = N.
        RETRIEVE NEXT .
        FINISH RETRIEVAL.

/* Gib alle Fertigungsaufträge zu Auftragsnummer N */
        DEFINE RETRIEVAL
                INSTANCE  fertigungsauftrag
                ATTRIBUTES  ALL
                WHERE auftragsnummer = N.
        RETRIEVE NEXT.
        FINISH RETRIEVAL.

/* Gib alle Informationen des Fertigungsplans zu Apparat A */
        DEFINE RETRIEVAL
                INSTANCE  fertigungsplan
                ATTRIBUTES  ALL
                WHERE  apparatname = A.
        RETRIEVE NEXT.
        FINISH RETRIEVAL.

/* Teste Verfügbarkeit einesTeilprodukts TP */
        DEFINE RETRIEVAL
                INSTANCE  lagerliste
                ATTRIBUTES  verfuegbar
                WHERE  teilprodukt = TP.
        RETRIEVE NEXT.
        FINISH RETRIEVAL.

/* Suche einen Apparat einer best. Apparateart ART und Größe G */
        DEFINE RETRIEVAL
                INSTANCE  betriebsmittelliste
                ATTRIBUTES  apparatname
                WHERE  art = ART AND groesse = G.
        RETRIEVE NEXT.
        FINISH RETRIEVAL.
```

b) Inferenz-Regeln

Inferenz-Regeln dienen zur Ableitung von "neuem" Wissen aus den bereits bekannten Fakten und benutzen oft strukturelle Beziehungen wie z.B. Transitivität. Sie werden mit Hilfe der syntaktischen Vorschrift INFERENCE RULE beschrieben. Jede Regel hat einen Namen (nach INFERENCE RULE), eine Liste der instantiierten Variablen (FOR ALL), einen Bedingungsteil (IF), der die Bedingungen enthält, die erfüllt sein müssen, damit der Konklusionsteil (THEN) gilt. Im Bedingungsteil sind u.a. Klasseninstantiierungen, arithmetische, DELETE-, INSERT- und MODIFY-Operationen erlaubt.

```
/* Regel I-1. Wenn keine Überlappung vorliegt, dann kann ein Auftrag mit dem gewünschten
Fertigstellungstermin eingeplant werden. */
INFERENCE RULE regel_I_1
        FOR ALL     Px, An, StartTag, EndTag, ANr, M
        IF          fertigungsauftrag
                        auftragsnummer            : ANr
```

```
                            fertigungsstufe        : M
                            produktname           : Px
                            apparatname           : An
                            startpunkt            : StartTag
                            endpunkt              : EndTag
              AND NOT regel_I_3(ANr, M, Px, An, StartTag, EndTag)
              AND    INSERT
                         fertigungsplan
                            auftragsnummer        : ANr
                            fertigungsstufe       : M
                            produktname           : Px
                            apparatname           : An
                            startpunkt            : StartTag
                            endpunkt              : EndTag
THEN              regel_I_1(ANr).
```

/* Regel I-2 : Plane Aufträge mit höherer Priorität (maximale Priorität = 9) zuerst. */
INFERENCE RULE regel_I_2
```
       FOR ALL       Anr, Px, An, Me, EndTag, MeLos, MeOp, N, M, Ytage, StartTag, F
       IF
              FOR P = 9 DOWN TO 1 DO
                     grobplan
                            auftragsnummer        : ANr
                            produktname           : Px
                            fertigstellung        : Fertig
                            fertigungsmenge       : M
                            prioritaet            : P
              AND    fertigungsauftrag
                            auftragsnummer        : ANr
                            fertigungsstufe       : F
                            produktname           : Px
                            apparatname           : An
                            startpunkt            : StartTag
                            endpunkt              : EndTag
              AND    regel_I_1(ANr)
              OD
THEN              regel_I_2.
```

/* Regel I-3 : Wenn sich ein einzuplanender und ein bereits eingeplanter Termin bzgl. eines Apparats überlagern, dann hat man eine Überlappung. */
INFERENCE RULE regel_I_3
```
       FOR ALL       Px, An, Py, StartTag, EndTag, Ytage, StartTagPlan, EndTagPlan, ANr,
                     ANrPlan, M
       IF            fertigungsauftrag
                            auftragsnummer        : ANr
                            fertigungsstufe       : M
                            produktname           : Px
                            apparatname           : An
                            startpunkt            : StartTag
                            endpunkt              : EndTag
              AND    fertigungsplan
                            auftragsnummer        : ANrPlan
                            fertigungsstufe       : M
                            produktname           : Py
                            apparatname           : An
                            startpunkt            : StartTagPlan
                            endpunkt              : EndTagPlan
              AND    EndTagPlan > StartTag
              AND    StartTagPlan < EndTag
              AND    INSERT
                         ueberlappung
                            auftragsnummer        : ANr
```

```
                        fertigungsstufe         : M
                        produktname             : Px
                        apparatname             : An
                        startpunkt              : StartTag
                        endpunkt                : EndTag
        THEN    regel_I_3(ANr, M, Px, An, StartTag, EndTag).
```

/* **Regel I-7.** Wenn ein Auftrag bei Überlappung verschoben werden muß, dann verschiebe den Fertigstellungstermin um 7 Tage und plane erneut ein. */

```
INFERENCE RULE regel_I_7
        FOR ALL     Px, An, StartTag, EndTag, ANr, P, M, Fertig, Fertigneu, F
        IF          fertigungsauftrag
                        auftragsnummer          : ANr
                        fertigungsstufe         : F
                        produktname             : Px
                        apparatname             : An
                        startpunkt              : StartTag
                        endpunkt                : EndTag
        AND         ueberlappung
                        auftragsnummer          : ANr
                        fertigungsstufe         : F
                        produktname             : Px
                        apparatname             : An
                        startzeit               : StartTag
                        stopzeit                : EndTag
        AND         grobplan
                        auftragsnummer          : ANr
                        produktname             : Px
                        fertigstellung          : Fertig
                        fertigungsmenge         : M
                        prioritaet              : P
        AND         Fertigneu is Fertig + 7
        AND         DELETE ueberlappung
                        auftragsnummer          : ANr
        AND         MODIFY grobplan
                        auftragsnummer          : ANr
                        produktname             : Px
                        fertigstellung          : Fertigneu
                        fertigungsmenge         : M
                        prioritaet              : P
        AND         regel_I_6(ANr)
        AND         regel_I_1(ANr)
        THEN        regel_I_7(ANr).
```

Weitere Inferenz-Regeln sind z.B.:

I-5. Reaktionen, die einen Edelstahlkessel benötigen, können auch in einem Emailkessel durchgeführt werden (wenn ein Alternativapparat für einen Edelstahlapparat gesucht ist, dann kann ein Edelstahl- oder ein Emailapparat der gleichen Größe benutzt werden, wenn er verfügbar ist).

I-6. Aus dem Grobplan ergibt sich eine Liste von Fertigungsaufträgen durch Auflösung der Aufträge des Grobplanes nach den Fertigungsvorschriften.

I-8. Wenn ein Auftrag bei Überlappung verändert werden muß, dann reduziere Fertigungsmenge um ein Los und plane erneut ein.

I-9. Wenn ein Auftrag bei Überlappung verändert werden muß, dann suche Alternativapparat und plane erneut ein.

I-10. Wenn eine Teiloperation bei der Produktion eines Produktes nicht eingeplant werden kann, so kann die gesamte Produktion des Produkts nicht eingeplant werden, d.h. der gesamte Auftrag muß aus dem Fertigungsplan gelöscht werden.

I-11. Bei Überlappung plane den Auftrag mit höherer Priorität ein und versuche den anderen Auftrag an anderer Stelle einzuplanen.

I-12. Ist ein Zwischenprodukt heute nicht verfügbar, so ergibt sich eine Produktionsverzögerung von mindestens der Zeit, die für die Eigenherstellung des Zwischenprodukts nötig ist.

I-13.   Wenn eine Operation länger als die noch zur Verfügung stehenden Tage der Woche dauert, dann kann sie nicht mehr gestartet werden.
I-14.   Ein Apparat ist in einem Intervall belegt, wenn es einen eingeplanten Auftrag zu diesem Apparat gibt, der dieses Intervall schneidet (überlappt).
I-19.   Wenn Aufträge für das gleiche Produkt weniger als 3 Monate auseinander liegen, dann können sie zu einem Auftrag zusammengefaßt werden, der als Fertigungstermin den frühesten Fertigstellungstermin bekommt.

c) Konsistenz-Regeln

Konsistenz-Regeln definieren Bedingungen die erfüllt sein müssen, um eine konsistente Wissensbasis zu erhalten. Der Aufruf solcher Regeln erfolgt i.a. als Trigger zu Update-Operationen oder als Regelaufruf, der die gesamte Wissensbasis überprüft. Beschrieben werden die Konsistenz-Regeln in der in Abstimmung mit PKM entworfenen Konsistenz-Regel-Sprache CCL (Consistency Constraints Language) /CRONAU/. Jede Konsistenz-Regel erhält einen eindeutigen Namen (hinter CONSTRAINT CLASS), in LOCALS bzw. PARAMETER werden die verwendeten Variablen deklariert und unter ATTRIBUTES wird die eigentliche Konsistenzbedingung definiert.

/* Regel C-1. Im Fertigungsplan dürfen nur solche Apparate stehen, die zur gleichen Zeit verfügbar sind. */
CONSTRAINT CLASS Regel_C_1
    LOCALS
        Fplan   : fertigungsplan
        Bliste   : betriebsmittelliste
    ATTRIBUTES
        constraint   :   FOR EVERY Fplan IN fertigungsplan :
                                          FOR SOME Bliste IN betriebsmittelliste :
                                          apparatname OF Fplan
                                          =
                                          apparat of Bliste
                                          AND
                                          verfuegbar OF Bliste = TRUE.

/* Regel C-2. Im "nahen" Zeitbereich (14 Tage) dürfen nur die Produkte im Fertigungsplan stehen, für die alle Teilprodukte verfügbar sind. */
CONSTRAINT CLASS Regel_C_1
    LOCALS
        Fplan   : fertigungsplan
        Pbeschr   : produktbeschreibung
        Lali   : lagerliste
    ATTRIBUTES
        constraint   :   FOR EVERY Fplan IN fertigungsplan :
                                  IF   startzeit OF Fplan <= (tag OF heute + 14)
                                  THEN
                                        FOR SOME Pbeschr in produktbeschreibung
                                        produktname OF Pbeschr =
                                        produktname OF Fplan
                                        AND
                                        menge OF Fplan <=
                                        verf_menge OF lagerliste(Lali)
                                        WHERE teilprodukt of Pbeschr =
                                        teilprodukt OF Lali
                                  ENDIF.

/* Regel C-3. Der Wert des Attributs 'Fertigungsstufen' in 'Produkt' muß mit der Anzahl der Fertigungsstufen pro Produkt in 'Fertigungsvorschrift' übereinstimmen, alle Stufen von 1 bis zur maximalen Anzahl von Stufen müssen mit einem Eintrag in 'Fertigungsvorschrift' vorhanden sein. */
CONSTRAINT CLASS Regel_C_3
    LOCALS
        Prod   : produkt

```
        Fv                    : fertigungsvorschrift
ATTRIBUTES
        constraint            :   FOR ALL Prod IN produkt :
                                  fertigungsstufen OF
                                  =
                                  COUNT (ALL OF fertigungsvorschrift(Fv) WHERE
                                  produktname OF Fv = produktname OF Prod).
CONSTRAINT CLASS Regel_C_3.1
        LOCALS
              Vorschr         : fertigungsvorschrift
              Fv              : fertigungsvorschrift
        ATTRIBUTES
              constraint      :   FOR EVERY Vorschr IN fertigungsvorschrift :
                                  FOR EXACTLY 1 Fv IN fertigungsvorschrift :
                                     produktname OF Vorschr
                                     =
                                     produktname OF Fv
                                     AND
                                     (fertigungsstufe OF Vorschr =
                                     fertigungsstufe OF Fv + 1
                                     OR
                                     fertigungsstufe OF Vorschr = MIN
                                     (fertigungsstufe OF fertigungsvorschrift)).
```

Weitere Konsistenz-Regeln sind z.B. :

- **C-4.** Die Gesamtproduktionsmenge pro Auftrag sollte die in einer Operation herstellbare Menge reduziert um 10% nicht unterschreiten.
- **C-5.** Die Objektlasse 'heute' darf nur genau eine Instanz haben.
- **C-6.** Nach der Planung muß jeder Fertigungsauftrag entweder als Eintrag im Fertigungsplan oder als Eintrag bei den Überlappungen existieren.
- **C-7.** Nach dem Erzeugen der Fertigungsaufträge muß für jede Produktionsstufe des Produkts ein Fertigungsauftrag existieren.
- **C-8.** Nach jeder arithmetischen Operation mit Datumsangaben (z.B. Zeitverschiebungsregel) muß geprüft werden, ob der Zeitbereich nicht über- bzw. unterschritten wurde.
- **C-9.** Die Rohstoffmengen dürfen einen bestimmten Wert nicht unterschreiten.

d) Kontroll-Regeln

Kontroll-Regeln (Meta-Regeln) dienen zur Steuerung der Regelauswahl und des Kontrollflusses in einer Anwendung. Sie können in PKM nicht explizit ausgedrückt werden, da PKM die PROLOG-Abarbeitungsstrategie zugrundelegt. Sie sind daher bisher oft implizit in den anderen Regeln enthalten, was sicher ein Nachteil ist und Probleme impliziert. Reihenfolgen in der Anwendung von Regeln können aber durch die Reihenfolge des Einfügens von Regeln dargestellt werden. Mehrere Regeln, die im gleichen Kontext angewendet werden können, müssen dann den gleichen Regelkopf haben. Um eine explizite Darstellung von Kontroll-Regeln zu ermöglichen, wird derzeit eine Erweiterung der Modellierungssprache PKM diskutiert. Unter anderen können folgende Kontroll-Regeln identifiziert werden :

- **K-1.** Ordne alle Aufträge nach Priorität (zusätzlich möglich nach Endtermin).
- **K-2.** Beginne mit der Einplanung am Ende des Planungsintervalls.
- **K-3.** Wenn ein Auftrag eingeplant werden soll, dann müssen die Regeln I-1, I-2, I-13, I-17, I-19 und I-3 geprüft werden.
- **K-4.** Bei einer Überlappung versuche bis zum Erfolg nacheinander die Regeln I-7, I-9, I-8.
- **K-5.** Die Regeln K-1, K-2 und I-6 müssen vor Regel I-3 ausgeführt werden.
- **K-6.** Regel I-6 muß vor den Regeln K-1 und K-2 ausgeführt werden.
- **K-7.** Regel K-1 muß vor Regel K-2 ausgeführt werden.
- **K-8.** Wenn die Überlappung nur in einer oder zwei Stufen des Auftrages auftritt, dann versuche Regel I-9.
- **K-9.** Bei einer Überlappung führe Regel K-8 vor Regel K-4 aus.

3. Wissensbasierte Feinplanung auf Basis von Prolog

Dem nachfolgend vorgestellten Ansatz zur wissensbasierten Feinplanung liegt die Überlegung zugrunde, den Feinplanungsbereich in zwei algorithmischen Ebenen darzustellen. Die beiden Ebenen sind :
- Basis-Algorithmus, der in einem Durchlauf einen "guten", brauchbaren Plan erzeugt und mit wenigen Regeln des Planungsbereichs auskommt,
- Steuerungs-Algorithmus, der zur Planerstellung, vor allem aber zur flexiblen Plankorrektur auf Basis des Wissens eines Produktionsplaners eingesetzt werden kann.

Das benötigte Wissen aus dem Problembereich wird in einer Wissensbasis, die in mehrere Datenbasen unterteilt ist, bereitgestellt. U.a. sind enthalten :
- Fakten des Fertigungsbereichs (z.B. Produkte, Fertigungsvorschriften),
- Planungswissen in Form von Regeln (z.B. Inferenz-, Kontroll-Regeln).

Als Implementierungsprache für diesen Ansatz wurde Prolog gewählt, da Prolog bereits inhärent eine Problemlösungsstrategie (goal-driven backward-chaining with backtracking) anbietet, die bei der Verwirklichung des Basis-Agorithmus angewendet werden kann. Diese Strategie bedingt, daß im Basis-Algorithmus (durch "beliebig" langes Probieren passender Regeln) eine mögliche Lösung gefunden wird. Die benötigten Regeln sind auf einfache Art in Prolog zu realisieren.
Desweiteren bietet Prolog durch den modularen Sprachaufbau die Möglichkeit, ein zu implementierendes System schrittweise, flexibel zu erweitern und zu verändern, gleichzeitig aber immer lauffähige Komponenten bzw. das komplette, lauffähige System zu erhalten. Prolog bietet somit alle Vorteile des Rapid Prototyping. Dadurch wird unterstützt :
- eine frühzeitige Beurteilung über die Eignung des Lösungsansatzes und die Möglichkeit zur Korrektur,
- eine frühzeitige Diskussion mit dem späteren Benutzer über die Gestaltung des Systems (partizipatives Schnittstellen- und teilweise auch Systemdesign).

Im folgenden wird zunächst die Architektur unseres Ansatzes skizziert, danach folgen kurze Beschreibungen des Basis- und des Steuerungs-Algorithmus.

3.1 Architektur des Systems

Die Architektur des wissensbasierten Feinplanungssystems wird in Abb. 4 skizziert.

Die einzelnen Komponenten erfüllen folgende Aufgaben :

- die Wissensbasis enthält alle benötigten Informationen des Problembereichs (u.a. Regeln, Fakten und Operationen),
- die Feinplanungs-Komponente umfaßt den Basis- und den Steuerungs-Algorithmus,
- die Benutzerschnittstelle erfüllt alle Funktionen der Kommunikation mit dem Benutzer,
- das Prolog-System bietet u.a. einen Compiler oder Interpreter, der von allen anderen Komponenten als Basis genutzt wird.

Eine Verbindung zu existierenden Datenbanksystemen und PPS-Komponenten ist vorgesehen.

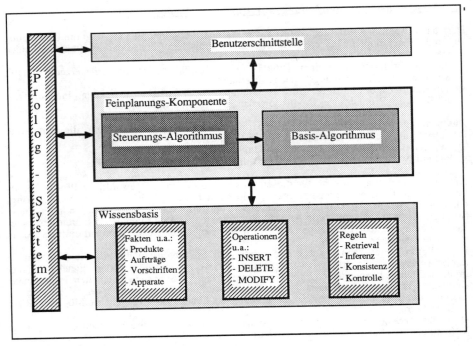

Abbildung 4 : Architekturkizze des Feinplanungssystems

3.2 Basis-Algorithmus

Der verwendete Basis-Algorithmus realisiert folgende Vorgehensweise :

- Erstellen einer Liste mit aktuellen Aufträgen
  Die Aufträge des Grobplans werden mit zusätzlichen Informationen versehen und bilden dann eine Menge von aktuell zu bearbeitenden Aufträgen.

- Erzeugen von detaillierten Fertigungsaufträgen
  Die aktuell zu bearbeitenden Aufträge des Grobplans werden aufgelöst in eine Menge von detaillierten Fertigungsaufträgen auf Basis der Fertigungsvorschriften. Für jede Fertigungsstufe in der Produktion eines Produktes wird ein einzelner apparate-bezogener Fertigungsauftrag erzeugt (siehe Klasse 'fertigungsauftrag').

- Einplanung der detaillierten Fertigungsaufträge
  Die Fertigungsaufträge werden nach Priorität auf Endtermin eingeplant. Beginnend mit den Aufträgen höchster Priorität wird in absteigender Prioritätsreihenfolge eine Einplanung auf den gewünschten Endtermin vorgenommen. Tritt bei der Einplanung eine Überlappung auf, so wird der überlappende Auftrag gespeichert.

- Auflösung der Überlappungen
  Treten Überlappungen auf, so werden sie durch evtl. wiederholte Verschiebung des gewünschten Fertigstellungstermins und Neueinplanung des gesamten Auftrags (Regel_I_7) beseitigt.

- Planungsergebnis
Ergebnis dieser Vorgehensweise ist eine Einplanung sämtlicher Aufträge mit evtl. zeitlichen Verschiebungen der Fertigstellungstermine.

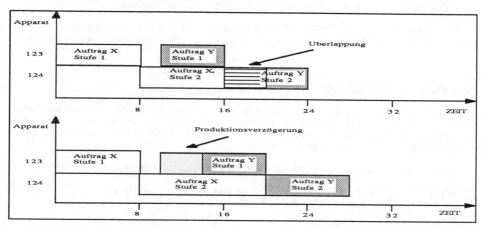

Abbildung 5 : Bsp. für Überlappung und Lösung durch Verschiebung

Im Beispiel der Abb. 5 muß der Auftrag Y verschoben werden, um die Überlappung mit dem Auftrag X aufzulösen. Es ergibt sich dadurch eine Produktionsverzögerung für Auftrag Y. Die Darstellung dieser Vorschrift als Teil einer Prolog-Realisierung der 'Regel I-7' (siehe Abschnitt 2) hat z.B. folgendes Aussehen :

```
undo_overlap_ruleI7:-       /* Überlappungen auflösen mit Regel I7  */
    order_db_overlap(OrderNr,ProdName,AppName,Start,End,Step),
     /* Überlappung vorhanden ?  */
    rule_I7(OrderNr),             /* Regel I7  anwenden */
    undo_planning(OrderNr),       /* bisherige Planung des Auftrags löschen */
    rule_I1(OrderNr).             /* Auftrag neu einplanen  */

rule_I7(OrderNr):-
    order_db_overlap(OrderNr,ProdName,AppName,Start,End,Step),
     /* Überlappung */
    order_db_act_order(OrderNr, ProdNamePlan, [EndPlan_year, EndPlan_day],
        AmountPlan, PriorityPlan),    /* zugehöriger Auftrag  */
    delete_act_order(OrderNr),        /* zugehörigen Aufrag löschen */
    EndPlan_day_new is EndPlan_day + 7,  /* neuer Produktions-Endtermin  */
    insert_act_order(OrderNr, ProdNamePlan,[EndPlan_year, EndPlan_day_new],
        AmountPlan,PriorityPlan),     /* geänderten Auftrag einfügen */
    delete_prod_order(OrderNr),       /* zugehörige Fertigungsaufträge löschen */
    create_po_for_one_order(OrderNr, ProdNamePlan, [EndPlan_year, EndPlan_day_new],
    AmountPlan, PriorityPlan).
     /* neue Fertigungsaufträge erzeugen */
```

Die Umsetzung der Klassenbeschreibung zu einem Prädikat mit einer Instanz der Klasse geschieht z.B. in folgender Art :
CLASS grobplan (...) wird zu
main_plan(OrderNumber, Productname, [DeadlineYear, DeadlineMonth], Amount, Priority)
mit der Beispielinstanz
main_plan(8801, farbstoff_XYZ, [88,8], 500, 2).

Im Basis-Algorithmus werden bereits zwei "heuristische" Regeln aus der Praxis der Produktionsplaner verwendet :
- Aufträge mit höherer Priorität vorziehen,
- bei Überlappungen wird eine Zeitverschiebung (delay) in Kauf genommen.

Die Schwächen von "reinem" Prolog bei der Behandlung arithmetischer Anforderungen können durch die Nutzung der Schnittstelle zu einer prozeduralen Sprache weitgehend behoben werden.

3.3 Steuerungs-Algorithmus

Da der verwendete Basis-Algorithmus nicht zu zufriedenstellenden Ergebnissen führen kann und eine flexible Reaktion auf die verschiedenen Ereignisse und Störungen der Planung gewährleistet sein soll, wird ein Steuerungs-Algorithmus auf den Basis-Algorithmus aufgesetzt. Die Aufgaben des Steuerungs-Algorithmus sind im einzelnen :

- Komplexitätsreduktion durch Ausblenden von Parametern, Präferenzen von Operationen.

- Steigerung der Flexibilität durch Vorziehen von Aufträgen, Änderung von Prioritäten, schnelle Reaktion auf unvorhergesehene Ereignisse.

- Steuerung des Basis-Algorithmus
  Der Planungszyklus des Basis-Algorithmus kann an vordefinierten Stellen unterbrochen (bzw. teilweise neu ausgeführt) und die weitere Planung interaktiv unter Verwendung anderer Heuristiken fortgeführt werden.

- Flexible Reaktion auf unvorhergesehene Ereignisse und Situationen ermöglichen
  Situationsabhängig werden bestimmte Heuristiken zur Lösung der kritischen Situation angeboten, aus denen der Benutzer eine gewünschte auswählen und ausführen lassen kann.

- Neue Heuristiken in das System integrieren
  Der Benutzer kann Heuristiken und Situationen, in denen diese Heuristiken angewendet werden können, definieren und vom System verwalten lassen.

Der Steuerungs-Algorithmus besteht aus zwei Komponenten :

1. Definition von Heuristiken
   Neue heuristische Regeln können zur Menge der bestehenden Heuristiken hinzugefügt werden. Dazu wird eine Meta-Sprache angeboten, in der die heuristischen Regeln relativ einfach definiert werden können.

2. Interpretation und Anwendung von Heuristiken
   Abhängig von bestimmten Ereignissen oder Situationen werden mögliche Heuristiken angeboten, von denen eine oder mehrere zur Lösung des Problems eingesetzt werden können (z.B. delay, Produktionsmengenverringerung, Alternativapparat einsetzen).
   Wird vom System keine heuristische Regel gefunden, so kann über die Komponente zur Definition von Heuristiken eine gegebenenfalls vom Benutzer gefundene Regel eingefügt werden.
   Für Standardsituationen kann auch eine automatische Anwendung passender heuristischer Regeln mit Generierung eines geänderten Plans erfolgen.

4. Stand der Arbeiten

Eine erste Modellierung (wie in Abschnitt 2 skizziert) ist weitgehend abgeschlossen und wird zur Zeit von den industriellen Partnern evaluiert.
Der Basis-Algorithmus des Systems ist zum größten Teil in M2Prolog auf sun-workstations implementiert (eine Implementierung in Quintus-Prolog auf IBM 6150/ RT ist in Vorbereitung), im Bereich des Steuerungs-Algorithmus werden für einige Situationen interaktiv Heuristiken angeboten, die ausgeführt werden können. Die Komponente zur Definition von Heuristiken wird im Moment konzipiert.
Der Basis-Algorithmus wurde bezüglich der Apparate einer Apparategruppe des Beipielbetriebs (12 verschiedene Apparate) und den darauf produzierten Produkten (11Produkte mit jeweils ca. 11 Einzeloperationen) mit verschiedenen Auftragsmengen (jeweils 7 - 8 Aufträge) getestet und zeigt, daß sich Prolog als Sprache zur Lösung von Problemen im Bereich der Feinplanung eignet und durch einfache Anwendung von heuristischen Regeln zu einem akzeptablen Ergebnis kommt (es werden keine Optimierungsansprüche gestellt, ohne Überlappung und auch bei mehrfacher Anwendung der Verschiebe-Regel liegt die Antwort im niedrigen Sekundenbereich).
Mit dem Steuerungs-Algorithmus wird ein flexibles Instrument zur Planung mit Heuristiken angeboten, so daß Planungstätigkeiten, vor allem in unvorhergesehenen Situationen, vereinfacht und reaktionsschneller werden. Zum Teil werden auch Lösungswege ermittelt, die bisher nicht in Betracht kamen. Zusätzliche Vorteile bringt die Verwendung von Prolog als Implementierungssprache dadurch, daß ein modularer Programmaufbau relativ einfach Änderungen erlaubt und das Rapid Prototyping unterstützt wird.

Danksagung

Wir danken den an PROTOS beteiligten Mitarbeitern H. Graber, H. Gröflin (beide ETH Zürich), H. Schiltknecht und L. Slahor (beide Sandoz AG Basel) für ihre wertvollen Diskussionsbeiträge.

Literatur

/APPEL/   Appelrath, H.-J. : "Das EUREKA-Projekt PROTOS", in: Tagungsband "2. Int. GI-Kongress '87 Wissensbasierte Systeme", IFB 155, Springer-Verlag, Heidelberg, 1987.

/BUSCH/   Busch, U. : "Entwicklung eines PPS-Systems", Schmidt, Berlin, 1987.

/CRONAU/ Cronau, J. : "CCL : A Consistency Constraint Language for expressing consistency constraints", Interner PROTOS-Arbeitsbericht, UNI Dortmund, 1987.

/ESTER/   Ester, M. : "PKM, Prolog Knowledge Model", Interner PROTOS-Arbeitsbericht, ETH Zürich, 1987.

/SCHEER/ Scheer, A.W. : "CIM, Der Computergesteuerte Industriebetrieb", Springer-Verlag, Berlin, 1987.

J. Sauer, H.-J. Appelrath
Universität Oldenburg
Fachbereich Informatik
Postfach 2503
D-2900 Oldenburg

AN EXPERT SYSTEM FOR MONITORING ADMINISTRATION PROCESSES: EXPERIENCE FROM A CASE STUDY

Rüdiger Reinecke
IBM German Manufacturing Technology Center, Sindelfingen

Abstract: The parts requirements generation of all European IBM plants is integrated in a system of computer programs and administrative activities. Monitoring the run of the whole system is very important, it is a demanding mental routine task. The clerk who performs this job should be supported by an expert system. The paper gives a survey of the advantages of applying such an expert system, of the knowledge model for monitoring and controlling this administration process, and of the phases in the development of the expert system.

1 Introduction

In 1986 expert systems were on the threshold of widespread efficient application. At the IBM German Manufacturing Technology Center chances to apply expert systems in the production division of IBM Germany were examined. Then, a task in Sindelfingen plant production control was selected: monitoring EMLS.[1] The project had several objectives: to examine chances to apply expert systems in the field of administration processes, to develop an expert system application (as a prototype) that supports the clerk in monitoring EMLS and - IBM had just announced the expert system shell "Expert System Environment" - to develop a large ESE application. In this paper I describe the project emphasizing experiences that can be of general interest.

2 The problem domain

The European/Enterprise Materials Logistics System is a huge system of computer programs and administrative activities connecting all 12 European IBM plants and the central functions at Paris and Portsmouth. It serves for calculating the material and parts requirements of all plants in a monthly cycle, the EMLS cycle with 20 days.

---

[1] There is a list of all the abbreviations at the end of the paper.

EMLS is based on the central data bases and programs, including product descriptions and bills of materials. It allows to react quickly on new demands, to avoid many rush orders, and to reduce the stocks in the plants. EMLS tightly connects all the locations. Therefore, the system is sensitive to all kinds of irregularities, mainly incorrect data and delays. At each location a special EMLS monitoring group was set up. Each group ensures the correct participation of the corresponding plant to EMLS. It controls the run of the EMLS cycle, it ensures that all local checkpoints are satisfied, it informs the management and the central functions about that, it controls the run of the local programs and their input and output. Each group detects the irregularities in its domain and, then, it coordinates all measures for repairing these irregularities. All activities of the monitoring group and the important data must be documented. EMLS monitoring is very important to the quality of EMLS. At Sindelfingen it was mainly done by one person, at that time the EMLS (monitoring) expert.

3   Application suitable for an expert system?

The EMLS monitoring group at Sindelfingen plant production control should be supported by a computer program. Is an expert system suitable for this task? The monitoring group determined the following goals - these goals were more or less typical for a user of an expert system. At that time the knowledge about EMLS monitoring was scattered over many files and booklets. It was well documented but there was no distinction between knowledge used frequently, and rather hypothetical knowledge of irregularities that have happened very rarely or not at all. On the other side the EMLS expert had experience about repairing irregularities, i.e. further knowledge, that was not yet documented in that way. The knowledge really necessary in case of irregularities (when usually being short of time) was not accessible for the non-expert, i.e. for the expert's substitute. Therefore, the knowledge of EMLS monitoring should be made available especially to a non-expert. In our case a clerk was to take over the routine work from the expert. The clerk should be supported by the expert system at the current monitoring work. The expert should mainly work conceptually on EMLS and other systems. The reliability of EMLS monitoring should be improved or kept on a high level with less effort. It is especially important to hold the reliability when somebody new takes over the job. The expert system should support the current monitoring work. Hence, it must "know" the present situation of the EMLS cycle, e.g. important data and, first of all, what activities have already been carried through. This is the same information that is necessary for a documentation of the activities during the EMLS cycle. Thus the expert system should write such a documentation.

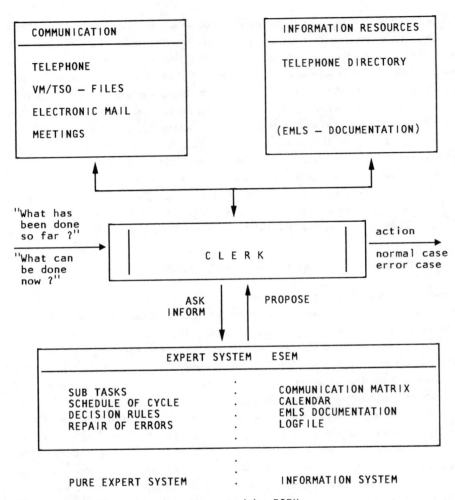

Figure 1. EMLS monitoring supported by ESEM

Figure 1 shows how a clerk, supported by the expert system ESEM, monitors the EMLS cycle. The clerk is asked or asks himself, "What can be done now?". The answer is a list of actions that he[2] can carry through now and should carry through soon. It does not really matter whether these actions belong to the normal schedule of the EMLS cycle or whether they are caused by irregularities. To answer the question above one must know the present state of the EMLS cycle: "What actions

---

[2] For simplicity I only use "he" although I mean "he or she".

have been done so far?" The clerk is supported by the expert system as ESEM actually finds out the actions that can be carried through now and proposes them to the clerk. Thereby ESEM considers the irregularities having occurred. ESEM "knows" the present state of the EMLS cycle as the clerk informs it if he has carried through an action and what the results are. ESEM explicitly asks the clerk about that. There is an important psychological advantage for the clerk if he is supported by ESEM: he does not need to rack his brains whether he has forgotten any action he should do.

The expert system ESEM consists of the actual expert system and, additionally, of an information system. The information system contains the information resources that are used most frequently: a communication matrix with names, phone numbers etc. of the partners at the other locations, local and central calendars for the EMLS cycles, a logfile containing the documentation of the previous activities during the current EMLS cycle, and finally a lot of detailed help information about all the actions ESEM can propose. From a logical point of view this information system part is not necessary for the actual expert system, from a practical point of view it is absolutely necessary for really using ESEM. To me it seems typical for a large industrial expert system that it offers some functions like an information system or that it is based on existing data bases (cf. Schieferle, 1985). The actual expert system part inside ESEM contains that part of the knowledge of EMLS monitoring that is most frequently used by the clerk: Into what manageable actions can the task "Monitor the EMLS cycle of 20 days" be broken down, what are the dependences between these actions, what is the schedule for the current EMLS cycle, what are the symptoms for irregularities, what actions are to be taken to repair them? There are still some knowledge and information resources outside ESEM, e.g. that big part of the EMLS documentation that is used only very rarely. Finally, the existing communication channels were not influenced by ESEM.

In the beginning of the project a list of criteria was set up to determine whether the problem "support EMLS monitoring" should be solved by an expert system (cf. Bobrow, Mittal, Stefik, 1986; Puppe, 1986). The problem should be adequate for an expert system: It should be a demanding mental routine task, let's say 2 to 4 hours per day. The knowledge should be clearly bounded and should not contain much common sense knowledge, the knowledge must be available. There must be some precedents for consultations the expert system should give later, so that it can be tested a bit. The knowledge representation mechanism of the expert system shell (e.g. production rules in ESE) must be adequate for the knowledge. Finally, can the problem be solved better or cheaper by another technique?

If the problem is solved by an expert system there are typical advantages. Are they worth the effort? Some advantages can be measured as financial profits: The user will need less skill and less time to solve the problem if he is supported by an expert system. The expert, who is usually not the user, will be relieved from daily routine work so that he has more time to work conceptually. Most money can be saved by the "multiplication" of the expert's knowledge, e.g. by using the same expert system at many places or at times when there is no expert, i.e. during the night shift. The non-financial profits are difficult to estimate, but they can be even more important than the financial profits. The development of a well-documented expert system leads to a revision and condensation of the knowledge. The processes and decisions become more reliable and more transparent.

There are three requirements that are absolutely necessary for the successful development of an expert system: The knowledge must be available, the expert must be available, and the expert must be willing to cooperate. If he has not been convinced of the the project or, even worse, if he feels endangered by the future expert system, he will probably not really cooperate - and that would ruin the whole project.

In the ESEM project the criteria were satisfied on the whole. The EMLS expert strongly supported the project. The knowledge was available by the expert and by the EMLS documentation.

4   Development of ESEM

Most properties of ESEM have already been mentioned. There is one important further property: ESEM is not directly connected to any program in EMLS. It only runs on the clerks initiative and it completely depends on the clerk's input. Therefore it is always assumed that the clerk is willing to cooperate with ESEM and that he instantly and correctly feeds the information ESEM needs into the system. An online connection to programs of EMLS would ease the use of ESEM as some information about what has happened could be fed automatically into ESEM. A connection between ESEM and the office communication system would be even more useful. But these connections are complicated and not necessary in a prototype.

ESEM essentially performs the following tasks: It proposes the actions the clerk can carry through now. It detects irregularities and informs the clerk. Based upon this it proposes actions for repairing them. The final two tasks belong to the information system part: ESEM records the activities and important data it was informed about, and it supports the management of the schedules of the EMLS cycles.

Before one starts to design a particular expert system one must deal with a rather general task: For the development of an expert system a knowledge model is necessary. It can be given implicitly by the expert system shell (e.g. a shell for diagnostic problems). For more complex problems it is desirable to have an explicit model. It must be defined before one starts to design the application. By using an explicit model one gains security, one avoids errors as the model is a well-founded and binding basis for all participants.

EMLS monitoring is an example for monitoring and controlling an administration process. The knowledge model of ESEM in the present form is suitable for EMLS monitoring,[3] but I am sure that it can be extended and generalized to a model for monitoring and controlling many other administration processes. The knowledge model for ESEM mainly contains two types of objects: actions and errors. All the clerk's activities concerning monitoring and controlling the run of EMLS are represented by actions. In the real world the clerk for example checks whether some data are available, starts a program, recognizes the successful termination of the program and informs some colleagues about that. All these activities are represented as actions. All actions are atomic, there is no hierarchy of actions. Some actions return results. Each action is in one of the following states (simplified):

- At first an action is *sleeping*: it must not yet be executed.
- Then it is *executable*: it can be executed - and it should be executed.
- Later the clerk has *executed* the action. At this moment he has also got the results.
- An action can be *meaningless*: Many error situations can be repaired in two ways: Either the action A that relates to ("causes") the error is executed too late, or a corrective action C is executed instead. The execution of C leads to a similar situation as the execution of A. If C has been executed it does not make sense to execute A, and therefore, A is set to meaningless. Vice versa, if A has been executed too late C is no longer necessary, and therefore, it is set to meaningless.

An action can be executed only if its requirements are met. It can be executed only once. There is no recursion. This is completely satisfying because in a real administration process an action may not be repeated over and over again until finally the correct result will come out. Furthermore even for the first repetition there are additional requirements. This can be modelled easily by a second (rather similar)

---

[3] To be precise: The knowledge model is suitable for EMLS monitoring at Sindelfingen plant production control with respect to the requirements to the ESEM prototype.

action. Notice that the requirements for executability are very important. They contain the dependences on other actions (usually on their execution), on the time (not before ...), or on an error (typical for actions to correct an error).

All irregularities one wants to regard are described by errors. As the number of potential irregularities is very large one must restrict oneself to those that happen frequently or that are very important. In the model each error is in one of the following states (simplified):

- In the beginning an error is *hypothetical*: it has not (yet) occurred in the current cycle.
- If the irregularity happens the error becomes *acute*. The most important reasons are: an action is late, an action was not executed in the correct way (e.g. a program crashed), an action (i.e. a checking action) did not deliver a certain result (e.g. the check of the output data did not deliver "all data are correct").
- If a situation that does not differ from the normal case is reached, the error is *repaired*.

Each error can become acute only once in a cycle. This can happen only if the requirements for 'acute' are met. It can become repaired only if the requirements for 'repaired' are met.

The example in figure 2 shows how actions and errors work together and how an administration process can be modelled by actions and errors. The action A1 is executable and should be executed before time t1. If this happens the system remains in the normal case and other actions may become executable. At time t1 the error E1 becomes acute if A1 has not yet been executed. E1 can be repaired either by executing A1 too late, or by executing the corrective actions C1 and C2. If E1 is repaired by executing C1 and then C2, A1 becomes unnecessary and is set to meaningless. Vice versa A1 is executed and C1 and C2 are set to meaningless. In the first case the system is in a state similar to that after the execution of A1, and therefore, it has again reached the normal case.

The knowledge model is the central part in the development of the expert system. It is the basis for the communication between the EMLS expert and the knowledge engineer, for the acquisition of the knowledge, for interviewing the expert, for documenting the knowledge informally in the questionnaires, for representing it semi-formally in the logical descriptions of the actions and errors, and finally for the implementation of the expert system.

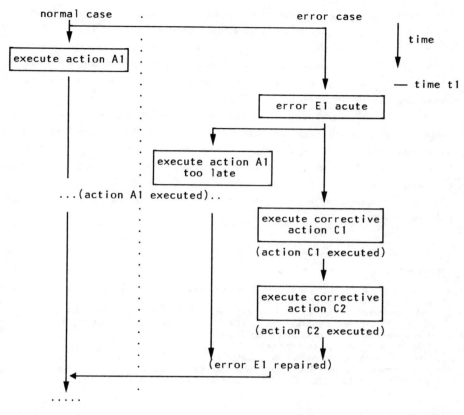

Interpretation:
  A1   confirm: file with order data received from central DP
  E1   no order data received
  C1   inform central DP
  C2   confirm: order data received by mail
  action A1 executed   file with order data received
  error E1 repaired   order data received on any way

Figure 2. Example for the collaboration of actions and errors

The knowledge acquisition process was divided into two parts: In the first part the knowledge engineer and the expert analysed the present situation, determined the knowledge sources and the main properties of the knowledge. They collected precedents. Without really noticing it they built a common understanding (their common language), what is necessary for any further cooperation. Now the knowledge engineer developed the knowledge model. In the second part the real knowledge acquisition takes place (cf. figure 3). In the ESEM project two knowledge engineers interviewed the expert. They used questionnaires to prepare the interviews, to record all results, and to document the knowledge. Knowledge acquisition is difficult and prone to errors. Even worse, it is very difficult to test the knowledge in the expert system. Therefore the expert was interviewed by two knowledge engineers (no speed up was intended by that). As the questionnaire is also used to document the knowledge that is implemented in ESEM, it contains more information than it is necessary for the expert system. Furthermore it represents the knowledge in an informal (mainly verbal) way. Therefore an additional semi-formal knowledge representation was used: the logical descriptions. They are derived from the questionnaires. They contain only information that is important for ESEM. Most information is expressed using propositional logic. The logical descriptions form the decisive intermediate representation of the knowledge (details see Florek, Höltke, Kempfert, Reinecke, 1987).

---

questionnaire (cf. figure 2, simplified)
1. **Denotation of the action:** *Phone the responsible at central DP, complain about the missing file with the order data...*
2. **Help information for the user:** *In the ORGCHART data base you can find the name of the responsible. Look at the TELEPHONE data base for his phone number.*
3. **The action belongs to section:** *SECTION2*
4. **The action serves to correct error:** *E1*
5. **Internal name of the action in ESEM:** *C1*
6. **Requirements so that the action becomes executable:**
   error E1 is acute, action C1 not yet executable, time > t1
....

logical description (simplified)
1. **denotation:** *Inform responsible at central DP. Complain!*
2. **internal name:** *C1*
3. **requirements for 'executable':**
   E1_STATE = 'acute' AND C1_STATE = 'sleeping' AND time > E1_TIME1
....

in ESE leading to 2 parameters and 4 rules

ESE-rule C1_EXECUTABLE (simplified)
   IF C1_STATE = 'sleeping' AND E1_STATE = 'acute' AND ACTUAL_TIME > E1_TIME1
   THEN C1_STATE = 'executable'

Figure 3. Example of a questionnaire and a logical description

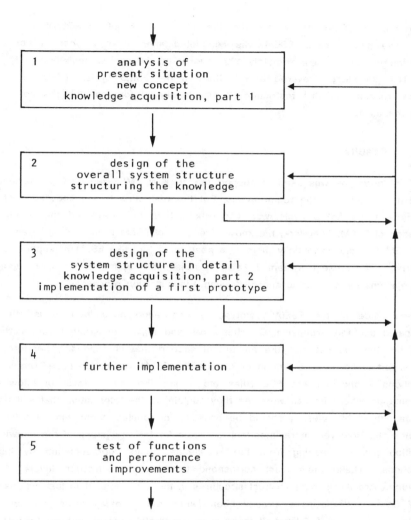

Figure 4. Phases of the ESEM development

In the development of ESEM five phases can be distinguished as shown in figure 4. (Cf. Kimm et al., 1979) Although the development team tried hard to proceed in a structured way they could not avoid loops. Building an expert system is done by knowledge engineering, but it can roughly be described as software engineering plus knowledge acquisition. ESEM contains an important information system part. Therefore, it was implemented using the expert system shell ESE (the IBM program offering of 1986), and Pascal and REXX for the conventional programming. I estimate that the conventional programming cost about 60% of the whole effort. At the end the amount of pure data in ESEM was so big that the additional use of an SQL/DS data base would have been nice... ESEM was completed after about a year, it contained knowledge in form of approximately 100 actions and 50 errors, implemented by 500 rules. That knowledge covered only a third of the EMLS cycle. (There were no technical reasons for this restriction. It merely served for reducing the costs and getting results earlier.)

5   Results

The ESEM prototype was used to support the clerk at EMLS monitoring. The system proved useful and met the requirements. But the restriction to the knowledge of the first third of the EMLS cycle was very obstructing and prevented the permanent application of ESEM. Therefore, the knowledge base of ESEM is just being extended to the full EMLS cycle. Essentially there is a need for a tool like ESEM to support EMLS monitoring. The present system is also a reasonable approach for more general expert systems for monitoring and controlling administration processes.

The weak side of the ESEM prototype is knowledge acquisition. It is still too complicated and too expensive. Questionnaires and logical descriptions are certainly useful, but they do not give the amount of support that is needed. Therefore, the EMLS expert is not able to extend or change the ESEM knowledge base. The logical descriptions - and not the ESE rules etc. - are the lowest level of knowledge representation where he can work. As they contain all the information that will finally be implemented by rules, it should be possible to translate them automatically into ESE rules etc. However, more important are tools for the first steps of the knowledge acquisition process leading from the knowledge to its representation by logical descriptions. These tools must correspond to different abstraction levels of the knowledge. Are there more abstract structures in the knowledge than just actions and errors? Some patterns have already been found, e.g. a delay error, abortion and repetition of a group of actions. If there were a complete set of high-level structures and adequate tools, the knowledge could be acquired in a more structured way leading to a more efficient and reliable knowledge acquisition process. Supported in this way the EMLS expert would no longer need the knowledge engineer's help to extend or change the knowledge in the expert system.

6   References

- Daniel G. Bobrow, Sanjay Mittal, Mark J. Stefik. "Expert Systems: Perils and Promise." *Communications of the ACM*, 29 (1986), 9, 880 - 894.

- Michael L. Brodie, John Mylopoulos, Joachim W. Schmidt, Eds. *On Conceptual*

Modelling: Perspectives from Artificial Intelligence, Databases, and Programming Languages. New York: Springer, 1984.

- Eugene Charniak, Drew McDermott, *Introduction to Artificial Intelligence*. Reading, Mass.: Addison - Wesley, 1985.
- *Expert System Development Environment/VM*. Menlo Park, Cal.: IBM, 1985.
- S. Florek, R. Höltke, C. Kempfert, R. Reinecke, "An Approach for Representing Administration Processes: Experience from an Expert System Application", *Wissensbasierte Systeme: 2. Internationaler GI - Kongreß, München, Oktober 1987*. Ed. W. Brauer, W. Wahlster. Informatik-Fachberichte, 155. Berlin: Springer-Verlag, 1987.
- Frederick Hayes-Roth, Donald Waterman, Douglas B. Lenat, Eds. *Building Expert - Systems*. Reading, Mass.: Addison - Wesley, 1983.
- Reinhold Kimm, Wilfried Koch, Werner Simonsmeier, Friedrich Tontsch. *Einführung in Software Engineering*. Berlin: Walter de Gruyter, 1979.
- Frank Puppe. "Expertensysteme." *Informatik - Spektrum*, 9 (1986), 1, 1 - 13.
- D. Schieferle. "Erfahrungen beim Einsatz von Expertensystemen und der Integration in die Gesamtorganisation eines Unternehmens." *Wissensbasierte Systeme: GI - Kongreß 1985*. Ed. W. Brauer, B. Radig. Informatik - Fachberichte, 112. Berlin: Springer, 1985.

7   Abbreviations

These abbreviations are valid in this paper only.

- EMLS   European/Enterprise Materials Logistics System
- ESE   Expert System Environment (IBM)
- ESEM   Expert System for EMLS monitoring
- REXX   System Product Interpreter / Restructured Extended Executor (IBM)
- SQL/DS SQL / Data System (IBM)

Dr. Rüdiger Reinecke
IBM Germany
German Manufacturing Technology Center
P.O. Box 266
D - 7032 Sindelfingen
F.R. Germany

INSPEKTOR
Ein wissensbasiertes Diagnosesystem für die Instandhaltung

Dr.-Ing. D. Specht
Dipl.-Ing. Th. Göbler

Fraunhofer-Institut für Produktionsanlagen
und Konstruktionstechnik

1 Einleitung

Wissensbasierte Systeme haben als erste industriell verwertbare Anwendung von Techniken der Künstlichen Intelligenz in den letzten Jahren große Beachtung gefunden. Dieses Interesse wird durch die Erkenntnis gelenkt, daß technisches Wissen in einer hochindustrialisierten Gesellschaft immer mehr als Produktions- und Produktivitätsfaktor gilt.

Das Fraunhofer-Institut für Produktionsanlagen und Konstruktionstechnik entwickelt wissensbasierte Systeme für die Produktionstechnik. In Zusammenarbeit mit einem Automobilkonzern wurde ein wissensbasiertes Diagnosesystem für Instandhaltungsaufgaben im Karrosserierohbau [1] entwickelt, das im folgenden Beitrag vorgestellt wird.

2 Anwendungsfeld Instandhaltung

Die industrielle Produktionstechnik basiert auf dem Zusammenwirken von Energietechnik, Materialtechnik und Informationstechnik. Die flexibel automatisierte, informationstechnisch verknüpfte Fabrikstruktur setzt sich aus Operationszellen zusammen, deren Aufbau durch Integration von Komponenten des Maschinenbaus, der Elektrotechnik und Rechnertechnik einen hohen Komplexitätsgrad erreicht [Spur87].

Die Sicherung und gegebenenfalls Wiederherstellung einer fehlerfreien Funktionsweise dieser hochtechnologischen Produktionsanlagen wird zu einer vordringlichen Aufgabe.

---

[1]Der vorliegende Artikel entstand im Rahmen des Projektes „Expertsystem Instandhaltung", Leitung o. Prof. Dr.-Ing. Drs.h.c. G. Spur, das aus Mitteln des ERP-Sondervermögens für wirtschaftsdienliche Forschung in Berlin gefördert wird.

Die Gewährleistung der Verfügbarkeit wird durch die rasante Entwicklung neuer Technologien, den erreichten Komplexitätsgrad der maschinellen und informationstechnischen Komponenten und durch die kurzen Einführungszeiten neuer Anlagen erschwert. Die Instandhaltung übernimmt in der flexibel automatisierten Fabrik eine wesentliche und anspruchsvolle Aufgabe [Spur87].

Die Aufgaben der Instandhaltung werden entsprechend der Norm DIN 31051 in drei Bereiche eingeteilt:

- *Wartung*, Maßnahmen zur Bewahrung des Sollzustandes,
- *Inspektion*, Maßnahmen zur Feststellung und Beurteilung des Istzustandes und
- *Instandsetzung*, Maßnahmen zur Wiederherstellung des Sollzustandes.

Die Überwachung und die Diagnose von Fehlern an Produkten und Fertigungseinrichtungen sind Voraussetzung für die Erfüllung vieler Aufgaben der Instandhaltung. Auftretende Fehler und Störungen müssen rechtzeitig erkannt und Gegenmaßnahmen eingeleitet werden. Bei der Fehlererkennung muß sich der Instandhalter mit einer Vielzahl von Symptomen, potentiellen Fehlern und Störungen von Systemen beschäftigen. Der Vorgang der Fehlersuche wird dadurch erschwert, daß die Ursache eines Fehlers selten in einer direkten zeitlichen und räumlichen Relation zu den beobachteten Symptomen steht, daß der Instandhalter nicht alle Relationen zwischen Symptomen und möglichen Ursachen kennt und daß manche Symptome ohne Hilfsmittel nicht erkennbar sind. Bei selten auftretenden Störungen wächst der Bedarf an diagnostischem Wissen und Hinweisen auf Maßnahmen zur Beseitigung der Fehler.

Die rechnerintegrierte Fertigung wird zahlreiche neue Techniken zusammenführen, die nur von besonders qualifizierten Mitarbeitern in ihrem komplexen Zusammenwirken übersehen werden. Maschinenstörungen in einer komplexen Produktionsumgebung und ungewöhnliche Fehler auch an bekannten Produktionsmitteln erfordern lange kostenintensive Fehlersuchzeiten. In den Unternehmen besteht daher ein großes Interesse an der schnellen Generierung von Fehlerdiagnosen und Reparaturanweisungen.

3 Industrielles Einsatzfeld

In Zusammenarbeit mit einem deutschen Automobilkonzern wurde der Prototyp eines wissensbasierten Diagnosesystems entwickelt. Einsatzfeld ist ein Teilbereich des Karosserierohbaus, der Türfügeprozeß. Unterstützt wird die Fehlersuche an einer aus 18 Stationen aufgebauten Transferstraße.

Das Anwendungsfeld beinhaltet drei wesentliche Problemstellungen:

- Verkettete Maschinen,
- Abbildung eines Fertigungsablaufes und
- Diagnose von Produktfehlern.

Die Beschreibung von Fehlern am Produkt war eine der schwer lösbaren Aufgaben. Es treten Fehler auf, die zwar von Benutzern beobachtet werden, aber mit Hilfe von Meßmitteln nicht oder nur schwer quantifizierbar sind, z. B. *eine unruhige Oberfläche*. Hinzu kommen Fehler, deren Auswirkungen erst in einem späteren Produktionsabschnitt oder am fertigen PKW beobachtet werden können, z. B. *durch Lackspiegelungen*. Ziel der Entwicklung ist die Erweiterung des Anwendungsfeldes auf die gesamte Produktion der Rohkarosserie mit den erforderlichen Relationen zu nachgeschalteten Produktionsabschnitten unter Einschluß des Kundendienstes.

4 Systembeschreibung

Der Systemprototyp kann benutzt werden, um Ursachen von Fehlern an der Karosserie und an Montagestraßen zu identifizieren. Ausgangspunkt einer Konsultation ist eine einfache menügesteuerte Beschreibung eines beobachteten Fehlers [Abb. 1]. Die Klas-

FEHLEROBJEKT	
STATION.11	STATION
AUSSENBLECH	TEIL
FALZBEREICH	BEREICH
	MASCHINE
	MASCHINENSYSTEM
FORMABWEICHUNGEN	TYP

Abbildung 1: Bereich der Benutzeroberfläche zur Fehlerbeschreibung

sifizierung von Fehlertypen entspricht dem Sprachgebrauch der Benutzer. Die menügesteuerte Beschreibung reduziert die Auswahl auf Fehler, die dem System bekannt sind. Die Anzahl der diagnostizierbaren Fehler wird hierdurch gesteigert und die Verarbeitung verbaler Fehlerbeschreibungen ermöglicht. Der Rechner analysiert diese Beschreibung und generiert mögliche Fehlerhypothesen.

Die Hypothesen werden nach der Wahrscheinlichkeit ihres Auftretens und dem Maß an Übereinstimmung mit der Beschreibung gewichtet und geordnet ausgegeben. Ausgehend von der wahrscheinlichsten Hypothese leitet das System Ursachen oder mögliche

Auswirkungen des Fehlers ab. Der Benutzer hat die Möglichkeit, auch weniger wahrscheinliche Hypothesen als Ausgangspunkt für die Suche nach Ursachen oder Auswirkungen zu bestimmen. Die Steuerung der Systemvorgehensweise durch den Benutzer wird durch die objektorientierte Repräsentation von Fehlern erleichtert.

Zusätzlich sind fehlerspezifische Informationen wie z. B. *Hinweise auf Reparatur- oder Korrekturmaßnahmen* zu jedem Zeitpunkt einer Konsultation abrufbar und werden parallel ausgegeben. Eine graphische Darstellung der Ursache–Wirkungs–Relationen, die im Zusammenhang mit den etablierten und möglichen Fehlern stehen, unterstützt den Fehlersuchprozeß.

Neben diesen primären Systemleistungen können die Attribute von Fehlerobjekten inspiziert und graphische Zusatzinformationen, z. B. *das Transferstraßenlayout* [Abb. 2], abgerufen werden. Der objektorientierte Ansatz erlaubt einen einfachen Zugriff auf die

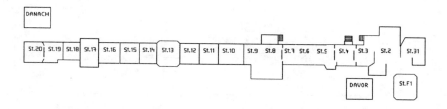

Abbildung 2: Transferstraßenlayout

graphisch dargestellten Elemente, z. B. *die Ausgabe des Fertigungsvorganges an einer bestimmten Station.*

Voraussetzung für den Einsatz in der Praxis ist die Unterstützung von Änderungen und Erweiterungen durch das System. Es enthält Module, durch die das System auch von Mitarbeitern des Automobilkonzerns nach kurzer Einarbeitungszeit an Veränderungen im Fertigungsprozeß angepaßt werden kann. Für diese Aufgabenstellung wurde eine zweite Benutzeroberfläche entwickelt, mit deren Hilfe bekannte Fehlerobjekte und deren Relationen verändert, neue Fehler, Teile, Maschinen eingegeben werden können. Erleichtert wird dieser Vorgang durch Ausgabe von Menüs und gezielten Fragen an den Benutzer. Ein Konsistenzprüfer, der im Hintergrund arbeitet, macht den Benutzer auf widersprüchliche Änderungen aufmerksam. Dadurch wird ermöglicht, daß mehrere Benutzer Änderungen vornehmen können.

4.1 Grundlagen und Konzepte

Die Eindringtiefe einer Diagnose, d. h. die Anzahl hintereinander geordneter Ursache–Wirkungs–Relationen aus Beobachtersicht, ist abhängig von der Feingliederung des zur Verfügung stehenden Wissens. Das Wissen des Maschinenherstellers unterscheidet sich vom Wissen des Anwenders. Der Hersteller einer Maschine oder Anlage besitzt maschinenbezogenes Wissen mit umfassenden Detailkenntnissen. Das Wissen des Anwenders wird bestimmt durch das hergestellte Produkt und das eingesetzte Fertigungsverfahren. Seine Kenntnisse maschinenabhängiger Fehler sind geringer, sein Wissen über Fehler, verursacht durch das Produkt und den Fertigungsprozeß in seinem Gesamtzusammenhang, ist größer.

Die verbale Bezeichnung einer Störung oder Fehlfunktion ist abhängig von dem zeitlichen Standpunkt des Beobachters [Abb. 3]. Einzelne Fehlerzustände bilden ein

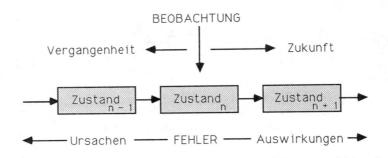

Abbildung 3: Fehlerzustandsmodell

Abhängigkeitsnetz. Verschiedene Beobachtungen der Benutzer entsprechen unterschiedliche Knoten innerhalb des Netzwerkes. Die zeitlich vor- und nachgelagerten Zustände entsprechen den Ursachen und Auswirkungen einer Beobachtung.

Ein Fehler wird im System durch Merkmale beschrieben. Jeder Fehler besitzt Informationen über sich selbst, aber auch über seine Relationen zu anderen Fehlerobjekten, die z. B. Ursachen oder mögliche Folgen beschreiben. Diese Struktur der Fehlerdarstellung erlaubt die Beschreibung von sehr komplexen Ursache–Wirkungs–Relationen. Abhängig vom Problemfeld schaffen vordefinierte Merkmalsklassen der Fehler die Basis für eine einfache Änderung und Erweiterbarkeit des Systems.

Merkmale werden zur Eingabe, Darstellung und Verarbeitung von Fehlern benutzt. *Eingabemerkmale* [Abb. 4] dienen der Beschreibung des beobachteten Fehlers durch den Benutzer. Sie bilden die Grundlage für die Identifikation und Auswahl relevanter

Unit: **VORFALZBACKEN.AUSGELAUFEN** in knowledge base   **FEHLER**
Member Of: **OBJEKTE.STATION.10**

Own slot: **STATION** from **VORFALZBACKEN.AUSGELAUFEN**
  Inheritance: OVERRIDE.VALUES
  ValueClass: UNIT
  Urspruengliche.Werte: STATION.10
  Values: STATION.10 in   BEARBEITUNGSSTATIONEN

Own slot: **TEIL** from **OBJEKTE.NACH.DER.TUERENSTRASSE**
  Inheritance: OVERRIDE.VALUES
  ValueClass: UNIT
  Values: UNKNOWN

Own slot: **TYP** from **VORFALZBACKEN.AUSGELAUFEN**
  Inheritance: OVERRIDE.VALUES
  ValueClass: UNIT
  Urspruengliche.Werte: VERSCHLEISS
  Values: VERSCHLEISS in   FEHLERTYPEN

Own slot: **BEREICH** from **OBJEKTE.NACH.DER.TUERENSTRASSE**
  Inheritance: OVERRIDE.VALUES
  ValueClass: UNIT
  Values: UNKNOWN

Own slot: **MASCHINE** from **VORFALZBACKEN.AUSGELAUFEN**
  Inheritance: OVERRIDE.VALUES
  ValueClass: UNIT
  Urspruengliche.Werte: FALZEINRICHTUNG
  Values: FALZEINRICHTUNG in   MASCHINEN

Own slot: **MASCHINENSYSTEM** from **VORFALZBACKEN.AUSGELAUFEN**
  Inheritance: OVERRIDE.VALUES
  ValueClass: UNIT
  Urspruengliche.Werte: FALZBACKEN
  Values: FALZBACKEN in   MASCHINENSYSTEME

Abbildung 4: Eingabemerkmale der Fehler

Unit: **VORFALZBACKEN.AUSGELAUFEN** in knowledge base   **FEHLER**
Member Of: **OBJEKTE.STATION.10**

Own slot: **URSACHEN** from **VORFALZBACKEN.AUSGELAUFEN**
  Inheritance: OVERRIDE.VALUES
  ValueClass: UNIT
  Urspruengliche.Werte: VORFALZBACKEN.VERSCHLISSEN
  Values: VORFALZBACKEN.VERSCHLISSEN

Own slot: **AUSWIRKUNGEN** from **VORFALZBACKEN.AUSGELAUFEN**
  Inheritance: OVERRIDE.VALUES
  ValueClass: UNIT
  Urspruengliche.Werte: FALZKANTE.AUSGEBROCHEN
  Values: FALZKANTE.AUSGEBROCHEN

Own slot: **GEWICHTUNG** from **VORFALZBACKEN.AUSGELAUFEN**
  Inheritance: OVERRIDE.VALUES
  ValueClass: NUMBER
  Urspruengliche.Werte: 30
  Cardinality.Min: 1
  Cardinality.Max: 1
  Values: 30

Own slot: **REPARATURANWEISUNGEN** from **VORFALZBACKEN.AUSGELAUFEN**
  Inheritance: OVERRIDE.VALUES
  ValueClass: STRING
  Urspruengliche.Werte: "Ausschweissen und einarbeiten."
  Values: "Ausschweissen und einarbeiten."

Own slot: **VORGANG** from **VORFALZBACKEN.AUSGELAUFEN**
  Inheritance: OVERRIDE.VALUES
  ValueClass: STRING
  Urspruengliche.Werte: "Die Vorfalzbacken der Falzeinrichtung an Station 10 sind ausgelaufen."
  Values: "Die Vorfalzbacken der Falzeinrichtung an Station 10 sind ausgelaufen."

Abbildung 5: Darstellungsmerkmale der Fehler

Fehlerhypothesen. *Darstellungsmerkmale* [Abb. 5] vereinigen weitere relevante Kennzeichen der Fehlerobjekte. Diese werden im Verlauf einer Konsultation zur Ausgabe von natürlichsprachlichen Informationen und zum Ableiten von Ursachen und Auswirkungen der Fehler benutzt. Die Präsentation der Merkmale erfolgt in Abhängigkeit vom jeweiligen Systemstatus, dem aktuellen Stand der Fehlersuche und den Benutzeranforderungen.

Elementare Merkmale der Fehler, z. B. Teile, Maschinen, Maschinensysteme, sind objektorientiert in Frames dargestellt. Konzepte zur Klassifizierung und Hierarchisierung

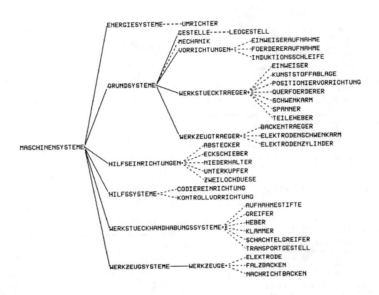

Abbildung 6: Repräsentation von Maschinensystemen in einer Klassenstruktur

[Abb. 6] bilden die Grundlage für unterschiedliche Anwendungen im Bereich der Produktionstechnik. Zusätzlich sind sie Basis für eine einfache Änderung und Erweiterung des Systems, z. B. bei der Umstellung auf ein neues Produkt oder bei Änderungen an Fertigungslinien.

4.2 Benutzeroberfläche und Implementierung

Das System ist mit einer menügesteuerten, grafikorientierten, maussensitiven Benutzeroberfläche ausgestattet und sehr einfach zu handhaben. Die Benutzeroberfläche [Abb. 7] besteht aus vier Bereichen. Der obere dient zur Steuerung der Systemvorgehensweise und Anzeige des Systemstatus. In der Mitte befinden sich zwei Regionen zur Eingabe der

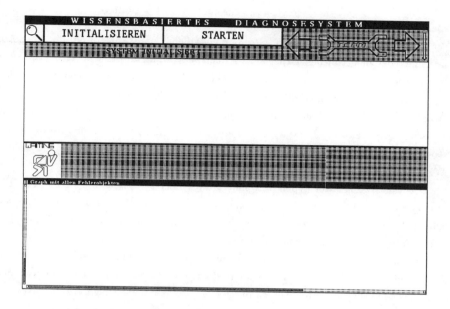

Abbildung 7: Benutzeroberfläche Konsultationsmodus

Fehlerbeschreibung und zur Darstellung verbaler Informationen sowie Systemanfragen. Im unteren Bereich werden graphische Informationen ausgegeben. Beim Wechsel vom *Konsultationsmodus* zum *Änderungsmodus* wird nur der obere Bereich und damit die Menge der verfügbaren auswählbaren Kommandos verändert. Der Rest der Benutzeroberfläche wird nicht verändert, der Anwender kann in der gewohnten Darstellungsweise weiterarbeiten.

Das System wurde auf einer Symbolics 3640 mit Hilfe der Entwicklungsumgebung KEE (Knowledge Engineering Environment) implementiert. Die verschiedenen Klassen sind jeweils eigenen Wissensbasen zugeordnet. In der Wissensbasis *Fehler* sind im Anwendungsprototypen zur Zeit 170 Fehlerobjekte abgebildet. Für den industriellen Einsatz ist eine Portierung auf einen anderen Rechner vorgesehen.

5 Nutzen des wissensbasierten Diagnosesystems

Primäre Aufgabe von INSPEKTOR ist eine Optimierung der Verfügbarkeit und Zuverlässigkeit von Fertigungsanlagen. Die Produktivität und Wirtschaftlichkeit der Gesamtanlage wird durch eine nicht an Arbeitszeiten gebundene Nutzung des im System gespeicherten Expertenwissens gesteigert. Das vom Instandhaltungspersonal in langjähriger Erfahrung gewonnene Wissen wird damit verfügbar und kann sowohl bei einer Abwesenheit der menschlichen Experten, beispielsweise während der dritten Schicht oder bei Urlaub, als auch durch mehrere Anwender an verschiedenen Orten genutzt werden.

Die Systemgestaltung erlaubt einen einfachen Zugriff auf gespeichertes Wissen. Das Arbeitsgebiet wird durch den Wissensakquisitionsprozeß strukturiert. Das gesammelte Wissen ist jederzeit anwendbar aber auch auszuwerten. Es unterstützt den Anwender bei der Lösung von Aufgaben. Die Produktion kann durch die Auswertung des gesammelten Wissens schon in der Entwicklung und Planung optimiert werden.

Der Einsatz des Prototypen vermindert die Fehlersuchzeiten und damit die Stillstandszeiten der Fertigungsanlagen. Hinweise auf geeignete Reparaturmaßnahmen verkürzen die Instandsetzungszeiten und erhöhen die Qualität der Arbeiten. Es wird weniger Ausschuß produziert, Folgeschäden sind erkenn- und vermeidbar. Personen, die mit der Instandhaltung der Anlage nicht ausreichend vertraut sind, werden durch die Benutzung des Systems indirekt geschult. Das System ist auch unmittelbar zur Schulung einsetzbar. Die Instandhaltungsexperten werden durch das wissensbasierte Diagnosesystem von immer wiederkehrenden Routineaufgaben entlastet und stehen für die Lösung von neuen und sehr komplexen Problemen zur Verfügung.

Das entwickelte Konzept von INSPEKTOR eignet sich für einen Einsatz in Betriebsbereichen, die sich mit Fehlern, deren Diagnose, Reparatur und Korrektur auseinandersetzen. Besonders geeignet sind Anwendungsdomänen, in denen Fehler bzw. deren Symptome nicht durch die Zuordnung zu Sensordaten oder Kennzahlen identifiziert werden können. Dies trifft häufig auf den Bereich der Produktdiagnose zu. INSPEKTOR kann als Werkzeug dienen, um Anwendungssysteme für verschiedenen Aufgabenstellungen aufzubauen.

Literatur

[Spur87] Spur, G.; Specht, D.; Göbler, Th.: Building an Expert System for Maintenance. In: Proceedings of the IFIP TC 5/WG 5.3 Working Conference on Diagnostic and Preventive Maintenance Strategies in Manufacturing Systems. Amsterdam: North-Holland,1988, pp.183-202.

[Specht87] Specht, D.; Göbler, Th.: Entwicklungsschritte zu Expertensystemprototypen. ZwF 82 (1987) 5, S.118–121.

TROUBLESHOOTING DC DRIVES BASED ON HEURISTICS AND REASONING FROM FIRST PRINCIPLE

Vijay Bandekar, Reno Wagenblast and Klaus Winkelmann
SIEMENS AG
ZTI INF 31
Otto-Hahn-Ring 6
8000 Munich 83
FRG

Abstract

A novel technique for diagnosis based on qualitative models and empirical laws underlies the design of a highly integrated system MORIDS. The integration of the fundamental knowledge and heuristics is discussed. Existing representation techniques for dynamic systems have been integrated and extended as the analog domain - the domain in which MORIDS is being tested - contains a rich variety of signals and interactions. Future work on extending the representation part is discussed.

Introduction

Earlier artificial intelligence (AI) systems were basically rule-based. Since the advent of qualitative physics there have been several attempts to develop so called 'model-based' systems which reason from first principles [3,5]. Today it has been accepted that future AI systems should be hybrids of 'rule-based' and 'model-based' approaches [2,6]. We explain why such an approach is necessary based on our experience in the analog domain. Our work on MORIDS (Model and Rules Integrated Diagnosis System), a new generation AI tool for diagnostic reasoning, concentrated on several aspects of reasoning with an emphasis on accuracy, efficiency and overall performance. Our implementation is based on a toolbox developed in our laboratory. This toolbox consists of a system for structural representation, a constraint propagation system and an assumption based truth maintenance system.

In the domain of electrical and electronic devices, failures like melting of the protective fuses are very common. According to the experts many such cases have shown overcurrent or overvoltage in the form of high frequency oscillations reaching the thyristors (controllable electrical valves). It has been generally noticed that the problems encountered in such devices have more environmental influences (e.g., high voltage cables near control devices) than internal ones. This does not mean that the faults in such cases can not be traced. The point is that the troubleshooting in these situations can not be done just on the basis of the design description of a device. One also needs a source of empirical knowledge or a statistical data base describing faulty situations. Another reason for the restricted reliability of the design description (component model) is that the device models are *idealized* models and hence do not contain all the attributes that are necessary to predict/explain all kinds of behavior. One may consider including all possible attributes in a model to eliminate the shortcoming. But this may not be practical, as it could lead to expensive computations and complexities. This is why most of the realistic approaches to building diagnosis systems attempt to distinguish between *functional knowledge* and *experiential knowledge [6]*. We shall present a similar approach: The functional knowledge contains a qualitative model of the given device in the form of a constraint net and the experiential knowledge is a combination of heuristic rules and causal hypotheses. E.g., the failure "fuse melts" is caused by either an overcurrent or by aging of the fuse or by both. This is the kind of causal hypothesis that may be categorized as experiential knowledge. Such an architecture enables us to integrate a system for *experimental inquiry* that can establish new causal hypotheses.

The Domain: Variable speed dc drives

Knowledge representation and inference mechanisms developed so far within the scope of qualitative physics have been tried only on toy problems. There is a need to examine the application domain thoroughly so that the representations can be extended and adapted successfully.

In order to control the speed of a dc motor, either the armature current or the field current is regulated, as a linear relationship exists (within certain operating range) between the current and the torque. Static converters are used to vary the armature/field voltage of a dc motor. Such converters consist of thyristors which act as electrical valves. Thyristors allow a current to flow in one particular direction when the potential difference between its terminals reaches the threshold and there is a current impulse at its gate. If the applied voltage varies in a 'sine wave' form, then there will be a specific point on the time line along the sine wave that corresponds to the threshold voltage of the thyristor. For each cycle, once the threshold is crossed, an impulse at the thyristor gate makes the current flow. In figure 1 three different wave forms are given that indicate the applied voltage, the gate current (an impulse) and the output current, respectively.

A converter circuit is based on this principle. In our diagnosis project, we consider a three-phase bridge converter. The functionality of a 3-phase bridge converter may be briefly described as allowing the same proportion of every half sine wave of a 3-phase alternating current per cycle. 3-phase alternating current consists of three different sine waves separated by 120 degrees (phase difference). Each wave has two parts; a positive and a negative. The length of a cycle (wave length) is 360 electrical degrees(or just degrees).

Note that the time axis may be labeled either by the electrical angle or by milli seconds. The conversion of the unit depends upon the frequency of the ac supply voltage. (E.g., if $f=50$ Hz, i.e. 50 cycles/sec, then 1 cycle = 360° el = 1/50 sec = 20

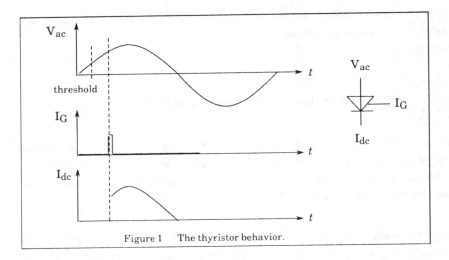

Figure 1 The thyristor behavior.

ms.) Converting an alternating current into a direct current is done by allowing the positive part of the alternating current through the thyristors with normal polarity, and the negative part with reversed polarity. This means that if we had a device that reverses the current flow direction when the alternating current changes its polarity, we can produce a direct current. This can only be achieved by using a set of thyristors and opening them at the appropriate time.

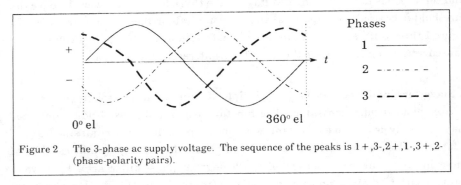

Figure 2 The 3-phase ac supply voltage. The sequence of the peaks is 1+,3-,2+,1-,3+,2- (phase-polarity pairs).

In fig. 3, an ac-supply is given whose phases are labeled by 1, 2 and 3, corresponding to the waves 1, 2 and 3 in figure 2. Hence the sequence of peaks is the same as given in figure 2; i.e. 1+,3-,2+,1-,3+,2-. This is the sequence in which the bridge in fig. 3 has to be closed. E.g. 1+ means the current flows from **a** to **b** and 1- means that the current flows from b to a. This means our problem is to switch on those thyristors that lie between the respective nodes. For instance, during 3+ the bridge between c and a has to be closed, which is done by switching thyristors 3 and 4 on; i.e. by sending impulses to the gates of the thyristors 2 and 6 respectively. Six pairs of impulses are required per cycle; each pair is being separated by 60° (3.3 ms for 50Hz).

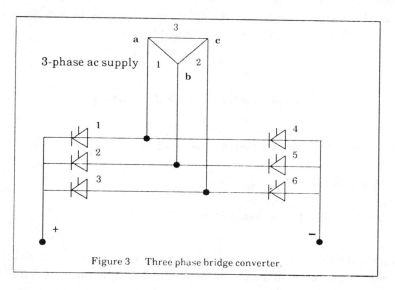

Figure 3   Three phase bridge converter.

We have already mentioned that the point on the time axis at which the pulse is sent to a thyristor decides how much current is tapped. We shall represent this point by an angle measured from the beginning of a cycle and denote it by α. Since the 6 pairs of impulses are always separated by 60°, the position of the first impulse can determine the positions of the rest.

It is the responsibility of the device **trigger-set** to send impulses to the appropriate thyristors at the appropriate time instance (α). This is an analog device that detects the null-crossing of the first phase and sends the first pair of impulses at α° from this null and the rest every 60° thereafter.

The amount of current necessary to drive a load at a constant speed depends upon the load itself. An increase in the load on the rotor shaft causes a reduction in the shaft speed which is compensated by increasing the current, i.e., by adjusting α. This is done as follows:

The speed controller compares the actual speed with the desired (setpoint) speed and amplifies this difference. The result is a value for the current setpoint, i.e., the desired current for the additional load. The current controller compares this with the actual current and amplifies the difference. This signal corresponds to the impulse position α. This cycle repeats as the load changes.

Representing Empirical Knowledge

Empirical knowledge is classified into two categories.

- Heuristic rules

- Probabilities of component failure.

Heuristic rules drive the main diagnostic process. They are associations between a consequence and a set of necessary and sufficient conditions. Conditions and consequences both have symbolic forms. In our implementation they are represented as a network whose nodes are symbolic expressions. The information level contains knowledge concerning observations, tests, etc. Those nodes are associated with the knowledge at the hypothesis level, which may be associated with the knowledge at the information level (tests).

In contrast to the heuristic rules, probabilities of the component failures provide a criteria to choose the most likely fault or faulty component when there is a choice between the suspects (possible faults). This serves as a focusing mechanism in complex systems. The probabilities are used to order the associations in a given network so that the faults with highest probabilities are considered first.

Qualitative Model of the System

The functional relationships between the inputs and outputs of the individual devices of the overall system given in Figure 4 are given below:

Speed-Controller(C-N): $I_{set} = f_1(N_{set} - N_{obs})$

Current-Controller(C-I): $a = f_2(I_{set} - I_{obs})$

Trigger-Set(S): $P_T = f_3(V_{syc}, a)$

Converter(T): $I_{obs} = f_4(V_i, P_T)$

Motor: $N_{obs} = f_5(I_{obs})$

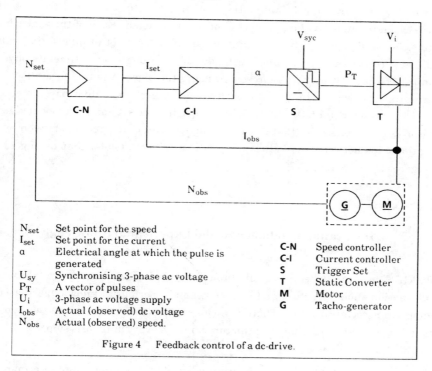

N_{set} — Set point for the speed
I_{set} — Set point for the current
a — Electrical angle at which the pulse is generated
U_{sy} — Synchronising 3-phase ac voltage
P_T — A vector of pulses
U_i — 3-phase ac voltage supply
I_{obs} — Actual (observed) dc voltage
N_{obs} — Actual (observed) speed.

C-N — Speed controller
C-I — Current controller
S — Trigger Set
T — Static Converter
M — Motor
G — Tacho-generator

Figure 4   Feedback control of a dc-drive.

Each of these functions is represented as a relationship between qualitative variables as well as a relationship between signal forms described symbolically. We deal with two different kinds of values of a parameter: *average* and *absolute*. E.g., the *average* value of a is given by a pair of polarity and qualitative value, say (+ medium) and its *absolute* value is given by its signal form (usually measured by an oscilloscope). In figure 7 we have given the symbolic representations of the values of some parameters. We have developed a vocabulary to describe the signal forms that consists of symbols such as step, impulse, caps, etc. E.g., The absolute value of I_{obs} is written as (6 caps) which means the dc current consists of six different caps per cycle of ac.

Each device parameter is defined as an object with various attributes that correspond to the individual properties of the parameter. Each of these attributes are either assigned a global constant or qualified by a set of qualitative values values. Properties such as typical behavior of a parameter over time, its physical nature, complexity, etc. are represented using the object oriented formalism. An instantiated object represents a measurement of certain system parameter at a particular time instant. In figure 5, the device trigger-set has been modeled using this idea. The constraint that describes the behavior of trigger-set is given by the relationships between the values of specific attributes (slots) that belong to the trigger-set parameters.

Integrating Fundamental and Experiential Knowledge

MORIDS uses an integration of 'fundamental domain knowledge' (based on information about structure and behavior) and 'experiential knowledge' (based on empirical associations) [6]. There is a close interaction between the two types of knowledge in the sense that both can contribute to every diagnosis step.

The expert controls the diagnostic process based on the knowledge in a manifold manner. Experience shows that the overall behavior of a device is more than a collection of parts that can be described in a context free way. Only a novice focusses his reasoning uniquely on 'fundamental knowledge'. Therefore limits of

a. Graphical representation of the constraint describing the trigger set.

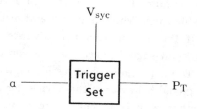

b. Representation of the constraint parameters as objects.

```
Object:  P_T
:type-of-signal              impulse, dc
:number-of-impulses          {1...6}
:distance-between-impulses   "constant"
:distance-from-zero-value    {low, medium, high}
:distance-from-zero-trend    {increasing, constant, decreasing}
```

```
Object:  V_syc
:type-of-signal              sine, ac
:number-of-phases            3
```

```
Object:  α
:type-of-signal              + step, dc
:polarity                    +
:average-value               {low, medium, high}
:trend                       {increasing, constant, decreasing}
```

c. A table describing the relationship between α and P_T.

α:average-value	P_T:distance-from-zero-value
high	low
medium	medium
low	high

Figure 5

his diagnostic reasoning emerge. During the diagnostic process an expert tends to move back and forth between the various types of knowledge. The expert does not take action step by step; he is guided by his practice in a very efficient way to inspect first the most probable cause which is possible after the interpretation of tests, observations, etc. If the expert does not advance with his empirical associations, fundamental knowledge is necessary to continue the diagnostic process until he succeeds. The expert also changes his view in a restricted way. Sometimes he looks at the global behavior of the device (for example by varying some parameters). The other way is to check the behavior of the isolated component; i.e., to test its teleological function. In the analog domain we have different kinds of demands than in the digital domain, in which we can make the assumption of static reproducible fault states [8].

Diagnosis Strategy

The approach of de Kleer/Williams [5] (diagnosis based on 'first principles', qualified for the digital domain with a very simple input/output) has been augmented by a heuristic reasoner. With the empirical associations we can reduce the candidate set. Hence we do not have to drag along components in the candidate set that can be removed by interpreting the output. The experiential portion provides a structure to the diagnostic process [8]. An overview if MORIDS is given in figure 6.

We treat multiple faults as in deKleer&Williams [5]. *CandidateSet* is a set of sets of components and so is the *ConflictSet*. Each element of the *ConflictSet* (a *conflict*) contains at least one faulty component. Each element of the *CandidateSet* (a *candidate*) is a set of components such that if all components of an element are faulty then all symptoms are explained. We have a model which reflects the correct behavior of the system and with this model we can predict values, which can be compared with the observed values. If a discrepancy is noted we can get the information from the data dependency network about the components that contribute to this value. That means we ask for the prehistory of the value. The algorithm works in an incremental way. The more observations we gather, the more conflicts we have. Thus we can definitely reduce the *CandidateSet* because every *conflict* must have a non-empty intersection with a *candidate*.

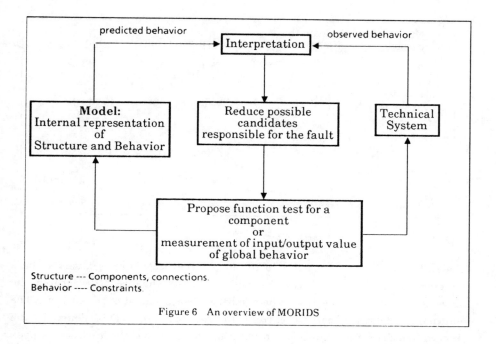

Figure 6   An overview of MORIDS

Our experiential knowledge is set up on top of this mechanism. The constraints are used for testing the functionality of the components. In the analog domain, it is inadequate to diagnose based only on the discrepancy between the predicted and the measured values [5]. The information in a complex signal has to be interpreted and associated with the components that contribute to the faulty signal [8]. This observation allows us to distinguish between the good and the bad paths. The components of the good paths can be eliminated from the *Candidate* and those in the bad paths still remain candidates for checking.

An Example of a Diagnosis Session

In a typical diagnosis session, our system begins with a set of symptoms. We shall demonstrate an example session in an attempt to explain our integrated approach.

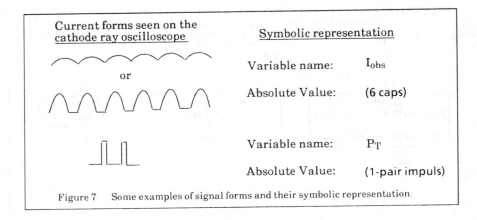

Figure 7   Some examples of signal forms and their symbolic representation.

The statement 'There is a noise in the motor and brush fire is observed' be a symptom. This symptom is associated with the fault: 'The direct current from the converter is uneven'. The system demands the measurement of the current. The multimeter indicates normal current (*average* value). This demands the observation of current forms(*absolute* value measured by a cathodray oscilloscope). The measured value is '(4 caps)' and the predicted value is '(6 caps)'. From this observation we not only note the discrepancy but also identify the components that are responsible for the discrepancy; i.e., here either the trigger-set or the converter is faulty. Thus the set of responsible components is inferred by the experiential part by interpreting the output variable form.

Next we go to the component model. In order to look for a behavioral discrepancy we measure the inputs and outputs of each component and compare the actual behavior with the model behavior. The trigger set has two inputs given by '(3-phase sine)' and '(dc +)' and a output given by '(6 impuls)'. The observed values show no discrepancies. Hence the trigger-set is eliminated from the component set. Thus we are left with the static converter which must obviously be faulty. If we need to diagnose at a more detailed level, we may proceed with the same steps in the next lower hierarchy.

Open problems and research issues

Nowadays, purely rule-based diagnosis systems are sufficiently well understood to be routinely applied to suitable domains. Also, the drawbacks of such systems, such as brittleness, ignorance of the limits of expertise, and lack of true explanatory capability are well known. Our work concentrates on the quest for "second generation" expert systems, by using deep models. Although there is little doubt about the principal need and advantage of this approach, there is still much research to be done before model-based expert systems can be considered an established technique to be used in real engineering problems today.

We have experienced these difficulties in actually formulating the domain model: in our case, this requires a good background in electrical engineering. Detailed numerical models, as well as a body of mathematical tools for analyzing and simulating the domain exist, viz. control theory. On the other hand, we do not intend to use primarily such quantitative models, on the grounds that the domain expert indeed does most of his reasoning without significant numerical calculations. One interesting example illustrates the difficulty of casting the expert's reasoning in a formal model. In a certain context, we can reason like this: the voltage $V1$ is rising - as it will go on rising, it must reach its upper limit eventually. This is an adequate line of reasoning in the domain, although it is mathematically inappropriate (there could be asymptotic behavior).

In the qualitative modeling approach, there are currently no suitable representations and reasoning methods for feedback, memory etc. Therefore our modeling is at a level of abstraction where there is no feedback. We concentrate only on the static states. Progress can be achieved only by cooperating with the experts of the specific domains as it makes no sense to reinvent the wheel.

Conclusion

We have introduced a hybrid system (MORIDS) for diagnostic reasoning in technical domain based on empirical laws and deep models. The analog control of a dc drive, the domain in which the system is being tested, is discussed. A representational framework for empirical knowledge and deep knowledge is described. A typical diagnosis session is presented which of course does not include all the features of our system.

MORIDS is a result of several ideas. Since it is still in its infancy, there are continuous updates to it as we keep discovering new aspects of representing a richer variety of signals, as well as integrating the two kinds of knowledge bases. Our future efforts will be concentrated in integrating a learning system that can identify new and authentic correlations between the events. MORIDS is also going to be tried in real-time process monitoring and control. We have already laid the conceptual foundation for this. Our representation of the device parameters as objects can be extended for the purpose of automatic accessing of the measurements. This may be done by including an additional slot for the real time instant at which the measurement is made.

Acknowledgment

We are thankful to the colleagues from the Energy department of Siemens, Erlangen for sharing with us some of their expertise in the area of analog control of dc drives.

References

1. V. Bandekar, "Causal Models for Dagnostic Reasoning", Siemens AG, ZTI INF 3, Munich, 1988.
2. P. Cunningham and Michael Brady, "Qualitative Reasoning in Electronic Fault Diagnosis" IJCAI 1987.
3. R. Davis, "Diagnostic Reasoning Based on Structure and Behavior" *Artificial Intelligence* Vol. 24 Numbers 1-3 December 1984.
4. J. de Kleer & J.S. Brown, "A Qualitative Physics Based on Confluences" *Artificial Intelligence* Vol. 24 Numbers 1-3 December 1984.
5. J. de Kleer & B.C. Williams, "Diagnosing Multiple Faults" Intelligent Systems Laboratory, Xerox PARC, September 1985.
6. P. Fink and J. Lusth, "Expert Systems and Diagnostic Expertise in Mechanical and Electrical Domains" IEEE TRANSACTIONS ON SYSTEMS, MAN AND CYBERNETICS, VOL. SMC-17, NO.3, MAY/JUNE 1987.
7. M.R. Genesereth, "The Use of Design Descriptions in Automated Diagnosis" *Artificial Intelligence* Vol. 24 Numbers 1-3 December 1984.
8. R. Milne, "The Theory of Responsibilities" SIGART Newsletter, July 1985, Number 93.
9. R. Milne, "Strategies for Diagnosis" IEEE TRANSACTIONS ON SYSTEMS, MAN AND CYBERNETICS, VOL. SMC-17, NO.3, MAY/JUNE 1987.
10. J.A. Reimann & K. Winkelmann, "Rocedi, ein Expertensystem zur Diagnose in flexiblen Montagezellen" SIEMENS, E STE 3, Erlangen, FRG, 1986.
11. P. Struß, "Diagnose mit tiefen Modellen", Siemens AG, ZTI INF 2, Interner Bericht, 1988.
12. V. Venkatasubramanian and S.H. Rich, "Reasoning Using Compiled and Deep-Level Knowledge for Diagnosing Process Plant Failures" in Knowledge Based Expert Systems for Engineering, Computational Mechanics Publications, 1987.

WERKZEUGE FÜR DIE WISSENSBASIERTE DIAGNOSE
IM INDUSTRIELLEN BEREICH

Prof. B. Breutmann
Dipl.-Inf. (FH) H. Liebsch
Dipl.-Inf. (FH) G. Seng
Fachhochschule Würzburg-Schweinfurt

Zusammenfassung: Für die Realisierung wissensbasierter Systeme wird eine Vielzahl von Werkzeugen angeboten. Der Beitrag berichtet über Erfahrungen, die beim Einsatz verschiedener Werkzeuge für die Entwicklung wissensbasierter Diagnosesysteme unter industriellen Anforderungen gewonnen wurden. Beispielhaft werden zwei Ansätze gegenübergestellt, die ausgehend von vergleichbaren Anforderungen verschiedene Wege bei der Auswahl von Entwicklungswerkzeugen verfolgen.

1   Einleitung

Im industriellen Bereich werden Expertensysteme überwiegend entwickelt
- für die Fehlerdiagnose technischer Systeme oder Prozesse
- für die Konfigurierung technischer Systeme
- für die Planung (z. B. Arbeitsplanung).

Die Entwicklungen dieser Systeme starten in der Industrie derzeit häufig unter anderen Vorzeichen wie konventionelle Software-Projekte: Ausgangspunkt ist weniger der Bedarf des Marktes nach einem wissensbasierten System für eine konkrete Anwendung, sondern eher der Bedarf der Entwickler, zu erfahren, ob und wie wissensbasierte Systeme und KI-Werkzeuge für die Lösung praxisbezogener Aufgabenstellungen einsetzbar sind.

Aus diesem Grund haben die meisten der aktuellen Entwicklungen von Expertensystemen prototypischen Charakter (|15|, |23|). Es geht darum, mit geringem Entwicklungsaufwand wesentliche Funktionen des wissensbasierten Systems zu realisieren und kurzfristig auf Änderungswünsche der Experten oder Anwender zu reagieren. Zugleich dient der Prototyp als Vorzeigeversion, um gegenüber dem Management Wirkungsweise und Nutzen der neuen Softwaretechnik nachweisen zu können.

Für die Entwicklung von Prototypen haben sich KI-Werkzeuge als in hohem Maße geeignet erwiesen.

Veröffentlichungen über Prototypentwicklungen befassen sich überwiegend mit methodischen Aspekten, wie z. B. dem Einsatz von Methoden der Wissensdarstellung oder des Problemlösens für das vorgegebene Anwendungsgebiet und den Erfahrungen, die bei der Realisierung dieser Methoden mit speziellen KI-Werkzeugen gewonnen wurden. Allgemein zugängliche Aussagen darüber, wie die verwendeten Werkzeuge über den methodischen Aspekt hinaus im Hinblick auf den Einsatz in industriellen Anwendungsumgebungen einzuschätzen sind, liegen bis jetzt kaum vor.

Der vorliegende Bericht gibt Erfahrungen wieder, die bei der Entwicklung von Systemen für die Fehlerdiagnose für unterschiedliche Anwendungsbereiche mit mehreren industriellen Partnern gewonnen wurden.

Ausgehend von vergleichbaren Anforderungen werden exemplarisch zwei unterschiedliche Ansätze bei der Auswahl von KI-Werkzeugen vorgestellt und im Hinblick auf industrielle Einsatzbedingungen diskutiert.

2 Anforderungen an Diagnosesysteme für den industriellen Einsatz

Die Auswahl von KI-Werkzeugen für die Entwicklung eines Diagnosesystems bedeutet für das Zielprodukt eine Vorentscheidung einerseits über realisierbare Methoden der Wissensrepräsentation und Inferenzmechanismen, andererseits über die Möglichkeiten, das Zielprodukt in vorgegebenen Anwendungsumgebungen einsetzen zu können.

Die Vorstellungen über den Einsatz von Diagnosesystemen im industriellen Bereich waren bei den bearbeiteten Projekten trotz unterschiedlicher Anwendungsbereiche in den Grundzügen einheitlich und klar umrissen.

Das Diagnosesystem sollte vor Ort einsetzbar sein – auf Montage, beim Kunden etc. Als Einsatz-Hardware ist deshalb ein Rechner der PC-Klasse, wenn möglich ein tragbarer PC vorzusehen.

Die Bedieneroberfläche sollte so gestaltet werden, daß sie dem zukünftigen Benutzerkreis akzeptiert wird, vor allem auch im Vergleich zu konventionellen Softwarelösungen. Diese Forderung betrifft im wesentlichen die Dialogkomponente und Wissenserwerbskomponente der Systemarchitektur. Gefordert werden eine komfortable Menüführung, grafische Benutzeroberflächen und kurze Antwortzeiten.

Das Zielsystem sollte in die bestehenden Hardware- und Software-Umgebungen passen. Es sollte in bestehende Anwendungen integriert und an vorhandene Datenbestände angeschlossen werden können.

Vorstellungen über die Einbringung spezieller Methoden in das Zielprodukt (Wissensrepräsentation, Inferenzmechanismus) waren anfangs, falls überhaupt vorhanden, eher vage. Sie konkretisierten sich erst während der Erstellung des Prototypes und orientierten sich zunächst an Fragen des Knowledge Engineering:

Wie kann der Experte bei der Erstellung, Wartung und Weiterentwicklung von Wissensbasen unterstützt werden?

Kann die Wissensbasis so aufgebaut werden, daß das für den Zweck der Diagnose eines technischen Systems erstellte Wissen auch unter anderen Verarbeitungsaspekten genutzt werden kann (z. B. für die Konstruktion einer Nachfolgeversion des Systems oder für die Einpassung des Systems in eine umfassende Konfiguration)?

Wie können Redundanzen bei der Eingabe und Veränderung von Wissen vermieden oder effizient verwaltet werden?

3   Auswahl von Werkzeugen

Werkzeuge zur Entwicklung von Expertensystemen werden in der Literatur mehrfach beschrieben und unterschiedlich klassifiziert (|13|, |15|, |17|, |18|, |19|, |23|). Neben der grundsätzlichen Unterscheidung in Programmiersprachen, Entwicklungssysteme und Shells interessieren vor allem die Merkmale, die für die genannten Einsatzanforderungen relevant sind.

Programmiersprachen

Grundsätzlich kann ein Expertensystem in jeder Programmiersprache entwickelt werden. Neben den konventionellen prozeduralen Programmiersprachen (C, PASCAL, FORTRAN, etc.) bieten sich vor allem PROLOG (z.B |2|, |5|), LISP (z. B. |3|, |21|) und SMALLTALK (|8|) als deklarative, funktionale bzw. objektorientierte Sprachen an. Sie entlasten den Entwickler von Details des Kontrollflusses und unterstützen ihn im Hinblick auf Darstellung und Verarbeitung von Wissen. PROLOG und LISP werden in unterschiedlichen Dialekten angeboten, die zum Teil auch auf PC's einsetzbar sind und Schnittstellen für die Grafikunterstützung anbieten. Als Standards zeichnen sich COMMON LISP (|3|) und der auf |5| beruhende PROLOG-Dialekt ab.

Entwicklungssysteme

PROLOG und vor allem LISP bilden die Basis vieler Systeme, die spezifische Funktionen für die Entwicklung von Expertensystemen anbieten, wie z. B.

- Funktion zur Darstellung von Wissen und zur Strukturierung der Wissensbasis
- Inferenzmechanismen
- Entwicklung adäquater (zum Teil auch grafischer) Benutzerschnittstellen.

Wie umfangreich und mächtig das Funktionsangebot eines Entwicklungssystemes ist, läßt sich nicht zuletzt an der erwarteten Hardwareumgebung messen: Entwicklungssysteme sind auf PC's, Workstations oder Groß - rechnern einsetzbar (|1|, |7|, |9|, |11|, |14|).

Expertensystemshells

Expertensystemshells entstanden aus fertiggestellten Expertensystemen, indem man die anwendungsspezifischen Komponenten (z. B. die Wissensbasis der speziellen Anwendung) entnahm und das Restsystem zu einem anwendungsunabhängigen Werkzeug umkonfigurierte. So entwickelte sich zum Beispiel die Shell EMYCIN aus dem Expertensystem MYCIN (|4|). Shells stellen mächtige Werkzeuge dar, die eine schnelle und einfache Entwicklung von Expertensystemen ermöglichen. Allerdings sind Shells häufig auf bestimmte Problemklassen und Problemlösungen zugeschnitten und bieten für die Gestaltung der Benutzeroberfläche wenig Flexibilität (|23|).

Im Hinblick auf die Anforderungen an Diagnosesysteme im industriellen Bereich werden vor dem Hintergrund zweier Projekte exemplarisch zwei Strategien bei der Auswahl geeigneter Entwicklungswerkzeuge vorgestellt:

3.1 Entwicklung auf der Basis einer KI-Sprache

Ausgangspunkt für die Entwicklung eines Diagnosesystemes waren ein Rechner der AT-Klasse unter MS-DOS und IF/PROLOG (|12|) als Basis für eine noch zu erstellende Entwicklungs- und Einsatzumgebung. Mit dieser Entscheidung sind folgende Erwartungen verbunden:

Entwicklungs- und Einsatz-Hardware sind nahezu identisch. Damit lassen die Erkenntnisse über Funktionalität und Zeitverhalten des Prototyps zuverlässige Schätzungen für das Zielprodukt zu.

Das System kann bezogen auf Funktionen und Werkzeuge inkrementell entwickelt werden. Die C-Schnittstellen von IF/PROLOG eröffnet Anschlußmöglichkeiten für Grafik-Software und andere Entwicklungswerkzeuge, die nach Projektfortschritt hinzugefügt werden.

Die Entwicklung bleibt flexibel im Hinblick auf die Produkte oder Produktversionen, die neu auf dem Markt angeboten werden. Aufgrund vorliegender Projekterfahrungen können Werkzeuge ausgetauscht oder Teilfunktionen neu implementiert werden (beispielsweise in C, falls das Zeitverhalten der Realisierung in PROLOG den Anforderungen nicht genügt).

Die Beschaffungskosten für Hard- und Software sind zu Projektbeginn vergleichsweise niedrig und bei jeder Systemerweiterung kontrollierbar.

3.2 Entwicklung mit einem Entwicklungssystem

Für die Entwicklung des Diagnosesystems auf einer LISP-Maschine (Symbolics) wird KEE (Knowledge Engineering Environment) (|9|) eingesetzt. Voraussetzung für diese Entscheidung ist, daß neben dem Entwicklungssystem auch ein "Delivery-System" angeboten wird, das die fertiggestellte Anwendung auf einem PC ablaufen läßt (|11|). Die Entscheidung für KEE beinhaltet bei hohen Beschaffungskosten für Soft- und Hardware folgende Vorzüge:

KEE stellt umfassende und mächtige Entwicklungswerkzeuge zur Verfügung, wie z. B.:

- *Aufbau und Verwaltung von Wissensbasen, wobei Wissen sowohl objekt- als auch regelorientiert oder prozedural dargestellt werden kann.*
- *Konsistenzprüfung für Wissensbasen*
- *Komfortable Entwickler- und Endbenutzerschnittstellen:*

    - *Interaktionssprache Tell And Ask*
    - *Interaktive grafische Hilfsmittel*
    - *Fenster-Technik und Maus*

Das Entwicklungssystem stellt die Werkzeuge integriert zur Verfügung. Schnittstellenprobleme sind nicht zu erwarten.

KEE ist erweiterbar. Die Funktionalität des Systems kann in Form von LISP-Code ergänzt und bei Bedarf verändert werden. So können Regeln auswertbare LISP-Ausdrücke enthalten. Mit Hilfe sogenannter Methoden können Reaktionen des Systems auf Nachrichten festgelegt werden.

Die Funktionen zur Wissensrepräsentation lassen insbesondere Unterstützung erwarten für die Anforderungen

- *Aufbau und Pflege der Wissensbasis*
- *Nutzbarkeit des eingegebenen Wissens unter mehreren Verarbeitungsaspekten*

4. Erfahrungen bei der Entwicklung von Diagnosesystemen

Die Entscheidung, das Diagnosesystem ausgehend von einer Programmiersprache zu entwickeln, stellt einen offenen Ansatz dar, in dem Sinne, daß unterschiedliche Werkzeuge nach Bedarf und Entwicklungsfortschritt hinzugefügt werden können.

Die Entscheidung für ein Entwicklungssystem stellt einen geschlossenen Ansatz dar. Alle für die Entwicklung als erforderlich betrachteten Werkzeuge werden integriert zur Verfügung gestellt. Das Ändern bestehender Funktionen oder die Implementierung von Zusatzfunktionen ist nur möglich, wenn das System eine Schnittstelle zu einer Programmiersprache anbietet.

Unabhängig voneinander und in verschiedenen Industriezweigen wurden beide Ansätze bei der Entwicklung von Diagnosesystemen verfolgt. Die dabei gewonnenen Erfahrungen beruhen auf einem Entwicklungsstadium, in dem je ein Prototyp fertiggestellt und zum Teil in Richtung auf ein industriell einsetzbares Diagnosesystem weiterentwickelt wurde.

4.1 Entwicklungsumgebung

Die deklarative Programmiersprache PROLOG besteht aus wenigen aber mächtigen Sprachkonstrukten und ist deshalb leicht erlernbar. Wissen wird direkt in Form von Fakten und Regeln dargestellt. Bei der Entwicklung mit einem Interpreter können Syntaxfehler rasch korrigiert und Programmänderungen unmittelbar ausgeführt werden.

So konnte mit IF/Prolog in kurzer Zeit ein Prototyp (|22|) entwickelt werden, der durch folgende Merkmale gekennzeichnet ist:

- Er realisiert ein Diagnosesystem für eine Spiel-Anwendung, die zwar nicht in Umfang und Komplexität, wohl aber bezogen auf Strukturen der Wissensdarstellung und Problemlösung mit praxisnahen Anwendungen verglichen werden kann.

- Er stellt in Grundzügen eine Expertensystem-Shell dar, die neben der vorgegebenen auch andere Anwendungen diagnostizieren kann.

Es war von voneherein klar, daß PROLOG allein als Entwicklungswerkzeug im Hinblick auf die Einsatzanforderungen nicht genügen würde. So wurde IF/Prolog mit der Maßgabe ausgewählt, daß die Schnittstelle zur Programmiersprache C und zu MS-DOS den Anschluß weiterer Entwicklungswerkzeuge ermöglicht. Für die Entwicklung grafischer Benutzeroberflächen fiel die Wahl auf das Grafiksystem GEM (Graphics Environment Manager) der Firma Digital Research.

Der Versuch IF/Prolog, C und GEM unter MS-DOS zu integrieren, soll als Beispiel dafür dienen, daß bei der Entscheidung für den offenen Ansatz Schnittstellenprobleme zu erwarten sind:

GEM enthält unter anderem mehrere Quelldateien, die eine Schnittstelle zu C realisieren. Die grafischen Funktionen sind direkt als C-Unterprogramme in diesen Dateien enthalten. Jedes dieser Unterprogramme ruft den Grafiktreiber auf und übergibt in einer Parameterliste einen Operationscode und die zugehörigen Steuerparameter. Der Treiber führt dann die geforderte grafische Operation durch.

Die Quelldateien sind zum Teil in C geschrieben, zum Teil in Assembler. Soll zwischen GEM und der C-Schnittstelle von IF/Prolog eine Verbindung hergestellt werden, müssen die Quelldateien in das 'Large Memory Model' von Lattice-C übersetzt werden. Dies ist notwendig, da IF/Prolog nur mit diesem Speichermodell zusammen arbeiten kann.

Die Übersetzung stellt für die C-Quelldateien kein größeres Problem dar, da sie direkt mit dem Lattice-C Compiler mit der entsprechenden Option übersetzt werden können. Die Assemblerdateien müssen allerdings ebenfalls an das 'Large Model' angepaßt werden. Diese Veränderungen betreffen die Speicheradressierung der Module die jetzt nicht mehr nur das eine Segment, das dem 'Small Model' zur Verfügung steht, erreichen müssen, sondern alle Segmente.

Es sind also umfangreiche Kenntnisse in Assembler notwendig, um das GEM-System so vorzubereiten, daß es im 'Large Memory Model' verwendet werden kann.

Schnittstellenprobleme traten bei KEE als integriertem Entwicklungssystem nicht auf. Allerdings erfordert es im Vergleich zu Prolog erheblich mehr Aufwand, die einzelnen Werkzeuge zu erlernen und in ihrem Zusammenwirken zu begreifen. Außerdem sind Kenntnisse der Programmiersprachen LISP erforderlich, um die vorgegebene Funktionalität im Hinblick auf die Einsatzanforderungen erweitern zu können.

Nach dem Einstieg erwieß sich KEE auf dem Symbolics-Rechner als effizient einsetzbares Entwicklungssystem. In kurzer Zeit wurde ein Prototyp (|20|) realisiert, der insbesondere eine Wissensbasis enthält, die im Umfang Komplexität und Struktur einer Anwendung der industriellen Praxis entspricht.

4.2 Benutzeroberfläche

Fenstertechnik und Maus ermöglichen es, sowohl auf der Basis von GEM als auch mit KEE einfach und effizient zu arbeiten.

KEE und GEM beinhalten Werkzeuge, um grafische Benutzeroberflächen zu generieren. So können verschiedene Grafiktypen dargestellt, variiert und kombiniert werden.

KEE unterstützt insbesondere die Gestaltung einer Benutzeroberfläche, die sich an der Struktur und der Terminologie der Wissensbasis orientiert. Beispielsweise ist es möglich, für Attribute (Slots) der Wissensbasis verschiedene grafische Darstellungen (Histogramm, Meß-Skala, etc.) zu generieren, die aktuelle Attributwerte anzeigen. Für industrielle Anwendungen kann durch Zusammenfassung solcher Darstellungen auf dem Bildschirm eine Schalttafel simuliert werden, über die der Benutzer Meßwerte abliest oder verändert.

Die enge Bindung zwischen Wissensbasis und grafischer Benutzeroberfläche bietet während der Entwicklungsphase Vorteile, zum Beispiel für die Generierung grafischer Testhilfen oder zur Unterstützung des Experten bei der Wissensdarstellung. Im Hinblick auf den Einsatz ist es allerdings erforderlich, die Bedienerführung nicht primär an der Struktur der Wissensbasis, sondern am Ablauf einer Diagnosesitzung der Anwendungsumgebung zu orientieren. Dem Endbenutzer sollten als Fragetexte nicht die Formulierungen angeboten werden, die der Experte beim Aufbau des Regelwerks verwendet.

Das Laufzeitverhalten des in KEE erstellten Prototyps wird als akzeptabel bezeichnet. Allerdings gilt diese Aussage für die Implementierung auf einer LISP-Workstation. Erfahrungen über den Einsatz auf einem PC liegen noch nicht vor.

Der in PROLOG entwickelte Prototyp läßt erwarten, daß das Laufzeitverhalten den Anforderungen des Zielsystems nicht genügt. Im Zuge der Weiterentwicklung des Systems werden deshalb die Architekturkomponenten schrittweise in C implementiert, so daß sich der Einsatz von PROLOG schließlich auf die Realisierung des Inferenzmechanismus beschränkt.

Generell muß man davon ausgehen, daß das Laufzeitverhalten eines integrierten und umfassenden Werkzeugs wie KEE durch Funktionen beeinträchtigt werden kann, die für die Anwendung nicht oder nicht voll genutzt, vom System aber mitverwaltet werden.

Der offene Ansatz bietet dagegen die Möglichkeit, Funktionen, die für das Zielsystem wünschenswert, aber nicht erforderlich sind, zu Verbesserung des Laufzeitverhaltens nicht oder nur eingeschränkt zu implementieren.

4.3 Realisierung wissensbasierter Methoden

Die Aufgabe eines Diagnosesystems besteht im wesentlichen darin, aus Symptomen (Meßwerten, Befunden), die zum Teil vorgegeben sind, zum Teil vom System erfragt werden Diagnosen (z.B. Hinweise auf fehlerhafte Baugruppen oder falsch eingestellte Prozeßparameter) zu erstellen (|18|).

Die Wissensbasen der erstellten Prototypen sind nach ähnlichen Grundprinzipien aufgebaut:

- Sie stellen ein Netzwerk von Diagnosen dar, das zum großen Teil auf eine Baumstruktur reduziert werden kann. Ein Diagnosebaum repräsentiert verschiedene Diagnosehierarchien (Grobdiagnosen, Zwischendiagnosen, Enddiagnosen).

- Die Struktur der Diagnosen orientiert sich an der Struktur des zu diagnostizierenden Systems: Nachgeordnete Diagnosen betreffen Teilkomponenten.

- Die diagnostische Auswertung besteht zunächst darin, Grobdiagnosen schrittweise zu Enddiagnosen zu verfeinern. Die Übergänge werden durch Regeln beschrieben, die feuern, wenn die Symptome, die in der Regelprämisse formuliert sind, zutreffen.

Das Regelwerk wird mit den Kontrollstrategien Fordward-Reasoning, Backward-Reasoning, Establish-Refine und Hypothesize-and-Test (|18|) verarbeitet.

Diagnosestruktur, Regeln und Kontrollstrategien konnten in PROLOG adäquat realisiert werden. Der in PROLOG erstellte Prototyp hat die Eignung dieser Sprache für die Realisierung regelbasierter Systeme bestätigt.

In KEE können objekt- und regelorientierte Wissensrepräsentationsformen kombiniert und über LISP-Funktionen prozedural erweitert werden. Die Wissensdarstellung basiert auf Objekten (Frames), die durch Eigenschaften (Slots) beschrieben werden. Zwischen Frames sind Unterklassen- und Element-Beziehungen definierbar. Diese Beziehungen induzieren Vererbungsmechanismen: Die Eigenschaften und - falls so definiert - ihre Werte werden von einer Klasse an die nachgeordnete Klasse oder das Element automatisch weitergereicht (|10|).

Das Framekonzept dient nicht nur zur Darstellung der Objekte des Anwendungsbereiches, sondern auch als Strukturelement zur Definition von Regeln.

Insgesamt unterstützt das in KEE realisierte Frame- und Vererbungskonzept wichtige Aufgaben des Knowledge Engineering, wie z.B.:

- die Erstellung und Weiterentwicklung einer Wissensbasis durch den Experten

- die Integration unterschiedlicher Betrachtungsweisen eines technischen Systems in einer Wissensbasis (|9|).

Allerdings können mit dem Framekonzept strukturelle Beziehungen zwischen Komponenten eines Anwendungssystems ("part-of"-Beziehungen) nicht direkt dargestellt werden.

Zum Umgang mit Frames steuerte die Prototypentwicklung vor allem folgende Erfahrungen bei:

- Das Framekonzept, insbesondere die Möglichkeiten der Klassenbildung, der Vererbung und der Zuordnung von LISP-Funktionen zu Slots leistete für einen methodischen Aufbau von Diagnose- und Regelstrukturen gute Dienste.

- Da für die Anwendung überwiegend Erfahrungswissen zur Verfügung stand, entwickelte sich der Prototyp zu einem regelbasierten System. Um den Regeln die Möglichkeiten zu geben, in ihren Prämissen und Folgerungen auf Objekte der Anwendung Bezug zu nehmen, wurden diese Objekte mit Frames dargestellt. Das System wurde dadurch mit der Verwaltung des gesamten Framekonzepts belastet, obwohl die Anwendung nur einen Bruchteil des Konzepts in Anspruch nahm.

5. Zusammenfassung

Ausgehend von Anforderungen an wissensbasierte Diagnosesysteme im industriellen Einsatz wurden zwei Strategien zur Werkzeugauswahl beispielhaft gegenübergestellt.

Der offene Ansatz ermöglicht einen schnellen und kostengünstigen Einstieg in die Entwicklung und flexible Reaktionen auf Angebote des Marktes. Die Funktionalität des Systems kann den Laufzeitanforderungen angepaßt werden.

Der geschlossene Ansatz erspart Schnittstellenprobleme, legt aber den Entwicklungsrahmen von vorneherein fest. Das Laufzeitverhalten wird von Funktionen mitbestimmt, die in der Anwendung nicht benötigt, aber vom System mitverwaltet werden.

Im Hinblick auf die Einsatzanforderungen scheint der offene Ansatz mit PROLOG, GEM, C und eventuell weiteren Werkzeugen, entwickelt auf einem PC, derzeit Vorteile zu bieten.

Die - mit der Entwicklung steigenden - Anforderungen an einzusetzende KI-Methoden werden durch die in KEE integrierten Werkzeuge besser abgedeckt.

Hinsichtlich der industriellen Anforderungen ist zu erwarten, daß beide Ansätze durch leistungsfähigere Hardware und neue Betriebssystemgenerationen im PC-Bereich zunehmend unterstützt werden.

6. Literatur

|1| Bobrow/Steffik: The LOOPS Manual. Palo Altos, CA, Xerox 1983

|2| Bratko, I.: PROLOG: Programming for artificial intelligence. Addison-Wesley, 1986

|3| Brooks, R.A.: LISP: Programmieren in Commonlisp. Odenbourg, 1987

|4| Buchanan, B., Shortliffe, E. (Hrsg): Rule Based Expert Systems - the MYCIN Experiments. Addison-Wesley, 1984

|5| Clocksin, W.F., Mellish, C.S.: Programming in Prolog. Springer, 1984

|6| Digital Research Inc.: Graphics Environment Manager.

|7| Diprimio, F.: Babylon as a Tool for Building Expert Systems.

|8| Goldberg, A., Robson, D.: Smalltalk-80, The Language and its Implementation. Addison-Wesley, 1983

|9| Fikes, R., Kehler, T.: The Role of Frame Based Representation in Reasoning. Comm. of the ACM, Vol 28, Sept. 1985

|10| Intellicorp: The Knowledge Engineering Environment. Menlo Parc, CA, Intellicorp 1984

|11| Intellicorp: The PC-Host Delivery-System. Intellicorp, El Camino, CA, 1986

|12| Interface: IF/PROLOG User's Manual, V.2.0, Interface Computer GmbH, München, 1984

|13| Jackson, P.: Introduction to Expert Systems. Addison-Wesley, 1986

|14| Liefeldt, L.: Entwicklungswerkzeug für Expertensysteme, mc 9, Frazis, 1986

|15| Nebendahl, D. (Hrsg): Expertensysteme: Einführung in Technik und Anwendung. Siemens AG, 1987

|16| Petersen, B.: WADI - Eine Wissenserwerbskomponente für das Expertensystem EXPRESS. Dipl.Arbeit, Fachhochschule Würzburg-Schweinfurt, 1987

|17| Puppe, F.: Expertensysteme. Informatik Spektrum Bd. 9, Feb. 1986

|18| Puppe, F.: Diagnostik-Expertensysteme. Informatik Spektrum, Bd. 10, 1987

|19| Savory, S. (Hrsg): Expertensysteme: Nutzen für Ihr Unternehmen, Oldenbourg, 1987

|20| Seng, G.: Prototypische Entwicklung eines Expertensystems zur Diagnose eines chemischen Verfahrens. Dipl.Arbeit, Fachhochschule Würzburg-Schweinfurt, 1987

|21| Stoyan, H., Görz, G.: LISP. Springer, 1984

|22| Thoma, G.: Wissensbasierte Diagnose technischer Systeme - EXPRESS - Ein Expertensystem unter Verwendung von Prolog. Dipl.Arbeit, Fachhochschule Würzburg-Schweinfurt, 1987

|23| Waterman, D., A.: A Guide To Expert Systems. Addison-Wesley, 1986

Professor Bernd Breutmann
Fachhochschule Würzburg-Schweinfurt
Studiengang Informatik
Münzstr. 12
8700 Würzburg

Diplom-Informatiker (FH) Heinrich Liebsch
Hauptstr. 35
8526 Bubenreuth

Diplom-Informatiker (FH) Gerhard Seng
Steinfurtstr. 32
8520 Erlangen

EXPERTENSYSTEM ZUR SCHALTPLANERSTELLUNG
VON NIEDERSPANNUNGS-SCHALTANLAGEN

M. Heinrich, AEG Berlin

Zusammenfassung

Schaltpläne für Schaltgeräte-Kombinationen werden im
AEG-Geschäftsbereich Niederspannungs-Schaltanlagen mit Hilfe
des CAD-Systems RUPLAN*) erarbeitet. Kennzeichnend für dieses
Anwendungsgebiet ist eine feste Grundstruktur der Schaltungen
mit zahlreichen Varianten in den Einzelheiten. Wegen des hohen
Anteils von Routinetätigkeiten liegt es nahe, den Projektierer
bei der Zeichnungserstellung durch ein Expertensystem zu unterstützen.

Bei der Schaltplanerstellung mit Hilfe des Expertensystems beschreibt der Benutzer unter Verwendung einer komfortablen und flexiblen Menütechnik die Funktion der Schaltung,
nicht jedoch ihren konkreten Aufbau. Aus diesen Funktionsspezifikationen ermittelt das Expertensystem den expliziten Aufbau
der Schaltung aus Teilschaltungen. Das eigentliche Zeichnen
geschieht dann automatisch mittels RUPLAN.

Die Wissensbasis ist in eine maßgeschneiderte Expertensystemschale mit komfortabler Wissenserwerbskomponente eingebunden. Durch Austausch der Wissensbasis ist es möglich, das
Expertensystem für andere Schaltplan-Projektierungen mit RUPLAN
zu erschließen. Voraussetzung ist nur, daß eine hohe Standardisierung der Zeichnungen erreicht werden kann.

1   Ausgangssituation

Niederspannungs-Schaltanlagen dienen vorwiegend zum
Schalten von Motoren, Leuchten, Heizungen und anderen elektrischen Verbrauchern in Industrieanlagen und Versorgungsunternehmen. Bestandteile der Schaltanlagen sind u.a. Leistungsschütze, Überstromauslöser, Sicherungen, Strommeßgeräte, Hilfsschütze und Betätigungstaster. Wichtigste Fertigungsunterlagen
in der Schaltgeräte-Fertigung sind die elektrischen Schalt-

---

*) RUPLAN ist ein eingetragenes Warenzeichen der GEI Software-
   Technik (bis 2.88 AEG Software-Technik)

pläne. Obwohl ihre Grundstrukturen stets recht ähnlich sind, ist ihr Variantenreichtum so groß, daß nahezu jede nach Kundenwunsch gefertigte Anlage als ein Unikat anzusehen ist.

Rationalisierungsmaßnahmen bieten sich vor allem für die Projektierung an. Eine Möglichkeit dazu wäre eine Beschränkung auf die am häufigsten auftretenden Schaltplan-Varianten, die dann mit klassischen Mitteln rechnerunterstützt projektiert werden könnten. Günstiger ist es jedoch, durch leistungsfähige Werkzeuge die Projektierung auch kundenindividueller Anlagen zu unterstützen und zu rationalisieren.

Als erster Schritt dazu werden die Schaltpläne bei der Schaltgeräte-Fertigung mit Hilfe des CAD-Systems RUPLAN erarbeitet. Um den Eingabe-Aufwand gerade bei den ständig wiederkehrenden Schaltplan-Teilen zu reduzieren, werden ganze Teilschaltungen zu Zeichnungs-Macros zusammengefaßt, die durch einen Befehl an das CAD-System komplett in den Schaltplan eingetragen werden.

Durch die Eingabe einiger weniger Macros kann so ein kompletter Schaltplan erstellt werden. Der Nachteil dieses Verfahrens liegt in der großen Anzahl unterschiedlicher Macros, unter denen ausgewählt werden muß: Bei einem Umfang von über 1000 Teilschaltungen ist selbst das Zusammensetzen einer Schaltung aus Macros mit einer aufwendigen, Spezialkenntnisse erfordernden Suche im Teilschaltungskatalog verbunden. Genau hier kann jedoch ein Expertensystem die gewünschte Rationalisierung bringen.

2   Das Expertensystem

Bei der Schaltplanerstellung mit Hilfe des Expertensystems beschreibt der Benutzer nicht mehr den konkreten Aufbau einer Schaltung, sondern ihre funktionale Spezifikation, aus der das Expertensystem dann den expliziten Aufbau der Schaltung aus vordefinierten Teilschaltungen ("Details") ermittelt. Diesen Teilschaltungen ist jeweils ein fester Platz auf der Zeichnungsfläche zugeordnet. Das eigentliche Zeichnen geschieht dann automatisch mittels RUPLAN.

Durch dieses Verfahren kann die Projektierung von

Schaltanlagen auch Personen übertragen werden, die selbst keine Experten auf dem Gebiet der Schaltplanerstellung sind. Gleichzeitig werden die Fehler ausgeschlossen, die bei der routinemäßigen manuellen Umsetzung der funktionalen Spezifikation in einen entsprechenden Schaltplan auftreten können. Die Fachleute selbst können sich so intensiver auf diejenigen Schaltanlagen konzentrieren, bei denen ihre Spezialkenntnisse gefordert sind.

Beim Entwurf der Mensch-Maschine-Schnittstelle des Expertensystems wurde berücksichtigt, daß der Anwenderkreis sehr inhomogen ist. Er reicht vom erfahrenen Projektierer, der seit Jahren ausschließlich Schaltpläne entwirft, über den Bearbeiter in Technischen Vertriebsniederlassungen, für den diese Tätigkeit nur eine unter vielen ist, bis evtl. zum Großkunden, der gelegentlich Schaltanlagen selbst plant und erstellt.

Vom Schaltplan-Expertensystem werden folgende Eigenschaften gefordert:
- o vom erfahrenen Projektierer:
    - die Initiative bleibt beim Benutzer (assistierendes System),
    - wenige komplexe Entscheidungen führen zum Ziel,
    - Reaktionszeiten sind kurz.
- o vom wenig geübten Benutzer:
    - Dialog wird vom System geführt, d.h. alle Entscheidungen werden in einer festen Reihenfolge abgefragt,
    - Entscheidungen dürfen keine Kenntnisse der Schaltungstechnik voraussetzen,
    - Sackgassen in den Entscheidungswegen werden vermieden, d.h. Varianten, deren Wahl dazu führte, daß bei einem anderen, noch nicht festgelegten Detail keine Varianten mehr zulässig wären, werden nicht zur Entscheidung angeboten.

Diese teilweise konträren Anforderungen der Benutzer wurden durch Einstellmöglichkeiten der Mensch-Maschine-Schnittstelle ("Betriebsarten") berücksichtigt.

Alle Eigenschaften des gewünschten Schaltplans bestimmt der Benutzer durch Auswahl in Menüs, wobei stets nur Entscheidungsalternativen angeboten werden, die mit den bisher festgelegten Teilschaltungen funktional und graphisch (die Verbindungspunkte zwischen den Teilschaltungen betreffend) verträglich sind. Wie der Dialog im einzelnen abläuft, hängt von der gewählten Betriebsart ab:

- Die Festlegungsreihenfolge der Teilschaltungen ist
    entweder frei wählbar
    oder vorgegeben.
- Die Auswahl einer Teilschaltungsvariante erfolgt
    entweder direkt über ihre Kurzbezeichnung
    oder indirekt über ihre funktionale Spezifikation.
- Der vorausschauende Test, der Entscheidungssackgassen erkennt, ist
    entweder eingeschaltet
    oder zur Verkürzung der Antwortzeiten abgeschaltet.

Das Wechseln der Betriebsarten ist jederzeit möglich. Der Dialog kann jederzeit abgebrochen, das bisher erzeugte Fallwissen gesichert und die Bearbeitung zu einem anderen Zeitpunkt fortgesetzt werden. Nach vollständiger Spezifikation der Funktion der Schaltung kann als Abschluß des Dialogs aus dem Expertensystem heraus das CAD-System RUPLAN mit dem Plotten des Schaltplans und mit der Erstellung der Auswertung (z.B. Stückliste) beauftragt werden.

Da ein Auftrag oft Hunderte ähnlicher Schaltgeräte umfaßt, ist es zweckmäßig, ihre Schaltpläne nicht isoliert zu betrachten, sondern Ähnlichkeiten auszunutzen. Diese bestehen darin, daß einige Festlegungen der Schaltungseigenschaften für alle Schaltpläne eines Projekts gleich sind (z.B. Betriebsspannung), zudem gibt es Gruppen von Schaltplänen, die bis auf geringe Abweichungen identisch sind. Bei Berücksichtigung dieser Ähnlichkeiten kann eine bedeutende Rationalisierung erzielt werden, wenn die entsprechenden Festlegungen nur einmal getroffen werden müssen. Dazu unterstützt das Expertensystem das Zusammenfassen von Schältungen zu einer Projekt-Fallwissensbasis, in der durch die Angabe einer "Verwandtschaftsstruktur" (Taxonomie) die Schaltungen eines Projekts Design-Entscheidungen voneinander "erben" können. Ein weiterer bedeutender Vorteil dieser Technik liegt in der raschen Abwicklung von Anschlußaufträgen mit der Spezifikation "wie beim letzten Mal, aber ...", da man hierbei auf das noch bestehende Projekt-Fallwissen zurückgreifen kann.

Bei der Spezifikation einer neuen Schaltung entscheidet der Projektierer daher zuerst, welchem Schaltungstyp die Schaltung angehören soll. Dabei kann er auf die Schaltungstypen der Wissensbasis, aber auch auf die bereits erstellten Schaltungen seiner Projekt-Fallwissensbasis zurückgreifen. Die noch offenen Design-Entscheidungen können anschließend wie oben beschrieben getroffen werden.

Es wird erwartet, daß über 80% aller Schaltpläne der Anlagen mit Niederspannungs-Schaltgeräten vollständig mit dem Expertensystem kostengünstig projektiert werden können. Aber auch die Erstellung solcher Schaltpläne, für die das Wissen noch nicht vollständig in die Wissensbasis integriert wurde, profitiert vom Expertensystem. In diesen Fällen werden in den Zeichnungen Lücken gelassen, die auf herkömmliche Weise mit RUPLAN interaktiv gefüllt werden können. Zweckmäßigerweise wird man in diesen Fällen die Wissensbasis des Expertensystem anschließend mit dem neuen Wissen ergänzen. So kann das Expertensystem mit den Anforderungen wachsen.

3 Die Wissensbasis

Die Wissensbasis des Expertensystems enthält Wissen über Schaltungsmöglichkeiten, über die Dialogführung sowie eine Bibliothek häufig verwendeter Schaltungen.

Zum Wissen über Schaltungsmöglichkeiten gehört die Kenntnis darüber, welche Schaltungsdetails existieren und über welchen Variantenvorrat sie jeweils verfügen. Da die dem Benutzer zur Auswahl angebotenen Teilschaltungsvarianten mit den bereits ausgewählten Varianten anderer Details in funktionaler und graphischer Hinsicht zusammenpassen müssen, gibt es daneben Wissen über das Zusammenfügen von Teilschaltungen. Weiterhin ist für jedes Detail (z.B. Strommessung) festgelegt, wie die Auswahl einer Variante gemäß ihrer funktionalen Spezifikation erfolgt. Dabei ist beschrieben, welche Merkmale das Detail besitzt (z.B. Stromart) und über welchen Wertevorrat jedes

Merkmal verfügt (z.B. Drehstrom, Wechselstrom, Gleichstrom).
Für jede Teilschaltungsvariante ist entsprechend notiert,
welche Merkmale für ihre Auswahl relevant sind und welche
Merkmalswerte vorliegen müssen.

Das Wissen über die Dialogführung sichert eine sinnvolle Reihenfolge der vom Benutzer zu treffenden Entscheidungen.
So sollte z.B. eine Auswahl darüber, ob der Strom vor oder nach
dem Schütz zu messen ist, erst dann angeboten werden, wenn der
Benutzer festgelegt hat, daß er den Strom überhaupt messen will.

Die Wissensbasis und die Projekt-Fallwissensbasis sind
jeweils in eine Hierarchie von Schaltungtypen strukturiert.
Neben dem Wissen über Grundtypen wie Luftschütz, Fernschalter
für Einzellieferung, Handschalter für Schrankeinbau usw. enthält
die Wissensbasis Wissen über daraus abgeleitete, häufig verwendete Schaltungstypen, die nur noch wenige Design-Entscheidungen
offenlassen ("vorkonfigurierte Schaltpläne").

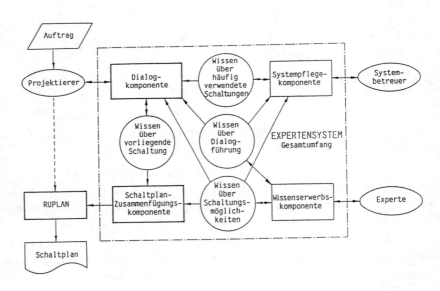

Bild 1   Aufbau und Datenfluß

Um die Wissenspflegearbeiten und auch den Erstaufbau der
Wissensbasis wirkungsvoll zu unterstützen, steht eine komfor-

table menügesteuerte Wissenserwerbskomponente zur Verfügung,
die den Experten in die Lage versetzt, die Wissensbasis des
Expertensystem selbständig aufzustellen und zu pflegen, ohne daß
Kenntnisse der Expertensystemtechnik notwendig sind.

4   Implementation

Die Wissensbasis ist in eine maßgeschneiderte Expertensystemschale eingebunden. Diese ist in einer im AEG Forschungsinstitut Berlin entwickelten objektorientierten Sprache FOLK
("Frame Oriented Language Kit") geschrieben, die auf LISP
basiert. Zur Formulierung der Objektbeziehungen dient eine
problemangepaßte Regelnotation. Die Regeln werden von einer
einfachen Schlußfolgerungsmaschine ausgeführt.

Trägergerät für das System ist ein OLYMPIA OLYSTAR 60
mit Speichererweiterungen für LISP und einem handelsüblichen
COMMON-LISP-Package.

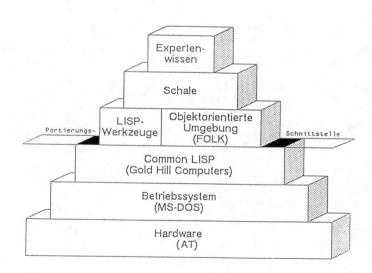

Bild 2   Implementationsstruktur

Aufgrund der sauberen Trennung des Expertensystems in Wissensbasis und Problemlösungskomponente ist es möglich, durch Austausch der Wissensbasis das Expertensystem für andere Schaltplan-Projektierungen mit RUPLAN zu erschließen. Voraussetzung ist nur, daß eine hohe Standardisierung der Zeichnungen erreicht werden kann. Diese Bedingung ist jedoch bei vielen RUPLAN-Anwendungen erfüllt.

5   Literatur

Bobrow, D.; Steffik, M.: The LOOPS-Manual;
    Report KB-VLSI-81-13, XEROX PARC 1981

Cox, B. J.: Object Oriented Programming
    Addison-Wesley, Reading, MA, 1986

Fischer, W.; Himmelstein, M.: CAD-CAM-Anwendungen für die
    Elektrokonstruktion in der Fertigungsindustrie;
    Hüthig Maschinenbau Verlag 1987

GEI Software-Technik, Produktbereich CAD:
    Leistungsbeschreibung des CAD-Systems RUPLAN; 1988

Hayes-Roth, F.; Waterman, D.; Lenat, D.: Building Expert
    Systems; Addison-Wesley, Reading, MA, 1983

Keller, H.: CAD-System-Test RUPLAN;
    CAD-CAM-Report Nr. 2 und 3, 1988

Savory, S. E.: Künstliche Intelligenz und Expertensysteme;
    Oldenbourg Verlag, München 1985

Waterman, D.: A Guide to Expert Systems;
    Addison-Wesley, Reading, MA, 1985

Winston, P. H.; Horn B. K.: LISP; Second Edition,
    Addison-Wesley, Reading, MA, 1984

Michael Heinrich
AEG Aktiengesellschaft
Forschungsinstitut Berlin
Labor Expertensysteme
Holländerstr 31-34
1000 Berlin 51

XPS-ROHR - Ein Expertensystem zur Konfiguration von Rohrleitungssystemen

M. Grund, H.-J. Leder, Interatom GmbH, Bergisch-Gladbach

Das Expertensystem XPS-Rohr unterstützt Anlagenplaner in der Auslegung von komplexen Rohrleitungssystemen. Es befreit den Experten von Routineaufgaben und unterstützt ihn bei komplexen Entscheidungsfindungen. XPS-Rohr ist mit einer konmfortablen Maus-Menü-gesteuerten Oberfläche ausgestattet und erlaubt die Pflege der Wissensbasis durch den Fachexperten, ohne spezifische DV-Kenntnisse vorauszusetzen.

1 Das System im Kontext

Zum Transport gasförmiger oder flüssiger Medien werden Rohrleitungssysteme eingesetzt. Ein Teilschritt in der Planung solcher Systeme ist die sogenannte Auslegung. Die Eingangsgrößen sind von der Verfahrenstechnik bestimmt: Medium, Durchsatz, Temperatur und Druck. Die Ausgangsgrößen sind die Isometrien.

Eine Aufgabe innerhalb der Auslegung bildet die Dimensionierung der Rohre sowie die Erstellung von Bauteil-Stücklisten, die bei der Anfertigung von Isometrien als Planungsgrundlage dienen (Abb. 1). Hierfür entwickelte Interatom das Expertensystem XPS-Rohr zur Unterstützung der Fachexperten (Anlagenplaner).

2 Die Aufgaben des Systems, allgemeine Funktionsbeschreibung

Die Unterstützung der Fachexperten wird in den folgenden Punkten realisiert:

a) Dimensionierung des geraden Rohres in Abhängigkeit von Werkstoffalternativen, Druck, Temperatur, äußeren

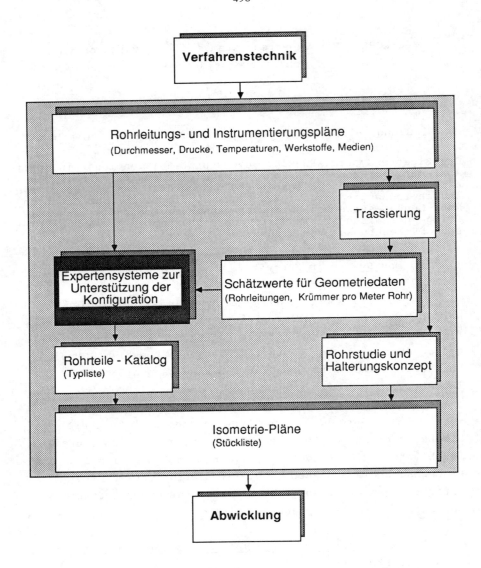

Abb. 1 Einordnung des Expertensystems in den Gesamtplanungsprozeß

Lasten sowie vorgeschriebenen Berechnungsverfahren und Sicherheitszuschlägen.

b) Festlegen von Werkstoffen mit der Vorgabe, eine möglichst kostengünstige Auswahl zu treffen.

c) Abgleich von Wanddicken zur lokalen Optimierung im Hinblick auf die Erzielung möglichst großer Lieferlose von Rohren gleicher Abmessungen.

d) Festlegung von Verbindungstechniken an den Nahtstellen zwischen den Bauteilen

e) Herleiten aller möglichen Herstellverfahren der zu verwendenden Bauteile.

f) Auswahl des anzuwendenden Herstellverfahrens für jedes Bauteil bzw. für Bauteilgruppen

Die genannten Punkte werden wissensbasiert bearbeitet, projektspezifische Festlegungen finden durch Zuladen spezifischer Wissensbasen Eingang.

Die Benutzung des XPS vollzieht sich in folgenden Schritten:

- Definition von Teilsystemen, die sich untereinander in den Parametern Werkstoffalternativen, Temperatur, Druck, Sicherheitsanforderungen unterscheiden.

- Automatische bzw. benutzergesteuerte Bearbeitung der Punkte a) bis f).

- Prüfung der Ergebnisse mit der Möglichkeit, diese zu bearbeiten, Auswahlen zu treffen oder zu verwerfen und in einer Art backtracking an definierten Rücksetzpunkten neu aufzusetzen (Abb. 2).

- Ausgabe der Ergebnisse in Form von Bestellunterlagen

Die Steuerung durch den Benutzer dient der lokalen Optimierung und ist dort ins System eingebracht, wo die Fachexperten ihr Wissen (noch) nicht soweit formalisieren konnten, daß eine Abbildung auf das XPS möglich war. Mit wachsendem Wissen über das eigene Wissen auf Seite der Fachexperten soll das System weiter automatisiert werden. Der Aufbau dieses "Meta-Wissens" wurde bereits durch die Entwicklung des Expertensystems angestoßen und soll mit Blickrichtung auf eine weitere Automatisierung des Systems weitergetrieben werden.

Ein Nebeneffekt, der sich so aus der Installation des Systems ergab, ist die Entwicklung von Transparenz, Reproduzierbarkeit und Überprüfbarkeit von Konfigurations-Entscheidungen - wichtige Voraussetzung für die Qualitätssicherung in diesem Bereich.

Während aller durchgeführten Aktionen (Berechnung, Inferenz, benutzergesteuerte Ergebnisbearbeitung) wird auf interne Konsistenz geachtet. Versuche, inkonsistente Festlegungen zu treffen, werden vom System abgelehnt - mit einer höflichen Begründung der Ablehnung.

Generell gilt, daß eine Erklärungskomponente über alle automatisierten Vorgänge informiert, Schlußfolgerungen begründet werden.

Außerdem ist eine Wissenserwerbskomponente implementiert, die die Bearbeitung des intern in Form von Objekten und Regeln dargestellten Wissens sowie der intern in LISP-spezifischen Datentypen dargestellten Normen, Fertigungstabellen etc. mit einer komfortablen Benutzeroberfläche unterstützt.

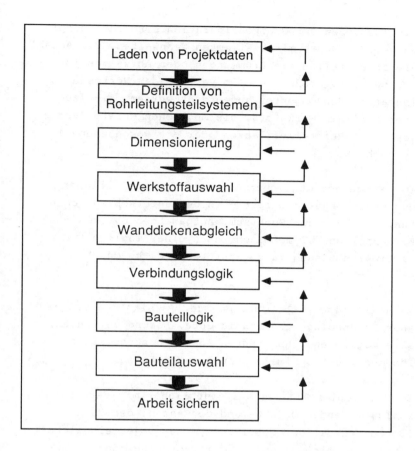

Abb. 2   Globale Kontrollstruktur des Expertensystems

3   Vermeidung der kombinatorischen Explosion

XPS-Rohr führt eine schrittweise Verfeinerung einer vorgegebenen Grobkonfiguration durch, das heißt, zu konfigurierende Objekte werden mit konkretisierenden Eigenschaften belegt. Eingabegrößen der Grobkonfiguration sind zum Beispiel die Längen gerader Rohre mit bestimmten Nennweiten, die Anzahl von vorgesehen Bauteilen wie Krümmungen oder Abzweigen in bestimmten Nennweiten. Größen, die im Verlauf der Verfeinerung der Konfiguration den Objekten zugeordnet werden, sind zum Beispiel der optimale Werkstoff, die möglichen Herstellverfahren, das optimale Herstellverfahren oder die vorgesehene Verbindungstechnik.

Die Menge der möglichen Eigenschaftskombinationen der zu konfigurienden Objekte bildet – in den unterschiedlichen Verfeinerungsstufen – den Suchraum. Aufgabe des Systems ist es, den Fachexperten bei der Suche nach einer möglichst (kosten-)optimalen Lösung zu unterstützen, d. h. durch den Suchraum zu führen.

Ziel ist also nicht, irgendeine, in sich und mit den vorgegebenen Randbedingungen konsistente, Lösung zu finden, sondern alle möglichen konsistenten Lösungen zu bewerten und daraus eine möglichst optimale Lösung auszuwählen.

Die Größe des Suchraums steigt linear mit der Anzahl der zu konfigurierenden Objekte und der Anzahl der Variationsmöglichkeiten bei der Festlegung einer Objekteigenschaft sowie exponentiell mit der Anzahl der festzulegenden Eigenschaften (kombinatorische Explosion).

Eingeschränkt wird der Suchraum durch äußere Restriktionen wie zum Beispiel Begrenzugen der Fertigungsbereiche für bestimmte Bauteile, Normreihen oder Sicherheitsanforderungen sowie durch innere Restriktionen, die sich aus Abhängigkeiten zwischen Eigenschaften eines oder mehrerer Objekte ergeben. Ein Werkstoff kann zum Beispiel nur innerhalb eines bestimmten Temperatur- und Druckbereichs eingesetzt werden.

Trotz dieser Einschränkungen wäre eine vollständige Exploration des Suchraumes mit vertretbarem Hardware-Aufwand und bei vertretbaren Antwortzeiten unmöglich zu realisieren. Ähnlich wie ein intelligentes Schachprogramm in der Lage ist, Stellungen zu bewerten, müssen Zwischenlösungen heuristisch bewertet, eine Auswahl gefundener Zwischenlösungen zur weiteren Bearbeitung selektiert werden.

Kriterium für die heuristische Bewertung der Zwischenlösung ist die Erzielung lokaler Optima im Hinblick auf die Gesamtkosten der Konfiguration. Da eine exakte Bestimmung und Formalisierung des hierfür notwendigen Wissens seitens der Fachexperten in einer überschaubaren Zeit nicht möglich war und die bestimmenden Kriterien konjunkturellen Schwankungen unterliegen, wurde in einer ersten Ausbaustufe eine pragmatische Lösung entwickelt: Der Benutzer kann auf zwei Arten steuernd in den Ablauf eingreifen:

- Über Schnittstellen zur Einschränkung des Suchraums (Abb. 3). Diese Schnittstellen sind als maussensitive aktive Tabellen realisiert.
  Die Tabellen fassen die relevanten Informationen zur Bewertung vorliegender Zwischenergebnisse zusammen,

  bieten mausgesteuert Zusatzinformationen an,

  erlauben eine Maus-Menü-gesteuerte Nachbearbeitung von Zwischenergebnissen,

  unterstützen die menügesteuerte Auswahl von Zwischenergebnissen, die die Grundlage der weiteren Bearbeitung sein sollen.

- Über die Möglichkeit, einen unbefriedigenden Verlauf durch Backtracking zu definierten Rücksetzpunkten zu korrigieren (Abb. 2).

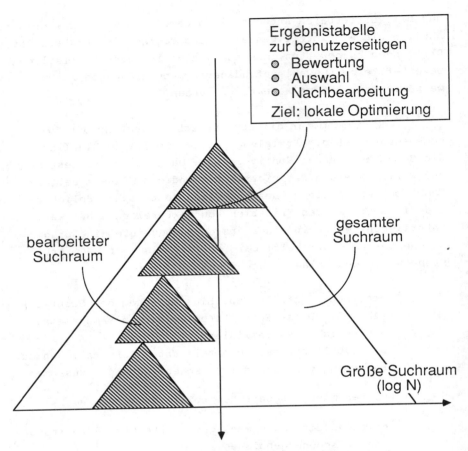

Abb. 3 Vermeidung der kombinatorischen Explosion mit Hilfe heurisitsche Bewertungen, Auswahlen und Nachbearbeitungen durch den Benutzer

4 Anforderung an die Benutzeroberfläche

Akzeptanz durch den Endbenutzer, den Fachexperten, kann unserer Meinung nach nur entstehen, wenn diesem die Möglichkeit geboten wird, "sein" Wissen selbst dem System mitzuteilen, ohne sich bei Aufbau und Pflege der Wissensbasis von einem Dritten, dem aus der Literatur bekannten "knowledge engineer" abhängig zu machen.

Von dem Fachexperten können keine spezifischen DV-Kenntnisse verlangt werden, insbesondere nicht die Kenntnis einer Wissensrepräsentationssprache. Die Gestaltung der Benutzerschnittstelle muß sich vielmehr an dessen bekannter Arbeitsumgebung (Formblätter, Tabellen, Graphen, Graphiken) orientieren und diese weitgehend übernehmen.

Die Bedienung des Systems muß so weit als möglich über Maus, Menüs, Masken, Graphik erfolgen. Das System muß so weit selbsterklärend sein, daß ein Nachschlagen in Handbüchern überflüssig wird. Eine on-line-Erklärungskomponente führt den Benutzer. Das System muß tolerant gegenüber Fehlbedienungen sein. Dies erfordert vom Entwickler:

- angepaßte Erweiterungen eines inneren Systemkerns (Regelinterpreter, Objektwelt),

- die Entwicklung einer angepaßten Dialogschnittstelle,

- die Entwicklung einer angepaßten Schnittstelle zur Pflege der Wissensbasis

4.1 Konsultationsmodus

Die Dialogschnittstelle für die Arbeit im Konsultationsmodus umfaßt die folgenden Komponenten:

- Menü zur globalen Steuerung der Konfigurierung, einschließlich des Neuaufsetzens an definierten Rücksetzpunkten

- Eingabemasken zur Definition der zu konfigurierenden Objekte. Inkonsistente Eingaben werden abgefangen

- Protokollfenster zur Information des Benutzers über automatisiert ablaufende Schlußfolgerungen

- Erläuterungsfenster zur Benutzerführung

4.2 Wissenserwerbsmodus

Zur Bedienung der Wissenserwerbskomponente wird nur ein begrenztes Wissen über die interne Repräsentation des Wissens (Regeln, Objekthierarchien) vorausgesetzt. Komponenten der Benutzerschnittstelle sind

- ein Regeleditor führt den Benutzer bei der Definition natürlich-sprachlicher Regeln sowie von Regeln, die auf der benutzerdefinierten Objektwelt arbeiten und führt Konsistenzprüfungen durch

- mausaktive Graphiken markieren Fertigungsbereiche in Abhängigkeit von Parametern wie Nennweite und Wanddicke,

- Masken, die sich an den gewohnten Formblättern orientieren, erlauben die Bearbeitung des Wissens über Werkstoffe, Normreihen etc.

5 Interaktion zwischen Fachexperte und Software-Entwickler in der Entwicklungsphase

Die Grundlage, um die im letzten Abschnitt definierten Ziele zu erreichen, bildete eine enge Zusammenarbeit zwischen Systementwicklern und Fachexperten. Die erste Etappe der Zusammenarbeit war dabei bestimmt durch die Herausbildung einer gemeinsamen Begriffswelt. Das heißt einerseits eine schematischen Erfassung des abzubildenden Expertenwissens durch die Systementwickler und andererseits die Entwicklung von Vorstellungen auf Seiten der Fachexperten in Richtung Gestaltungsmöglichkeiten der Benutzeroberfläche sowie Verständnis für die Möglichkeiten der Wissensdarstellung und -verarbeitung.

Diese Entwicklung einer gemeinsamen Sprache wurde durch die schnelle Entwicklung eines prototypischen Programmsystems (inklusive Benutzeroberfläche) beschleunigt.

Das Wissen der Fachexperten ist zu großen Teilen nicht explizit vorhanden sondern versteckt sich in einer oft intuitiven Herangehensweise an zu bearbeitende Problemstellungen. Die Verbalisierung und Formalisierung dieses Wissens kann durch eine explorative Vorgehensweise bei der Entwicklung eines Expertensystems wirkungsvoll gefördert werden. Die Architektur von Expertensystemen im allgemeinen und das von uns hier verfolgte Konzept der schrittweisen Expansion und benutzergeführten Einschränkung des Suchraums im besonderen unterstützen eine solche explorative Vorgehensweise.

6 Auslieferungszustand und Ausbauperspektiven des Systems

Der Auslieferungszustand des Expertensystems läßt sich durch die folgenden Leistungsmerkmale kennzeichnen:

- Befreiung der Fachexperten von Routinearbeiten,

- unterstützende Vorbereitung komplexerer Entscheidungen,

- Bedienung durch eine komfortable Oberfläche, die den oben genannten Anforderungen entspricht.

Ein Ausbau des Systems in drei Richtungen ist geplant und zum Teil in Arbeit:

- Einbindung in die bestehende DV-Umgebung und Logistik

- Weitere Automatisierung von Entscheidungen

- Ausnutzung der implementiertes Wissens zur Analyse bestehender oder fertig geplanter Anlagen.

Konfiguration nachrichtentechnischer Produkte und Anlagen mit Hilfe der frame-basierten Expertensystem-Shell KEN

M. Vitins 1)
P. de Carvalho Dias 2)
R. Jauch 3)

1: Forschungszentrum, ASEA BROWN BOVERI, CH-5401 Baden
2: Abt. Technische Informationssysteme (ET), ASEA BROWN BOVERI, CH-5401 Baden
3: Abt. ENX, RADIOCOM AG, CH-5401 Baden

ZUSAMMENFASSUNG

Die in COMMON LISP geschriebene Expertensystem-Shell KEN wurde speziell für Aufgaben aus dem Bereich Konfiguration technischer Systeme konzipiert. Der Einsatz von KEN zur Unterstützung des Verkaufs und der Projektierung nachrichtentechnischer Produkte wird erläutert.

1. Problemstellung

Bei der Herstellung und dem Vertrieb von nachrichtentechnischen Produkten und Gesamtanlagen steht während des Engineering-Prozesses die Konfiguration von Baugruppen zu Teilsystemen und von Teilsystemen zu Gesamtanlagen im Vordergrund. Dieser Prozess ist mit einer Vielzahl von Variablen wie

- Frequenzbereich
- Übertragungsart
- Rufsystem
- Daten- und/oder Sprachübertragung
- Verschlüsselung
- Abfrage und Übertragung von Zuständen und Alarmsignalen
- usw.

konfrontiert. Die Berücksichtigung dieser technischen Bedingungen verursacht bei der Auslegung des Gesamtsystems wenig Probleme. Hingegen ist die entsprechende Festlegung der Teilsysteme und Funktionseinheiten mit erheblichen Schwierigkeiten verbunden. Die auf Systemebene getroffenen Festlegungen bezüglich der Funktionen und technischen Daten sind durch die Wahl einer geeigneten Lösung auf der Stufe der Teilsysteme abzusichern.

Bis vor kurzer Zeit wurden für die Festlegung der endgültigen Konfiguration der einzelnen Funktionseinheiten von Hand erstellte und nachgeführte Konfigurationsunterlagen verwendet, mit denen aufgrund von technischen Merkmalen und Funktionen die einzusetzenden Komponenten bestimmt werden konnten. Da sich das Produktesortiment in der Nachrichtentechnik jedoch über die Zeit stark ändert und oft neue Baugruppen für bestehende Geräte eingeführt werden, müssen diese Unterlagen mit unverhältnismässigem Arbeitsaufwand nachgeführt werden.

Zusätzlich kam hinzu, dass die im Aussendienst tätigen Mitarbeiter gezwungen waren, anhand stark vereinfachter Versionen dieser Konfigurationsunterlagen, oft unter Zeitdruck, einem Kunden eine Offerte mit ziemlich genauen Preisangaben zu präsentieren. Basierend auf dieser abgegebenen Offerte musste dann die endgültige Offerte ausgestellt werden, die nicht selten im Endpreis erheblich von der ursprünglichen abwich und somit beim potentiellen Kunden zumindest Verärgerung ausgelöst haben dürfte. Im Falle einer Vergabe des Auftrages anhand der ersten Offerte war auch nicht auszuschliessen, dass ein zu hoch veranschlagter Preis zur Nicht-Vergabe des Auftrages bzw. ein zu niedriger zu einem Verkauf mit nicht kostendeckenden Preisen führte.

Eine in aller Eile von Hand zusammengestellte Offerte führte gelegentlich auch zu unvorhergesehenen Kombinationen von Geräten, derart dass Spezialentwicklungen oder nachträgliche Umstellungen mit dazugehörigem Lieferverzug unumgänglich wurden.

Aufgrund der geschilderten Ausgangslage wurde ein Projekt zum Einsatz eines Expertensystems für die Konfiguration nachrichtentechnischer Geräte und Anlagen definiert. Ziel dieses Projektes war die Entwicklung von produkte- bzw. anlagenspezifischen Konfiguratoren, die

- den Verkäufer nur realisierbare Lösungen vorschlagen lassen
- den Überblick über Preise und Lieferfristen geben
- allen Benutzern den gleichen Wissensumfang zur Verfügung stellen
- die Menge aller am Markt anbietbarer Varianten sinnvoll einschränken, um den Vorbereitungsgrad in Bezug auf die Fertigung grösser zu halten und damit die Lieferzeit und Fertigungskosten zu optimieren.

2. Die Expertensystem-Shell KEN

Als Werkzeug für die Konfiguration nachrichtentechnischer Geräte wurde die Expertensystem-Shell KEN [1,2] gewählt. Diese Shell wurde am ASEA BROWN BOVERI Forschungszentrum Baden-Dättwil speziell für Konfigurationsprobleme entwickelt.

Es handelt sich um ein auf COMMON-LISP aufbauendes frame-basiertes System welches aus einem Frame-Verwaltungssystem, einem allgemeinen Benutzer-Interface für die Bearbeitung von Frames, und einem Abhängigkeitsverwaltungssystem [3] (RMS - Reason Maintenance System) besteht.

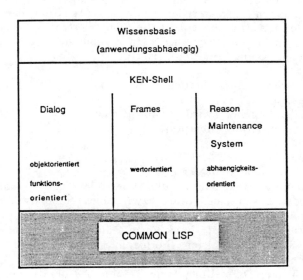

<Bild: KEN-Expertensystem>

KEN repräsentiert Wissen in der Form von Frames, Dämon-Funktionen (Regeln) und Fakten.

2.1 Frame-Typen und Frame-Instanzen

Ein Frame-Typ ist ein generisches Modell (komplexe Datenstruktur) zur Beschreibung und Darstellung eines Objekttyps der abzubildenden realen Welt.

Solch eine Datenstruktur ist noch in Unterkomponenten unterteilt, Slots genannt, die wiederum aus mehreren Facets (Aspekten) bestehen können.

Unterschiedliche Frame-Typen können in Relation zueinander stehen, diese Beziehung wird durch entsprechende Zeiger realisiert, die in Slots enthalten sind.

Jeder Frame repräsentiert also einen Teil des Gesamtsystems. Slots beschreiben Attribute, Eigenschaften der jeweiligen Systemteile. Die dazugehörigen Factten charakterisieren die Eigenschaften näher. Zu jeder Facette gehört ein Wert oder eine Liste von Werten. Typische Standard-Facetten, d.h. Aspekte, die von KEN in irgendeiner Form benutzt oder bearbeitet werden, sind:

- der Attributwert selbst (üblicherweise nur bei Instanzframes, nicht bei Frame-Typen),
- Wertebereichs-Angabe (wird beim Einsetzen eines Attributswertes bei der Instantiierung überprüft)
- Dimension
- Default-Werte
- Hilfe-Texte für den Benutzer
- Regeln (Dämon-Funktionen), die vor oder nach dem Einsetzen, Löschen oder Lesen eines Slots bzw. seines Attributwertes ausgeführt werden sollen,
- Referenzierung spezieller Funktionen, die die Eingabeunterstützung für einen Slot gewährleisten (Formatüberprüfung usw.).

Die untenstehende Darstellung zeigt einen Auschnitt der Grunddaten eines Sender/Empfänger-Gerätes, insbesondere die Slots Component-of, Grundausrüstung und Baugruppenträger. Die Facetten *maximum-number-of-values, range, frame-level* und *modify-information* enthalten Daten, welche die Natur der Slots näher präzisieren. Weitere Facetten, wie *if-was-added* oder *if-was-removed*, enthalten Dämon-Funktionen.

```
(FRAME-TYPE Grunddaten
    (Component-of
        (maximum-number-of-values  1)
        (modify-information  non-input))
```

.
.
.

(Grundausruestung
    (*maximum-number-of-values* 1)
    (*range* geraet-komplett nur-einschub)
    (*range-help*
        (geraet-komplett
    "   HF-Geraet auf Einschub montiert mit 19"-Baugruppen-"
    "   traeger, welcher die Antennenanschaltung enthaelt.")
        (nur-Einschub
    "   Nur HF-Geraet ohne "
    "   19"-Baugruppentraeger   "
    "   z.B. als Reservegeraet"))
    (*if-was-added* set-sender set-empfaenger-1
            set-empfaenger-2 set-antennenanschaltung
            set-zusaetze set-steuer-signal
            set-baugruppentraeger)
    (*if-was-removed* reset-steuer-signal
            reset-baugruppentraeger))
        .

(Baugruppentraeger
    (*maximum-number-of-values* 1)
    (*modify-information* non-input)
    (*if-was-added* set-kabel-verbindungen)
    (*range*))
        .
        .

Eine Frame-Instanz wird aus einem Frame-Typ gebildet und erbt alle Slots, Facetten und Werte des Frame-Typs. Sie enthält die für diese Instanz spezifischen Werte, durch die sie sich vom assoziierten Frame-Typ unterscheidet.

```
(FRAME-INSTANCE  Kunden-Projekt-Grunddaten
 (frame-type   (value  Grunddaten))
 (Component-of (value  Kunden-Projekt))
   .
   .
   .
 (Grundausruestung  (value  geraet-komplett))
   .
   .
   .
 (Baugruppentraeger (value  mit-schirmhaube))
   .
   .
   .
```

Wenn der Wert eines Slots ändert, evaluiert KEN die Inhalte der Facets des betreffenden Slots und aktiviert die spezifizierten Inferenzen (siehe Dämon-Funktionen).

Die Vererbung zwischen Frame-Typ und Frame-Instanz kann für jede Instanz einzeln nach Bedarf unterdrückt werden.

In technischen Applikationen stehen Frame-Instanzen untereinander oft in einer hierarchischen Beziehung, wie durch den Slot Component-of im obigen Beispiel angedeutet. KEN unterstützt die Definition solcher hierarchischen Sichten.

2.2 Dämon-Funktionen

Dämon-Funktionen werden benutzt um prozedurale oder inferentielle Information bezüglich der Verhaltensweise des Expertensystems bei Änderungen der Wissensbasis zu definieren.

Typischerweise ist eine Dämon-Funktion einer Facette eines Slots zugeordnet. Sie wird dann ausgeführt, wenn der Wert des Slots sich ändert. Ein wichtiger Aspekt der Dämon-Funktion ist, dass sie eine lokale Speicherung prozeduralen Wissens ermöglicht und damit die Suche nach auszulösenden Regeln wesentlich erleichtert. Die Menge der eventuell auszulösenden Dämon-Funktionen ist also beschränkt auf die, die lokal zum betreffenden Slot abgelegt sind.

Dämon-Funktionen können auf mehrere Weise definiert werden. Bei äusserst komplexen Sachverhalten oder Spezialfällen können sie als COMMON-LISP-Funktionen definiert werden. Diese Funktionen müssen lediglich einer bestimmten Konvention entsprechen um im Rahmen von KEN ablauffähig zu sein. Regeln sind eine andere Form um Dämon-Funktionen zu definieren. Sie bestehen aus einem Bedingungs- und einem Aktionsteil.

Zur vollständigen Beschreibung von Dämon-Funktionen können ausser einem Bedingungs- und Aktionsteil weitere Informationen angegeben werden, wie zu erfüllende Vorbedingungen, Lexikalische Variablen, Dokumentation, und genaue Art der Triggerung.

```
(DEMON set-baugruppentraeger
   "Slot Baugruppentraeger des Frames Grunddaten wird in
    Abhaengigkeit des Wertes von Grundausruestung gesetzt"
   (TRIGGER-TYPE if-was-added)
   (PLACED   (FRAME Grunddaten)
             (SLOT Grundausruestung) )
   (NEEDED-SLOTS Grundausruestung)
   (IF (equal Grundausruestung 'geraet-komplett) )
   (THEN (dolist (x '(ohne-schirmhaube mit-schirmhaube))
          (conclude 'Baugruppentraeger x :facet 'range)))
   (ELSE (conclude 'Baugruppentraeger 'ohne))
```

Dämon-Funktionen können auch zu einer Einheit zusammengefasst werden, um das Wiederholen häufig auftretender Kombinationen zu vermeiden.

Innerhalb von Dämon-Funktionen werden typischerweise Zugriffe auf Werte in Frame-Instanzen vorgenommen und daraus neue Ergebnisse berechnet, die schliesslich wieder in Frame-Instanzen abgelegt werden.

Die Ausführung der Regeln wird vom RMS überwacht und darüber Buch geführt. Dies erlaubt KEN, dem Benutzer jederzeit Begründungen zu liefern, wie ein Eintrag eines Slot-Wertes zustande gekommen ist. Darüber hinaus wird die Datenkonsistenz garantiert, indem bei einem nachträglichen Löschen einer Ursache einer Regelanwendung auch die Auswirkungen dieser Regelanwendung wieder rückgängig gemacht werden.

Die Einbindung von RMS in den Dämonen geschieht automatisch ohne weiteres Zutun des Dämon-Schreibers. Damit wird dem Knowledege Engineer die Möglichkeit gegeben, sich auf die Formulierung von Fachwissen zu konzentrieren. Werden abweichende Konsistenzbedingungen gewünscht, zum Beispiel die Angabe von zusätzlichen Begründungen, so kann dies durch zusätzliche Spezifikationen erzielt werden.

2.3 Reason Maintenance System (RMS)

In einem Expertensystem ist die Wissensbasis sehr dynamisch. Die Gültigkeit von Fakten und Abhängigkeiten kann sich durch die Aktivierung von Dämon-Funktionen sehr rasch ändern. Die Wissensbasis ist also nicht-monoton. Die Hauptaufgaben des Reason Maintenance System (RMS) sind die Konsistenzerhaltung der Wissensbasis und die Unterstützung der Erklärungskomponente des Expertensystems.

Das RMS verwaltet alle Fakten und deren Abhängigkeiten untereinander. Ein Fakt ist ein in einem Frame abgelegter Wert, der für das Ableiten neuer Fakten herangezogen werden kann. KEN entfernt automatisch Fakten, sobald deren Begründungen nicht mehr gültig sind. Um auftretende Widersprüche zu lösen, können sowohl im voraus definierte Strategien angewandt oder der Benutzer um eine Entscheidung gebeten werden, wobei ihm die möglichen Alternativen angeboten werden.

Das applikationsspezifische Wissen wird also vom Knowledge-Engineer in Form von Frame-Typen und Dämonen-Funktionen definiert. Dieses Wissen kann in vielen Fällen uber weite Strecken ohne genaue Kenntnisse von RMS formuliert werden.

In den Dämon-Funktionen muss lediglich angegeben werden, wie neue Fakten aus anderen als bekannt angenommenen Fakten abzuleiten sind. Der grösste Teil aller Dämon-Funktionen ist vom Trigger-Typ *if-was-added*. Das Verhalten des Expertensystems beim Löschen von Fakten (zum Beispiel durch den Benutzer) braucht nicht weiter spezifiziert zu werden, da diese Aufgabe automatisch vom RMS übernommen wird. Die Definition der entsprechenden konsistenz-erhaltenden Dämon-Funktionen, die in der Regel vom Trigger-Typ *if-was-removed* oder *if-to-be-removed* sind, kann daher praktisch entfallen.

Die Konfiguration besteht aus der Instantiierung dieser Strukturen, d.h. aus der Ableitung einer spezifischen Struktur und der Identifizierung der passenden Komponenten so, dass diese der spezifischen Problemstellung genau entsprechen.

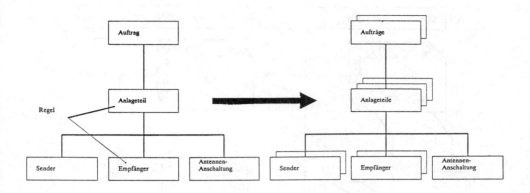

<Bild: Konfiguration mit KEN>

3. Systemumgebung

Das Expertensystem wird auf MicroVAX/VaxStation-Rechnern im Büro und auf tragbaren PC-AT-Kompatiblen im Aussendienst eingesetzt.

Schnittstellen sowohl zu dem zentralen Lagerbewirtschaftungssystem als auch zum Produktions-Planungs-System (beide auf IBM-Host unter IMS) gewährleisten eine optimale Einbindung des Expertensystems in den betrieblichen Ablauf.

Konfigurationen werden dahingehend optimiert, dass bloss Baugruppen selektiert werden die am Lager sind (und die im Auftragsfalle reserviert werden können) oder leicht zu beschaffen bzw. herzustellen sind Darüber hinaus kann der Herstellvorgang der Fertigungsplanung übergeben werden, indem die entsprechende vom Expertensystem generierte Stückliste dem Produktions-Planungs-System weitergegeben wird.

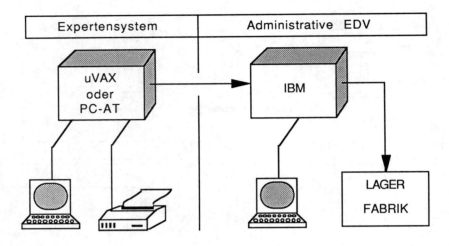

<Bild: Systemumgebung>

4. Vorgehen

4.1. Das Expertenwissen

Einer der schwierigsten Punkte bei der Einführung eines Expertensystems ist die Erarbeitung und das Einbringen des Experten-Wissens in die Wissensbasis. Im vorliegenden Fall lagen ideale Voraussetzungen vor. Das Expertenwissen war bereits in Form von papierenen Konfigurationsunterlagen aufgearbeitet und dokumentiert. Diese Unterlagen bestanden entweder aus Entscheidungsbäumen oder Flussdiagrammen, aus denen sich die Frame-Struktur und ein Teil der Regeln leicht ableiten liess.

Gewählte Wissensaufbereitung während Pilotphase in Form von Flow Charts.

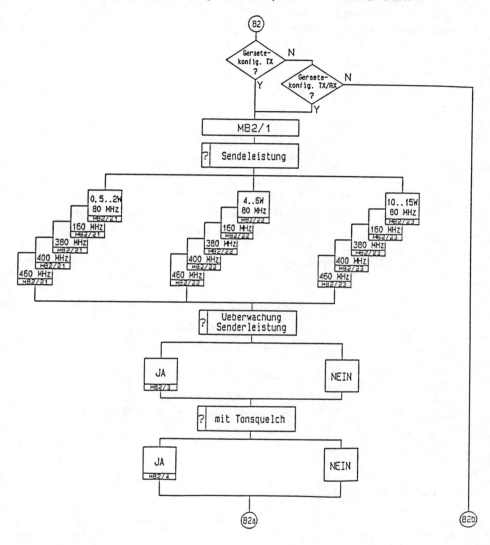

Ausgehend von diesen Unterlagen wurde eine Spezifikation erstellt, die sich einer Pseudocodeähnlichen halbformalen Sprache bediente. Jede der so spezifizierten Regeln wurde in eine Dämon-Funktion umgesetzt.

```
Slot:       FREQUENZAUFBEREITUNG

Range:      IF  frequenzband (Fr 3) = 80 MHz
            AND uebertragungsart = sprache
            THEN Slot = QUARZ
            ELSE Range Nr. 1 = QUARZ
                       Nr. 2 = Synthesizer

Comment:    ........

Help:       ........

Material:   IF  Slot = quarz
            AND frequenzband = 80 MHz
            THEN material = Art.-Nr. XY AND Art.-Nr. XZ

            IF  Slot = synthesizer
            AND frequenzband = 80 MHz
            THEN material = Art.-Nr. YY AND Art.-Nr. YZ
```

<Bild: Halbformale Spezifikation>

Entgegen der in der Literatur allgemein empfohlenen Vorgehensweise wurde auf den Knowledge-Engineer ganz verzichtet. Ein Experte selber übernahm, mit Beratung durch einen Informatiker, die Rolle des Knowledge-Engineers, also die Strukturierung seines Anwendungswissens, welches dann durch den Informatiker implementiert wurde, wobei diesem die Aneignung anwendungsspezifischer Kenntnisse weitgehehend erspart blieb.

4.2. Implementierung des Expertensystems

Es hat sich gezeigt, dass eine Expertensystem-Shell ein Vorgehen im Sinne des "fast Prototyping" ermöglicht. Eine schrittweise Implementierung von Teilbereichen der Anwendung sowie deren gradueller Ausbau hat sich aus Sicht sowohl der betroffenen Experten aus dem Anwendungsgebiet als auch für den Knowledge Engineer als sehr hilfreich erwiesen.

Für die Erprobung der Eignung des Werkzeuges KEN für die Konfiguration nachrichtentechnischer Produkte und Anlagen wurde die Konfiguration eines spezifischen Gerätes (Zugfunkgerät RT-39) ausgewählt. Anhand dieses Beispiels sollten die allgemeinen Anforderungen an ein Konfigurationssystem für ähnliche Geräte und die Vorgehensweise bei der Portierung auf andere Produkte erarbeitet werden.

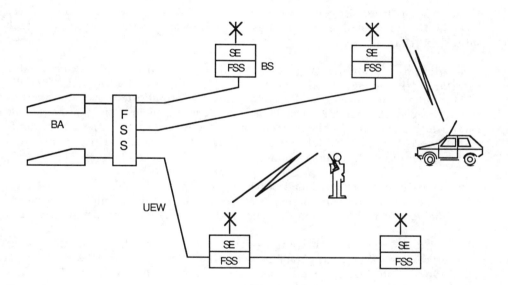

Legende

BA = Bedienanlage
BS = Basisstation
SE = Sende - Empfangseinrichtung
FSS = Funksteuersystem
UEW = Uebertragungsweg
  - Telefonleitung
  - Funkverbindung
  - Lichtwellenleiter

Mit der Wahl der Expertensystem-Umgebung KEN musste keine spezielle KI-Hardware (LISP-Maschinen etc.) angeschafft werden. Die bestehende Infrastruktur wird voll unterstützt (DEC-VAX, IBM AT-Kompatible und Apple-MacIntosh).

Dies erleichtert einerseits die Einbettung des Expertensystems in das organisatorische Umfeld (es soll ja keine Insellösung geschaffen werden) und andererseits erfüllt es die Anforderung, dass das Expertensystem auf tragbaren PC's voll einsetzbar sein sollte.

Der jeweils verfügbare Prototyp war im Prinzip jederzeit lauffähig und somit zu Testzwecken nutzbar. Dies erlaubte auch den späteren Anwendern, sich recht früh ein Bild über ihr zukünftiges Werkzeug zu machen.

Korrekturen bzw. Erweiterungen der Wissensbasis, die auf durch diese Testläufe gewonnenen Erkenntnissen beruhten, waren relativ einfach durchführbar.

In diesem Zusammenhang erwies sich vor allem die komfortable Erklärungskomponente als ein sehr brauchbares Instrument für die Erkennung von unvollständig oder falsch formulierten Abhängigkeiten. Die Ursache für durch Anwendung von Regeln abgeleiteten Werten konnte unmittelbar vom Fachexperten untersucht werden, und bestimmte Schlüsse über falsch definierte Zusammenhänge ohne Hinzunahme des Knowledge-Engineers gezogen werden.

Die Durststrecke bis zu dem Zeitpunkt wo etwas vorzeigbares vorliegt, war verglichen mit konventionellen DV-Lösungen relativ klein und trug so entscheidend zur Motivation der am Projekt beteiligten Fachexperten bei.

Für die zügige Entwicklung mit der in Kapitel 2 beschriebenen Expertensystem-Shell trug auch wesentlich das Vorhandensein einer in der Shell integrierten modernen Benutzeroberfläche bei, weshalb kein Aufwand für die Gestaltung derselben nötig war, und man sich auf die Implementierung des Anwendungswissens beschränken konnte.

Die Grösse des Expertensystems kann wie folgt charakterisiert werden. Es werden 5 Frame-Typen benötigt, die zusammen 116 Slots definieren. Insgesamt werden ca. 200 anwendungsbezogene Inferenzen durch Dämon-Funktionen bereitgestellt. Es werden ferner externe Datenbestände zur Beschreibung der im Rahmen der Konfiguration einsetzbaren Basiskomponenten konsultiert. Vornehmlich numerische Daten, die bislang in Tabellenform vorlagen, wurden in einer tabellenähnlichen Form übernommen (insgesamt 23) und dem Expertensystem zugänglich gemacht. Der Aufwand zur Herstellung des Systems betrug 100 Mann-Tage.

5. Erfahrungen mit dem Expertensystem

Basis für eine erfolgreiche Einführung des Konfigurators war das nötige Engagement eines Betreuers bei der Fachabteilung, der sich weitgehend mit dem System identifizierte und insbesondere bei Beginn der Einführung eine intensive Betreuung leistete. Vor allem durch die moderne Benutzeroberfläche und die unkomplizierte Arbeitsweise war eine rasch steigende Akzeptanz des Systems zu verzeichnen. Das Expertensystem ist seit Anfang 1988 im produktiven Einsatz.

Die Bearbeitungszeit für die Abwicklung einer Kundenanfrage beträgt unter Verwendung von Papier-Konfiguratoren etwa einen halben Tag für das Zusammenstellen der notwendigen Informationen. Mit dem Expertensystem reduziert sich die Durchlaufzeit auf bloss eine Stunde.

Wie bereits erläutert, wurde die klassische Dreiteilung Experte - Knowledge Engineer - Informatiker während der Erarbeitung des Prototyps auf die Aufgabenteilung Experte - Informatiker zurückgeführt, was infolge des gut strukturierten Expertenwissens voll gelang. Der Wunsch der Anwender, die ja nicht nur einen, sondern eine ganze Familie von Konfiguratoren für Ihr gesamtes Anwendungsspektrum vor Augen haben, ist es jedoch die Dienste des Informatikers nur sowenig wie möglich in Anspruch zu nehmen, ohne aber auf die grosse Funktionalität und den Komfort von KEN zu verzichten.

Die Aufgabe des Informatikers ist es daher vor allem beim Aufbau eines Expertensystems allgemeingültige Auswertungen und Algorithmen bereitzustellen, die für den vorgesehenen Anwendungsbereich charakteristisch sind und die voraussichtlich im Laufe der Zeit unverändert bleiben werden. Die Pflege von Tabellen und einfacheren Regeln kann dann vom Experten eigenhändig durchgeführt werden. In späteren Phasen im Leben des Expertensystems, wird der Informatiker nur noch dann benötigt, wenn es darum geht, grössere Änderungen durchzuführen oder neue Systemschnittstellen zu implementieren.

Im KEN-System werden Frames im wesentlichen als Eingabemasken verwendet. Das Ausfüllen der Slotwerte durch den Endbenutzer erfolgt durch einen hochgradig interaktiven Dialog. Der Benutzer hat jederzeit die Kontrolle über den Dialog, im Gegensatz zu systemgesteuerten Dialogphilosophien, bei denen das Softwaresystem den Benutzer führt und die jeweils auftretenden Fragen in einer vom System vorgegebenen Reihenfolge stellt. Der von KEN unterstützte flexible und benutzergesteuerte Dialog stiess nicht zuletzt deshalb auf Zustimmung, weil die zu spezifizierenden Slots für den Benutzer weitgehend selbsterklärend sind und bei Bedarf durch diverse Help-Funktionen näher erläutert werden können.

Die Wissensdarstellung durch Frames und Dämon-Funktionen hat sich als vorteilhaft erwiesen. Die Definition von geeigneten Frames und Dämon-Funtionen setzt eine Analyse und Strukturierung der Problemstellung voraus, da die Bedingungen für das Triggern von Dämon-Funktionen nur im Verbund mit den Frameslots angegeben werden können. Reine regelbasierte Expertensysteme bieten diesbezüglich eine grössere Flexibilität im Aufbau und in der Änderbarkeit von Wissensbanken. Der Zwang zur Modularisierung durch Frames führt hingegen zu einer höheren Modularität und Übersichtlichkeit der Wissensbank, was schliesslich die Wartung des System ganz wesentlich vereinfacht.

Da KEN die inkrementelle Entwicklung unterstützt, können Frames und Dämon-Funktionen interaktiv geändert und getestet werden. Beim Austesten von Dämon-Funktionen leistet die Funktionalität von RMS wertvolle Dienste. Es ist zum Beispiel jederzeit möglich, die Auswirkung von neuen Funktionen mit Hilfe der Erklärungskomponente zu überprüfen. Durch wiederholtes Einfügen und Löschen von Werten in den Frames können die Dämon-Funktionen unter unterschiedlichsten Bedingungen interaktiv und gezielt getestet werden.

6. Zusammenfassung

Das framebasierte Expertensystem KEN bietet ein ausgezeichnete Basis für die Erstellung von komfortablen und flexiblen Expertensystemen für Konfigurationsprobleme an. Die in das System gesteckten Erwartungen konnten beim Einsatz für die Konfiguration nachrichtentechnischer Geräte und Anlagen voll erfüllt werden. Soll allerdings der Experte selbst anstelle eines Knowledge Engineers seine Wissensbasis aufbauen und pflegen, so sind dennoch im Vorfeld gezielt ausgewählte Teilkomponenten von Informatikern zu erstellen.

Literatur

[1] Vitins M.: Konfiguration technischer Anlagen als Aufgabe der KI.Technische Rundschau Nr. 39, 1986.

[2] Vitins M.: A Prototype Expert System for Configuring Technical Systems. in Kriz J. (ed.): Proc. of the Int. Workshop on Knowledge-Based Systems in Industry, ABB Forschungszentrum, Baden, 1986.

[3] Hübscher R.: A Reason Maintenance System. Forschungsbericht CRB 87-86 C, ABB Forschungszentrum, Baden 1987

Kulisch (Ed.)

PASCAL-SC

Information Manual and Floppy Disks

A Pascal Extension for Scientific Computation

By Dipl.-Math. Ulrich Allendörfer, Dr. Harald Böhm, Dr. Gerd Bohlender, Dr. Kurt Grüner, Dr. Jürgen Wolff von Gudenberg, Dr. Edgar Kaucher, Dr. Reinhard Kirchner, Dr. Rudi Klatte, Prof. Dr. Ulrich Kulisch, Dr. Michael Neaga, Prof. Dr. L. B. Rall, Dr. Siegfried M. Rump, Ralf Saier, Lioba Schindele, Prof. Dr. Christian Ullrich, Prof. Dr. Hans-Wilm Wippermann

1987. 216 pages and two Floppy disks for IBM-PC.
(Wiley-Teubner Series in Computer Science)
ISBN 3-519-02106-4   Bound DM 88,—

The new extended PASCAL System called PASCAL-SC (PASCAL for Scientific Computation) is the result of a long-term effort by a team of scientists to produce a powerful tool for solving scientific problems. Due to its properties, PASCAL-SC is also an excellent educational system. The highlights of the system are:

— PASCAL-SC contains ordinary PASCAL
— Powerful language extensions like functions with arbitrary result type and user defined operators
— The screen-oriented editor checks the syntax interactively
— Decimal floating-point arithmetic and package providing optimal arithmetic for many higher data types such as complex numbers and intervals as well as corresponding vectors and matrices
— PASCAL-SC Demonstration package
— Application packages solving linear systems, computing eigenvalues and eigenvectors and evaluating zeros of polynomials and rational expressions

This manual describes the complete PASCAL-SC system and its implementation and use on the IBM-PC (operating system DOS). Two included floppy disks put the whole system at the user's disposal.

From the Contents

Language properties / Language Description / Standard Operators / Functions of arbitrary result type / User defined operators / Syntax diagrams / System installation / Running the System / Using the Syntax checking Editor / Demonstration package / Generation of external subroutines / Interface to DOS and Graphics / Arithmetic packages / Scalar product / Vector and matrix arithmetic / Problem solving routines